袁隆平傳

郭久麟／著

不缺糧、才生得出強大的力量！
袁隆平傳：中國雜交水稻之父、
投入一生的農業科技研究先行者

用一粒種子改變世界！
袁隆平傳：中國雜交水稻之父、
一生攻堅克難的農業科學家

崧燁文化

目錄

序 為我們敬仰的高貴者立傳

◆何建明

中國作家協會副主席、中國報告文學學會會長

「既然地球上最高貴的生活總是人的生活，因此那些有關人的生平的文學必然總是最高貴的文學；既然少數人的生平必然總是具有不屬於任何人類團體的獨特性和趣味性，因此傳記必然總是具有任何其他種類的歷史無可匹敵的魅力。」英國學者菲力普斯·布魯克斯在一八八六年論述有關傳記文學時如此說。不難看出，有關對那些「少數獨特人」的生平的傳記寫作，是一種屬於具有特殊魅力的「高貴文學」。

其實，真正高貴的是傳記的對象——那些具有超越於一般人的「少數人」，他們的生命事實就是與眾不同，異常高貴，值得人們敬仰。比如拿破崙、普希金、愛因斯坦，比如孔子、孫中山、毛澤東等。他們像閃爍光芒的星星一直在溫暖我們的理想與精神！這樣的人的身上所具備的無可匹敵的魅力，總是在鼓舞和影響著我們的人生。而就在我們眼前的那些「少數人」，其實對我們的影響可能更大。比如像中國這樣一個十三億人口的大國，吃飯問題是第一位的大問題，誰能解決這麼多人的吃飯問題，誰就是最偉大和最了不起的人。五千年的中國文明史幾乎都繞著一個「吃飯」問題。中華人民共和國成立後，毛澤東想得最多的事也是如何解決幾億百姓的吃飯問題。改革開放後的幾十年裡，中國中央的無數個「一號文件」也是解決與「吃飯」相關的問題。可見，吃飯問題多麼重要！對中國如此，對世界也是如此。我記得自己小時候，因為沒有飯吃而常感饑餓，那個時候，許多老人、成年人與孩子都被餓死了。在我能夠勞動的時候，為了多打糧，全中國「農業學大寨」，把那些本來覆蓋在山上、地上的綠化森林都砍了，變成了「梯田」、稻田，最後害得今天的我們不得不飽受環境汙染之苦。然而現在似乎我們再不用為糧食發愁了，因為有一個人做出了偉大貢獻，他因此也在我們中國人心目中成了與大科學家錢學森一樣受到特別尊敬的人，這人便是雜交水稻專家袁隆平。不知大家是不是認同我的這個說法：國家怎麼獎勵袁隆平，我們都服氣，就是獎他幾十個億，我們照樣覺得給少了！他就是這樣一個人，讓全中國百姓和全世界人都感到驕傲、自豪的了不起的人。

說他好話，讚美他人生，為其作傳，我們服氣，而且是必須的！

現在，我的手上就有一本《袁隆平傳》。讀著它，我很激動和感動，因為袁隆平這個人是我和許多人特別尊敬的當代偉人——平民式的偉人，知識分子中的偉人，父親一般親近的偉人！

我知道有關袁隆平的「傳記」和書籍已經不少了，想寫他和他「被寫」的很多，估計有的連袁隆平本人都不知道。但現在我手上的這本很特別，很正式，很莊重。因為作者是個七十餘歲的老學者、老教授、老作家。這樣的人為袁隆平先生寫傳記，我很放心，因為他不會「亂來」。現在有的所謂「傳記」有點亂來，就是胡寫，連傳主本人都不知道。那種「傳記」只能算廣告，而且有的連廉價的廣告都不如。

「真正的傳記，是從人類紀念前輩、懷念英雄、實現自我的天性中產生的最古老的文體之一。它是人類用筆為自己建造輝煌的紀念碑。」這話是《袁隆平傳》的作者郭久麟先生說的，是他的學術專著《傳記文學寫作與鑑賞》一書開頭的第一句話。郭久麟先生是中國當代集傳記文學創作與研究於一身的為數不多的幾位有影響、有成就的專家之一。他自二十世紀六十年代開始就致力於傳記文學的理論研究和創作實踐，著有十餘部有影響的學術著作和傳記作品。我很敬重他。他在二〇一五年我主持召開的中國全國報告文學創作會上把這部《袁隆平傳》的書稿送到我手上，並希望我為之寫序言。老實說，當時我內心有個願望：學一學袁隆平先生的人生，學一學郭久麟先生的傳記寫作。於是我答應了郭教授的請求。

這是一次精神很暢快的學習旅程——對我所敬仰的袁隆平先生生平的學習，讓我享受了一個中國知識分子的不懈追求與崇高精神境界；對我所尊重的郭久麟先生有關傳記文學的理論與學識及對他個人的創作實踐的了解和認識，使我感覺這是一次很有意義的學習。

關於袁隆平先生，其實我十幾年前到海南三亞為當地寫一部書時，就認識他並與他面對面聊過。那一次我才知道其實袁隆平先生的事業「大本營」是在那個一年四季如夏的三亞！他的試驗田、他的工作室、他發現雜交成功祕密的那棵「野敗」，都在三亞！太了不起了！當時我就很衝動：如果有一天為這樣的人寫一部傳記是我的榮幸。這個願望沒有實現。但是，現在機會有了：我的同行、傳記文學作家郭久麟先生現在寫出了《袁隆平傳》！我由衷地感到像自己創作出了這部傳記一樣興奮。

中國人對袁隆平先生的感情是出於對糧食的感情，中國人對糧食的感情便是對自己生命的感情，所以我估計，現在的中國人能罵所有的人，但很少有人會罵袁隆平。敢罵袁隆平的人基本上屬於精神不正常，否則，絕不會如此。

袁隆平偉大就偉大在此，人人敬重和敬仰他，因為他給予了中國太多太多，給予了今天的人類太多太多。民以食為天，沒有糧食，就等於沒有生命。生命很可貴，必須靠糧食。袁隆平先生靠個人的科學天分與奮鬥精神，靠他的團隊力量，給予了我們無數生命得以生存的可能，還有比這更偉大的嗎？

為這樣的人立傳，自然是作家的天職，文學的責任，歷史的使命。郭久麟先生以他七十有餘的高齡完成了如此一部巨著和對一位當代大科學家的激情抒寫，我認為是件特別有意義的事。首先它的意義在於為袁隆平這樣的人寫傳，傳揚的是一種中華民族精神，這種精神飽含了對國家、對人民和對民族的深厚感情；其次是這種精神裡有一種科學家的「中國夢」的強烈色彩，袁隆平追求雜交稻的成功之路，正是這種完美的中國夢的實現過程；更重要的是袁隆平的人生境界裡，包含了敢於探索、敢於創新，正直、執著、無私、奉公、坦蕩、樸實等美德，而這正是「傳記文學」所要表現的「最高貴的生命」的光芒之所在。郭久麟先生選擇的立傳對象與立意和境界，令人敬佩。

郭久麟先生是當代中國傳記作家中的老資格、先行者，早在一九七六年時他就開始動筆從事傳記創作。四十年來，他筆耕不輟，勤奮努力，為周恩來、陳毅、吳玉章、羅世文及柯岩、雁翼、梁上泉、張俊彪等名人名家寫過傳。他是大學文科教授，他又致力於傳記文學的理論研究，出版過多部傳記學術著作，是我們熟悉和有影響的傳記理論家。令我敬佩的是，他在古稀之年，不但在袁隆平讀小學、中學、大學的第二故鄉——重慶深入調查採訪，而且還多次遠赴三亞、長沙、安江、德安等地，不辭辛勞，去追尋袁隆平先生學習、工作、生活的足跡，探訪袁氏的祖輩，並深入採訪袁隆平的助手、同事和學生，認認真真做好寫作前的功課，這一點值得許多年輕傳記作家學習。文學是人學，為人立傳之作，是人學中的傑出人學，因此寫作者的態度決定著作品的高度與質量。郭久麟先生廣泛蒐集整理資料和精心構思立意，為《袁隆平傳》打好了基石。今讀其作，果不其然，是部好作品，是眾多「袁隆平傳」中的一部可以留下來讓讀者回味和感動的優秀的正傳。

寫一位大家熟悉的科學家，並非容易的事，人人都知道的人物能不能寫出點新鮮東西和寫得真實生動，其實是件非常難的事。然而郭久麟先生的《袁隆平傳》我看得津津有味。首先是他把袁隆平一生展現得十分清晰、生動感人；其次是把袁隆平先生的精神世界展現得徹骨徹悟、入木三分；尤其讓我感興趣的是，郭久麟先生的此部傳記行文角度很獨特，是以對話式的第二人稱來敘述袁隆平的人生與經歷，讀來很新鮮、親近、貼切、順眼、入耳，這是他的創新，值得我們學習；還有他文筆的細膩深入，洋洋灑灑五十多萬字，把袁隆平一生的東西都「挖」到了極致，這不容易，是高難度。其實做為一個人的傳記，就是需要這樣豐富的材料和精彩的細節，不然就不是真正的傳記了。郭久麟在《袁隆平傳》中對袁隆平在科學研究中遇到的矛盾衝突、他的愛情婚姻、他到國外推廣雜交水稻、他的禾下乘涼夢等「凡人瑣事」、人情世故，都寫得真實細膩，對他遇到的失敗挫折，一點不迴避，這也使得這個「袁隆平」很真、很親，也就更可愛、更可敬了。郭久麟先生有很深、很高的傳記理論功底，自然他「實踐」的作品，讓我們真切地看到了這種理論功底的延伸功力和指導功能。相信讀者和我一樣，會特別喜愛這部《袁隆平傳》，因為它似較其他一些傳記中的「袁隆平」更真實、更全面、更精彩。

是為序。

第一章 顛沛流離到重慶

一、林巧稚接生

一九三〇年九月一日，秋高氣爽，風和日麗，你在北平協和醫院出生了。你是十分幸運的，不僅出生在中國明清皇城中最好的醫院——協和醫院，而且由著名的產科醫生林巧稚女士親自接生。林巧稚是協和醫院婦產科第一位女大夫，正好你母親的妹妹華秀林剛從協和護士學校畢業來到協和醫院當護士，就將你母親接到協和醫院分娩。想想二十世紀三十年代的時候，中國的城鎮鄉村幾乎沒有什麼醫院，接生全靠接生婆，嬰兒的死亡率極高。你告訴我，你終生都很感激林巧稚大夫，也很感激協和醫院！

你父親當時正在北平平漢鐵路局當祕書，家住西城舊刑部街長安公寓（現在的民族文化宮一帶），後來搬到東城金魚胡同（現在的王府飯店一帶）。母親要生你時，父親特地請了假，在醫院焦急地守候。一會兒，你母親的妹妹抱著剛出生的你給父親看，看到又生了個男孩，你父親高興得嘴都合不上。母親讓父親給你取個名字，父親說，你的輩分是「隆」字輩，老大生在天津，取名隆津，你生在北平，就取名隆平吧！因為你排行第二，所以小名就叫「二毛」。後來，母親還給你生了三個弟弟，老三生在江西老家，取名隆贛；老四生在老家德安，取名隆安；老五生在湖南桃源，取名隆湘。從你們五兄弟的名字，就可以看出你們舉家顛沛流離的經歷。

孩子出生後，當教師的母親就辭去了工作，專門撫養孩子，照顧丈夫。你父親家道殷實，又有穩定的職業，工資也高，所以你從小是在很優越的環境中長大的，受到了良好的哺育和家庭教育。

二、袁氏宗族

為了了解你們袁氏祖輩的歷史，我二〇一五年十月第二次到長沙採訪你時，在剛好到長沙來看望你的家鄉親人袁隆環和袁定貴一行的熱情邀請下，到你的老家江西省九江市德安縣河東鄉後田村袁家山進行了調查採訪，拜訪了德安縣委副書記、組織部長李廣松，參觀了德安縣博物館，採訪了博物館專家和工作人員，採訪了多位袁氏親人。

你的袁氏宗親有久遠的歷史。東漢時期著名的袁京，就是你的先祖。袁京，河南汝陽人，一說宜春人，東漢司徒，是當時研究《易經》很有成就的名士，代表作有《難記》，十六萬字。袁京先在京城擔任郎中，後升任侍中（親近皇帝，類似現在的機要祕書），不久又調任蜀郡太守。因看不慣東漢末年宦官專權，諸侯割據，政界混亂，力求修身養性，離任後到江西宜春五里山隱居，以講學為生。後世將五里山改稱袁山，秀水改為袁河。隋朝時撤安成郡改郡址為袁州。明朝時將袁京與東漢著名隱士嚴子陵並稱媲美，在袁山建高士坊，立高士祠，建高士書院（均於民國時期被毀）。現宜春城內的袁山大道、袁山公園、高士路，均為紀念袁京。袁京係三國名將袁紹和袁術的祖父。

你們袁氏宗親還有一位著名人物，是宋代大司馬、吉州刺史袁敖。袁敖（九二三—九九九），字巨卿，相山鎮人，因為官清正，教子有方，卒後被宋高宗追贈為樞密使，建炎二年（一一二八）再加敕樞密院正卿、護國佑民大夫。

西元二〇一一年四月三日，歲次辛卯三月初一，清明之際，九崗袁氏子孫齊聚袁家坑，虔具時果鮮花、香蠟紙燭，致祭於九崗袁氏始祖敖公夫婦之墓前，曰：「歲在辛卯，時屆清明。敖祖墓地，水秀山清。九崗裔孫，肅立墓前。百里祭祖，緬懷先人。遠祖黃帝，百族共欽。維我袁氏，中華望姓。濤塗開姓，肇吾袁氏。西漢袁政，立姓之祖。六字歸一，功垂千古。能臣袁安，光前裕後。臥雪清操，郡望汝南。四世三公，天下揚名。吾祖敖公，九崗始祖。世居袁州，後徙崇邑。後周顯德，進士及第。初為府尹，後守吉州。樂善好施，聞名鄉里。生有九子，皆中進士。分徙九崗，繁衍後世……敖祖至今，歷歲千年。宗族繁盛，胄裔綿延。奇才蹦接，名家紛呈。文武代顯，科甲蟬聯。祖德流芳，惠及子孫。樹高有本，水長有源。躬逢盛世，共祭祖靈。先祖其鑑，伏維尚饗！」

這篇袁氏家族的清明《祭祖文》說明袁氏旺姓的立姓之祖乃袁政。中經袁安光前裕後，復由九崗始祖敖公再次發揚光大。袁敖九子均為進士，分徙九崗。祖德流芳，惠及子孫。

二〇一〇年、二〇一一年和二〇一二年，湖南省袁氏宗親聯誼會暨袁敖研究會的族人幾次拜訪你，請你題寫了「先祖京公墓」「袁氏敖公故里」和「袁敖故里」的碑文。你親切和藹地對宗親們說：「希望各位宗親為國家和社會多做貢獻，多做好事，賺好錢；不要做壞事，賺壞錢。弘揚祖德，造福人民！」

你的祖籍是江西省德安縣。你的祖輩在明代的時候落腳德安縣南郊的青竹畈，世代務農。清代雍正年間，從你七世祖開始，族譜排輩的字序是「大茂昌繁盛，興隆定有期，敬承先賢業，常遇聖明時」。你是「隆」字輩，這個族譜排輩的字序實際上是一首五言絕句，共排了二十代人的輩分。

你的曾祖袁繁義是「繁」字輩，他有兄弟四人，取三綱五常中的「仁、義、禮、智」排名，他是老二，故名繁義，生於一八四〇年，就是鴉片戰爭爆發的那一年。後來在太平軍起義的戰亂中，因偶然的機會，你曾祖父弟兄們得到了一筆意外之財——那是押運銀餉的清兵遭遇太平軍的追殺而丟棄的銀錢。他們四兄弟從此離開了青竹畈，去德安縣城經商，在縣城裡建起了大約一千多平方公尺的住宅，成為縣城中的「望族」。

我十月份到德安採訪，在你同父異母的妹妹袁惠芳的兒子家裡看到了一份民國時期前國務院祕書長高轤祥先生寫的《德安袁公子輝先生墓誌銘》（以下簡稱《墓誌銘》）。《墓誌銘》寫了你祖父的經歷和為人。文中寫道：

公諱盛鑑，字子輝，別號退如。袁其姓也。世居德安縣城西園。民國六年，卜居縣城北門另建新園，名其園曰頤園，顏其廬曰退廬。祖諱昌富，父諱繁仁，皆一鄉善士。公亦被舉為一邑賢老。生同治治酉（西元一八七二）年二月十四日亥時，卒民國二十二年四月四日。享年六十有一。

公為秀才時，即自任以天下之重。憤清政不綱，人民塗炭，乃毅然抗懷湯武，欲革命以順天人。邑中豪士被潛移默化者，靡然從風。民國成立，孫總理知其功在社稷，除為國民黨南九支部部長。尋被遷為江西省議會議員。對本省單行法尤多所規劃……迨賄選成風，民權精神掃地，即拂衣歸故里，銳意教育，培養後輩，樹自治之先聲。比居憂，哀骨立，遂絕意仕進，築退廬以終老。大革命北伐軍興，被張難先生迫之，使出任為廣東瓊崖行政委員公署祕書，一切新政，悉取決於公。……德安當南潯之衝，盜匪時匿隱，以有先生在，不得逞其隱，造福於桑梓非淺。後任江西平民醫院院長，診疾製藥，事必躬親，尤活人無算。性恬淡，寡嗜好，待人以誠，處世以儉，耿介有清聖風。幼聰穎，博覽群書。善書法，尤工於詩。杖履所至，奚囊為裹著。有《頤園詩抄》行世。

子男四，興熙、興燾、興烈、興杰。……興烈（即袁隆平父親——作者注）曾由中國中央黨部出任江西省黨部執行委員及北寧鐵路特別黨部籌備委員歷年，後在平漢鐵路管理局充祕書及主持本縣教育。孫男隆津、隆平、隆贛、隆德、隆正，孫女惠芳，均幼。民國二十二年五月吉日，由著名堪輿家孫子衛先生指點福地，卜葬於大西門外西山之麓。興烈匍匐，持公行狀，請銘鐫諸石。子嘗聞明德之後，必有達人。夫以公之才之識，有勛勞於國，乃天不假年，使齎志以歿，豈獨於公有所吝耶？今見其子興燾得總師幹，興烈亦選任黨政要職，而未有艾，天之報施固不爽也。謹志而銘之，以為好善者勸。

偉哉先生，氣宇恢宏。處己以儉，與人無爭。志存天下，目盼河清。從事革命，績懋群英。崇論卓識，四座嘗驚。晚年好靜，詩酒怡情。鐘張既紹，岐黃尤精。優遊山水，神仙地行。貽謀燕翼，海內知名。德配先逝，另有故塋。續配曹氏，與公合塚。廬山巍巍，章水盈盈，山環水抱，永築佳城。

從此《墓誌銘》中得知，你的高祖、曾祖，均為「一鄉善士」；祖父學識很高，早年參加辛亥革命，曾經是國民黨南九（指南昌與九江）支部部長，還做過江西省議會議員。後隱歸故里，銳意教育，培養後輩。大革命中，又被起用為廣東瓊崖行政委員公署祕書；後任江西平民醫院院長，診疾製藥，活人無算。而且他從小聰穎，博覽群書，還善書法，尤工於詩，有《頤園詩抄》行世。你祖父性恬淡，寡嗜好，待人以誠，處世以儉，耿介有清聖風。

三、父母雙親

你的父親袁興烈生於一九〇五年，在德安縣城北門頤園長大。畢業於南京的東南大學（現在的南京大學）中文系，畢業後曾擔任過高等小學的校長和督學。抗戰前到平漢鐵路局做祕書工作。你父親眼看自己祖父和父親的家產毀於日寇炮火之中，眼見日本侵略者在中國大地狂轟濫炸，燒殺搶掠，這些激發了他強烈的愛國心，他開始積極為抗日軍隊運送軍火和戰略物資。一九三三年，日軍侵犯長城各口，宋哲元率領二十九軍奮起抵抗。宋哲元是一位文武兼備的愛國將領，曾手書「誠真正平」四個大字，意為「誠以修身，真以究理，正以處事，平以待人」，與全體將士共勉。由於武器裝備遠遠落後於日軍，二十九軍成立了「大刀隊」。在與敵短兵相接中，「大刀隊」重創日軍，名聲大振。一九三七年七月七日，「盧溝橋事變」爆發，全國抗戰開始，守衛盧溝橋的二十九軍又大顯神威。在上海參加抗日救亡運動的音樂家麥新被「大刀隊」的事跡深深震撼，奮筆疾書，一氣呵成寫出歌詞，又譜寫了慷慨激昂的旋律，《大刀進行曲》由此誕生：

大刀向鬼子們的頭上砍去，

二十九軍的弟兄們。

抗戰的一天來到了！

抗戰的一天來到了！

前面有東北的義勇軍，

後面有全國的老百姓。

咱們二十九軍不是孤軍，

看準那敵人，把他消滅！

把他消滅！

衝啊！大刀向鬼子們的頭上砍去！

殺！

袁興烈看到報紙上《一寸山河一寸血》的報導，這一夜，他輾轉反側，久不能寐。第二天他便跑到福裕鋼鐵廠找到廠長陳子山，兩人共同籌資，打造了五百把大刀，捐獻給西北軍孫連仲的「大刀隊」。

你父親在抗戰中的愛國行為，受到西北軍的愛國將領、第二集團軍司令孫連仲的嘉獎，並被聘為這位上將的駐渝辦事處上校祕書。抗戰勝利後，孫科的侄兒和親信劉維志由鐵路運輸局局長調任南京國民政府僑務委員會主任，他十分賞識你父親，把你父親調到僑務委員會總務司做幫辦（副司級）。人民解放軍占領南京後，你父親帶著全家來到重慶，並長期生活在重慶，直到去世。

你母親華靜是江蘇鎮江人，生於一九〇二年。你外公去世早，外婆年紀輕輕就守寡，只好帶著你母親兩姊妹寄居在舅公家。舅公叫許忠真，有兩個兒子和一個女兒。舅公為人慈祥善良，熱情接待了你外婆、母親、姨媽，並資助你母親和姨媽讀書。你姨媽華秀林在協和護士學校畢業，後來在北京協和醫院當護士長。你母親華靜在江蘇鎮江教會高中畢業，畢業後就在安徽蕪湖教書。在這期間，你母親認識了在學校當校長的你的父親，後來他們互相產生愛慕之心，喜結連理。你母親知書達理、賢惠慈愛，是當時少有的知識女性。她生下長子隆津之後，為更好地培育和撫養孩子，便辭去教師工作，當了相夫教子的賢妻良母。重慶解放後，她參加了工作，當了塑料廠的會計，和你父親生活在重慶。你父親去世後，你把母親接到安江。母親去世後被安葬在安江。

你們幾兄弟從小就受到父母親良好的教育和熏陶。你父親年輕時忙於工作，較少和你們幾兄弟接觸，但對你們是非常喜愛的，也是特別嚴厲的。你母親能講一口流利的英語，又喜歡讀英文版的尼采哲學著作。她十分重視對孩子的品德教育和智力的開發。她認為，孩子的智慧是一座豐富的、珍貴的寶庫，而孩子的品德和情操則是打開這座寶庫的鑰匙。她教導你們努力學習，做一個有道德的人，誠實的人。她要你多讀書，求進取，做好事。她在教會學校讀書多年，英語很好，她是你的英語啟蒙老師，她讓你們幾兄弟從小跟著她學英語。一九八一年美國導演替你拍電視片《在中華人民共和國的花園裡》，美國導演看到你母親能用流暢的英語和他們交流，大感驚訝！你經常講：「母親對我的教育影響了我一輩子，尤其是在做人方面！」

這位賢淑的母親將她淵博的知識化成了一個又一個動聽的故事，她用這些故事增加你們的知識，並在潛移默化中熏陶和培養你們純潔的心靈和美好的情操。

在你的記憶中，母親喜歡鮮花，喜歡插花藝術。一年四季，她都會把房間收拾得整整齊齊，清清爽爽，而且還要插上鮮花，讓房間芳香撲鼻，色彩滿眼。春天，母親會在家裡插上迎春花、桃花、李花、杏花；夏天，母親會在家裡插上梔子花、丁香花、野薔薇；秋天，則會插上大捧大捧的菊花；冬天，有香豔的梅花。屋大，條件好，她會把房間裝飾得豪華富麗；房子小，條件差，她也會把房間布置得精緻美觀。她常說：「室雅何須大，花香不在多。」

夏日夜晚，母親經常帶你和哥哥弟弟去院子裡乘涼。看著草叢中一閃一閃的螢火蟲，你和哥哥弟弟高興地去捕捉螢火蟲，把捉到的一隻隻螢火蟲放在紙盒裡，紙盒變得銀光閃閃，晶瑩剔透，好看極了。你興奮地提著紙盒跑著，對母親喊道：「媽媽！多好看！」

母親看著你手中裝有螢火蟲的紙盒，向你講了一個動人的故事。

母親說：「古時候，一個書生家裡窮，他晚上想讀書，但是沒有錢買燈油。他就把螢火蟲捉起來，裝在瓶子裡，趁著螢火蟲發出的光看書！」

你天真地說：「以後讀書了，我也要用螢火蟲來看書。」

又一次，你隨母親在庭院乘涼，母親指著天上那密密麻麻的星星對你說：「天上的一顆星星，對應著地上一個有名望的人。」

你問：「那我對著哪顆星星呢？」

母親引導你說：「等你長大了，學習好，工作好，做出了很好的成績，就會找到和你對應的星星了！」

於是，每到夜晚，你常常痴痴地凝望著星空，尋找屬於自己的那顆星星。有時，看著看著，會突然看到一顆星星從高空隕落，在天上劃一道閃光的痕跡，就消失在夜空中了。你感到很稀奇，就不解地問母親。

母親告訴你，天上有星星隕落，地上便有一位有名望的人死去。

你望著消失的流星，心裡想：「要是這些星星不落就好了！」

母親不會想到，在你歷經了半個多世紀的艱辛之後，國際小行星協會真的以你的名字命名了一顆小行星！她在九泉之下聽到這個消息，該有多麼高興！

一天，你在窗戶旁看著熙熙攘攘的人流，不禁好奇地問母親：「媽媽，這麼多的人，他們是從哪裡來的？」

深受中外文化熏陶的母親告訴你：「《聖經》裡說，人類的始祖是上帝用泥土造的。在我們中國的傳說中，人是女媧用黃土做成的。女媧用她神奇的手把黃土加水和成泥，捏出一個個泥人，然後，朝著那些泥人吹一口氣，於是，那一個個黃土做的泥人便成了活人，有了生命……」

最後，母親對你說：「從這兩個故事可以知道，不管外國人還是中國人，歸根到底，我們人類都是從土地來的。」

你聽得十分用心，瞪著雙眼說：「土地有這麼重要呀！」

母親見你開始思索這些問題，就高興地給你講：「是啊，土地可重要了！你看，我們吃的大米白麵是不是從土地裡長出來的呀？我們穿的衣服、蓋的被子是不是用從土地上收穫的棉花織的布做成的呀？我們住的房子是不是用土燒成的磚蓋起來的呀？……」

你聽著，連連點頭說：「是呀，是呀！」

母親最後說：「你看，我們的衣食住行都離不開土地。所以說，土地是我們人類的母親，是我們的生命之源。」

母親還告訴你：「我們的祖先自古就熱愛土地，我們的祖先自古就要像祭祀先人一樣祭祀土地。我們的祖先為了保衛我們的國土不怕流血犧牲！」

母親還給你講述了抗金英雄岳飛為了捍衛國土而浴血疆場的故事。

你自童年時代起便開始對土地有著一種神聖的敬意。

你六歲時，隨家人遷居到漢口。這一年的春天，父母帶你們兄弟遊覽了距漢口不遠的「神農洞」。

「神農洞」相傳是神農炎帝出生的地方，這裡供奉著炎帝的塑像。父母引你們弟兄向這位神農恭恭敬敬地行了三個鞠躬禮。

你問：「為什麼要給他鞠躬行禮？」

父親說：「他就是我給你們講過的傳說中的炎帝。炎帝是我們的始祖，他在五千多年以前，就帶領我們祖先耕耘土地，種植五穀，馴服禽獸；他還遍嘗百草，尋找草藥，為老百姓治療疾病。」

你驚訝地說：「他這麼能幹呀！」

母親說：「是呀！他不怕苦，不怕累，聰明能幹，大公無私。為了給大家治病，他親自嘗遍百草，好多次中毒。他的豐功偉績，譽滿九州，名揚天下。」

你忍不住問母親：「那炎帝是哪裡來的？」

母親又向你講了炎帝的傳說。

當晚，母親在日記中寫道：「『獸觀其蹄爪，人看其幼小。』二毛自幼聰明伶俐，心地善良，而且勤學好問，他日所至未可量也。」

你跟我講：大約是你七歲那一年的春天，你隨母親到漢口郊區一家果園去遊玩。一進果園，你就被眼前的美景陶醉了！裡面有鮮豔的桃花、雪白的李花，粉紅的櫻花，真是美極了！

你愛上了這美麗的果園，愛上了這多彩的世界，實在不願離開這裡。後來，母親又帶你看了一部美國的黑白電影《摩登時代》，影片由世界著名喜劇演員卓別林主演。其中一個鏡頭給你留下了特別深刻的印象：主人翁窗外就是果園，想吃水果，伸手摘來就吃；想喝牛奶，乳牛走過來，接一杯就喝。園子裡到處是綠樹鮮花，迷人極了！這讓你又回憶起漢口郊區果園的美景。你更加嚮往田園之美，農村之美，農藝之美。從此，每到桃子成熟的季節，記憶中那個美麗的果園便會飄進你的心靈。那果園在你心目中是一片永不消逝的綠洲，如夢如幻，如詩如畫。你意識到自己的生命是與那綠色世界聯繫在一起的，是與大自然融為一體的。從那時候開始，你就想：「我長大以後一定要學農，做一個農學家，創造出那如夢如畫的世界，造福人類。」

就是這次郊遊，奠定了你理想的基礎，甚至影響了你的一生。

四、從漢口到桃源

你出生後的第二年，一九三一年九月，日本軍國主義以柳條湖事件為藉口，炮擊瀋陽，開始了對中國的大舉進攻！

一九三三年日軍侵犯長江各關口，抵近北平，時局動盪不安。母親就帶著你和哥哥遷到老家江西德安，和祖父祖母住在一起。你祖父性格嚴肅，不苟言笑，你在他面前不敢隨便說話，吃飯時也只得規規矩矩地坐著，不敢亂說亂動。在四五歲的時候，祖父就教你認字。你貪玩好耍，坐不住，教的字有時也記不住，還挨過祖父的手板！

小時候，你天真活潑，求知慾強，好奇心也強，顯得特別調皮、淘氣。你說，你祖母愛吃水煙，你對她那「咕嘟咕嘟」冒煙的水煙袋特別好奇，總覺得裡面像有個人在吹氣。有一次，你見屋裡沒人，就把水煙袋拿起，像祖母那樣吸起來。誰知那煙味衝進鼻子，像辣椒水灌嗆得你十分難受，你一撒手，水煙袋就掉在地上摔壞了。祖母看見了，氣得用煙管敲打你的腦袋。

還有一次，你看到木匠師傅做工時經常把小釘子含在嘴角，你也學著把小釘子含在嘴裡。誰知不小心，竟一下吞進肚子裡。你嚇哭了。家裡人趕緊給你吃香蕉，讓你把釘子屙了出來。

一九三六年，你父親到漢口鐵路局工作，你們全家又遷到漢口。你進了漢口扶輪小學讀一年級。扶輪小學是民國時期政府照顧鐵路職工子弟就讀的學校。學校一般設在鐵路沿線，方便鐵路職工子女上學，為鐵道事業培養後備人才。「扶輪」一詞來源於成語「靈輒扶輪」。據史書《左傳》載：晉大夫趙宣子對靈輒有一飯之恩，故在晉靈公企圖謀殺趙宣子之時，靈輒扶車以臂承，幫助趙宣子逃離虎口。扶車以臂承即「扶輪」，含有「扶持、輔佐、施恩和知恩圖報」等寓意。

一九三七年七月七日，日軍蓄謀已久，以一個日軍失蹤為藉口，製造了「盧溝橋事變」，發動了侵華戰爭！隨之，形成了對平津的包圍。不久，北平淪陷。隨即，日寇又進攻上海，上海守軍奮力反抗。孫元良部五二四團副團長率領官兵據守閘北四行倉庫，和日寇殊死搏戰，堅持了三晝夜，擊斃日軍上百名。他們的英勇壯舉轟動中外，被人稱為「抗戰奇蹟」。日軍調集強大火力，攻入松江，我守軍全部英勇殉國。日軍陸續占領上海。淞滬會戰歷經三個月的血雨腥風，我軍前仆後繼、英勇頑強抗戰，給向來自詡戰無不勝的「皇軍」以重大殺傷，昭示了中華民族獨立之精神，也奠定了中華民族復興之基礎！

不久，日軍又大舉進攻南京。日軍在南京進行了長達六個星期的大屠殺，中國軍民被槍殺和活埋者達三十多萬人。南京失守後，國民政府決定遷都重慶。國民政府軍事委員會擬定了保衛武漢的作戰計劃，利用大別山、鄱陽湖和長江兩岸有利地形，組織防禦。一九三八年七月，日本開始進攻武漢外圍廣大地區。我軍拚死抵抗三個月後，九江、瑞昌、陽新、大冶、鄂城相繼失守。日軍進逼武漢。武漢保衛戰，是抗日戰爭初期最大的一次戰役，我軍英勇抗擊，斃傷日軍四萬多人，而且粉碎了日軍速戰速決、迫使國民政府屈服以結束戰爭的企圖。

一九三八年十月，國民政府放棄武漢。緊接著，長沙、廣州亦被侵占。華北、華中、華南的廣大國土淪於敵手。

武漢失守前，你們一家，和全中國許多同胞一樣，扶老攜幼，踏上恓惶的逃亡之旅。

你本來在漢口扶輪小學讀書。這時也不能不隨父母逃難。你們一家六口乘坐一艘小木船，沿長江溯江而上，到岳陽後，穿洞庭湖，逆沅江而上，經過二十多天的艱苦航行，才能到達湖南桃源。一路上，四個船夫吃力地搖著木槳，在大風大浪中顛簸前進。你看到，沿途逃難的人，帶的食物吃完了，在岸上買一點吃的都非常困難。天上還不時有日本飛機投彈掃射。死亡時時威脅著你們全家。

有一天，小船靠岸，大家下來歇息買糧。你和弟弟三毛在船艙外玩，弟弟無意中推了你一把，你後退兩步，沒有站穩，突然掉進江水之中！三毛嚇得哭喊著急忙到船艙中叫大人。等你父親驚慌地從船艙中跑出來時，船夫已經跳進江中把你救出來了！你全身濕淋淋的，冷得嘴唇青紫，渾身發抖，上牙直叩下牙！母親流著淚，趕緊替你擦拭。父親氣得拉過正在哭泣的弟弟就要打。你忙替他求情：「爸爸！別打他！他不是故意的！」一場風波有驚無險地過去了！但是，這次溺水，卻使你產生了學會游泳以便在江中自由鳧水的念頭。

船工們拚命划船，縴夫們赤裸著身子，在岸上趴著拚命拉縴。纖繩嵌進他們的肩膀，血肉模糊。你看得難過，媽媽看得心酸。媽媽回到船艙，找出一件舊棉衣，剪成許多小塊，一針一線，做成了幾十個柔軟的纖套，送給這些縴夫。縴夫們套上這個纖套，輕鬆了很多，紛紛向你母親表示感謝。你真為媽媽的善舉高興。其中有一個年邁的縴夫，瘦弱的身材，蓬鬆的白髮，走路都步履蹣跚，拉縴時身體更是彎成弓一樣，頭幾乎垂到了地上。他這樣賣力，可吃飯時，他卻只吃了半個餅子，把省下來的半塊餅子悄悄包好揣在衣兜裡。你父親看見了，悄悄走過去問他：「你只吃半個餅子，怎麼夠呢？」老人家嘆了口氣，感傷地說：「沒辦法！我兒子兒媳被日本飛機炸死了，他們留下的兩個孩子，還得靠我撫養啊！」你父親忙叫你母親送了兩個餅子給老縴夫，讓他帶回家給兩個孫子吃。你聽著他們的對話，這才真切地感覺到糧食的重要！父親母親的善行，也讓你感動。

小船走了二十多天，才從漢口到達桃源。這裡房屋錯落，民風淳樸，桑樹稻田，茂林修竹。父親告訴你，這兒是著名的「世外桃源」，東晉陶淵明的《桃花源記》，傳說就是寫的這兒。父親給你們講述起《桃花源記》來：晉太元中，武陵人捕魚為業。緣溪行，忘路之遠近。忽逢桃花林，夾岸數百步，中無雜樹，芳草鮮美，落英繽紛。漁人甚異之。復前行，欲窮其林。林盡水源，便得一山。山有小口，彷彿若有光，便捨船從口入。初極狹，才通人；復行數十步，豁然開朗。土地平曠，屋舍儼然，有良田、美池、桑竹之屬。阡陌交通，雞犬相聞。其中往來種作、男女衣著，悉如外人。黃髮垂髫並怡然自樂。見漁人，乃大驚，問所從來，具答之。便要還家，設酒殺雞作食。村中聞有此人，咸來問訊。自云先世避秦時亂，率妻子邑人來此絕境，不復出焉，遂與外人間隔。問今是何世，乃不知有漢，無論魏晉。此人一一為具言所聞，皆嘆惋。餘人各復延至其家，皆出酒食。停數日，辭去。此中人語云：「不足為外人道也。」既出，得其船，便扶向路，處處誌之。及郡下，詣太守，說如此。太守即遣人隨其往，尋向所誌，遂迷，不復得路。南陽劉子驥，高尚士也，聞之，欣然規往。未果，尋病終，後遂無問津者。

你父親在桃源縣城找了一份差事，在鄉間租了幾間民房，外面用籬笆圍成了一個小院，過上了舒適的鄉村生活。一九三八年春，父母把你送進了弘毅小學。那裡離陶淵明筆下的「桃花源」不遠，沃野千里，綠樹成蔭，芳草鮮美，落英繽紛。放學之後，你和玩伴們去挖竹筍，摘胡豆，打麻雀，掏鳥蛋，有時還到桃花潭邊捕魚。你還在音樂老師指導下，削一段竹子，鑽幾個音孔，自己製作笛子，有模有樣地吹出了最簡單的樂曲。

在桃源，你們剛剛喘了口氣，以為可以過一段清靜日子了。突然間警報長鳴，只見日本的飛機呼嘯而至，丟下炸彈和燃燒彈。你牽著三弟，父親抱著四弟、牽著懷孕的母親，擠在逃難的人群中，慌慌張張躲到石橋下面。一會兒，只聽見震耳欲聾的爆炸聲，只感到大地在抖動，只聞到硝煙的濃烈氣味，只聽見悽慘的哀叫聲……

敵機飛走了，你們從橋下走上街頭，只見大街上房屋倒塌，到處是一片廢墟，街上屍體橫陳，受傷者的哀叫呼喚不絕於耳。寧靜美麗的「世外桃源」被萬惡的日寇變成了「人間地獄」，真是慘不忍睹！

一路上，居民們、船工們痛罵著日寇的暴行。你知道日本鬼子不是好東西！

母親因巨大的爆炸震動早產了！母親生下了你最小的弟弟隆湘。在桃源住了將近一年，全家又決定繼續逃難。開始時準備逆水而上，逃往湖南沅陵。船行到牛屎坳，因為水淺而不得不停靠下來，周圍居民和過往船夫告訴你父母：「湘西一帶土匪猖獗！你們拖兒帶女的，到那兒太危險！」於是，你父母決定：不到沅陵，改道去重慶！在那裡也許能找到一條活路吧！這是一個英明的決定！因為重慶是戰時陪都、政治經濟文化中心，你父親到了重慶，才能有好的發展，你們幾兄弟也才能受到很好的教育，為你成才打下堅實的基礎！

五、從洞庭湖到重慶

於是，你們的小木船又重返洞庭湖，再進長江。過岳陽時，父親帶你們遊覽了有名的岳陽樓。岳陽樓濱臨洞庭湖邊，登樓可眺望洞庭湖的浩瀚湖水。父親面對浩蕩湖水，指著樓上《岳陽樓記》木刻，給你們講述了范仲淹的《岳陽樓記》。父親說：「范仲淹是北宋著名文學家，詩文俱佳。但他流傳最廣的還是這篇散文，因為這篇散文在詩情畫意之中，寫出了曠達的胸襟和懷抱。你看，他一開始就寫了岳陽樓之勝景：予觀夫巴陵勝狀，在洞庭一湖。銜遠山，吞長江，浩浩湯湯，橫無際涯；

朝暉夕陰，氣象萬千。然後筆鋒一轉，寫歷代墨客騷人登覽之情，歸結為悲喜二字，最後寫出自己憂國憂民之情懷：先天下之憂而憂，後天下之樂而樂！這句值得我們永遠記取！」

你跟著父親朗誦了兩遍，深深地記住了這句話！這句話，影響了你的一生！你在二十世紀六十年代大饑餓中，就做到了先天下之憂而憂，決心研究水稻，為民解憂！

一九三九年元月，你們的小船再次穿過洞庭湖，溯長江而上，過荊州，穿枝城，抵達宜昌。你們就在淒風苦霧中的小木船上度過了除夕之夜。沒有豐盛的年夜飯，沒有歡樂的爆竹，沒有熱鬧的氛圍。母親抱著小隆湘，暗暗傷感。父親開始也是滿面愁容，繼而，他開始輕聲地背誦古詩：

爆竹聲中一歲除，春風送暖入屠蘇。

千門萬戶曈曈日，總把新桃換舊符。

你父親是學中文的，很喜歡古典詩詞，他在古典詩詞中汲取精神的滋養，調整著自己的心情。慢慢地他振作起來。他對你母親說：「華靜，不要難過。我們能在平安的環境中，一家人在一起過春節，還是幸運的。現在，還有好多逃難的人流浪街頭，家人離散，沒吃沒穿，饑寒交迫。我們應該高興才對。我給你們讀幾首詩，提提神吧！」

你也被沉悶的氛圍壓抑著，馬上響應：「好！好！」

父親輕聲地朗誦起蘇東坡的《念奴嬌·赤壁懷古》來：

大江東去，浪淘盡，千古風流人物。故壘西邊，人道是，三國周郎赤壁。亂石穿空，驚濤拍岸，捲起千堆雪。江山如畫，一時多少豪傑。

遙想公瑾當年，小喬初嫁了，雄姿英發。羽扇綸巾，談笑間，檣櫓灰飛煙滅。故國神遊，多情應笑我，早生華髮。人生如夢，一樽還酹江月。

聽完了，你禁不住首先發問：「蘇東坡說赤壁之戰是周郎為主，可《三國演義》裡卻說是諸葛亮勸說東吳抗曹，好像主要靠諸葛亮。到底誰說得對？」

父親說：「這是《三國演義》美化劉備、諸葛亮，貶低孫權、周瑜造成的結果。其實，赤壁之戰主要是孫權、周瑜打的。蘇東坡寫《念奴嬌赤壁懷古》時，《三國演義》還沒有寫出，所以根本沒提諸葛亮，而只寫了周瑜。」

接著，父親又給你們講了蘇東坡的《定風波》：

莫聽穿林打葉聲，何妨吟嘯且徐行。竹杖芒鞋輕勝馬，誰怕？一蓑煙雨任平生。

料峭春風吹酒醒，微冷，山頭斜照卻相迎。回首向來蕭瑟處，歸去，也無風雨也無晴。

父親對你講：「我最喜歡東坡的這首詞。它表現了一種不畏大自然的一切風雨，不懼人世間的一切困難的精神。你們看，天上突然下起大雨，同行的人都嚇得狼狽逃避，他卻根本不把風雨當回事，在風雨中健步前行。等到風停雨住，夕照相迎，這時才感到世界上沒有什麼大不了的風雨！」

你們到宜昌後，換乘民生公司民樸號輪船馳往重慶。在輪船上，你聽船員們講述了前些時間民生公司搶運物資到重慶的情景。原來，一九三八年十月，武漢失守前後，華北、華東、華中等地的機關、學校、工廠企業紛紛向重慶搬遷，而當時到重慶只有通過長江這條黃金水道。這一來，處於三峽末端的宜昌成為入川的門戶和咽喉！一九三八年底，宜昌城中和宜昌長江兩岸，貨物堆積如山，人員擠滿客棧，露宿街頭。宜昌陷入一片混亂和恐慌之中！這時候，全中國的軍工工業、航空工業、重工業、輕工業的生命，完全交付在這裡，從南京撤出的政府機關工作人員和各地撤到後方的學校師生也都集結於此。在這緊急時刻，是盧作孚以國民政府運輸聯合辦事處主任身分，臨危受命，親臨指揮，力挽狂瀾，以巨大的魄力和組織才能，制訂出、策劃好、組織好了這次大撤退，在短短幾十天時間內，搶運了大量戰略物資和機關、工廠、學校到重慶，可以說是在危難之際拯救了國家的工業和經濟命脈！

你聽到船員和乘客們對盧作孚的稱讚和議論，在心裡面對盧作孚有了很好的印象。

船進三峽。父親給你們講述了《水經注》中對三峽的描寫：

自三峽七百里中，兩岸連山，略無闕處。重岩疊嶂，隱天蔽日。自非亭午夜分，不見曦月。至於夏水襄陵，沿溯阻絕。或王命急宣，有時朝發白帝，暮到江陵，其間千二百里，雖乘奔御風，不以疾也……

父親還給你們朗誦了李白的《朝發白帝城》：

朝辭白帝彩雲間，千里江陵一日還。

兩岸猿聲啼不住，輕舟已過萬重山。

你們幾兄弟都聽得津津有味。特別喜歡獨立思考的你又提出了問題：「爸爸，李白說『朝辭白帝彩雲間，千里江陵一日還』。怎麼我們的輪船這麼慢？」

父親給你解釋：「李白描寫的是下水，有水流送輕舟，那自然非常快；我們現在是上水，水把船往下沖，船當然就慢了！」

你在船上，看到輪船經過急流險灘時，非常緩慢。經過青灘、泄灘、崆嶺灘時，岸上還有機器用鋼繩拖著輪船往上行。

你們坐著民生公司的民樸號輪船，順利抵達了重慶。

在你的一些傳記中，都說你乘木船上三峽，我不以為然。二〇一五年十月，我再次採訪你時，問到這個問題，你回答說：「我們是乘民生公司的民樸號到重慶的。是民樸號，我至今還記得！」而且你還告訴我：你們的輪船上三峽時，過青灘、泄灘時，還有絞灘船用鋼索拉著你們的輪船上水過灘。我問你知不知道當時盧作孚在宜昌指揮船隊上重慶的事，你大聲說：「知道！知道！」我還問：「你知道北碚是盧作孚修建成花園城市的嗎？」你馬上回答說：「知道！知道！」你還說：「盧作孚的兒子也是中國全國政協常委，我們在一起開會時，我對他說『我最崇拜你父親！』」

由此，我想到，你在重慶的十二年，在你生命中是何其重要！

六、在抗戰陪都重慶

一九三九年春，經過多少個日夜的波顛浪簸，闖過多少次日軍飛機的轟炸掃射，你們一家終於來到了國民政府的陪都、中國抗戰的大後方——重慶。

重慶是一座有著悠久歷史文化傳統的山水城市，是中國西部的大都會。這座城市依山傍水而建，與山水有緣：浩浩蕩蕩的長江與洶湧澎湃的嘉陵江在朝天門匯合，匯成宏闊大江，直奔東海，使得重慶有著水的秀麗和靈氣；重慶又稱山城，更以山脈連綿起伏著稱。重慶北面是巴山，東面是巫山，南面是武陵山，主城區內，亦有南山、黃山、歌樂山、縉雲山、金佛山等大山。森林覆蓋，綠樹参天，更增添了山城的豪氣和尊嚴。重慶百姓受高山大水的哺育和熏陶，顯得豪爽、忠厚、正直、勤奮、粗獷。

儘管大半個中國已淪入敵手，抗日戰爭的烽火四處蔓延，但重慶卻成為中國抗戰的指揮中心，國民政府遷都於此，各級政要雲集於此，全中國的工業、商業、教育、文化事業均雲集於此，重慶成為當時繁榮的大都會。

你們一家在重慶南山下的周家灣獅子口龍門浩街二十七號住下。你父親因為積極抗日，受到國民黨將領孫仲連的賞識，被委任為國民黨第二集團軍駐渝辦事處的上校祕書。

隨著父親的升遷，你家的生活也很快安定下來。

當時日寇為了撲滅中國人民抗日的火焰，經常派飛機對山城重慶進行狂轟濫炸。日寇的轟炸是野蠻而殘忍的，他們完全置國際公法於不顧，對平民、學校、醫院進行無差別轟炸，到處火光衝天，硝煙瀰漫，房倒屋塌，道路中斷，血肉横飛，哭聲震耳。造成人民生命財產的重大損失。

日寇妄想用殘酷的轟炸嚇唬人民，逼迫國民政府投降！但是，中國人民沒有被嚇倒，更沒有屈膝投降。重慶的工廠照樣生產，重慶的機關照常上班，重慶的學校照樣上課，重慶的人民照常生活！面對敵機的轟炸，在學校，在街頭巷尾，響徹著民眾和學生們的抗日歌聲，你也和同學們一起唱著抗日歌曲《流亡三部曲》《嘉陵江上》《義勇軍進行曲》，等等。《嘉陵江上》尤其唱出了你的心聲：

那一天，敵人打到了我的村莊，

我便失去了我的田舍、家人和牛羊。

如今我徘徊在嘉陵江上，

我彷佛聞到故鄉泥土的芳香。

一樣的流水，一樣的月亮，

我已失去了一切歡笑和夢想。

江水每夜嗚咽地流過，

都彷佛流在我的心上。

我必須回到我的家鄉，

為了那沒有收割的菜花，

和那餓瘦了的羔羊。

我必須回去，

從敵人的槍彈底下回去，

我必須回去，

從敵人的刺刀叢裡回去，

把我打勝仗的刀槍，

放在我生長的地方！

正是在遭受敵機的轟炸，家國面臨著覆滅的危險環境中，你在聽評書、讀連環畫的過程中，一點點地讀懂了岳飛和楊家將的故事，讀懂了岳飛和楊家將保家衛國的壯志雄心。你決心為國家做事，為受苦受難的人民貢獻出自己的一份力量。

五、在龍門浩小學

一九三九年，你進了南岸龍門浩小學。當時，你家就住在龍門浩街二十七號，距離學校並不遠。

龍門浩小學就在長江南岸，背靠南山、塗山。相傳這裡是大禹妻子塗山氏居住的地方，傳說中大禹治水三過家門而不入的故事，發生在這裡。龍門浩小學隔著長江正對朝天門、江北城。朝天門前有塊呼歸石，水枯時會露出來，相傳那就是塗山氏站在上面呼喚大禹歸來的石頭，以此得名。

龍門浩小學百年大慶之時，有人寫了兩副對聯歌詠龍門浩小學：

坐擁兩江，聽千古激盪之濤聲

仰望塗山，品大禹治水之豪情

皓月當空，看魚躍龍門之奮進

眾鳥和鳴，頌龍小百年之輝煌

龍門浩小學創辦於一九一二年。在你進校時，該校已創辦近三十年。學校創建時是重慶市巴縣縣立第一女子小學，校址在南岸望耳樓大慈寺，專收女生；一九二七年後更名為重慶市立第七初級小學校；一九三四年更名為重慶市立第十一中心小學校，這兩屆都是男女皆收，校長都是李根實。一九三八年學校更名為重慶市立第十一區龍門浩中心國民學校，校長鄭佩昆是一位傑出的女教育家，生於一九〇八年，畢業於北京師範大學，一九三八年至一九四六年出任龍門浩小學校長，是龍門浩小學現址建校的創始人。她擔任校長時，正值抗日戰爭最艱難的時期。國民政府遷渝，南岸龍門浩居民、學童驟然劇增，原校址已不能滿足學童上學之需。她抓住歷史機遇，順應民眾需求，大力促成市區政府和士紳撥出塗山公產山地一千三百平方丈①作為校址；然後又籌募專款，除動員士紳捐款一萬元外，還私人借出「國幣」八千元，開山移墓，闢路運材，修建了教學大樓和寬闊的操場，還添置了新式桌凳及教具、圖書等。學校招足十二個班級，正式成為一所市屬完全小學。一九四〇年冬，為解決適齡兒童入學難問題，鄭校長為擴建校舍辛勤奔波，又借出「國幣」四千元購置桌凳，招收了五百多名學生。（註① 因本書內容時間跨度較大，書中量與單位未按中國最新規定進行統一。）

校長鄭佩昆有先進辦學理念，她在任時大力提倡「教育以兒童中心之精神，為教導之心理起始；依民族至上之精神，為教導之社會目的」。為學校的發展興盛和教育質量的提高造成了很好的推動作用。

鄭校長品德高尚，作風優良，在國家處於民族危亡的艱難時期，她從教育大局著想，千方百計穩定教師，關心師生生活，建宿舍，添木床，安照明，修浴室，種蔬菜，補燃貼，墊出自己積蓄發放教師薪金，為教師免費就診等，讓廣大教師能全身心投入教育工作中。

她謙恭敬業，治學嚴謹，治校有方，成績卓著，她被教育部推舉在全市各區國民教育研究會上做巡迴報告。在她的帶領下，龍門浩小學在二十世紀四十年代就邁入了重慶市先進學校的行列，被陪都教育部評為國民教育示範校，成為重慶市十大名校之一；她也被評為重慶市優秀校長。南岸行署所轄的十一區同時也被教育部評為重慶市國民教育示範區。

你於一九三九年進校，一九四二年離校，當時正是鄭校長接任龍門浩小學校長之時。你非常有幸在這位優秀校長的治理下讀了幾年書。你的班主任祝子清老師也是一位非常敬業的老師，他給你們講語文課，講了很多中國民間故事給你們聽，如：

大禹治水的故事、巴蔓子的故事。其中巴蔓子的故事讓你印象深刻：巴蔓子是兩千多年前周朝巴國的一位名將。巴國當時控制著現在的重慶一帶。有一次，巴國發生變亂，巴蔓子將軍出使楚國，請求支援，楚國同意出兵援助，但要巴國以三城答謝。巴蔓子忍痛答應了。不久，楚國幫助巴國平定了亂子，楚國使者要求巴蔓子履行諾言。巴蔓子熱愛祖國，不忍割捨三城；但是，又不願違背自己的諾言，成為一個不講信義的人。他莊重地回答楚國使者：「感謝楚國幫助我國克服困難。我確實曾經答應送三城作為報酬，但這樣做對不起巴國君臣。我不能拿城池奉獻楚國，只能以我的頭顱酬謝楚國！」巴蔓子毅然拔劍自刎。楚使捧著巴蔓子的頭顱回見國君。楚王捧頭，感慨萬端，他命令以上卿之禮，隆重安葬巴蔓子之頭，再也不向巴國要城池了。巴國君臣感念巴蔓子忠勇報國的壯舉，在重慶隆重安葬了巴蔓子之屍身。

聽了祝老師講的關於重慶的傳說，你對大禹、巴蔓子等人物非常敬佩，對重慶也更增好感。

每天清晨，你牽著同父異母的妹妹袁惠芳和弟弟隆德的手，叫上和你最要好的同學黎浩，一路說說笑笑，蹦蹦跳跳，歡快地沿著龍門浩街的青石板路，穿過晨霧，走到學校。蜿蜒曲折的石板路兩旁，大多是灰色調的二層民居，顯得清爽安寧。

放學後，你們經常到路邊的小書攤看童書。這些小小的連環畫，大多選取古今中外經典作品（特別是中國古典名著）中的精粹。《三國演義》《水滸傳》《西遊記》等，你和玩伴看得最多。你和妹妹袁惠芳關係很融洽。下課後，一起跳繩、踢毽、打球、玩遊戲。那時你很喜歡到嘉陵江游泳，惠芳總是跟著你，坐在沙灘上幫你看衣裳，順便撿點漂亮的鵝卵石，玩得非常開心。後來她回了德安，你們很長一段時間失去了聯繫，直到「文革」結束後你才回德安看她。

晚飯後，你常常為母親去老虎茶灶買一壺開水，然後，就守在茶館後面，聽一段精彩的評書。聽說書先生講《西遊記》《封神榜》《七俠五義》《岳飛傳》中的故事。岳飛大破金兀朮、楊家將滿門忠烈的故事，深深地印進了你的腦海。在那些精彩的評書中，你最喜歡的就是「齊天大聖」孫悟空。你喜歡他無拘無束的性格、自由自在的生命和神通廣大的本領。每當日本鬼子的轟炸機空襲時，你恨不得自己變成「齊天大聖」，扯一把毫毛吹口氣變成幾千架飛機，把敵機打得落花流水。

你讀書時成績較好，經常排名在第四名至第十名之間。全班成績最好的是三位女同學。和你成績差不多的黎浩同學跟你性情相近，愛好相同，玩得最好，關係最好。你們一起上學，放學時一起回家，路上一起背誦剛教的課文，一起唱剛教的歌，一起做遊戲，打珠子，拍畫，一起到路邊小書攤看童書，晚上一起到茶館去聽評書。有時，你們還一起下河游泳。

你性格大方、豪爽，身上有點錢，就拿出來買零食請弟弟、妹妹和黎浩等同學吃。你和黎浩的友情，一直持續到晚年。你每年都請他和夫人到長沙雜交水稻研究中心玩一段時間，暢訴別情。直到黎浩去世。

你給我講過你小時候的一件趣事：有一次，老師在課堂上講，牛頓在做研究時，家裡餵了一大一小兩隻貓。為了讓兩隻貓能方便地從書房到廚房，他就請人按貓的大小在他的書房裡打一大一小兩個洞。人們問他，你打一個大洞不就行了嗎？他回答說：「兩隻貓過一個洞不是要撞到嗎？」老師講到這裡，全班同學都齊聲嘲笑起牛頓來。可是你沒有笑，你覺得牛頓做得對呀！兩隻貓一大一小，是應該開一大一小兩個洞，牠們才好走呀！你講完後，自嘲似的對我說：「你看，我和牛頓一樣笨！」

當時，日寇軍機經常對重慶狂轟濫炸，到處是炮火硝煙，斷垣殘壁，屍骨遍地，血跡斑斑。為了應對轟炸，重慶各地都修了防空洞。龍門浩小學的老師們也在學校後邊挖出了一個防空洞。每當日本飛機轟炸時，經常會拉防空警報，淒厲的警報一響，你們就不上課了，就要躲到防空洞裡去。但防空洞裡很不舒服，憋悶得很，有時候你就跑出來，到長江裡游泳。有一次，天氣熱，你在教室坐不住了，就帶上弟弟隆德逃學去游泳。恰好你父親那天下午回家早，在陽臺上拿望遠鏡欣賞南山風景，突然望見江裡有兩個小孩在游泳，再仔細一看，竟是你和弟弟。他又氣又急，立即提了拐杖就到江灘上來將你倆揪了回去，一頓飽打。你原以為拉上弟弟，兩個同時犯錯誤，罪責會輕一點，各打五十大板。結果哪曉得，逃學游泳不說，還拉上弟弟，罪加一等！

在日軍頻繁轟炸的日子裡，有時候祝老師就領著你們躲到郊區，然後找一個長滿樹叢和蒿草的深溝，藉著深溝的掩護，帶你們手捧書本在裡面上課。一路上，祝老師經常指著路邊被炸毀的房屋對你們說：「這些都是日本侵略者對中國人民犯下的罪行！」他還教你們唱《畢業歌》：

同學們，大家起來，

擔負起天下的興亡！

聽吧，滿耳是大眾的嗟傷！

看吧，一年年國土的淪喪！

我們是要選擇「戰」還是「降」？

我們要做主人去拚死在疆場，

我們不願做奴隸而青雲直上！

我們今天是桃李芬芳，

明天是社會的棟梁；

我們今天是絃歌在一堂，

明天要掀起民族自救的巨浪！

巨浪，巨浪，不斷地增長！

同學們！同學們！

快拿出力量，

擔負起天下的興亡！

聽到這樣慷慨激昂的歌曲，你心中熱情澎湃，心潮起伏，真想早點長大，當上空軍戰士，飛上藍天，擊下那些在天空中狂轟濫炸的日本飛機！

六、難忘的博學中學

重慶在抗日戰爭期間是陪都，當時已淪陷或部分淪陷地區的機構和學校，有很多都遷往重慶等大後方，漢口博學中學就是遷到重慶的一所學校。你小學畢業後，開始進入南岸復興初級中學，後轉學到南岸贛江中學。當時你哥哥隆津在重慶的博學中學讀高一，他認為博學中學的教學質量好，極力主張你轉學到博學中學，於是你又轉到博學中學。一九四三年你進入博學中學讀初二。

博學中學有著一百一十多年的歷史。其前身為漢口博學書院，創建於一八九九年，是英國基督教倫敦會創建的一所教會學校。最初校址在漢口後花樓居巷，後遷至武漢市喬口區簡易路。一九三八年，日寇占領武漢前，博學中學遷至四川江津縣（今為重慶市江津區），一九四〇年遷至南岸背風鋪。抗戰結束後，又遷回武漢市，中華人民共和國成立後編為武漢市第四中學。

你就是博學中學遷到南岸黃角埡背風鋪時轉進博學中學的。黃角埡地處南山之上，風景優美，連綿的丘陵，森林茂密，田舍星羅棋布，四季鳥語花香。黃角埡有一座老君廟，修建得莊重肅穆。登上廟宇的高處，可以俯瞰山下層層疊疊的樹林直鋪到長江之邊，還可瞭望大江對岸渝中區主城，長江環抱著它，像一座美麗的大盆景。

博學中學是住讀學校，每週六天在學校過集體生活。

當時，博學中學很簡陋，校舍大多是用竹片編成的，面上再敷上一層黃泥巴。只有一棟學生宿舍好一點，是半磚瓦半土牆的結構。但是，在你的眼中，博學中學是很可愛的，不僅因為校園坐落在樹林之間，風景優美，而且還因為它毗鄰一座女中。你們走出校門往往可以看到那些風姿綽約的女學生的倩影，而且還能不時聽到隨風傳來的女中唱詩班優美的歌聲，這些引起你對異性的神祕嚮往。抗日戰爭時期，生活很艱苦，你在校住讀時，吃的是糙米飯，頓頓都是素菜，一週才打一次「牙祭」，吃點肉菜。

學校對學習抓得很緊，學生生活也很有規律。早上六點起床，十分鐘洗漱完畢趕到操場上集合做操。早操後吃飯，然後上課。你記得很清楚，每天起床鐘一響，訓育主任胡必達老師總是趕到學生宿舍查睡懶覺的學生。他手上拿著一根竹片，看到哪個學生沒起床，就拿竹片敲打他的鋪蓋，催他趕快起床。幾個頑皮的同學挨了幾次竹片後，決定捉弄老師一下。起床後，他們故意把幾個枕頭包在鋪蓋裡，假裝成一個學生在蒙頭睡懶覺的樣子。胡老師見狀，就拿起竹片敲打學生，見沒反應，就使勁再打，還沒反應，他揭開被子一看，才知道上當了。但胡老師為人和善，並沒生氣，只是輕聲笑了笑。你和幾個惡作劇的同學躲在旁邊看，開始怕老師生氣，不敢笑，見老師沒生氣，這才大聲笑起來。

你讀書的時候，校長是胡儒珍博士，他畢業於香港大學，稱得上是一位教育家，不僅對學生的學習要求很嚴，而且要求學生德、智、體全面發展。學校經常開展文娛、體育等方面的活動，你在這些方面受益匪淺。你喜歡各種球類運動，游泳也一直是你的強項，至今你還非常愛好音樂和游泳。

重視英語教學，是教會學校的特點之一。不但英語由外國人教，物理、化學也是外國老師用英文講課。其他課程不及格可以補考，但英語不及格就得留級，因此，學校學英語的風氣特別濃厚，老師也很講究教學方法。你的英語本來就由母親打下了良好的基礎，到博學中學後有外國老師講授，就顯得更出色了！

一九四五年八月，日本投降。中國人民經過多年的艱苦抗戰，終於贏來了偉大的勝利！你也和同學一道，歡慶這來之不易的勝利。一九四六年，博學中學遷回了漢口，剛好你父親也調回武漢工作，於是你們家遷到武漢，你繼續在博學中學讀高中。

你在漢口博學中學讀高中時，上過三位老師講授的英語課。英國人白格里先生教你們英文寫作。你還記得第一篇文章的題目是「North star」。你自己覺得寫得挺不錯的。白格里先生的太太英籍華人林明德老師教你們朗讀和會話。

教務主任周鼎老師教你們文法，他那慈祥可親的面孔和誨人不倦的精神，至今仍深深地留在你的記憶中。

在這樣的環境中學英語，你的英語水平突飛猛進。你還記得，看電影《魂斷藍橋》時，你就基本上聽懂了影片中的英語對話。你被那曲折、精彩的故事吸引得如痴如醉。觀看電影時，日寇飛機轟炸重慶，很多觀眾都逃出去躲避了，你還沉浸在劇情中，捨不得離開。等電影演完後，你離場時，才發覺只有你一個觀眾了！

博學中學雖然是教會學校，但學校裡的宗教活動並不多。而且信教與否，完全自覺自願。在校四年多，你只參加過兩次宗教活動。一次是在重慶的懿訓女中聽一位神學院的牧師講道，他演講的內容很深奧，你聽不懂，因此沒有引起你太大的興趣。另一次是在漢口本校的禮拜堂，你純粹出於好奇，只想見識一下做禮拜的儀式和活動內容而已。

你的班主任王育之是語文老師，四十七八歲，卻有一副老者模樣，他給你們教古文的時候，就像私塾先生，搖頭晃腦地講課，十分有趣。有同學會故意去逗樂，問他：「這個東西英文怎麼說？」他就會笑著敲敲同學的腦袋說道：「你曉得我不懂英語，還用英語來考我！」這讓你感到王老師的坦率和和藹，也感到師生間的和諧。

有一次語文老師安排寫作文，你在作文中使用了「光陰似箭，日月如梭」的詞彙，老師說這是別人用臭了的詞，你還撿來用！從此，你就再也不用「光陰似箭，日月如梭」了。

你記得，一九四六年夏，聯合國善後救濟總署給學校送一批所謂救濟物品，都是一些破舊的衣服和鞋襪，其中有不少是婦女穿的。而你們博學中學當時是男校，同學們對此很反感和氣憤。某天做晨操時，很多同學故意穿上高跟鞋、女式花衣和裙子，怪模怪樣地做出各種動作，引得大家啼笑皆非。隨後同學們就把這些女式的衣物付之一炬，以示抗議。

你現在之所以能在國際學術活動中用英語流利地交流，諸如參加學術討論會、合作研究、技術指導和宣讀論文等，跟在博學中學打下的良好基礎分不開。當然，你母親對你的英語啟蒙也是很重要的。

你在博學中學還有一件難忘的事，就是你在體育運動中取得的成績。你從小喜歡游泳。在重慶龍門浩小學讀書時就經常到長江邊游泳。一九四七年六月，湖北省舉辦全省體育運動會，學校挑選了十幾名身材魁梧的同學參加漢口市的游泳選拔賽。你非常喜愛游泳，而且自認為游得很好，便向體育老師周慶宣報名，要求參加預選。他打量了你一番後，搖頭說：「你個子太小，體力不行！」你不服氣，說：「別看我個兒小，我游泳技術可好了！」可是，周老師不相信你這麼小的個兒能游得過那些身高力大的同學，還是不同意你去。晚上，你在床上輾轉反側，你不願意放過這個機會，決定偷偷跟著去參加比賽！

第二天早晨，周老師帶隊在前，十多個身材高大的學生每人騎上一輛自行車，一字長蛇陣地奔向市內的游泳池。你偷偷跳上了最後一名同學的自行車後座，請他帶你前去。那位同學同意了。到達預賽場時，你找到周老師，請他給你一個參賽機會。周老師人很隨和，看到你決心這麼大，便笑著說：「你既然來了，就試試看吧！」

你得到老師批准，高興極了。比賽時，你拿出最大的勁頭，拚命向前。結果，出乎大家的意料，甚至也出乎你自己的意料，你竟然在漢口市的預選賽中獲得了一百公尺和四百公尺自由式游泳的第一名。體育老師對你刮目相看，馬上把你留下來參加正式比賽前的培訓。你於是努力學習游泳技術，提高游泳水平。不久，你便在省運動會中取得兩塊游泳銀牌，為學校增添了光彩。你們回校時，受到大家的熱烈歡迎。同學們在校門口把你抬起來，往上使勁地拋了多次。

實際上，這次游泳選拔賽，可以說是你人生的一個預演，一種象徵。你是在完全不被人了解、看重的情況下，自己主動、大膽地爭取機會，自我推薦，展示實力，創造佳績，引起社會重視，脫穎而出的！同時，你對自己的潛質和才能有高度的自信；敢於衝破各種框框和束縛，把自己的才華大膽展示出來，從而得到大家的肯定。

你的雜交水稻研究工作不也是這樣嗎？開始時根本沒有人了解，沒有什麼人支持，可是，你主動探索創新，拿出成果，讓上級重視，給予支持，然後一步一步發展起來！

你在學習方面很看重興趣，從小學到中學直到大學都是這樣。對喜歡的功課，就特別注意聽講，還讀這方面的參考書，成績就很好；不喜歡的，就不注意聽，只求考六十多分，及格就行。你喜歡地理、外文、化學，考試往往能拿高分。你最不喜歡數學，得六十分就心滿意足了。為什麼呢？你對我講，當時學習正負數，老師講：「負乘負得正。」你覺得很不理解。你想：說正數乘以正數得到的是正數，這還好理解，為什麼負數乘以負數也得正數呢？你很是想不通，就去問老師。

老師說：「這個問題太深奧，給你講不清楚。你死死記住就行了！」

你心想：我懂都不懂，怎麼去死記呢？於是，你又纏著老師，請他講出道理。老師仍然說：「你記住就是，莫問為什麼！」

你求知好學的熱情受到了打擊，又覺得這個老師缺乏耐心，便對數學不大感興趣了。

與你同桌的同學林華寶，數學很好，但是他體育較差，不會游泳。你就跟他商量說：「我來教你游泳，你幫我解數學題。」他同意了。這樣，你們倆就達成了一個協議。結果呢，他數學好，題目兩下就解出來了，你也教會了他游泳。幾十年後，你到北京開會時，見到了林華寶，原來他也是工程院院士，是國防科委的。你問他游泳游得怎麼樣，他說在單位裡比賽得了第一名。而你的數學還是依然如故……

對當年的學習，你現在感到遺憾的就是數學沒學好。

你是個愛把事思索透的人。記得有一次上物理課，老師講著名的愛因斯坦的質能方程式 $E = mc^2$ ，老師說：「E 代表能量，m 代表質量，c 代表光速。光速是個很大的數字，再加個平方，就更是天文數字了，所以，很小的質量中就蘊藏著極其巨大的能量。」很多同學聽了就聽了。你卻想弄個究竟。你問老師：「老師，為什麼物質的能量和光速的平方成正比呢？」

這的確是一個難以解答清楚的難題，但是物理老師表揚了你，覺得你的問題提得好，並且舉出生活中的事例加以解釋。老師說：「譬如一公斤煤，完全燃燒後釋放出八千千卡熱量，能把幾十公斤攝氏零度的冷水燒到一百度。但如果把這一公斤煤的全部能量釋放出來，就相當於一個城市幾年所消耗的電力。至於怎樣才能全部釋放這麼大的能量呢，還得等今後科學技術的發展來解釋！」

聽了老師這番解答，你感到思路開闊，加深了理解，覺得這個最簡單的方程式說明了最深奧的問題。

一九四八年，你們全家遷到了南京。你因此進到南京中央大學附中繼續念高中。

南京中央大學附中是一流的中學。附中出去的學生有幾十個成了院士。

一九四九年四月，人民解放軍橫渡長江，解放了南京。你父親作為國民政府官員，不得不乘坐最後一列火車，離開南京，去往重慶。於是，你也跟隨父親，捨棄了南京中央大學附中未完的幾個月的學習，回到了你熟悉而又眷戀的重慶。

第二章 從相輝學院到西南農學院

一、立志學農

到重慶後，你就積極準備報考大學。當時，你父母希望你學工科或經濟，進重點大學，今後有個體面的工作，光宗耀祖。但是，你想起小時候母親帶你到農場參觀時的情景，那美麗的園林，那漂亮的花朵，那遍坡的綠草、羊羔、牛犢，多麼可愛，多麼誘人啊！能在農場工作，多愜意！能給人類生產出糧食、瓜果，是多麼好的事情啊！於是，你決定學農。

當時大半個中國已經解放，只有重慶等西南一帶還沒有解放。你在重慶，不能報考上海、北京、南京的大學，而只能報考西南地區的大學。你知道重慶北碚有一所與復旦大學有淵源關係的相輝學院，其農學專業相當強，於是你選擇了進相輝學院，選擇農業作為第一志願。

但是，你父母卻不同意你選這個專業。

父親說：「孩子，你學醫、學理工、學經濟，前途好得多。你去學農，有什麼前途嗎？」

你說：「古人說，民以食為天。農業多重要，沒有農民種田，我們人類都不能生存！農業可是關係幾億人的吃飯問題。應該很有前途。」

母親也不贊成你學農，她說：「學農很辛苦，你沒下過鄉，不知道農民有多辛苦！你能受得了那些苦嗎？」

你回答說：「我身體好，能吃得下苦的！再說，那麼多農民都受得了，我怎麼受不了！媽媽，你別擔心！」

父親說：「你堅持選農學，就要準備吃苦受累！我們也不能勉強你！」

母親也說：「既然你志向定了，我們就尊重你的志願！但是，你可要堅持！」

你高興地說：「我一定好好學，今後我畢業了，辦起園藝場，種果樹，種花卉，還種些水稻、麥子、紅薯，接你們來吃個夠，玩個夠！」

父母最終尊重你的選擇，你如願以償地考進了私立相輝學院的農藝系。

二、考入相輝學院

一九四九年九月一日，重慶北碚夏壩以其美麗的田園風光迎來了風華正茂的年輕學子。

十九歲的你，背著簡單的行李，從城區乘船到了位於北碚城區嘉陵江對岸夏壩的相輝學院。夏壩，真像一幅美麗的圖畫。一片翠綠色的濃蔭深處隱約可見幾幢黃色的房子，那就是你的母校相輝學院。船到夏壩碼頭，從小船下來，上幾十級石梯，就到了學校門前。

一踏進校門，你第一個感覺就是豁然開朗，接著出現在你面前的是一個很大的綠色圓形大花壇。花壇裡開滿了金色的菊花，非常耀眼。大花壇的兩邊是寬闊的人行道，後邊是一幢黃色的房子，那是學院的辦公室。辦公室後面是大禮堂。大禮堂右邊，是一條又寬又長的人行大道。大道的右邊，並列著一排排的平房，每排平房都有十間小型的房子，這便是男生宿舍。與男生宿舍遙遙相望的是圖書館，圖書館大門前面是一個種滿花草的大花園。從大禮堂往左走，經過一排教室便到了一個寬廣的體育場。體育場外有一帶白色的圍牆。圍牆中部有一個紅色的小門，小門內便是女生宿舍。遠遠可以看見一些楊槐樹翠綠色的枝葉在臨風搖曳。在體育場的盡頭，有幾幢房子在綠蔭深處靜悄悄地臥著，那便是院長、教授們的宿舍。走過教授宿舍，便進入了非常遼闊的農藝系的實驗、實習基地——各種農作物生長得欣欣向榮。此時正是初秋，那走道旁的法國梧桐、園內的花草、體育場邊的楊槐、農場內的農作物，都換上了深綠色的秋裝。

看到碧綠清澈的嘉陵江從小三峽的蒼松翠竹間逶迤綿延而來，又向著東方騰躍而去，你不禁滿心歡喜！學校背依青山，面對碧波，真是太美了！第二天，你和剛剛結識的同班同學楊其佑、林喬、王運正等一起遊覽北碚。北碚清幽美麗，綠樹環繞，高大的法國梧桐撐著綠色的巨傘，在盛夏中讓你們覺得陰涼。你欣喜地感受到北碚城有一種親切的、溫馨的、整體的和諧。有同學問：「這小城是誰設計的呀？這麼令人舒心，令人陶醉。」你興奮地說：「這是盧作孚先生設計的。」

是的，小時候，你們從宜昌到重慶後，父親就經常給你講盧作孚，說他從貧困的合川縣（今為重慶市合川區）出來，參加了同盟會，「五四運動」中參加了少年中國學會，一九二五年集資創辦民生實業公司並任總經理。在多年的艱苦拚搏中，盧作孚樹立了教育救國、實業救國、科學救國的思想。他把只有一條小汽船的公司發展成為有上百條輪船的大公司——民生公司，又學習杭州、青島等城市的經驗，把北碚從一個雜草叢生的荒僻的小鎮，建成了美麗秀雅的花園城。

相輝學院也是盧作孚鼎力籌建起來的。相輝學院是在復旦大學舊址上建立的。復旦大學一九〇五年由江蘇丹徒人馬相伯創建，剛開始是民辦公助性質，取名復旦公學，首任校長為李登輝。一九一七年學校升格為私立復旦大學，創辦本科。一九三七年抗戰爆發，復旦大學由上海輾轉遷到重慶。學校先在菜園壩，後因該地易遭日機轟炸，且環境不好，校長吳南軒經考察，發現北碚有濃厚文化氛圍，且環境優雅，遂致函時任交通部次長、北碚實際領導人的盧作孚，請他支持。盧作孚早想在北碚修建大學，復旦大學要遷北碚，正合他的心意，於是他給予了大力支持，劃出嘉陵江邊夏壩的一片土地，讓復旦大學遷居於此。一九四一年，復旦大學改為國立復旦大學。于右任高興地潑墨手書「國立復旦大學」六個大字，懸掛於該校門楣。在渝八年，學校倡議「學術獨立，思想解放」的方針，吸引了陳望道、周谷城、孫寒冰、曹禺、胡風等大批專家、學者前來任教，學校進步力量強大，抗戰氣氛濃郁，被譽為重慶的「小延安」。八年裡，復旦大學畢業了三千名學生。

一九四五年八月，抗戰勝利了，從上海、北京等地遷到重慶的一些學校均陸續遷返原址。重慶地區的高等教育幾乎滑坡到了抗戰前的水平，重慶本地原有的幾所大學無法承受突然增加的報考學生就讀重擔。素來熱心於教育事業的盧作孚先生考慮到很多學生無法進大學深造，遂主動邀集社會賢達于右任、邵力子、錢新之、李登輝、余井塘、吳南軒、劉航琛、康心如、何北衡、康心之、劉國鈞、何延仁、章友三等，在復旦大學舊址籌建相輝學院，並籌基金兩億元作為開辦費用。他還以籌建委員會主任的名義，親自向國民政府教育部上書，要求批准成立相輝學院。上書中提出相輝學院內設文史、英文、經濟、會計銀行及農藝五系，「以期救濟一部分升學無所之青年」。復旦大學非常支持盧作孚這一倡議，復旦大學校長章益先生很快回信給于右任、邵力子、李登輝、錢新之、吳南軒等社會賢達，請他們支持盧作孚創辦相輝學院的倡議，並懇請他們出任相輝學院名譽董事長及董事。一九四六年八月，經國民政府教育部立案，相輝學院建立起來了，占地四百零五畝，校舍面積兩萬平方公尺。

相輝學院第一任董事長是國民黨元老于右任，第二任董事長是邵力子。董事有復旦大學校長章益，銀行家康心如、康心之、顏伯華，實業家盧作孚、韓繼賢、唐賢珍，學者何魯、許逢熙、王文彬。首任校長是許逢熙，繼任校長是黃墨涵。

相輝學院成立後，聘請知名學者任教，當時教職員有一百三十三人，任課教師中，教授占六〇%，副教授占三〇%，講師占一〇%。留學英、法、日、比等國學者占教師總數四〇% 以上。知名教授有吳宓（一八九四——一九七八），張默生（一八九五——一九七九），方敬（一九一四——一九九六），金企淵，王翊金等。真正是力量雄厚，名師眾多。

相輝學院繼承復旦大學「學術獨立，思想自由」的辦學方針，在辦學方向上主張教育普及、教育獨立，提倡能動教育；堅持教育與愛國相結合，革命救國；教育與社會實踐相結合，學以致用；學校實行學生自治，主張廢除師道尊嚴，森嚴堂規；提倡教學相長，學術獨立，思想自由，對不同意見展開自由討論。在教學中，各種學術思想流派都能兼容並存，受到應有的尊重。既有傳統的儒家學說的傳播，也有近代文學的講座；既有研究「紅學」的專家，也有戲曲研究的泰斗；既可以講授「三民主義」，也可以講授解放區的「土改法規」。

學生們思想活躍，學習勤奮。夜晚圖書館占位成風，遲到者難以插足；清晨，明月尚在中天，校園內路燈下就已人影婆娑，朗誦古文、外語之聲隨風飄揚。學生聽課不受學分約束，一堂好課，教室內擠滿了各系的同學。學生也可選聽不同教授對同一課程的講解。學習形式課堂內外並重，農藝系的學生，到農村從事防治病蟲害的實踐，法律系的學生的庭審課是在法院判案中學習的。校園生活豐富多彩，各種學術研究團體林立。文學研究方面有「文漣社」「雲雀文藝社」；外語研究方面有「青年英文學會」，還有世界語愛好者組織的讀書會；農藝系有「田間農學會」；法律系有「衡平法學會」；經濟系有「PE 學會」「大眾經濟學會」；書法愛好者有「養三書法學會」；詩歌愛好者有「生活之歌社」。音樂愛好者社團尤多，有「北夏音樂社」「藍天音樂社」「田園合唱團」「熏風二胡社」等。體育方面各種球隊很活躍，有「朝暾籃球隊」「突兀球隊」「益友足球隊」等。

你進入相輝學院之前，蔣介石政權已處於崩潰邊沿，中國物價飛漲，民不聊生。一九四九年二月，相輝學院教職工參加重慶公立院校師生開展的「爭溫飽」的鬥爭。四月一日，國民黨反動派在南京製造了鎮壓學生運動的「四一」慘案。為了反對蔣介石暴行，四月六日，相輝「爭委會」組織全校師生在夏壩舉行盛大營火晚會，鄉建、勉仁、重大、川教院均派代表參加。會場群情激憤，演出了矛頭直指國民黨反動統治的《團結就是力量》《古怪歌》等節目。四月二十日上午，相輝全校同學包乘數艘大木船，浩浩蕩蕩，沿江而下，前往重大集中，參加四月二十一日舉行的抗議「四一」血案的全市大遊行。十月，根據中共黨組織布置的「調查提綱」，組織黨員和地下社員，對相輝的政治、經濟、文化情況進行了調查，為後來的接管工作準備了一定條件。十一月，為了防止國民黨潰軍過境破壞，學院黨組織首先提出成立「應變委員會」，團結全院積極護校，保護了全校師生和校產的安全，迎來了北碚的解放。

你進入相輝學院之時，你們農藝系系主任是王翊金。農藝系有白季眉、馬建策、王廣森、何錫禹、陳讓卿、王志鵠、程紹明等教授，孫立瀛、游志昆、陳茂椿等副教授，程服靜講師等。第一學年主要是基礎課，開了英文、國文、植物學、普通化學、地質學、農業概論、氣象學、農場實習等課。馬建澤老師上植物學課時，顯微鏡只有一部，還是放在老師家中，十分稀罕、珍貴。

進入大一，你投身一個新的天地，開始努力學習。你仍然是憑興趣讀書。對喜歡的課程學得好，不喜歡的課就不怎麼學，只求考過六十分。你把課外的時間，大多用在閱讀上，讀了大量的書籍。我們在西南大學檔案中查到你的成績：英文九十三、國文六十四、植物學六十五、普通化學六十、地質學八十八、農業概論八十八、氣象學八十四、農場實習六十七。

你剛進校時，學校條件還是比較差的。學校只有一棟主建築是磚瓦結構，一排排房屋與嘉陵江垂直，每棟十間，每間住六至八個學生。宿舍下面就是嘉陵江。你喜歡游泳，下午下課後，就經常沿著一條石梯下到江邊游泳。

當時學校不收學費，生活困難的學生還可以申請助學金。學生輪流辦伙食，即由學生採購，學生管理。你們還在食堂門口辦了公布欄，表揚做好事的同學。

三、西南農學院成立

中華人民共和國成立前，西南地區的農業學科高等教育基礎薄弱，系科設置分散，不利於培養專門的農業人才。一九五〇年五月，四川省立教育學院農科三系教職員曾向第一屆全國高等教育會議建議改設獨立農學院；六月，重慶市第二屆人民代表會議通過在重慶增設高等農業學校的建議；十一月二十七日，教育部批覆同意將原四川省立教育學院的國文、教育、數學、英文、史地、博物等六個系與國立女子師範學院合併組建西南師範學院，留在沙坪壩磁器口；而將四川省立教育學院的農科三系與私立相輝文法學院農藝系及其專修科和私立華西協合大學農藝系合併成立西南農學院，校址就設在北碚相輝學院夏壩原址。四川省立教育學院的農科三系的師生及其設備圖書等都遷到相輝學院舊址。

一九五一年九月，西南軍政委員會文教部根據中央政府教育部統一部署，組織了西南農學院何文俊、管相桓等十一人的西南農業教育調查團，在高教處處長陳孟汀的率領下，分別到四川、雲南、貴州三省有農業系科的院校進行調查，提出農業系科專業調整方案。一九五二年至一九五三年，先後調整到西南農學院的系科還有：川北大學農業經濟系；四川大學農學院園藝系、桑蠶系、農業經濟系、植物病蟲害系、農業化學系；西昌技藝專科學校園藝科、畜牧科；雲南大學蠶桑系、園藝系；西南貿易專科學校茶葉科；樂山技藝專科學校蠶絲科、農業製造科；貴州大學植物病蟲害系、農業化學系、農業經濟系畜牧科部分師生。經過這次院系調整，西南農學院集中了西南地區大部分農業學科的師資和設備，成為西南地區第一所獨立的、多學科的高等農業院校，在校教師增加到一百七十人，在校學生增加到六百五十人。學院設立了六個系六個專業，分別是農學系農學專業，園藝系果樹蔬菜專業，土壤農化系土壤農化專業，植物保護系植物保護專業，蠶桑系蠶桑專業，農業經濟系經濟與企業組織專業，還成立了農業生物科學研究室、植物病蟲研究室和西南植物標本館。

四、大師雲集

新成立的西南農學院有教師六十二人（其中教授二十二人，副教授九人，講師六人，助教二十五人），職工一百二十九人，學生四百一十六人。學校彙集了西南地區高等農業教育方面的大部分教授專家，例如侯光炯、何文俊、管相桓、陳讓卿、陳兆畦、陳世儒、葉謙吉、蔣同慶、蔣書楠、劉佩瑛、李隆術、黃希素等。

西南農學院副院長何文俊，是毛澤東親自簽名任命的。何文俊是重慶巴縣（今重慶市巴南區）人，一級教授。家庭貧困，自幼聰穎好學。在重慶求精中學讀書時，每學期成績均名列前茅，得以免費升學。一九二九年在成都華西大學生物系畢業留校任教。一九三〇年，何文俊獲羅氏基金會獎學金到燕京大學讀研究生。一九三五年留學加拿大多倫多大學修讀生物學博士，後又轉赴美國愛沃華農工學院攻讀植物病理學，一九四一年獲哲學博士。在美國學習期間，他獲得美國大學金鑰匙獎。獲得博士學位後，他不顧梅爾哈斯導師的勸阻，毅然放棄優裕條件，從美國回到戰亂中的中國，先後擔任了華西協合大學生物系教授、農業研究所所長、理學院院長，並兼任四川大學植物病蟲害系主任。一九五〇年九月，組建西南農學院時，何文俊和管相桓等九位老師及四十名學生調入西南農學院。何文俊任院務委員會副主任。何文俊給你們講授植物病理學，他不僅舉止端莊，言詞清楚，表達嚴謹，語言生動，而且還親自帶你們去試驗田中，結合實際進行講解。可惜「文革」中何文俊受到造反派的批鬥，他的伴侶竟然站出來揭發他、批判他！他受不了這樣的誣陷和背叛，憤然投進西南農學院旁邊的小河中，含冤自殺，過早地結束了寶貴的生命！

侯光炯是全國著名土壤學家，一級教授，國家學部委員、中科院院士，他也給你們講過土壤學。他有在農村從事土壤研究的豐富經驗和高水平的科學研究成果，所以講起課來，結合他個人的豐富經歷和親身實踐，講得生動具體，充滿了人生的智慧。他到農村做科學研究，土壤學就由陳強老師教。

這裡我想特別提到你最喜愛和尊重的導師管相桓教授。管先生出生於四川省營山縣天池鄉一個普通農民家庭。因父母早逝，管先生幼時生活極其艱辛，讀私塾、小學和中學均靠親友資助，讀大學和留學的經費則全靠同鄉、四川軍閥鄧錫侯資助。在國立中央大學，管相桓幸遇水稻遺傳育種專家趙連芳老師，趙連芳是國際著名水稻專家，一九二一年即從事水稻遺傳研究，在水稻雜交理論與實踐上獲得很大成就。在趙連芳的教導和影響下，管相桓立志為稻作科學奮鬥終生。一九三五年，管相桓大學畢業後即赴日本留學，學習了廣東野生稻細胞學及水稻高溫處理。「七七事變」後，管先生回國，當時，趙連芳已隨中央農業實驗所遷到重慶並擔任技術主任兼任設在成都的四川工作站主任。管相桓在趙連芳的引薦下，進入四川省稻麥改進所任技正（相當於現在的高級農藝師）兼主任，主持全川稻作改進事宜。一九三七年到一九四〇年，他主持四川省地方農家水稻品種的蒐集、普查、比較研究及檢定工作，跋山涉水，萬里奔走，率領人員深入農村，共檢定四千兩百三十八個品種，並從中選出特殊的、優良的地方農家水稻品種，育成二十個水稻良種。在此基礎上，管相桓還主編了《四川省水稻地方品種檢定彙編》一書。一九四一年至一九四七年，他全力以赴地進行水稻的細胞遺傳研究，特別是水稻性狀遺傳方面的研究，取得了突出成果，他發表的《栽培稻芒之聯繫遺傳》一文，獲得一九四六年國家應用科學二等獎。管相桓還兼任過四川大學農學院農藝系教授，金陵大學農藝系教授，一九四五年，他擔任了華西大學理學院農藝系主任、教授。為進一步深造，管相桓於一九四七年應美國加州大學研究院農藝系之聘擔任研究員，同時在該校攻讀碩士學位和博士學位。一九四九年十月一日中華人民共和國成立，剛修完博士學位的管相桓沒來得及交畢業論文就毅然放棄美國的高薪厚祿，返回中國，希望能報效國家。回國後，他又熱心籌建西南農學院。一九五〇年十一月，管相桓擔任西南農學院教務處副主任和農藝系主任，遺傳學教研組主任。講授進化論、達爾文主義、遺傳學、作物育種學等課程。但是，管先生在一九五七年被錯劃為「右派」，被撤銷了所有職務和職稱，工資也由高教三級降為高教六級。但他仍然堅持進行科學研究，從一九六一年開始編纂《稻作學》一書，包括稻之起源、分類、型態、生長發育、生理生態及遺傳育種等各方面系統知識和理論，直到一九六六年才編撰完成並約定付印。同時，他即將撰寫孕育多年並已蒐集了大量資料的《水稻細胞遺傳學》。可是，「文化大革命」爆發了！管教授被多次抄家批鬥，已成書稿和大量資料被紅衛兵洗劫一空，毀於一旦！管先生痛不欲生，於一九六六年十月十四日吞服毒物，自殺身亡！你的這位摯愛國家、矢志科學研究、成就卓著、名揚中外的優秀老師就這樣含恨九泉！不但他即將問世的科學研究著作被毀，連同他多年艱辛蒐集培育的高產優質的水稻栽培品種和野生稻品種也被全部銷毀了！這實在是中國農業科學和水稻研究事業上極其慘重的損失啊！好在你終於繼承和發揚光大了你母校老師的事業和精神，為中國水稻事業做出了輝煌的貢獻！這也是你對老師的最好的紀念！

袁頌周是農學界最早留學美國的老一輩農學專家，他教你們玉米栽培。

陳讓卿教授是四川渠縣人，留美博士，原川教院教授，教你們甘蔗栽培。

西南農學院不僅有大批博學鴻儒、專家教授，而且有一批優秀的年輕講師、助教，他們講課也很不錯。陳西凱教授給你們講作物栽培學及生物統計和甘蔗栽培。他一九二三年生於廣州，在上海、香港讀完小學和中學，於一九四四年考入雲南大學農藝系。畢業後來到剛剛建立的西南農學院農學系。他教學認真負責。他常講：「只有以身作則，才能取得學生信任，學生才會認真聽我的課。」他不僅注重言教，還重視身教，把教學與科學研究、生產緊密結合。他提倡：「教育學生要深入生產實踐，參加生產勞動。」他帶著你們一起挑糞、澆水、播種、間苗、砍甘蔗。他還擔任涪陵、合川、銅梁等地的農業技術顧問，幫助農民解決農業生產中的問題，又將生產實踐中的問題引入教學，從而使教學與生產實踐相結合。他還結合教學中的問題，進行科學研究，寫了不少學術論文。他帶學生到實驗地現場講解並帶學生搞科學研究，對你以後在安江的教學有示範性的作用。

講師陳世儒雖然年輕，但講授植物生理學，講得極其生動，非常受學生歡迎。王康強上的甘蔗栽培課也很受歡迎。

有人說：「大學者，大師之謂也。」西南農學院這麼多優秀的、知名的教授專家為提高學院教學質量和科學研究水平打下了堅實基礎，為中國培養了一大批農業建設人才。

而你，還有吳明珠、向仲懷等院士，就是西南農學院培養的大批優秀人才中傑出的代表。

五、學習進取

中華人民共和國成立後各個大學的外語課都以講授俄語為主。你只好從零開始學習俄語。但因為你對語言有較高的稟賦，所以，你的俄語學得很好，得了九十幾分。你們俄語教師是盧紹武，他小時候在中蘇邊界長大，俄語較好。學院還在哈爾濱招聘了白俄後裔克娜蘇什卡婭做教師，她的俄語當然更地道、更棒。你和林喬的俄語成績是全班最好的。

地質課由全國著名地質學家黃汲濤教授主講。生化課是樂以倫老師講授。植物學由王保新講授。

管相桓教授既是系領導，又是你的任課老師，他教的遺傳學基礎理論對你有較大的影響。他是研究水稻遺傳的，他在課堂上和課外活動中都給你們講過「水稻的出路在於雜交」的思想，這對你後來的研究也造成了啟蒙作用。只是當時，在大學裡不講孟德爾、摩爾根的遺傳學，只講蘇聯學閥李森科的一家之言。李森科崇尚米丘林學說，堅持生物進化中的獲得性遺傳觀點，提倡無性雜交，否定基因存在，抵制並批判孟德爾、摩爾根的遺傳學。在這種社會環境中，管相桓所研究的基因遺傳學遭到扼殺，並被勒令放棄孟德爾、摩爾根的理論，改教米丘林、李森科學說。然而，管相桓崇尚的是孟德爾遺傳學，所以，他在教學中，在課餘和你們的交談中，還是經常講授孟德爾、摩爾根的遺傳學理論，並對米丘林、李森科的學說發表不同的看法。他曾給你講：「米丘林的『環境影響』學說是只見樹木，不見森林；只見量變，不見質變，最後什麼都沒有。」他還一再叮囑你們要好好學習 Genetics Research（《遺傳學研究》）一書。

你不是書呆子，而是有主見、有獨到見解的讀書人。相輝學院提出的「學術獨立，思想自由」的校訓對你也有影響。你對管相桓教的遺傳學基礎理論非常重視，對他提到的孟德爾、摩爾根的遺傳理論特別感興趣，課後經常向管老師請教。管老師對你獨立思考的精神十分讚賞，你每次向他提出問題時他都認真仔細地為你講解。他在課堂上只能按教材和當時主流觀點講授米丘林、李森科的理論，但課餘時，他就給你講述孟德爾、摩爾根的遺傳理論了。你為了較好地掌握農學理論，搞清米丘林、李森科的理論跟孟德爾、摩爾根的理論的分歧和真相，還到圖書館閱讀中外文農業著作及科技雜誌，將兩者的理論相比較，積累了豐富的專業知識，擴大了自己的學術視野。

在西南農學院學習時，你經常跟陶利林同學爭論哲學和宗教問題。陶利林信奉基督教，相信上帝；你是無神論者，不相信上帝，認為人的命運掌握在自己手中，自己的命運靠自己去創造。

雖然你在西南農學院讀書時受到的干擾比較多：政治運動多，學術干擾也比較大，但由於你能夠廣泛學習和吸取知識，所以學到了很多東西，而且學到了研究學問的方法。西南農學院奠定了你的專業學術基礎。

六、游泳高手

上大學時，你非常喜歡運動。你的游泳技術是一流的，你讀高中時就拿過武漢市第一名、湖北省第二名。你常常以這段光榮歷史自豪！在西南農學院你的自由式游泳水平可以說是首屈一指，沒有哪個能游得贏你。以一九五二年的比賽為證！一九五二年，賀龍元帥主持西南地區運動會。你參加了川東區選拔賽，在沒有經過正規訓練的情況下，你就輕鬆地拿了第一名，同學們好高興，都說你潛力很大，有可能在西南區游泳比賽中拿冠亞軍。但後來你代表川東區到成都參加比賽時，看到成都的小吃又多又好吃，什麼龍抄手、賴湯圓、「一蹦三跳」，等等，就放開肚子高興地吃，暢快地吃。結果，吃多了，把肚子吃壞了，影響了比賽成績。一百公尺自由泳你游了一分十多秒（當時世界紀錄是五十八秒），只得了個第四名。這次失利使你認識到：做事得有節制，不能太隨性。

張本同學蛙泳游得很好，在西南地區運動會上也獲得第四名。當時，游泳比賽的前三名都進了國家隊，而你倆卻被淘汰了，沒有成為專業運動員。

在北碚夏壩的時候，你們的宿舍前面是秀麗的嘉陵江，你們經常沿著一排石梯下到江裡游泳。有時到江對岸城區辦事或遊玩看電影，人們都花三分錢買票坐木船過河，你和幾位游泳高手卻經常游泳過江。你們把上衣和外褲脫掉，盤在頭上，游過嘉陵江，再穿上，節約了三分錢。那時候，三分錢可以買一個雞蛋、一根油條。你這樣做，不僅節省了過河的船錢，更重要的是鍛鍊了身體，愉悅了身心。

同學們看見你游得很好，就請你當他們的教練，教他們游泳。你還經常和同學一道，去北溫泉游泳。北溫泉在北碚區三花石鎮，位於嘉陵江邊，風景優美，溫泉水質很好，是重慶市的一大景點。

林喬告訴我，你們經常到嘉陵江「放灘」，就是搭乘水流在江中往下漂。有一次你和林喬及園藝系的徐進同學從東陽鎮下水，搭一股流水游到對岸，還沒上岸又從流水中游到對岸毛背沱。但是，快到毛背沱時，你們三人都有些體力不支了。徐進更累得上不了岸，高喊：「救命！」這時林喬已經自顧不暇，無力去救徐進。你也很累了，但看到徐進生命危險，你拚著最後的力量，冒著危險，游到徐進身邊，把他拉上了岸。你們三人從江邊疲憊不堪地走到河灘，全都躺在河灘上，大口喘著粗氣，半天說不出話來！

一次，高年級的韓國棟同學在江裡游泳，失蹤了，同學們急忙來請你去救援。你慌忙地跳入江中尋人，四處尋不著，你怕他被江水沖到了下游，竟一直追著游到了很遠的東陽鎮的黃桷樹，都沒找到人。你痛苦地游回來。後來才知道，那個同學被江底的石頭卡住，遇難了！為此，你難過了很久，很為這位同學惋惜！

七、參加空軍未果

一九五一年七月，學校動員學生參加空軍，去抗美援朝最前線。當時，抗美援朝報告團團長嵇炳前給師生做報告，講述了志願軍指戰員在前線的英雄事跡，聽得你們熱血沸騰！聽嵇炳前講到美國飛機在朝鮮轟炸朝鮮人民和志願軍戰士的慘景，你不禁想起小時候看到日本飛機轟炸桃源和重慶的慘烈場面，於是你決心參加空軍，保衛國家領空，幫助朝鮮人民。同時，你又覺得當一名飛行員，駕著飛機在藍天翱翔，能夠像孫悟空那樣騰雲駕霧，縱覽祖國河山，何等浪漫瀟灑！聽完報告，許多同學踴躍地請嵇炳前團長簽名。你也擠在學生中，請他簽字。你沒有帶筆記本，就請他在你的學生證上簽了字：

隆平同志：

為保衛我們偉大的祖國奮鬥到底！

嵇炳前

一九五一年七月二十一日

報告會後，你滿懷愛國熱情報名參加空軍。經過嚴格的考核，你居然被選上了，進了空軍預備班，還參加了慶祝「八一」建軍節的晚會，第二天就要去正式受訓了。

可令你意想不到的是，就在那天熱熱鬧鬧的晚會之後，領導突然宣布：大學生一律退回。你們當選的八人又被退了回來。原來，朝鮮戰場局勢已經有些緩和，國家要開始第一個五年計劃了。那時候大學生很少，所以大學生被退回，參加國家的經濟建設！

回來後，你十分幽默地對同學們說：「空軍把我淘汰了，國家游泳隊也把我淘汰了，看來，我只好回來務農了！」同學們聽了哈哈大笑！一位同學說：「看來，你我都只有務農的命囉！」那時候，同學們之間的友誼就像水晶玻璃一般純淨透明，毫無芥蒂。

在我看來，這是天大的好事！如果你被國家游泳隊或空軍錄取了，國家可能多一個游泳冠軍或者空軍英雄；但是，中國和世界卻會少一個世界級的科學家，少一位造福中國和世界人民的水稻功臣！我想，這是命運要讓你待在農村，從事農業研究，從事雜交水稻研究，讓你用雜交水稻造福中國人民和世界人民！

八、參加「土改」

在西南農學院讀書時，你們還參加了兩次「土改」。一九五一年暑期，你參加了北碚區中梁山的「土改」。一九五二年三月至六月，又參加了大足縣萬古鎮的「土改」。在土地改革運動中，你深入農村，住進農民家庭，親身感受到了中國農村的落後，農民生活的艱難困苦！他們住在破爛的、簡陋的竹片茅草房，家裡沒有什麼生活用具，穿著破舊的衣服，一年有幾個月都是吃紅薯、馬鈴薯，用蔬菜當主糧——糠菜半年糧！那真像一首重慶山歌裡唱的：

尖尖山，二斗坪，

苞穀饃饃脹死人。

彎彎路，密密林，

茅草棚棚笆笆門。

想要吃乾飯啥，

萬不能，萬不能。

……

看到這種現象，你心裡實在痛苦！你對我說：「現在可以說說我當時的真實想法，如果小時候母親帶我們去的不是那個美麗富饒的園藝場，而是帶我們到真正貧困落後的農村，到這樣又苦又窮、又髒又窮的地方，恐怕我不一定會立志學農了。」

我問：「你後悔當初的選擇了嗎？」

你堅定地回答說：「不！看到我們的農村是那樣的苦窮，我沒有後悔，反而更堅定了學農的信心。因為，我既然選擇學農了，就應該為農業做貢獻，解除農民的貧困和艱辛！就是說，看到農村的貧困落後，我更看到了自己肩上的責任和義務！這從反面激發了我的雄心壯志！看到農民這麼苦，看到農村這麼窮，看到農業這麼落後，我就暗下決心，立志要改造農業，為農村做點實事，為農民做點好事。我認為我們學農的就應該有這個責任和義務，用現代科學技術發展農業，幫助農民提高產量，改善他們的生活。實際上，看到農村貧窮落後的狀態，反而讓我找到了自己的用武之地。再加上小時候曾目睹了中國飽受日寇的欺凌，我深深感到中國應該強大起來。特別是中華人民共和國成立後，我覺得中國人民真的是站起來了，我應該要做一番事業，為中國人爭一口氣，為自己的國家做貢獻，這是我最大的心願。所以，我感到自己肩上壓上了擔子！」

聽了你的心裡話，我很受感動，我覺得，你之所以能夠成功，一個很重要的原因，就是面對苦難，你不是消極埋怨，而是以「天下興亡，匹夫有責」的精神，從正面去理解，去看待，從而把改變落後、戰勝災難，當成自己的責任和義務，當成知識分子的天職和本能！

運動中不時會有過於激烈的行為，這使你感到不理解，你只想以自己的專業技術來服務人民。

九、小提琴與音樂

一天，你聽到了小提琴優美的旋律，這深深地打動了你喜愛音樂的心靈，彷彿把你帶到了一個純潔、美好的境界。你循聲走去，發現竟是同學梁元岡在拉琴。美妙的琴聲和他拉琴時的優雅姿態吸引了你。你就請他教你拉小提琴。梁元岡從香港回來讀大學，性格很活潑。你和他、陳雲鐸、張本很談得攏，也玩得好。他見你肯學，就熱心地教你，你也學得很快。不久，你就會拉舒伯特的《小夜曲》《思鄉曲》等。到一九五二年九月，學校歡迎新同學，要排節目，你就和梁元岡一同上臺表演小提琴合奏，受到了同學們的歡迎。你對小提琴的愛好持續終身，到安江農校工作之後，還經常拉。你在湖南雜交水稻研究中心乃至回母校，都還拉小提琴，很受大家的歡迎。

你的聲樂也很好。在西南農學院讀書時，你加入了學院合唱團，唱低聲部。朋友給你取了個外號「大 Bass」。在西南農學院時，你很喜歡唱蘇聯歌曲《喀秋莎》《紅莓花兒開》《莫斯科郊外的晚上》《三套車》等。課餘時間，你經常與梁元岡、陳雲鐸等愛唱歌的同學聚集到宿舍裡一起唱歌。主要唱一些蘇聯歌曲和美國黑人民歌。美國黑人民歌《老黑奴》的歌詞你至今還記得很清楚。你認為，音樂對人有很好的熏陶和淨化作用，對大腦思維有很好的促進作用。所以，你終身都熱愛音樂。

在西南農學院時，你還經常跳舞。但是你不喜歡交誼舞，卻喜歡踢踏舞。那奔放的樂音，伴著你歡快的舞步，洋溢著你青春的激情，顯示出你熱情豪放的性格。

十、單相思

大學時代，正是你情竇初開的時候。有一次，你在校園中看到一位漂亮、高貴、端莊的同學。她有風度，又有氣質，令你一見鍾情！你看到她以後，始終想念著她。你悄悄打聽，原來是園藝系的康杏媛同學。當時，學校很多的男同學都追求她！你也深深地愛上了她。從那以後，你見不到她時，你是那樣想她，那樣渴望見到她。可是真正見到了她，你卻十分緊張，心跳加快，心慌意亂！甚至連看都不敢正眼看她一眼。有一次，暑期學園開文藝晚會，大家圍坐了一圈，她剛好坐在你對面，你看到她含情脈脈地對你微笑。你高興得心都快蹦出來了！可是，你卻靦腆得很，根本不敢對她報之以微笑！等晚會結束，她起身走了，你卻不敢跟她說一句話！你目送她的背景慢慢離去，卻不敢動一步，只能在心裡連連責問自己：為什麼不向她微笑一下？為什麼不向她表達自己對她的好感呢？

你跟我講：見她參加了合唱團，你趕忙就參加合唱團；看到她選修了果品加工課程，你也趕快去選修果品加工課程；看到她到北溫泉游泳，你也趕快到北溫泉游泳。

你暗戀她了。你不敢跟她說話，更不敢對她表達你的愛戀。你只是在心頭把她像女神一樣供奉起來！

你對她的暗戀持續了三年多。直到大學畢業，也沒向她表白。你甚至沒有跟她說過多少話，更沒有牽過她的手。你只是跟她和很多同學一起到北溫泉游過泳。後來，她被分配到貴州。這時候，你才給她班上的一位男同學、你的好朋友張本「交代」了你這段單相思。他後悔不迭地埋怨說：「你為啥不跟我講呢？我給你牽個線不就行了！」

你說：「我怕她不同意。」

你為什麼如此膽怯，羞於表達呢？我以為，一是因為你家幾兄弟都是男孩，雖然有個同父異母的妹妹，但只有很短的接觸時間；二是因為讀中學時你讀的男中，跟女孩接觸較少，見了女孩靦腆、膽怯，羞於表白；三是你性格的憨厚單純和自卑自謙，覺得對方太高貴、太神聖，害怕自己高攀不上，傷害了對方。

康杏媛畢業時被分配到貴州。一九六九年你跟李必湖、尹華奇去雲南，路過貴州時，你還專門抽空去看望康杏媛，結果她去五七幹校勞動去了，沒有見著。你感到十分遺憾。

這段戀情珍藏在你心中多年。多年後校友聚會，你給王運正等同學談起了這段戀情，你還感慨萬千地自嘲說：「看來我袁隆平真是個痴情的種啊！」

十一、服從組織分配

一九五三年夏天，你和其他同學一樣，面臨著畢業分配。

畢業分配，是大學生人生旅途的重要一站，是走向社會的起點，也是對今後工作環境和條件的重要選擇。

畢業後到什麼地方？去做什麼呢？

你父母首先就流露了希望你在重慶工作的想法。

你也產生了留在重慶工作的意願。是的，你怎麼不想留在重慶工作呢？重慶是你的第二故鄉。重慶是西南的首府，西部的重鎮，你在這兒可以大有作為。而且，你父母兄弟在重慶，你當然希望能在重慶工作，全家人相聚在一起。

七月下旬，學校在禮堂舉行了隆重而嚴肅的分配動員大會。大會上，學院領導向全體畢業生發出號召：接受國家挑選，服從統一分配，到基層去，到農村去，到艱苦的地方去，到國家最需要的地方去！

你聽了領導的報告後，思想上展開了一場鬥爭。你多麼希望自己能留在重慶做科學研究工作。但是，國家目前急需大批有專業知識的知識分子到基層去，到農村去，推廣農業科學技術；也需要大批有專業知識的大學畢業生走上教學崗位，培養更多的建設人才。於是，你在畢業分配志願表上，填寫了願意到長江流域工作，願意服從分配。

幾天後，學院人事處通知你，說把你分配到湖南省安江農校工作。

你根本不知道安江在什麼地方。你來到圖書館，在地圖上找了半天也沒找到。最後總算找到了，是在湘西的一個偏僻的地方！你開始覺得有些氣餒：怎麼被分到那麼偏僻的一個農業學校。但你轉念一想：到哪兒不是工作呢？我不是填寫了希望分配到長江流域工作嗎？湖南不是長江流域嗎？何況我還填寫了服從組織分配！去吧！到學校工作，從事農業教育，當老師還是好的。首先是有寒暑假，二是生活比較穩定，三是與年輕學生在一起，生活比較輕鬆愉快。

你很快說服了自己。你最好的同學楊其佑同你告別。楊其佑是你上下鋪的好朋友，你們幾乎無話不談。他是學生會主席，成績又好，已被保送讀北京農業大學研究生，又和吳明珠同學確定了戀愛關係，正是春風得意之時。看到你被分配到那麼遠的地方，他十分同情你，他好心地對你說：「隆平，聽說你分到安江農校。你可要做好思想準備，那是個偏僻的地方，搞不好就是一盞孤燈照終身喲！」

你感謝他的關心，但你並不悲觀，你回答說：「嗯，沒什麼！那兒偏遠，我不怕。我會拉小提琴，到了安江，寂寞的時候，我就拉小提琴，可以消遣。」

楊其佑聽了高興地說：「你有這個想法就好！我還擔心你寂寞，過不慣！看來你是有思想準備的！好樣的！」

回到家，母親聽說你被分配到那麼遠的地方，不覺黯然神傷：「安江在湘西，當年我和你父親帶著你們幾弟兄準備逃到那兒避難，聽說那地方土匪猖狂，才返回洞庭湖，改走重慶的。那兒可荒涼了！」

你忙勸說母親：「媽媽，孩兒不怕！你不是從小就教我，好男兒志在四方嗎？」

母親捨不得你：「你這一去，可就再不容易見到你了！」

你撫著母親的肩膀：「媽媽，別難過，我會常回來看你的！」

母親拭擦著眼淚，說：「平兒啦！距離那麼遠，你要回家一次，怕要好多天！經常回家，談何容易喲！」

你說：「那我經常給你寫信嘛！兒子走遠了，不能經常看你，你可要保重！」

母親關切地說：「你一個人在外面，更要千萬注意！」

母親千叮嚀萬囑咐，給你收拾好行裝。八月的一個黎明，父母和弟弟把你送到了朝天門碼頭。

民生輪船緩緩啟碇了。你站在船舷邊，看著石梯上向你揮手的父親、母親和弟弟，你頻頻地向他們揮手。他們的身影越來越遠，越來越小，漸漸地模糊在霧靄之中，慢慢地融入巍然屹立的朝天門碼頭。

確實，你對重慶有說不盡、訴不完的依戀之情啊！是啊，你在重慶生活了十二年，在重慶度過了人生最美好的青春韶光。是重慶的山川河流，重慶的父老鄉親，重慶的學校老師，哺育了你，培養了你！是重慶的歷史文化傳統，重慶的大禹、巴蔓子、盧作孚等人的人格魅力熏陶了你，是相輝學院、西南農學院給了你專業知識和技能，尤其是相輝學院「學術獨立，思想自由」的辦學精神感染了你，塑造了你！而現在，你像剛剛長大的山鷹一樣，即將展翅飛向藍天；像長大的鯨魚一樣，即將奔赴大海，你怎能不深深地懷念你的第二故鄉——重慶啊！

第三章 安江農校從事科學研究

一、任教安江農校

你從重慶坐船三天到武漢，又由武漢轉乘火車到長沙。在長沙，你先到湖南省農業廳去報到，開了介紹信，把行李往招待所一放，就到湘江去游泳。第二天，你去遊覽了橘子洲、嶽麓山，遊覽了嶽麓書院和愛晚亭。湖南濃郁的文化歷史氛圍深深地感染了你。你用剛領到的第一個月薪水，買了一把小提琴。然後乘車去安江。到安江，那時候還只有燒木炭的老汽車，翻越雪峰山，就花了幾天時間。

雪峰山，位於湖南中西部，主峰蘇寶頂海拔一千九百三十四公尺，是中原大地通向大西南的天然屏障。因山頂常年積雪而得名。雪峰山聚居著土家族、苗族、侗族、瑤族等少數民族。自古以來，因交通閉塞，自然條件惡劣，這兒成為歷代王朝失意官員流放、貶謫的地方。偉大的愛國主義詩人屈原被流放時就曾滯留雪峰山一帶，寫下了《橘頌》《涉江》等優美詩篇。唐代著名詩人王昌齡也曾被貶謫於雪峰山深處的黔陽縣（唐時稱為龍標，其毗鄰的新晃縣曾叫夜郎縣，今為洪江市）。唐代大詩人李白聽聞好友王昌齡不幸遭貶，疾筆寫下《聞王昌齡左遷龍標遙有此寄》的七絕，表達了對摯友王昌齡被貶到荒涼野蠻之地的無比擔憂和深切牽掛之情：

楊花落盡子規啼，聞道龍標過五溪。

我寄愁心與明月，隨風直到夜郎西。

王昌齡來到五溪之後，辦學堂、修寺廟、修江堤、減稅賦，為邊遠地區的生產發展和社會進步做了不少實事。他還在這裡留下了許多優秀的詩篇。你從長沙坐木炭車到安江，足足走了兩天。汽車在崇山峻嶺間盤旋，山路陡峭，景色壯麗。汽車上，有當地居民給你講有關雪峰山的民謠：

雪峰山，

山連山，

三百三十一道彎，

道道都是鬼門關。

安江，是群山環抱中的一片開闊、寬敞而富饒的田野。湍急的沅江穿過峽谷，從山腳蜿蜒流過。安江因沅水平瀾無波，民安江靖而得名。安江當時是地、縣、鎮三級黨政機關的駐地，是黔陽地區的政治、經濟、文化中心。千年古鎮，有著種植橘柚的傳統，猶如一個偌大的柑柚園。幾乎所有的房屋、院子裡都栽種著芬芳的柑子樹、橘子樹和高高的柚子樹。

王昌齡就在這裡寫下了「醉別江樓橘柚香，江風引雨入舟涼。憶君遙在瀟湘月，愁聽清猿夢裡長」的詩篇。

河對面寶塔山上有座文峰塔，那是安江人的風水圖騰。安江還有個楓樹坪，有大片的老楓樹，每到晚秋，霜葉紅似二月花。大的楓樹，兩個人手牽手還抱不住。其蒼老的樹根盤根錯節露出地面，供遊玩、乘涼的人當凳坐。楓樹坪旁邊，是黔陽地區的最高學府：黔陽一中。

安江農校，三面倚山，一面環水。校址原在聖覺寺，是一座千年古剎，古樹參天，風景絕佳，是西南佛道集中藏經之所，內有千年古柏、香樟數百株，輪屈盤結，濃蔭蔽天，相傳乃漢唐之物。校內還有一眼千年古井。

安江農校的前身，係湖南國立第十一中學職業部，一九三九年建校於湖南武岡縣，因日寇南侵，為了躲避戰亂，學校西遷至雪峰山下的安江聖覺寺，更名為安江中等農業技術學校。中華人民共和國成立後，人民政府將原學校的房屋整修，辦起了一所中等農業技術學校——安江農校。

安江農校曾經是國民政府王耀武將軍阻擊日寇跨越雪峰山進攻西南大後方的前沿指揮部所在地。校內一棵千年古樟之上，掛著一尊特殊的鐘，是用日本飛機投下的炸彈殼改製而成。鐘聲清脆悠揚，每天數次敲響。

學校對你最有吸引力的是繞學校後門緩緩流過的沅江。你第一眼看到那碧綠清澈、浩蕩奔流的沅江，就深深地愛上了它。你跳進江中，暢快地游起來。從此，沅江就成為你的天然游泳池，你經常去那兒游泳。而且，你也由此愛上了安江農校。游泳，不僅鍛鍊了你的體魄，還培養了你一往無前、百折不撓的性格。

學校的教室和宿舍非常簡陋，你一到這裡便被安排住進了一間老屋。土牆、木梁、泥地，舊門窗四處透風，老桌椅破舊不堪。你不由得想到：這是以前小和尚住的僧房吧！想到自己將要以這破舊寺廟為家，度過大半生，你不禁心生悲涼！你拿出小提琴，走到室外，沿著一條彎曲的小徑來到沅江邊。天空懸著一輪皓月，在幽藍色的天際畫出深邃的意境；周圍的草叢中，蟋蟀發出動聽的鳴聲，江邊的野花和樹葉散發著清新的香味。望著寧靜的田野，你不禁想起了重慶，想起了慈祥的父母，想起了西南農學院那些辛勤教育你的老師，想起了同窗四載現已各奔東西的同學。你提起小提琴，拉起《夢幻曲》。你想起當年父親教你背誦的范仲淹的《岳陽樓記》。你的思緒一下又飛向了長沙，飛向了你前幾天去遊覽的橘子洲、嶽麓書院、愛晚亭等名勝。你不禁想到：湖南，這是一片文化底蘊極為深厚的地方。這片沃土，培育了朱熹、王陽明、魏源、王夫之、譚嗣同、黃興、蔡鍔等名流學者。既然國家讓自己投身湘楚大地，那自己就應該像一顆優良的種子，扎根於這片沃土之中，吸收陽光雨露，生根、發芽、開花、結果……

第二天，你見到了校長。校長特別高興地告訴你：「我們這兒雖然偏僻，但是環境很好，而且還是樓上樓下，電燈電話。」你聽出來，他的意思是，我們這兒已經不是鄉下了。因為當時流行的口頭語「樓上樓下，電燈電話」成為城市生活的象徵。同時，校長還告訴你：「由於教育局要求學生學俄語，而學校又沒有俄語老師，你在西南農學院時俄語成績特別棒，所以想請你下學期先教俄語。等學校有了俄語老師後，你再教專業課程。你看怎麼樣？」

你的專業不是外語，而且俄語不是你的強項。但是，校長話都說到這個份上了，你能不上這個課嗎？於是你回答道：「好的！我先上俄語課！我雖然不是俄語專業的，但是教初級俄語還是沒有問題的！放心吧！」

校長還說：「我們學校人手少，老師都要兼任班主任。你也擔任一個班的班主任吧！」

你壓根兒也沒想過會當班主任。但是，你從不會討價還價，還是愉快地點了點頭，答應了！

二、學生喜愛的好老師

第一節課，你走進了五甲班。這是從高小畢業生中招收的五年一貫制的學生。這批學生才十二三歲，天真、活潑、好動、調皮。你走進課堂，首先微笑著問他們：「同學們，你們知道蘇聯嗎？」

大家七嘴八舌地叫起來：「知道！」課堂氣氛一下就熱鬧起來了。

你又問同學：「請你們說說，你了解的蘇聯有多大，人口有多少，位置在哪兒，他們用的什麼語言，好嗎？」

同學們回答後，你再簡單介紹了蘇聯的情況，然後說：「同學們，蘇聯是我們中國的好朋友、老大哥，他們國家使用的俄語是世界上最優美、最動聽的語言之一，他們的歌曲也是非常優美動人的。你們會唱《喀秋莎》嗎？」

「不會。」學生們齊聲回答。

「那老師唱給你們聽一聽，好嗎？」

這下學生們一齊歡呼起來：「好！」教室一下變成了歡騰的海洋！

你輕輕唱起來：

正當梨花開遍了天涯，

河上飄著柔曼的輕紗。

喀秋莎站在峻峭的岸上，

歌聲好像明媚的春光。

學生們被你的歌聲吸引了，全都凝神地聽著。唱完了，你問大家：「好聽嗎？」學生們這才回過神來，高聲叫道：「好聽！好聽！」然後熱情地鼓起掌來！

你高興地笑了。這才言歸正傳，把同學們的注意力一下集中到你的課程上來：「同學們，我這學期就給你們講俄語，大家歡迎嗎？」

「歡迎！」學生們開始愛上你這位活潑開朗、多才多藝的大哥哥了！

「好，我們先學俄語的三十三個字母。」你把三十三個字母寫在黑板上，然後一個字母一個字母地教學生們發音。你把俄語字母中的彈音「P」作為重點，教他們發彈音。你從口形、發音部位到聲帶振動等方面進行現場示範，帶領學生們反覆練習。這一課以後，走廊裡、寢室裡、食堂內外，經常會聽到大家帶有「P」的捲舌音的發音。透過你這些帶有趣味性的基礎訓練，同學們體會到，學好外語並不難，關鍵在於要喜歡它，多開口，勤練習，直到掌握要領為止。

為了激發同學們學習俄語的興趣，你經常在課內與學生用俄語進行簡短的交流；而在課外則教學生唱《喀秋莎》《莫斯科郊外的晚上》《紅莓花兒開》等俄語歌曲；

你還指導學生與蘇聯學校的同學通信。你用多種多樣的形式，來豐富教學內容，鞏固所學的單字和語法，收到了很好的效果。連原來對俄語不感興趣的同學，也提高了興趣，進步很快。同學們上下課都用俄語高喊：「袁老師好！」你也用俄語喊：「同學們好！」

為了讓同學們學好俄語，你甚至還編寫了簡單的相聲，把它翻譯成俄語，組織同學一起排練，並和同學一起上臺表演，贏得了臺下一片熱烈的掌聲！

有時，星期天你還帶學生去郊遊，不是跟學生打成一片，而是跟學生打得火熱！

你真可以說是幹一行愛一行、鑽一行，不遺餘力，不辭艱辛！

為了教學和科學研究，你不僅努力學習俄語，而且刻苦自學英語，不斷提高聽、寫、讀的水平。透過長期的磨練，你可以不帶字典閱讀英文、俄文的雜誌和資料，是全校第一名外語過關的專業教師。你經常以身說法來啟迪、教導同學們，要刻苦學好外語，多掌握一門外語，就等於多打開一扇窗戶，可以學到更多、更廣的科學知識，更好地做好自己的工作。

三、在教學中提高

進校第二年，你調回遺傳育種教研組，做起了你的本行：教授植物學、作物栽培、遺傳育種等專業課。

一九五四年，你教學生普通植物學。這是農學重要基礎課之一。為了上好這門專業課，為了回答學生提出的各種各樣的問題，你就在課前下苦功夫備課。從構成植物體的最小單位——細胞的構造開始，到根、莖、葉、花、果實、種子的外部形態、植物的生物學特性以及遺傳特性等，進行系統而深入的學習與鑽研。為了在顯微鏡下觀察細胞壁、細胞質、細胞核的微觀構造，你刻苦練習徒手切片技術。一次兩次十次沒有成功，你就上百次地切，一直到在顯微鏡下得到滿意的觀察效果為止。為了達到滿意的效果，你經常廢寢忘食，有時甚至觀察到凌晨兩三點才離開實驗室。

學，然後知不足；教，然後知困。在教學中，你深感以前自己的專業學得不深不全不透，既已任教，就得一切從頭學起，邊教邊學，邊學邊教，教學相長。你經常提出各種問題自考自答。比如備「植物開花結果」這一課時，你先自己設問：到底植物的受精是否與動物一樣？為了從實踐中找到答案，你走出課堂，來到田間地頭，將玉米的雌花套袋隔離，以觀察玉米能不能結實。結果顯示，套袋玉米因得不到雄花的花粉而不能受精，雌花就不能結實。這樣，自己提出的問題得到圓滿解答。你深有體會地說：「要給學生一碗水，老師就得有一桶水。即使一些淺顯的問題，如果教師本身鑽研得不深不透，就不可能把課講好！」

為了幫助同學們學好普通植物學，你於一九五五年春，帶領農三〇三班同學上雪峰山採集野生植物標本，幫助學生們認識各種野生植物，既鞏固了課堂學習的知識，又使學生們學到了許多書本上學不到的東西。在學校沒有統一教科書的情況下，你還自己備課，自己編寫教材。

有一次你帶農三〇三班學生上雪峰山採集野生植物標本。突然間下起了瓢潑大雨，頃刻山洪爆發，將你和學生困在了雪峰山麓的太平溪小學裡，回不了農校。當時糧票已用完，買不來米下鍋。在危急關頭，你當機立斷，立即派班長向明忠冒雨涉水過溪，回校領來糧票，趕回太平溪小學，才去買了米煮飯給學生們吃。這既讓年幼的學生感受到集體生活的溫暖，又讓他們經受了一次艱苦環境的實際鍛鍊。

在擔任班主任時，考慮到自己不善做思想工作的弱點，你就充分調動學生幹部的積極性，讓班上的團支部書記、班長和學習委員組成「班三角」，讓團支部書記做學生的思想工作，讓班長管班上的事務工作，讓學習委員帶領全班的學習。你這個班主任則發揮自己的特長，帶學生們進行各種各樣的課外活動和體育運動。教他們俄語歌曲，拉小提琴，學游泳，練跑步，練跳遠，踢足球。你班上有位學生叫李俊杰，是文藝委員，喜歡作曲，喜歡拉小提琴，你就教他拉小提琴，鼓勵他作曲。他作了曲，你就跟他一起討論，幫助他修改，然後一起試唱，直到把歌曲改好。後來，他畢業時，你還把剛投入工作時買的小提琴送給了他。他不但經常拉這把小提琴，還把它當作最珍貴的懷念！

我採訪了當年你教過的農三〇三班的學生謝長江等，他們懷著十分虔誠的心情說：「袁老師教學中的最大特點是寓教於樂。他本人愛好廣泛，又喜歡和年輕人一起。他當我們班主任時，常帶我們踢足球、打籃球；夏季還帶領我們下沅江游泳，我們這些『旱鴨子』都是班主任袁老師手把手教會游泳的。我們班的同學，既把他當老師，尊敬他、欽佩他，又把他當兄長，親近他、熱愛他。」

謝長江說：「當年，我在班上是年齡最小的男生，有天早晨袁老師來查寢室，我還沒起床，他關切地問我：『謝長江，為什麼還不去跑步晨練？』我羞答答地回答：

『袁老師，我吃不飽飯，沒有勁跑！』袁老師當時不僅沒有批評我，還關切地叫我到教職員食堂去加餐。從那以後，袁老師在開飯時，經常將我拉到相鄰的教師食堂，給我添一碗飯。五十年前老師一碗飯之恩，讓我記憶一輩子，回味一輩子，而且成為我畢生一筆寶貴的精神財富。袁老師對學生無微不至的關愛，集師生愛、朋友愛、父子愛於一身，我們以有這樣的老師而自豪。」

多年後，你在回顧安江農校的這段教學生涯時，深有體會地說：「我在教學過程中，累積了較多的生物學知識和農業生產實踐經驗。因此在以後的水稻育種研究中，才具有了一定的發現問題、分析問題、解決問題的能力。」

四、無性嫁接的失敗

一九五六年，中共黨中央號召向科學進軍，中國國務院組織制定全國科學發展規劃。

中共黨中央的號召，喚起了全中國知識分子的高度積極性。你也被鼓動起來了。你覺得，工作三年，你已經基本熟悉了專業教學，應該考慮真正做點科學研究了，不能碌碌無為一輩子。於是，在教書之餘，你帶領學生科學研究小組做試驗，希望能做一個新的品種，一種高產的新作物。

當時，蘇聯生物學家米丘林、李森科的「無性雜交」學說在中國相當盛行，他們認為無性雜交可以成功地改良品種或創造新的品種，這種論斷影響著中國農業研究發展的方向。無性雜交就是透過嫁接和胚接等手段，將兩個遺傳性不同的品種的可塑性物質進行交流，從而創造新的品種。安江農校有著「教科相長」的良好傳統。你在學校既教學，又開展研究。學校不但為你劃分了試驗田，而且還讓你所帶班級裡的學生承擔起研輔的工作，對你確實有很大的幫助，比如楊運春、尹華奇、潘立生等學生，就經常跟著你做教學實習。你先做紅薯研究，你想：月光花有光合作用強、製造澱粉多的優勢，能不能把月光花嫁接在紅薯上，透過月光花的優勢來提高紅薯產量呢？你就帶學生把月光花嫁接到紅薯上，希望地下長出紅薯，藤上的月光花也能結出籽，可以作為繁殖下一代的種子。同時，你還把番茄嫁接到馬鈴薯上，希望地下長出馬鈴薯，莖上結滿番茄；你還把西瓜嫁接到南瓜上，希望得到新型的瓜種。你希望透過這些實驗，獲得優良的無性雜交品種，提高農作物的產量。

嫁接的作物成活了，長勢不錯。只是月光花與紅薯的生長期不完全同步，若要達到讓月光花在短光照下結籽的目的，需要縮短日照時間，你們學校沒有這些設備，為了給實驗創造條件，你就拿出自己的被單塗上墨汁來給作物遮光。有的老師見了，感到很可惜，說你是個「敗家子」。但你一心撲在科學研究上，根本不理會這些。

功夫不負有心人。當年，你的實驗的確出現了奇蹟：月光花嫁接的紅薯，一個個長得很大，其中最大的一個竟然達到了十七點五斤！大家都稱它為「紅薯王」，而且月光花上還結了種子！另一塊地裡，土裡挖出了馬鈴薯，莖上結了番茄！南瓜和西瓜嫁接，也結出了新的、奇異的大瓜。學校上級看到了，認為這為學校爭了光！立刻請來記者，在報紙上做了鼓舞人心的報導，你還因此出席了在湖南武岡縣（今為武岡市）召開的全國農民育種家現場會。你當時也很興奮，認為這一成果說明你已經找到了增加作物產量的方法。但是，你也有些擔心：嫁接的種子是否能保持嫁接的成果。

第二年，你把月光花結的「紅薯種子」播到實驗地裡，長出的苗和以前的月光花苗沒有什麼不同。正像你所擔心的那樣，嫁接出來的種子不能把上一代的優良性狀遺傳下來。月光花嫁接紅薯獲得的種子現在只長月光花，根莖底下根本不長紅薯了。番茄和馬鈴薯，西瓜和南瓜經過無性雜交獲得的種子種下去，到秋天收穫時發現，植株上還是只生一種作物。你實在不甘心，接下來又做了兩年的實驗，可是這些實驗無一例外，全都失敗了。兩年的實驗證明：你的實驗只能在小範圍內進行，一棵經過月光花嫁接的紅薯苗，即使結了十多斤重的巨形紅薯，也沒多大的實用價值。因為農民不可能將大量的月光花一朵一朵費時費力地嫁接到滿地的薯秧上。你經過兩年失敗的實驗，最後得出了一個結論，那就是這種「無性雜交」的方法並不能改變植物的遺傳性，也就是說，你走進了一條死胡同。

實驗以失敗告終，你陷入思索之中，對米丘林、李森科的學說產生了懷疑。課堂上，你對學生講了實驗失敗的事實，並把學生帶到實驗地裡，告訴學生：「科學是老老實實的學問，來不得半點虛假，不能因別人的讚揚而迷失方向，更不能自己欺騙自己。」

怎麼辦？怎麼辦？你不能在一棵樹上吊死啊！

既然兩年的實驗已經證明嫁接不能改變植物的品種，那就應該改變路子。你想起在西南農學院讀書時，管相桓教授給你講過的當時受到批判的孟德爾和摩爾根的遺傳理論。孟德爾是十九世紀奧地利的一位生物學家，他透過豌豆雜交發現了生物的遺傳法則，創立了遺傳基因學說。摩爾根是二十世紀初美國的生物學家，在孟德爾學說的基礎上，進一步發現基因染色體的遺傳規律，獲得了一九三三年諾貝爾生理學獎。你靜下心來，決心重新尋找新的課題和思路。你一頭鑽進了圖書館，找來管相桓教授推薦的《遺傳學》認真學習，並大量閱讀新的科技資訊。不久，你在《參考消息》上看到一則消息：英美的兩個遺傳學家克里克和沃克，根據孟德爾、摩爾根的學說，研究出了遺傳物質的分子結構模型，獲得了諾貝爾獎。這使你認識到，現代遺傳學已經進入分子水平，而我們還在做無性雜交，太落後了。於是，你決定走孟德爾和摩爾根的遺傳學的路子，你相信只要沿著這條路走下去，前途應該是一片光明！

一九五九年，你進入了而立之年，走上教學崗位已是第七個年頭。在這期間，你經歷了一九五七年的反右派鬥爭和一九五八年的「大躍進」「人民公社化」運動，思想上受到很大的震動。你看到中國國內政治運動連續不斷，你的一些同事被劃成右派、右傾機會主義者，你大學同學張本、劉文斗等被劃成了「右派」，管相桓等老師也被劃成了「右派」。你深知，自己家庭出身不好，對待政治運動，既不能熱心參與，更不能故意逃避，只能採取一貫的超脫態度，儘量避免讓自己捲入複雜的人事糾葛和派系鬥爭中，而始終把注意力放在對專業知識的追求和教學科學研究上。畢業七年了，你只是熟悉了教學工作，但是，在學術上還沒有任何建樹，你考大學時向父母說的要當農業科學家的理想還沒有一點影子，虛度了年華，你感到十分惆悵和不安。你決定，在教好專業課的同時，一定要在農業科學研究上做出一些成績來。

在這一年的中國國慶前夕，你以「我的十年」為題，用辯證唯物主義的觀點，回顧並總結了中華人民共和國成立十年來你的思想與業務，提出了自己的奮鬥目標：絕不會虛度後半生，要做到政治掛帥，紅專並進。

五、饑餓的啟示

在經過了一九五八年的「大躍進」「大煉鋼鐵」「人民公社化」後，一九六〇年，神州大地出現了罕見的全國性的糧食大饑荒。

城市糧食定量越來越低，饑餓在城市蔓延；農村人的糠菜雜糧也難以填飽肚子。不久，饑餓也在寧靜的校園降臨，糧食定量減少，副食供應奇缺。你身高一百七十公分、年輕健壯、食量較大，更感受到了饑餓的痛苦！你餓得無力走動，無神看書，沒法安睡，教書也沒有精神！

你開始想方設法填飽肚皮，開始做「雙蒸法」。就是把米飯蒸兩次，有時還添上蘇打，本來二兩米蒸一碗飯，現在可以蒸一碗半，這樣看上去就多一些，可以把肚子撐飽一點。但是真正的米只有原來那麼多，吃了很快就消化了，照樣餓，甚至餓得更快！餓得受不了，人們甚至吃米糠，吃草根、樹皮。你原來一年四季都要橫渡沅江，甚至冬天下雪你都要堅持冬泳，可是，現在你不能不放棄了！

一天中午，你走出校門，遠遠地看到馬路邊圍了一堆人，走近一看，發現路邊橫躺著一具骨瘦如柴的婦女的屍體！你被眼前的場景驚呆了。沒幾天，你又在大田邊看到了兩具男子的蜷曲枯瘦的屍體。短短幾十天裡，你至少親眼看到了五具屍體。素有「湖廣熟，天下足」之稱的湖南，竟然出現了「路有餓殍」的慘景！嚴酷的現實，使你清醒地認識到：這是一場來勢凶猛的遍布城鄉的大饑荒。你為這沉痛的現實感到深深的不安！想到了「民以食為天」的道理！

面對這場嚴重的大饑荒，一些老師悲觀絕望，一些老師埋怨詛咒，個別老師甚至走上犯罪的道路。而你作為一個正直、優秀的知識分子，你想的是：自己是學農的，國家和人民培養了自己，當國家糧食出現嚴重困難的時候，應該獻出自己的全部智慧和才華，用科學技術，讓糧食大幅度增收，解決人民的糧食問題，讓人民不挨餓，吃飽飯！你想：前兩年做米丘林的嫁接失敗了，看來，得闖一條新路，得用孟德爾、摩爾根的遺傳學開始做育種。

你首先研究小麥的選種育種，取得了一些成就。不久，你看到一份資料，西藏某地的小麥畝產將近一千斤，而湖南小麥產量平均畝產不到三百斤，原因是氣候不適合，小麥易得赤霉病。

接下來你又開始做紅薯研究。當時，面對全國性的饑荒，中央提出「調整、鞏固、充實、提高」的八字方針，提出「全黨全民動手大辦農業、大辦糧食」的口號。你們學校響應中央號召，將教學、生產、科學研究相結合，讓老師們帶學生到農村實習，與農民同吃、同住、同勞動。你就帶學生做紅薯高產壟栽試驗，最高產的一蔸紅薯竟達到十多斤！大家都很高興！

但是，在參加了幾次生產隊的會議之後，你發現紅薯研究沒有太大價值。因為每次生產隊開會，水稻的種植技術都是會議的主要議題，等水稻技術問題討論完了，生產隊隊長就會宣布散會，然後再搭上一句：「哎，大家還要注意一下，別忘了紅薯，要育秧了！」

你由此意識到：在湖南做紅薯和小麥沒有多大意義，因為它們不是主要作物，不受重視，沒有課題，沒有經費，很難做下去；就是做出來了，作用也不是很大。事實上，湖南九〇%以上的糧食都是水稻，而且全中國的主要糧食作物也是水稻。你想起毛澤東關於「抓主要矛盾」的教導，決定抓主要矛盾，放棄小麥和紅薯的研究，全力研究水稻。從一九六〇年起，你把目標從研究小麥、紅薯轉為研究水稻上。

你先做起了水稻的直播試驗、密度試驗。其中，直播試驗每畝比一般的增產幾十斤，取得了初步成績。

促使你做水稻育種研究的是你在農村實習時的一次交談。

一九六〇年三月，你帶領四十多名農校學生，到黔陽縣硤州公社秀建大隊參加生產勞動。你住在生產隊隊長老向家裡。老向精明能幹、責任心強。一天，老向冒雨從村外八門鬥換稻種回來，他抓了把稻種對你說：「袁老師，這是剛從八門鬥換回來的種子，多好！」

你接過稻種，邊看邊問：「你為什麼要跑那麼遠，去八門鬥換種？」

向隊長說：「聽說，使用這種子好，能增產啊！」接著，老向又用低沉的聲音說：「糧食這麼緊縮，要度過災荒，多打糧食，不僅要靠好年成，還要靠好種子呀！去年八門鬥使用好種子，今年沒有吃國家的返銷糧。」

你問：「為什麼八門鬥的種子好些呢？」

向隊長說：「那裡是高坡敞陽田，穀粒飽滿。老輩人說，『施肥不如勤換種呀！』我們隊已連續兩年糧食減產，靠國家撥來的返銷糧度荒，心裡很難受！今年，隊裡打算大幹一場，實現自力更生，所以我去換來了這些好種子。」

你邊思索邊頻頻點頭：「是啊，『施肥不如勤換種』！」同樣的條件，同樣的施肥管理，只要種子好，產量就會大大提高。看來，這的確是最經濟、最有效的提高水稻產量的辦法。

向隊長又懇切地對你說：「袁老師，你是教農學的老師，是農業專家，你做科學試驗，一定會為我們培育出新的稻種吧！如果能研究出一種新稻種，讓我們畝產八百斤、一千斤、兩千斤，那該多好啊！我們的苦日子就熬到頭了！」

向隊長這句話，蘊藏著億萬人民的心聲和願望，像一柄重錘砸在你心上，像一道電光照亮你心房！你強烈地意識到：農民最緊迫的需要就是良種！水稻良種！

你決定把研究方向轉到水稻育種上來。但怎樣才能育出良種呢？

你知道，當時在農業育種研究工作中，選育優良品種的方法，主要有兩個：一是系統選育，二是從國外引進的材料中去選。當時從國外引進優良品種這條路肯定行不通。只能走系統選育的路。系統選育，就是從一個群體中選擇表型優良的單株，加以培育，再優中選優。這是當時流行的最簡單也最有效的方法。許多優良品種都是透過這種方法，把遺傳性好的品種培育出來的。如著名的小麥專家金善寶培育的小麥品種「南大 2419」，陳永康選育的水稻品種「老來青」，都是這麼選出來的。

於是，每到水稻抽穗時，你就按照這種方法，到農民田中去選種，選穗子大、結實多的稻穗來培育新品種。

六、珍貴的靈感

一九六一年七月的一天，你和往常一樣來到農校的試驗田選種。突然，你的目光發亮：在一丘早稻田塊裡，有一株形態特優的、「鶴立雞群」的稻株！只見它穗子大，籽粒飽滿，十多個近八寸長的稻穗向下垂著，像瀑布一樣。你挑了一穗，數一數籽粒，竟有兩百三十粒！發現了這樣的好品種，真是如獲至寶！你推算了一下，用它做種子，水稻畝產量可能會上千斤！而當時高產水稻的畝產量一般只有五六百斤，可以增產近一倍呀！你好高興，馬上給它做了標記。你心想：我應把這株禾收藏起來，看是否可以作為育種的好材料，進一步培育。如果都能像這株稻穀那麼好，那麼畝產千斤就有可能實現了！

到成熟時，你把這株稻株的種子小心翼翼地收下來。第二年春天，你把這些種子播種到田裡，種了幾百株。你天天往那裡跑，管理得很好，每天觀察、施肥、灌水、除草，渴望有驚人的奇蹟出現！

但是，禾苗抽穗後竟讓你大失所望！稻株抽穗早的早，遲的遲，高的高，矮的矮，參差不齊，沒有一株像它「老子」那樣茁壯優秀。你感到大失所望！你沮喪地坐在田埂上，呆呆地望著這些高矮不齊的稻株，心裡迷惑地想：為什麼會這樣？為什麼會這樣？

正在失望之餘，孟德爾、摩爾根遺傳學的理論像一道閃電照亮你的心扉。水稻是自花授粉植物，純系品種是不會分離的，只有雜種二代才會出現這種分離現象。你選育的品種，它的第一代那樣好，第二代卻那樣差，這種性狀參差不齊的表現，是不是就是孟德爾、摩爾根遺傳學上所說的只有雜交種子的後代才可能出現的性狀分離現象呢？如果是，那麼，它不就是一株「天然雜交稻」嗎？你心中突然一亮，靈感產生了：你前一年選到的那株優良的水稻現在出現了分離，其本身就可能是一株天然雜交稻！它已充分地表現了雜種優勢！

在這個珍貴的靈感的啟示下，你立即對那株特優稻穗做了統計和運算：其高低不齊的比例恰好是三比一，這完全符合孟德爾的分離規律。這一重大發現令你異常興奮：你選到的那株「鶴立雞群」的水稻，竟然是一株天然雜交稻！

當稻株的種植出現意外失敗的時候，很多人會被這個失敗擊倒，認為這個稻穗沒有研究的價值和意義，甚至放棄這個研究。可有精明頭腦和富有創造精神的你，卻在靈感的閃現中發現了一個新的、令人振奮的現象！你發現了失敗的現象後所隱藏的重大祕密：這株「鶴立雞群」的稻株不是普通的稻株，而是一株天然雜交稻！而且它說明水稻具有雜種優勢！你再進一步推論：自然界既然存在天然雜交稻，而且這種異花授粉的天然雜交稻又存在著那麼明顯的優勢，那麼我們也應該而且可以透過人工授粉的方法利用這一優勢獲得水稻高產。

你為自己的這一發現感到無比欣慰！無比振奮！從一九六二年到一九六三年，你透過人工培植雜交水稻的試驗，發現的確有一些雜交組合顯示了雜種優勢。

於是，你下定了決心：研究雜交水稻！

第四章 挑戰世界難題

一、劃時代的創意

為了研究雜交水稻，你想要找到利用水稻雜種優勢的理論依據。而在湘西南的偏僻角落是沒有這個條件的。你不由得想到母校的管相桓教授，他是研究水稻的，但他被劃成「右派」，這時去請教他怕給他增添麻煩。你又想起管相桓教授十分推崇而且多次給你們推薦過的鮑文奎先生。鮑先生當時是中國農業科學院作物研究所的研究員、中國著名的遺傳育種專家，早年畢業於中央大學農學院農藝系，後赴美國著名的加州理工學院生物系獲得博士學位回中國，而摩爾根正是長期在那裡擔任系主任的。於是，你懷著強烈的求知慾望和探索真理的精神，於一九六二年暑假自費到北京，拜見了鮑先生。那時他還不到五十歲。

你到北京後，受到他熱情接待。你虛心地向他請教，給他講述了你發現的「鶴立雞群」的稻株的情況，並談了你對這株稻株的分離現象的認識，得到了他的肯定。

你說：「我透過月光花和紅薯雜交的失敗，認識到米丘林、李森科學說是機械唯物主義。」

鮑先生很賞識你的學術勇氣和獨立見解，直率地回答說：「李森科不僅是機械唯物論，還有些主觀唯心論。」他在與你的交談中，很鮮明、尖銳地批判了李森科在學術觀點上的錯誤，並熱誠鼓勵你在科學研究上要敢於大膽探索。

鮑先生還特別指出：「任何一種學術問題研究，都要有比較和分析。實事求是才是做學問的態度。」

他還幫助和指導你到中國農科院的圖書館裡閱讀了不少專業雜誌和書籍，有遺傳育種學科前沿的基本情況，有你感興趣的理論探索的熱門問題，有雜交育種的實際進展，等等。這些都是當時在安江根本無法讀到的。由於你是帶著問題去的，所以收穫極大。你還在一九七〇年左右，在雜交水稻研究多年進展不大的情況下，再次去北京拜訪過鮑先生。

你看到的一些經典遺傳學理論認為：稻、麥等自花授粉作物，在其進化過程中經過長期的自然選擇和人工選擇，淘汰了不良基因，所累積和保存下來的幾乎都是有利基因。因此，自花授粉作物沒有雜種優勢現象。特別是美國著名遺傳學家辛諾特、鄧恩和杜布贊斯基在其所著的《遺傳學原理》一書中，在論述「不同生物體的雜種優勢」時，明確指出：「小麥自交不會使旺勢消滅，異交一般不表現雜種優勢。」其論據是異花傳粉植物自交有退化現象，因此雜交有優勢現象；自花傳粉植物自交無退化現象，因而雜交無優勢現象。但是，你認為，這一論斷明顯是一種形式邏輯的推理，沒有實驗上的根據。既然玉米的自交系（純系）所配的雜交種有雜種優勢，為什麼水稻品種（純系）沒有呢？你總是懷疑這一點。你認為，作物雜交有無優勢，決定因素不是自花授粉或異花授粉的繁殖方式；而在於雜交雙親的遺傳性有無差異。只要有差異，就會構成雜種內在的生物學矛盾，就會促進雜種的生命力，就會產生雜種優勢。你從那株「鶴立雞群」的水稻上、從你前一兩年的人工雜交實驗中，都看到水稻的雜交優勢。你還想起，管相桓老師講過，水稻有雜種優勢，你還從文獻上看到，早在一九二六年，美國人瓊斯首先發現水稻雄性不育現象，並首先提出水稻具有雜種優勢，從而引起了各國育種家的重視。後來，印度的克丹姆、馬來西亞的布朗、巴基斯坦的艾利姆、日本的岡田子寬等都有關於水稻雜種優勢的研究。這些，堅定了你認為水稻具有雜交優勢的觀點。

第二年，你開始研究人工雜交水稻。在水稻揚花季節，你拿著裝有攝氏四十五度熱水的熱水瓶，到水稻田中，把剛剛開花的水稻穎花（雄蕊）倒插入瓶中，浸泡兩三分鐘，把它的雄蕊殺死；然後再用旁邊水稻的穎花來給這株水稻的雌蕊授粉。這可是個笨辦法，耗時耗力！一天最多只能弄一兩百株！看來，這個辦法行不通！因為農民不可能一朵稻花一朵稻花去處理雜交！

在學習中你還發現，科學家對水稻雜種優勢利用的研究，首先是從不育系選育開始的。一九五八年，日本東北大學的勝尾清用中國紅芒野生稻與日本粳稻「藤坂五號」雜交，經連續回交後，育成具有中國紅芒野生稻細胞質的「藤坂五號」不育系。儘管他們實驗手段先進，且已經研究多年，但是都因技術難度大，仍然未能運用於生產。

你還從文獻上了解到，西方發達國家的遺傳學研究已經達到分子水平，孟德爾、摩爾根的遺傳學理論也已在生產上獲得明顯效果。一九二三年美國科學家透過十年的雜交玉米試驗，成功地將玉米產量大幅度提高了；後來在墨西哥又培育出了增產顯著的小麥品種。世界上五大作物中，只有水稻在培育優質、高產的品種上停滯不前。這是什麼原因呢？這是因為雜種優勢只有雜種第一代表現明顯，以後就沒有優勢了，就要產生分離，因此需要年年生產雜交種子。就好比馬和驢雜交生下騾子，但騾子不能生騾子。要利用水稻的雜種優勢，其難度就是如何年年生產大量的第一代雜交種子。因為水稻這種自花授粉作物，穎花很小，而且一朵花只結一粒穀子。如果要像玉米那樣，用人工去雄雜交的方法來生產雜交水稻種子，每天能生產多少種子呢？少量試驗還可以，用到大田生產上是完全不可能的。因此，雜交水稻研究成了世界公認的難題。

你有心解決這道世界難題。但是，怎麼解決這個世界難題呢？

你用了將近三年的時間，請教了前輩專家，查閱了很多資料、文獻，艱苦地思索、考證、類比、推理、綜合、統籌、想像，肯定、否定、否定之否定，反反覆覆地思索和考慮，終於，你找到了一個最好的辦法，就是要培育一種特殊的水稻——雄性不育系。由於它的雄性花粉是退化的，所以這種水稻的雄花沒有花粉，要靠外來的花粉繁殖後代。換句話說，你想人工創造一種雌水稻——雄性不育系。有了雄性不育系後，把它與正常品種相間種植，並進行人工輔助授粉，就可以解決不要人工去雄便能大量生產第一代雜交稻種子的問題。所以說，不育系是一種工具，借助這種工具可以生產大量雜交種子。但是，不育系本身不能自交結實，繁殖不育系的種子，就必須培育一種保持系，由保持系給不育系提供花粉，所產生的後代仍然是不育的，這樣，不育系才能一代代繁殖下去；在生產中，還需選育另一種品種給不育系授粉，使不育系的後代恢復正常可育，這種品種就叫恢復系。如其產生的後代有優勢，就可應用於大面積生產。

於是，你決定先尋找水稻天然雄性不育株，透過天然雄性不育株，培育水稻的不育系、保持系、恢復系，實現三系配套，以達到利用水稻雜種優勢於生產的目的。

這是一個偉大的創意！一個具有劃時代意義的創意！這個創意是從你發現天然雜交稻的靈感中激發起來的。這個靈感的激發顯示了你具有科學家、發明家、開拓者、創造者的素質和聰慧。而透過思索和窮究這個靈感，並形成尋求水稻天然雄性不育株以實現三系配套，以達到利用水稻雜種優勢於生產的目的，更顯示了你敢闖世界禁區，敢於挑戰世界難題的膽略和魄力！因為這是一道美國、日本等科學家都尚未破解的世界難題，而你僅僅是一個偏僻山鄉的中專教師，既沒有這個義務和責任，也沒有這個條件（經費、技術、資料、環境、時間、精力），更沒有任何組織和人員給你下達任務和提供指導幫助，沒有崇高的理想、宏偉的氣魄、過人的膽識，怎麼敢自覺地、自發地、勇敢地去從事這樣一項挑戰世界難題的偉大事業！

二、苦尋天然雄性不育株

從一九六四年夏天開始，你開始進行尋找水稻天然雄性不育株的繁重而艱難的工作。這是像大海撈針一樣艱難的工作。因為你要在水稻的大海中去尋覓誰也沒有見過的、極其稀罕的、僅僅是你想像中認為可能有的東西！大海撈針，你還知道大海裡有針，而且也知道針的形狀；可是，你要到稻海裡撈的不僅你自己沒有見過，就連中外文獻資料中也未見報導。

但是，你毫不猶豫也毫不畏懼，一往無前地開始了這一工作。天然雄性不育株是什麼樣子呢？你想，它既然是雄性不育，要麼是沒有花粉，要麼是花粉發育不正常，因而不能起授精作用；但它的雌性器官是正常的，只要給它授以正常花粉，它就能受精結實。從植物學的觀點來看，花藥不開裂是許多作物的雄性不孕性特徵之一，因此你決定根據這個特徵來按圖索驥，去尋找天然的水稻雄性不育株。

一九六四年的六月、七月，水稻開始進入抽穗揚花的時節，你請示校長給你調了課，把上午十點到下午三點的課調出來，你好專心到田裡尋覓，開始了尋找天然雄性不育株的工作。

你到稻田裡仔細尋覓。早上十點多太陽較大時你就到稻田裡去了，背個水壺，揣兩個饅頭，手拿放大鏡在水田裡一株一株地尋覓著；中午不休息，一直到下午三點左右才回家。因為中午正是水稻開花最盛的時候，也是最好選擇雄性不育株的時候！頭上頂著如火的驕陽，雙腳踩在稀泥中。稻田裡的髒水又像蒸籠一樣蒸烤著你，而稻穗又像芒刺一樣刺戳著你！那時候沒有水田鞋，你只得赤著腳，在那又髒、又熱、又悶、又蒸、又烤的極其惡劣的條件下工作！

每天，你都滿懷希望而去，你拿著放大鏡，一塊塊田，一壟壟，一行行，一穗穗，仔細地觀看著、檢查著。從早上到下午，汗水一次次濕透衣背，螞蟥一隻隻爬到腳上，蚊蟲一群群飛繞身邊。渴了，喝一口水壺的開水；餓了，啃一個乾饅頭。一天下來，晒得頭暈眼花，累得筋疲力盡，卻又一無所獲！但是，你沒有灰心。今天沒有收穫，還有明天。第二天，你又去到稻田裡。頭頂著如火的烈日，腳踏著汙濁的涼水，你行進在茫茫稻海中！你顧不得打掉腿上的螞蟥，也顧不得驅趕頭上盤旋的蚊蟲，你始終把注意力集中到正在開花或開過花的稻穗花上，發現有點異樣的，就趕快拿出放大鏡去仔細觀察、檢測。那些天，你是多麼艱辛喲！一天，兩天，三天……沒有任何人給你分配任務，沒有任何人催促你。可是，你總覺得有個聲音在催促你！眼前經常出現橋頭餓殍的影子，耳邊經常響起隊長的聲音：「袁老師，如果能研究出一種新稻種，讓我們畝產八百斤、一千斤、兩千斤，那該多好啊！我們的苦日子就熬到頭了！」於是，你身上又增添了信心和力量。你知道找到不育株的機率只有萬分之一，但它還是會有的，只要細心找，一定能找到！就是這種堅定的意念支撐著你努力地尋找。

第十天的下午，在嚴酷的烈日下、在汙濁的涼水中你尋覓了兩個多鐘頭，有一天，你終於還是頂不住了，突然頭暈，中暑了。跟你一起尋找不育株的學生小潘焦急萬分，趕緊把你扶到樹蔭下休息。你吃了點十滴水，擦了點風油精，慢慢地恢復了。你又撐起身子，要往田裡走。

小潘勸你說：「老師，天氣太熱了，回去休息一下吧！」

你看了看烈日下的稻田，咬了咬牙，緩慢而堅定地說道：「這塊田還沒有尋找完，我們今天把它找完吧！」

你掙扎著站起來，支撐不住，一個踉蹌，差點摔倒。小潘趕緊扶住你。你依靠在他身上，閉上雙眼，休息了一會。然後又頑強地站直了身體，邁出了一步、兩步、三步。

小潘擔心地說：「袁老師，你，你行嗎？」

你笑著對小潘說：「行！你看，我不是走得很好嗎？」

你又走進了水田，又開始了艱難的尋找。一會兒，胃又痛起來，你就用一隻手壓著痛處，用另一隻手不停地翻看稻穗，仔細查看。後來你才知道，就是因為那麼多天艱辛而繁重的勞作，使你患上了腸胃病……

功夫不負有心人！經過了十四天的艱苦尋覓，你終於在一九六四年七月五日的午後兩點三十分，發現了一株天然雄性不育株！那是你在大片洞庭早秈稻田中筋疲力盡之時，突然，一株特殊的水稻吸引了你：花開了但花藥瘦得很，裡面沒有花粉，退化掉了，但是它的雌蕊卻是正常的。這不就是退化了的雄花嗎？你欣喜若狂，立刻將花藥採回學校實驗室做鏡檢。發現果真是一株花粉敗育的雄性不育株！真是踏破鐵鞋，望穿雙眼，堅持了十四天，終於在拿放大鏡觀察了十四萬多個稻穗後，發現了第一株雄性不育株！

攻克雜交水稻育種難題，跨出了關鍵性的第一步。

如果說前三年的攀登主要是精神上的思考，那麼，這十幾天的苦苦尋覓，則是體力上的、意志上的考驗和磨礪！充分顯示了你勇敢堅毅，頑強刻苦，不怕吃苦，不怕勞累，不達目的、誓不罷休的勇毅精神和實幹作風！而這，正是一個科學家、發明家、開拓者、創造者必備的優秀品質！

三、《水稻的雄性不孕性》論文

第二年夏天，在水稻揚花季節，你帶著新婚妻子鄧哲，又繼續在安江農校和附近農田的茫茫稻海中逐穗尋覓雄性不育水稻。透過一年的觀察，你取得了一些經驗：正常植株的穎花剛開花時，花藥膨鬆，顏色鮮黃，用手輕輕振動便有大量花粉散出；開花後不久，花藥便裂開了，藥囊變空，呈白色薄膜狀掛在花絲上。在檢查時，對有開花後花藥不開裂、振動亦不散粉的稻穗，用五倍放大鏡進一步檢視，確證為花藥不開裂的，就視作雄性不孕植株，加以標記；二至三天後再複查幾次，並採集花藥進行顯微鏡檢驗，用碘化鉀液染色法進行花粉反應的觀察。

就這樣，你在一九六四至一九六五年，先後檢查了幾十萬株稻穗，在栽培稻洞庭早秈、勝利秈、南特號和早粳四號四個品種中找到六株雄性不孕植株。根據這些雄性不育株的花粉敗育情況，你把它們分為三種類型：

①無花粉型

②花粉敗育型

③花藥退化型

並將它們作為三系法研究的起點。

對觀察到的三類雄性不孕植株，你等到其成熟時便分株採收自然傳粉種子，也有個別的是人工雜交後採收的。你將這些種子採用盆缽育苗，分系單本移栽，每個株系種植一小區，緊挨著種一行同品種的正常植株做對照。在抽穗期進行逐株觀察記載，用花粉染色法和套袋自交的結實率去鑑定孕性程度，初步認為均屬於可遺傳的雄性不育材料。

一九六五年秋天，經過連續兩年的盆栽試驗顯示，天然雄性不育株的人工雜交結實率可高達八〇%甚至九〇%以上，這說明它們的雌蕊是正常的。經雜交繁殖出來的後代，的確有一些雜交組合表現得非常好，有優勢。於是你的信心更強了，決心更大了！

經過這樣反覆試驗，累積了正反兩方面的經驗和教訓，再經過反覆分析論證，這一年的十月，你把初步研究結果整理撰寫成論文《水稻的雄性不孕性》，並投稿給中國科學院主辦的《科學通報》雜誌。在這篇論文中，你首先指出：

水稻具有雜種優勢現象，尤以秈粳雜種更為突出，但因人工雜交製種困難，到現在為止尚未能利用。顯然，要想利用水稻的雜種優勢，首先必須解決大量生產雜種的製種技術，從晚近作物雜種優勢育種的研究趨勢和實際成果來看，解決這個問題的有效途徑，首推利用雄性不孕性。

……

這篇論文於一九六六年二月發表在《科學通報》第十七卷第四期上，還刊登在了英文版的《科學通報》上。你很高興，這是你人生中第一次將論文發表在一份權威性的學術刊物上，這是對你研究成果的初步承認和肯定，這就更加堅定了你繼續前進的信心。

後來的事實說明，你這篇論文不僅在你人生的關鍵時刻發揮了極其重要的作用，而且吹響了第二次綠色革命的進軍號。

四、在動亂中堅持

經過兩年的試驗，你對水稻雄性不育材料有了較多的感性認識。為了加速試驗，你打算買六十個大缽子，用來培育雄性不育株第三代。你騎著一輛自行車，到安江街上衙門口的一家雜貨舖去打聽行情，問老闆大缽子多少錢一個。老闆說要一塊多錢一個。你一盤算，六十個缽子就要七八十塊錢。當時你和鄧哲的工資加起來才一百多塊錢，你岳母與鄧哲的侄兒和你們在一起生活，一家四口，幾乎沒有結餘，眼下兒子又即將出生，家裡哪裡拿得出這樣一筆錢呢？

你想到對河陶瓷廠有不少陶瓷廢品，完全可以拿來種水稻呀！於是，你就請學校總務室陳周忠主任和陶瓷廠聯繫。廠長答應後，你帶尹華奇和李必湖拖著板車去拉了幾十個廢瓦缽回來，以便水稻盆栽使用。

尹華奇與李必湖都是安江農校農作物班的「社來社去」學員，畢業後不參加正式分配，哪裡來回哪裡去。尹華奇是你當班主任時的農作物二二三班的團支部書記，是雪峰山東麓洞口縣人，他學習努力，又喜歡參加課外試驗，他對你做的水稻試驗特感興趣，主動要求做你助手，深得你的喜愛。李必湖是湖南省沅陵縣苦藤鋪鄉的土家族青年，是農作物二二四班的，他見尹華奇幫著你忙前忙後，就去問尹華奇，你的這些試驗有什麼作用？尹華奇說：「這個試驗目前還看不出有什麼奇特，不過，袁老師寫的論文聽說已刊登在中國科學院的刊物上了。他是想培育出一種高產的水稻，解決我們餓肚子的問題。」

「我也聽說他發表論文的事了，原來寫的就是這些禾苗啊！」李必湖心裡佩服極了，「我也想參加這個試驗，跟袁老師好好學一學。袁老師不太認識我，不知道會不會帶我？」

尹華奇給李必湖出主意說：「你找袁老師說說吧，他很好說話的。」

李必湖大著膽子找到你，吞吞吐吐地說：「袁老師，我想給您做徒弟，和尹華奇一起參加水稻試驗，不知您同意不同意？」

你笑道：「給我當徒弟，怎麼不可以呀！可關鍵是要吃得起苦啊。每天下了課來幹活，吃緊的時候，星期天都沒法休息。你怕不怕？」

李必湖樸實地笑了：「吃苦算什麼，從小到大，山上地裡，家裡家外，什麼樣的苦我沒吃過？說實話，我到了學校，才知道有星期天。」

你高興地說：「嗬，決心不小！不過，這可不是一天兩天、一年兩年的事，這是個纏磨人的事啊。你可別後悔呀！」

「我絕不會後悔的。」李必湖堅決地說。

你高興地收下他當助手。

這下，你每天去做盆栽水稻實驗，就有兩個助手了。

一些老師看到你長年在田地裡照管莊稼做試驗，被晒得渾身黝黑，牙齒顯得特別白皙，兩隻眼睛發亮，簡直就是一個黑人了。「曹胖公」給你起了個「剛果布」的外號，很快就傳開了。你也愉快地接受了。於是，你那樂觀憨厚的笑容，也被稱為「剛果布的笑容」。

還有些同事看到你成天下課後就在盆盆缽缽之間忙前忙後，晒得黑不溜秋的，就好心地勸你：「你一天到晚在這些瓦盆中種這種那，有什麼意思呢？在菜地裡栽點菜秧子，還可以吃點新鮮蔬菜！你弄這些禾苗，有多大希望？搞不好還說你走『白專道路』！」

你聽了只是「嘿嘿」地笑了兩聲。你知道他們都是好心，他們是擔心你做不出成果還可能當「白專典型」。但是，人各有志。「風吹雲動天不動，水推船移岸不移。」你堅定不移地從事你追求的事業。

五、「文革」風暴

同事的擔憂果然變成了現實。

正當你滿懷雄心壯志，開始破解雜交水稻這一世界難題的時候，一場橫掃神州大地的狂風暴雨迎面襲來。

一九六六年六月一日，《人民日報》發表社論《橫掃一切牛鬼蛇神》，偏僻的湘西也不再偏僻，安寧的農校更不再安寧！

宣傳欄裡，教室走廊上，到處貼滿了亂七八糟的大字報。「革命無罪，造反有理」「打倒反動學術權威」「橫掃一切牛鬼蛇神」，聲嘶力竭的喊叫聲一浪高過一浪，震盪著校園。

破「四舊」，批鬥，抄家。學校的黨政團隊靠邊站，造反組織上了臺，一個接一個自立山頭，相互之間爭權奪利。

多年來，因為父親曾經在孫連仲將軍的部隊和南京政府僑務委員會任過職，你早被當成「黑五類狗崽子」，所以在歷次政治運動中，你總是乖乖地靠邊站。

但這次運動來勢兇猛，你擔心躲不脫了。果然，這天晚上，你偷偷留意那些不斷貼出來的大字報，忽然發現自己已「榜上有名」了：

「向資產階級知識分子袁隆平猛烈開火！」

「袁隆平引誘貧下中農子女走『白專道路』，我們堅決不答應！」

「不准袁隆平販賣孟德爾—摩爾根的資產階級反動學說！」

你看著大字報，心中無比憤慨：自己頂烈日，踩稀泥，絞盡腦汁，受盡苦楚，不都是為了讓老百姓能吃飽肚子，為了給國家增產糧食，這何罪之有啊！這完全是顛倒是非，混淆黑白，無理取鬧！你恨不得衝上去把這些大字報全部撕了！但是，你想起了正在被批鬥的校長和老師，你很快控制住自己，沉重地吐出一口氣，勸自己道：「隆平，隆平！你可千萬不能魯莽，千萬不要任性！你一定要沉住氣，忍受這一切！不管人們怎麼打擊你，迫害你，誣陷你，你都要冷靜，必須要保住你的生命，保住你的身體，守住你的陣地，你才能做成你的研究，完成你的任務，成就你的事業！」

正在想著，剛好管「牛棚」的工會幹事路過，見到你，不懷好意地說：「剛果布，看大字報呀！我們『牛棚』已經準備好你的床位了，就等你哪天來了！」

你狠狠地瞪了他一眼，心想：果然要蹲「牛棚」了？我關起來不打緊，我的水稻秧子怎麼辦？還有，鄧哲一個人，孩子那麼小，怎麼辦？

你趕緊回到家，給妻子談到外面的大字報，憂心忡忡地說：「我可能要被批鬥，關『牛棚』。」

鄧哲聽了氣憤地說：「憑什麼批鬥你！憑什麼關你！你一天除了上課就是做科學研究，你做了什麼壞事啦！真是豈有此理！你沒有做過對不起學校和老師、學生的事，你不怕！最多把你弄到農村去——我跟你一起去當農民！」

你一聽，非常激動！妻子對你的信任和忠誠，妻子臨危不懼的忠勇和氣魄，使你增添了力量和信心！

過了兩天，你忽然看到了另外幾張更惡毒的大字報，頓時頭腦「轟」的一聲，像爆炸了一樣：

「袁隆平篡改毛主席親自制定的『農業八字憲法』，罪該萬死！」

「打倒篡改毛主席指示的現行反革命分子袁隆平！」

大字報上綱上線，批判你「矛頭指向最高領袖」「篡改毛主席指示」。

你一看，更感到無比憤慨和焦急，感到問題嚴重！「這不是想置我於死地嗎！」是什麼人要這樣整你呢？你記得，是困難年代，你跟幾個教師在教研室討論「農業八字憲法」，同事們都說 「土、肥、水、種、密、保、管、工」八個字缺一不可，十分英明。你聽了，覺得概括得還不盡完善，說還得加上一個「時」字才好。所謂

「時」者，即「不誤農時」也。你舉了一個例子：一次帶學生到農村勞動，上級指示必須要在月初點完黃豆，但是那兒沒下雨，地太乾，你和隊長就提議過幾天再點，上級不同意，你們決定等一等。果然，過兩天下了雨，你們把豆子點了。結果，你們的豆子比按死規定點的豆子長得好得多！

誰知，你這番議論被一個女教師向上級報告了。後來，在「拔白旗」的小組會上，積極分子質問你為什麼要篡改毛主席的重要指示，將「農業八字憲法」改為「九字憲法」，凌駕於偉大領袖毛主席之上？你感到莫名其妙，怎麼我提出一個「時」字就是反對毛主席了！最後，你只好檢討自己，這才勉強過了關。

你平時對政治學習不上心，對各種流行的政治術語口號之類也不太關心。你對政治的關心就是希望國富民強，就是把自己的教學工作做好，把農業科學研究做好。

沒想到這個「錯誤」在這個時候又被翻出來！而且安上了這麼大的罪名，這不變成了一條大罪狀，要自己的命嗎！

你剛轉過身，突然發現對面牆上還有一條標語：「徹底砸爛袁隆平資產階級的罈罈罐罐！」

「啊？要砸我的試驗田中的那些寶貝？」你趕緊向試驗田跑去！

可是，晚了！晚了！學校水池邊的六十多個瓦缽全部被打得稀爛！瓦缽裡的秧苗，全被踩爛在地，令你痛徹心扉，五內俱焚！

你蹲下身去，渾身顫抖著，痛惜地撫著那一株株被蹂躪的秧苗，悲憤地撫著那一塊塊被打碎的瓦缽，你眼中滴著淚，心中流著血，渾身噴著火！多年的心血，多年的夢想，就這樣毀於一旦！

你深情地收揀著那些身首異處的秧苗，用雙手緩緩地刨開一個小坑，把這些融合著自己心血、寄託著自己希望的秧苗安放在裡面，再用土輕輕地掩上。你在心裡哼著林黛玉的葬花詞，像林黛玉葬花一般安葬了自己的寶貝。

鄧哲找你來了。她看到遍地狼藉的秧苗和瓦礫，看到你失魂落魄的樣子，知道你心痛欲絕，忙攙扶著你，緩緩地回到家裡。鄧哲關上門，深情地撫著你的肩，堅毅地對你說：「你不要太生悶氣了！留得青山在，不怕沒柴燒！中國這麼大，秧苗還可以重新培育，雜交水稻的試驗還可以繼續做！」

你的心情一下好了很多，臉色也頓然紅潤一些。你沉著地說：「對！留得青山在，不怕沒柴燒！這雜交水稻研究，我做定了！不管有多少障礙，不管有多少阻力，我都要堅持下去！」就在這時，突然傳來輕輕的、斷斷續續的敲門聲。你們吃了一驚：莫不是紅衛兵抄家來了？鄧哲護住你：「你別去！我去！」你坦然地護住她：「不怕！我去！」你心情緊張地打開門。進來的卻是尹華奇和李必湖。鄧哲擔心地說：「這麼晚了，你們還來？」尹華奇和李必湖神祕地說：「只有天晚了才敢來呀！」鄧哲痛惜地對他倆說：「老師的秧苗被毀完了！」尹華奇對著你詭譎地一笑，說：「沒有完！沒有完！」你傷感地說：「怎麼沒完啦？盆盆缽缽都砸了，秧苗也全被摧毀了！」李必湖忙說：「我們把四盆最好的苗子，藏在了蘋果園旁邊的水溝裡了。」「是真的？」你興奮至極，又擔心是聽錯了，忙再問一遍。尹華奇說：「是真的！」你長長地、放心地舒了口氣！連聲稱讚說：「好！好！好！」

尹華奇和李必湖這才你一言、我一語地告訴你：原來，今天下午，他倆聽見幾個造反派的老師在給同學說，寧要社會主義的草，不要資本主義的苗。袁隆平弄的那些個什麼苗苗，就是資本主義的臭苗子！去把他那些修正主義盆子、苗子全都砸了！他倆一聽，著急了，也來不及跟你講，就趕緊搶在他們的前頭，選了幾缽最好的秧苗搬到蘋果園旁邊的水溝裡藏起來！

你聽了他們的講述，心裡充滿了感激，心情也頓時開朗了許多。你對兩個學生說：「走！看看去。」

當晚沒有月亮，夜，特別的靜。你們踏著夜色，到了蘋果園旁邊的水溝邊。看看那幾缽劫後餘生的秧苗，你心裡悲喜交集，感慨萬端。是的，這些可愛的綠色秧苗，不僅有生命，而且有思想，它們彷彿會說話，會唱歌，能聽懂你心中的呼喚。它們似纖嫩柔弱，卻又堅韌倔強，一陣狂風暴雨之後，只要春風吹拂，又會蓬蓬勃勃地生長起來的。真是野火燒不盡，春風吹又生啊！

考慮到你當時的處境，你對尹華奇和李必湖叮囑道：你很可能被批鬥，甚至被關「牛棚」，要他們在公開場合儘量少跟你接觸。萬一自己被關「牛棚」，請他們繼續照料好這些實驗稻秧，把科學研究繼續下去。

你又給他們講述了你三系配套的原理和設想，讓他們對水稻雜交實驗有了更深的認識，好把科學實驗繼續下去。

六、伯樂的救援

你提心吊膽地等待著被批鬥，被抓進「牛棚」。

可奇怪的是，大字報貼出來之後，並沒有什麼動靜，既沒人批鬥你，也沒將你關進「牛棚」。你感到奇怪，又充滿了擔憂。

幾天後的一天下午，你們一家正在吃飯。「咚咚咚！」重重的敲門聲讓你們驚悸。你看了鄧哲一眼，走過去開了門。兩個臂戴紅衛兵袖章的學生，凶狠地說：「袁隆平！工作組王寶林組長叫你趕快到他辦公室去！」你以為真的要挨批鬥進「牛棚」了。你丟下飯碗，懷著緊張的心情來到王組長的辦公室。一進王寶林的辦公室，幾個學生就要來抓你。王組長喝住學生：「幹什麼！」然後客氣地對你說：「屋裡人多，我們到外面去說吧。」你跟著他走出校門，心裡忐忑不安，等著王組長發話。到了校外的田壟邊，王寶林溫和地說：「中央的精神是要抓革命、促生產。我們工作組既要抓好革命，又要做好生產。現在正值收早稻、插晚稻的季節，工作組要弄一塊晚稻豐產田，你是行家，想請你選一塊好田，並且做我們的技術參謀。」

你一聽，真是喜出望外！多少天來壓在心頭上的一塊又大又重的石頭終於落了地。

你非常激動，立即回答說：「我一定當好技術參謀，保證工作組的試驗田奪得高產。」接著，你又帶王寶林去選好了試驗田。

第二天，你懷著愉快的心情，挑著一擔糞肥去昨天選好的試驗田。一路上，你哼著美國民歌《老黑奴》。路過牛棚時，「牛鬼蛇神隊」的隊長看到你居然唱著歌兒上班，惡狠狠地說道：「哼，你還唱歌，你別高興得太早了。你的床鋪都已給你準備好了，你的名字標籤也在我手上，今晚我們就要請你到我們這裡來報到了！」

但是，第二天，你並沒有被關進「牛棚」。你正在試驗田工作，工作組王組長來到試驗田，很關心地詢問你水稻試驗進行的情況。你遂試著給他講了一下培育水稻雄性不育系對增產糧食的重要性。他聽了很高興，不但肯定了你的工作，還鼓勵你繼續做，爭取早日做出成績。於是，你把雜交水稻試驗秧苗從臭水溝裡搬到光天化日之下，大大方方地做起來。

幾天後，你壯著膽子請求工作組批准你每天中午請兩個小時假，為試驗稻穗雜交授粉。王組長說：「兩個小時不夠吧？給你半天時間吧！」你又提出：「能不能讓我連續請三天假？」王組長說:「三天不夠吧？給你一個星期！」你真是喜出望外。

但是，幾天後你卻聽說，你雖然轉禍為福了，但工作組卻把你的朋友「曹胖公」送進「牛棚」代替你了！原來如此！你在為曹老師遺憾的同時，更認識到「文革」的荒唐和荒謬！但是，為什麼工作組不但解除對你的批判，還讓你從事水稻科學研究呢？你一直很納悶。

多年後，你在安江街上散步時突然碰到了當年工作組的王組長。你見到他，很高興地跟他握手，並說：「謝謝你當年沒有批鬥我，還支持了我的科學研究。」他忙擺手說：「莫感謝我，那不是我的功勞。」你忙問：「那是誰的功勞呀？」他坦率地說:「是中國國家科委的來函救了你！」你忙問他緣由，他這才對你說明了原委，揭開了你多年不解的謎團。

「當時，工作組確實已經決定要批鬥你了，首先就是發動群眾貼大字報揭發你的『現行罪行』，然後組織師生對你進行批判。但有人提出，你出身不好，還應該查一查你的檔案，看看還有哪些歷史問題，以便新帳老帳一起算！我就叫人打開了你的檔案。真是，不查不知道，一查嚇一跳！我在檔案中居然發現了中國國家科委的一封來函，來函中肯定了你在水稻科學研究中做出的預言：利用水稻的雜交優勢，必將使水稻產量大幅度增產。來函還責成湖南省科委與安江農校要支持你的雜交水稻研究工作。看了這份公函，我和工作組的同志都傻眼了，不知該怎麼辦。是把你當批鬥對象呢，還是當保護對象呢？大家討論了一下，七嘴八舌，沒個定論。我只好拿起電話請示黔陽地委。當時的地委書記孫旭濤回答說：『當然是保護對象！』我們這才不但不提批鬥之事，還由我出面請你做我們工作組示範田的技術參謀，實際上就是支持你從事雜交水稻研究活動。」

聽了王組長的解釋，你真是感慨萬千！你對國家科委在特殊年代對你的支持感激不已，你看到了機遇的重要性，也看到了領導幹部識才重才的重要性。你對國家科委給你出函十分感謝。

後來才知道，原來是你那篇論文《水稻的雄性不孕性》救了你！具體情況是：你的論文在《科學通報》上發表後，很快被中國國家科委九局的熊衍衡同志發現，他將此文呈報給了當時的九局局長趙石英。趙局長慧眼識才，認為水稻雄性不育研究在中外是一塊未開墾的處女地，若能研究成功，必將對中國糧食生產產生重大影響，於是他立即請示國家科委黨組織對這項科學研究予以支持。國家科委主任聶榮臻元帥表示支持，於是黨組織集體討論予以批准。一九六六年三月，趙石英眼看巨大的政治風暴即將來臨，及時地以國家科委的名義，分別向湖南省科委與安江農校發函，責成他們支持你從事這項研究。就這樣，在國家整體進入政治動盪的歲月裡，你還能夠逃脫被批鬥被關押的命運，獲得繼續從事研究的權利與時間，使剛剛起步的雜交水稻研究得到保護，避免被扼殺在搖籃中。

吃水不忘挖井人。你不會忘記每一個幫助過雜交水稻事業的人。你對趙石英同志對你的賞識和支持十分感激和懷念，把他當作你的伯樂。你的首屆「隆平科技獎」就頒給了他。

七、禍起蕭牆

一九六七年二月，按中國國家科委的指示，湖南省科委派員到安江農校了解情況，你立即起草了《安江農校水稻雄性不孕系選育計劃》交給他們，並提議將應屆畢業生李必湖和尹華奇留校作為助手。省科委決定支持這個計劃，將其列入了省級項目，下撥科學研究經費四百元。

一九六七年八月，湖南省科委下達文件，請安江農校繼續安排「水稻的雄性不孕性」的研究：

安江農校：

《科學通報》第十七卷第四期載有你校袁隆平同仁所寫的《水稻的雄性不孕性》一文，我們認為這項工作意義很大，在中國國內還是首次發現，估計將是培育水稻雜交優勢的一個很好的途徑。如果能夠成功，將對水稻大幅度增產起很大作用。中國國家科委九局曾於去年給我委來函問及有關情況，並責成我們予以支持。我委曾於今年二月下旬派員去你校了解研究項目的有關情況，並與你校革命造反組織研究了加強政治思想教育和適當擴大研究等有關問題。為了加快該項目研究的進度，希望你們列入你校科學研究計劃，給予適當支持，並請將今年研究計劃報告我委。

湖南省科學技術委員會（印）

一九六七年八月十六日

抄報：國家科委、中南局科委

抄送：省農科院、省農業廳、黔陽地科委、黔陽專區農業局、農科所在一九六七年的八月，湖南省科委還能下達指示，讓安江農校支持你做科學研究！而在一九六七年的八月，重慶卻正是武鬥烈火蔓延之時。各級政府機關全部癱瘓，交通阻塞，人民生活都十分困窘，還談什麼科學研究！你在湖南，應該是特別幸運！

根據省科委指示，安江農校成立了三人科學研究小組，由你任組長，李必湖和尹華奇做組員。你們在動盪的環境中開始對雄性不育秧苗進行反覆繁殖，最後，達到了數百株。

雖然有湖南省科委的「尚方寶劍」，使你們的雜交水稻研究得以繼續，但是，畢竟是在「文革」中，各級領導機構動盪不定，安江農校也經常處於混亂狀態。為了避開混亂局面的干擾，為了利用南方的溫熱氣候條件，加快雜交水稻研究進程，一九六八年春天，你決定帶助手去廣東進行繁育工作。當年二月十四日，是你的第二個兒子出生的日子，可是農時誤不得，兒子出生才三天，你就不得不告別妻兒，帶領助手們踏上了南下的征程。

那是怎樣艱辛的行程啊！你們坐汽車從安江到長沙，再從長沙坐火車到廣州。當時出門，要自己帶全國糧票，在路上找飯店吃飯、睡覺。汽車、火車上都人滿為患，連找個站處都很難。可是，到了廣東農科院，兩派群眾組織正在「文攻武衛」，一片混亂，你們怎麼播種呢？幸好，當時廣東省科委有一位叫藍寧的女幹部，她特別關照你們，把你們安排到安靜的南海縣（現為廣東省南海區）大瀝公社農科站，這才使你們得以安心做試驗。這位藍寧女士後來調到湖南省科委，她又提出建立雜交水稻研究中心，並到北京匯報，促成了湖南雜交水稻研究中心的建立，對你的雜交水稻事業給予了很大的支持。

一九六八年五月，你們從海南回到長沙，將從廣東、海南經試驗育成的頗有苗頭的種子播在安江農校的試驗田中，眼看著它們一天天長成了嫩綠的小苗，你們心裡非常高興。一九六八年五月十八日，是星期六，兩名助手回家休息了。你和往常一樣，在試驗田邊走了一圈又一圈，仔細觀察秧苗的生長情況。你深深地吸吮著田野裡清新的空氣，微笑地看著那迎風搖擺的秧苗，在心裡呼喚著它快快長大。那用作不育材料標記的七十多塊小木牌在你眼中，彷彿是挺立在禾苗旁的忠誠的哨兵。你做了觀察記錄，天快要黑下來，你才回到兩路口農技推廣站你妻子家裡。跟鄧哲結婚後，你住在安江農校，她住在兩路口農技推廣站，兩地雖然不遠，但你們仍然只能每週聚一次。這時，你們的二兒子剛出生不久，你回到家，看了看兩個孩子。當天晚上下起了一場大雨，你心裡惦記著弱小的秧苗，生怕它們經不起風雨。第二天是星期天，鄧哲留你休息一天，她去買點菜，打打牙祭。但是，你不敢在家耽擱，吃過早餐，就急匆匆騎上自行車趕回了試驗田。

來到田邊，眼前的景象讓你驚呆了：昨天傍晚還嫩綠青翠的水稻秧苗，竟然一棵不剩，全部被拔光了！試驗田裡布滿了亂七八糟的腳印和七零八落的小標牌。你腦子裡頓時一片空白，渾身發抖，感到天旋地轉，萬箭穿心！四年多艱辛努力、嘔心瀝血的成果，轉瞬間不見了蹤影！你只覺得欲哭無淚，心痛欲裂！你呆呆地站在田邊，半天說不出一句話來。這雜交水稻研究，為什麼這樣難！這些人的心，為什麼這麼狠毒！

這些年，你勤勤懇懇工作，認認真真教書，披肝瀝膽科學研究，不就為了讓農民多打些稻穀，多生產些糧食，讓老百姓吃飽飯，你招惹誰了！為什麼有人要這樣陷害你！

一連兩天，你在校園裡到處亂轉，四處尋覓，真正是「尋尋覓覓，冷冷清清，淒淒慘慘戚戚！」你坐立不安，寢食無定，胃痛得更厲害了。這些年，你一顆心撲在雜交水稻研究上，經常是飽一頓餓一頓，患上了胃病。胃一痛，你就吃糯米飯，好像還起了點止痛的作用。今天，胃又開始作痛，你就跑到街上買了糯米坨吃。回校時，經過聖覺寺留下來的千年古井時，你特意去望了望。這一望不打緊，你發現水面上竟然漂著幾株秧苗！啊！該不是試驗田裡的寶貝！你驚喜萬分！趕快撈起來細細觀看，仔細打量，像珠寶鑑定專家鑑定珠寶一樣反覆斟酌：果然是試驗田裡的秧苗！你數了數，一共五株。你心想：還能不能再找到一些？你要趕快把它們撈出來！你不顧井有多深，水有多冷，也不顧胃病嚴重，竟奮不顧身地跳進深井之中。但那口井有兩丈多深，潛下去時你耳鼓疼痛難忍，幾次深潛，都沒能潛到井底。學校上級知道後，找人抬來抽水機，把井水抽乾。可是，打撈上來的秧苗已全部漚爛了！

水面漂浮著的五株秧苗，使雜交水稻的科學研究得以延續。但是，這一件轟動全校的「毀禾事件」， 這一宗蓄意破壞科學研究工作的惡性案件，卻不了了之。

懸案尚未偵破，謠言卻不脛而走。有人散布謠言說：毀禾事件是你自己幹的；說你是一個「科技騙子」，以科學研究為名，騙取名利。還有人說：這個試驗根本搞不出什麼名堂來，你拿了省裡的科學研究經費，連續幾年做不出成果，騎虎難下，交不了差，乾脆自己把秧苗破壞掉，這樣，一方面可以向上級交差，給自己找臺階下；另一方面又可以達到陷害他人的目的。更有人搬出了權威理論，說水稻是自花授粉作物，雜交無優勢，因此雜交水稻的科學研究課題沒有前途，否則，你為什麼做了這麼多年也不見成果呢？

這些人用心之險惡，手段之卑鄙，真令人不齒！他們不但毀壞了你的雄性不育秧苗，還倒打一耙，藉此誣衊你、打擊你、陷害你。但是，你面對這一切打擊、迫害、中傷、誣陷的態度是：堅持到底！你面對一切困難、挫折、壓力和阻礙的回答是：絕不放棄！你堅信：自己從事的事業是正義的！崇高的！是有利於人民的！你堅信：自己從事的科學研究工作是正確的！因為雜種優勢是生物的普遍規律，水稻不會例外；而且水稻的雜種優勢，肯定會大幅度提高水稻的產量。你有這個信心。你堅信：得道多助。上至中國國家科委，中至湖南省科委，下至黔陽地區和安江農校的領導都給予了你很大的支持：立項、撥款、配團隊，使你的工作能夠「名正言順」地開展，這在「文革」中已是很難得的了。

八、兩位助手的支持

你是一位善於總結經驗的人。

你從「五一八」毀苗事件中總結了寶貴的經驗教訓。你認識到，在無休止的政治運動中，你無法抵禦人為的破壞，也難以擺脫莫名的衝擊，俗話說，惹不起，躲得起。加之湖南冬季氣溫較低，水稻一般一年只能繁殖一季；而南方卻可以一年繁殖二至三季。出於政治和氣候的原因，你決定每年都走出去，到雲南、海南等地從事雜交水稻研究。這既避開了政治的干擾，又加快了研究週期。

一九六八年十月，你帶上兩個助手，到海南陵水開展研究試驗。也就是從這年起，每年十月，當寒流席捲洞庭湖畔時，你就帶上兩個助手，開始在湖南、雲南、海南、廣東和廣西之間輾轉，因為這些地區的氣候，為水稻育種及加速育種進程提供了優越的自然條件。這樣，一年三百六十五天，你幾乎天天都可以在田間做試驗，充分保證了科學研究時間。你們是在與時間賽跑，一年當兩三年用，像候鳥一樣追趕著太陽，也因此而連續七個春節沒有回家。

一九六九年，由於運動中提出「接受工農兵再教育」的口號，你被抽到「毛澤東思想宣傳隊」，被派往三百多公里以外的溆浦底莊煤礦進行勞動鍛鍊。你心裡清楚，把你抽到那麼遠的煤礦去，就是要在無形中解散水稻雄性不育科學研究小組，就是讓你再也不能進行科學研究。但是，你知道，手臂擰不過大腿，你只能去煤礦。臨行前，你把尹華奇和李必湖叫到家裡，心情沉重地叮囑說：「水稻雄性不育科學研究小組是省裡組建的，你們要繼續以科學研究小組的名義堅持試驗，碰到技術上的問題可以到煤礦去找我。」

尹華奇氣憤地捋起袖子，說：「為什麼要把老師派到煤礦進行勞動鍛鍊，這不是把我們科學研究組解散了嗎？不行，我要去找他們說理！」李必湖也支持尹華奇：「對！我們去找學校！請他們取消這個安排！」

他倆都來自貧下中農家庭，加上年輕氣盛，什麼也不怕。你心裡也窩了一肚子火，聽了他倆的話，你很高興，很想附和他們。但是，沉思片刻之後，你連連搖頭說：「現在是講道理的時候嗎？只要你們兩個承擔起試驗重任，不中斷水稻研究工作，我就放心了。」

尹華奇擔心地問：「老師，您這次要去多久？」你仰頭望著天花板，壓抑著心中的焦慮，沉重地回答了三個字：「不知道。」李必湖看到你著急，忙安慰你說：「老師放心，我們一定把試驗做好！」「那我就放心了！」你的臉色稍有舒緩。

第二天一早，你背著簡單的行李，告別了安江農校。那天早上淒風冷雨，你突然想起了「風蕭蕭兮易水寒，壯士一去兮不復返」的詩句！你心裡很傷感，這次離開農校得多久？離開水稻研究得多久？兩個學生能堅持得下來嗎？水稻研究工作能繼續下去嗎？你望著安江農校的校門，望著校門口那一排排老樹，心中湧起一種悲壯的感覺。

「老師，老師！」突然，李必湖和尹華奇向你跑來。他們來送你，並再次表示了他們一定做好實驗等你回來的信心。你的心溫暖了！

但是，在煤礦勞動的日日夜夜裡，你還是天天魂不守舍，夜夜遙望家鄉。你惦念試驗的禾苗勝過惦念兩個幼小的兒子。因為你知道：兒子有母親照料，可以放心；柔弱的禾苗卻令人放心不下，牽腸掛肚。

讓你意想不到的是，在煤礦待了兩個月後，有一天，突然有人通知你回校。你回到農校後，兩位弟子爭相向你報告事情的經過。

原來，你離開農校不久後，省裡來了一位專家，要李必湖、尹華奇去匯報工作。這位專家在試驗田看了看，問了你和他倆的學籍後，大發高論，不屑一顧地說：「袁隆平，那麼年輕，讀了一個農學院，就想做水稻研究？他能懂多少？我早就講過，自花授粉植物沒有雜種優勢！你們弄的雜交稻，能產八百斤的禾、四百斤的穀就不錯了！你們還是死了心吧！」

他這冷風一吹，學校上級把本來已增加到一千元的研究經費停撥了。李必湖、尹華奇兩個急成了熱鍋上的螞蟻。他們兩個人出身好，有衝勁，又都對雜交水稻工作有一種特別的感情，不想輕易放棄，於是分別給湖南省科委楊武訓以及地區科委主管該項目的曾春暉發去了情況匯報和請求支持的電報。楊武訓是你在安江農校的學生，畢業後到了湖南省科委，他是李必湖、尹華奇的校友，也互相熟悉。他倆的電報發出後一個星期，中國國家科委立即派出資深專家、中科院遺傳所張孔湉教授趕赴安江農校了解情況。張孔湉是研究雜交高粱的專家，他支持「自花授粉植物有雜種優勢」的觀點，並肯定了你們研究組的研究具有極高的科學含金量和實用價值，還向李必湖、尹華奇傳授了許多知識。張孔湉還建議把你調回來做雜交水稻研究，得到了相關上級的同意。省科委在接到李必湖、尹華奇的電報後，也高度重視，派來以陳國平為首的工作組，進行實地調查，證實李必湖、尹華奇二人反映的情況屬實。這樣一來，李必湖、尹華奇兩個人便有了底氣，他們兩個便大膽提出要求，說一要他們的老師回來，二要落實他們的生活費。於是，省科委和農業廳出面干預，迅速把你調回來工作。另外，當了解到你們經費不足時，省裡又劃撥了專項經費三千元，加大了支持力度。這在當時是很重要的。你的兩位助手李必湖、尹華奇，原是「社來社去」的學生，每個月領取十八元的生活費，這下子他們的生活費也升到了二十六元。

聽了他倆的話，你很欣賞兩個助手的熱情和勇氣，也很感激國家科委、省科委和省農業廳對你的關心和支持。這是你們將水稻研究堅持下去的有力保證。有了這份保證，你就更有信心了！儘管研究中遇到七災八難，但你的研究小組還是咬著牙挺過來了。

省科委和農業廳經過研究，認為這一試驗非常重要，對實施毛主席提出的「以糧為綱」戰略有著重大作用，決定將這項研究收上來，由湖南省農業科學院主管，專門成立一個「湖南省水稻雄性不育科學研究協作組」，把你調到省農業科學院進行雜交水稻研究。

於是，你把兩個幼小的兒子和整個家，都留給了妻子。臨行前，你抱著兩個兒子親了又親，然後滿懷歉意地對妻子說：「我走了，你的擔子更重了！」看到你的科學研究工作得到了國家更大的支持，鄧哲感到非常高興，她深情地說：「你到省裡去，條件好得多！你的科學研究會取得更大的突破！你別擔心我們！」你說：「到了省裡，擔子也更重，壓力也更大了！」鄧哲疼愛地說：「你不是常說，壓力要變動力，重擔更是磨練嘛！別怕！」你說：「擔子重我不怕！只是這麼多年了，用雄性不育株先後與近一千個品種和材料做了雜交組合，試驗也做了三千多個了，可是雄性不育株的保持率總達不到百分之百，我很著急呀！」鄧哲微笑著鼓勵你：「功到自然成！到省農科院後，你再好好思索，一定會找到辦法的！別著急！」

九、遭遇地震

到省農科院後，你召集助手們一起坐下來認真思考和總結前六年的工作。自一九六四年到一九六九年，歷經六年的坎坷，你們用雄性不育株，先後與近一千個品種和材料做了三千多個雜交組合的試驗，可結果均不十分滿意。整體上說，研究進展不大。你認為應該總結經驗教訓，找出新路子。

經過反覆思索，你發現：在這些年的試驗中，凡是用與不育材料的親緣關係較近的栽培稻做的試驗，其保持能力就差一點；而與不育材料的親緣關係稍遠的，效果就好一些。你想，我們這幾年試驗不理想，是不是受到試驗材料的局限？我們的雜交不能達到預期目標是不是因為我們使用的材料親緣關係較近？你再聯想到國外的雜交高粱都是透過遠緣雜交才獲得成功的，你一下子悟出問題的癥結所在：這些年來試驗的材料，都是中國國內各地的水稻栽培品種，而且是以矮稈為主的栽培稻。這樣做下去不行，親緣都很近，突破不了！不能吊死在一棵樹上！要拉開親緣關係距離。要廣闢途徑，多管道地尋找和獲得雄性不育材料。從親緣關係較遠的野生稻身上尋找突破口！兩位助手聽了你的總結，非常振奮，齊聲說：「老師說得對！」

於是你調整了研究方案，提出了下一階段的行動策略：進行遠緣雜交，即結合遺傳學中關於親緣關係遠近對雜交後代影響的有關理論，嘗試用野生稻與栽培稻進行遠緣雜交，透過核置換的方法，以創造新的雄性不育材料，以達到突破徘徊局面的目的。

經分析，野生稻主要分布在海南、雲南、廣西等地的偏遠地區。

一九六九年冬，你帶領助手去雲南元江進行試驗，同時尋找野生稻。

元江位於北迴歸線的北側，湖南已經山寒水冷，這裡卻是溫暖如春。你們租下了元江縣農技站的一座無人居住的平房，還租了農技站的水田作為試驗田。你們一邊整理田地，一邊浸種催芽。

新年的早晨，傣族兄弟敲起了象腳鼓，迎接新年的到來。你和助手卻沒有假日，也沒有休息。整完秧田回來，你們回到這間磚砌的平房。屋角裡，擺著一個鐵桶，裝著一個個不同組合稻種的小布袋浸在桶裡。稻種是十二月二十九日下水的，一月二日，就可以把小布袋掛起來催芽了。

李必湖正在給稻種換水，農技站一位同仁跑來交給他一封信。信是他妻子寫來的，信上說他們的第一個孩子降生了，希望他回去一趟。

尹華奇笑著問他有什麼祕密，李必湖說：「什麼祕密！幾句口水話。」他心裡想，這可不能公開啊！如果袁老師知道了，一定要他回去的。這裡的工作剛開始，他怎麼能離開呢？雖然他心裡是那樣渴望回去一趟！

夜裡，袁隆平和尹華奇睡了。李必湖伏在燈光下給太太回信，他說自己很想念老婆，很想回去看看剛生下來的孩子！但是，袁老師這兒的工作離不開，自己不能回家。睡覺以前，他又給稻種換了一次水。

你們都進入了夢鄉。豈料一場災難突然降臨。

你最初感覺自己的床在搖動。但不明白究竟是怎麼回事，睜開眼睛，你發現房子在左右搖擺，天花板上的石灰開始往下脫落。你敏銳地意識到：發生地震了。你趕快起身，對著兩個年輕人高喊：「快起來！地震了！」李必湖起來了，跟著你往外衝。剛跑到門口，你突然意識到：稻種還在屋裡！你轉身往屋裡衝，李必湖也往回衝，你們兩人不約而同地喊道：「稻種！」尹華奇剛剛從夢中驚醒，慌忙站起身來。聽見你的喊聲這才完全清醒了，他折轉身子，搶先提起鐵桶往外衝。

你們三人剛衝出門，一聲巨響，房頂上的一塊石灰緊挨著尹華奇身邊落下。尹華奇嚇得吐了吐舌頭：「好險啦！」

天亮了，餘震不斷發生，大地不時搖晃。你和助手在農技站的水泥球場上圍著那個浸著稻種的鐵桶，商量下一步的辦法。

農技站老支書來看望你們了。他告訴你們：今天凌晨，離元江一百五十公里的峨山，發生了七點二級的強烈地震，震中是峨山、通海一帶。受到波及的元江，震級也在五級以上。他很關心你們，對你們說：「情況已經查明，這裡是地震區，十分危險，你們應該趕快離開。」「離開？」你指著浸在鐵桶裡的稻種說：「種子都要下田了，我們怎麼能離開？」老支書知道，這桶裡盛著的是你們幾年的心血！但是，他更關心你們的安全。於是，他對你說：「稻種交給我們，我們幫你們種下去。抽穗的時候，情況好轉了，你們再回來。」你對老支書說：「我們是做科學研究的人，親口吃梨子，才懂得梨子的滋味。因此，我的意見是不能離開這裡。」尹華奇馬上接著說：「我同意！」李必湖字字千鈞地說：「我們要與種子共存亡！」

送走了老支書，你們在水泥球場上，用塑料布搭起了一個窩棚。水泥地上墊幾把稻草，再鋪上一張草蓆，就是你們的床鋪。種子該催芽了，你們在窩棚裡拴上一根繩子，從鐵桶裡把一個個小布袋撈起來，掛在繩子上，每隔幾小時澆一次水，讓稻種在布袋裡發芽。

又一次餘震發生了，掛在繩上的小布袋，隨著大地的晃動在搖擺著。師生三人見了，相視一笑。

傍晚，李必湖一摸口袋，昨晚給太太寫的信還沒投寄。太太來信的內容是絕對不能告訴袁老師的。地震的情況是不是在信裡加一筆呢？為了不讓她擔心，以後再告訴她吧！

大自然的災難並沒有嚇退你們，發了芽的稻種在不時搖晃著的土地上播下了。秧苗在暖風裡長得飛快。由於地震造成的交通中斷，糧食供應發生了困難，夢想創造高產要戰勝饑餓的師徒三人，面臨著饑餓的威脅。沒有飯吃，你們就只能天天吃當地的香蕉和甘蔗。甘蔗雖然好吃，當飯吃可不好受，三個人吃得口腔裡都磨出了泡。

三頭老黃牛，勤勤懇懇地耕耘在這片土地上。

第五章 勇闖三系配套關

一、溫暖的關懷

一九七〇年六月，湖南省革命委員會在常德召開「湖南省第二屆農業科學技術大會」。為配合大會的召開，會前籌辦了各地區的專題展覽。在黔陽地區的展室裡，介紹水稻雄性不育試驗項目的內容被安排在展板中頭版頭條的位置，旁邊還有實物展示，擺放著水稻雄性不育的禾苗。

風和日麗，陽光燦爛。你正在協助大會工作人員一起布置展覽，突然，一位工作人員走到你身邊悄悄說：「華主任來參觀展覽了。」當時，華國鋒是湖南省革命委員會主任。一會兒，身材高大魁偉的華國鋒邁著矯健的步伐走進展覽大廳，他微笑著朝你點了點頭，走到雜交水稻展板前仔細看了一遍，側過頭與陪同的人交談了幾句，又對你微笑著點了點頭，然後健步走出大廳。

第二天會議正式開始時，華國鋒竟破例親自走到臺下，恭恭敬敬地把你請到主席臺上，讓你在他的身邊就座，這真讓你感動不已：這是你破天荒第一次坐上大會主席臺。華國鋒還讓你發言。你如實地向會議代表介紹了研究的實際情況，既說明了雜交水稻研究的重要意義和作用，也說明了解決問題的難度和存在的一些技術問題，表示有些愧對人民的期望。

華國鋒聽完你的發言後，充分肯定了你們前期艱難探索的階段性成果，指示要把水稻雄性不育研究拿到群眾中去做，並要求有關地市和部門大力支持。你聽後受到極大的鼓舞，明確了方向，也更堅定了攻克難關的決心和信心。

會上，華國鋒還給你們研究小組頒發了獎狀。這真是雪中送炭，使得孤獨前行的你，在一片陰霾中感受到了巨大的鼓舞。

會後，華國鋒還親切地跟你交談。他說：「對於科學研究，我是個外行。但我知道，農業生產要發展，就得依靠農業科學的進步；而農業科學的進步，離開農民和土地，是不可能成功的。作為一個地方的領導人，支持和幫助你們的科學研究項目，是我的天職。」

「天職」二字，令你特別感動！華國鋒當時作為一個地方的領導人，把支持和幫助你們的科學研究項目當作他的天職，這顯示了他高度的責任心和對科技工作的極度重視。在「文化大革命」大破「四舊」，鼓吹「知識越多越反動」， 高喊「打倒反動學術權威」 ，大整知識分子的時候，他卻把支持和關心科學工作者、支持和幫助你們做好科學研究項目當作自己的天職，這是怎樣的氣魄、膽識和眼光啊！

大會最後決定，將雜交水稻研究列為全省協作項目。

不久，根據常德會議的決定，省農科院召開了一次雜交水稻研究座談會，到會的農業界專家有四十多名，而相信你的雜交水稻科學研究設想的人寥寥無幾。省裡特地請來的一位中國科學院學部委員在發言中仍然堅持一貫的觀點：自花授粉作物自交不退化，雜交無優勢，研究雜交水稻毫無意義。

基於這樣的認識，儘管省領導要求加強科學研究力量，但沒有多少人願意加入雜交水稻的研究行列。只有省農業廳賀家山良種場的周坤爐、湖南農學院青年教師羅孝和以及桂東縣農科所的郭名奇等人，表示願意隨同你去海南島協作攻關。

二、追求雜交水稻姑娘

一九七〇年十月，你們相約來到崖縣，崖縣即今天的三亞。已經過了秋分，湖南的氣候開始轉涼，可屬於典型的熱帶海洋性季風氣候的三亞，陽光還是那麼熾熱刺眼。這確實是個天然的大溫室，是「四時楊柳四時花」的好地方。

從縣城西行二十四公里，便是聞名遐邇的南天勝景「天涯海角」。其間有個南紅農場。農場為湖南來的客人提供了住房，提供了土地，提供了生活上的各種方便。你們住的是一棟簡易的平房，住房周圍有常見的椰子樹、荔枝樹、棕樹，但更多的是木麻黃樹，這些樹都長得高大粗壯，鬱鬱蔥蔥，生機勃勃，既擋風又遮雨。

你跟李必湖和尹華奇剛把行李搬進房子，周坤爐就來了。你細細打量了一番周坤爐：不高的身材，黧黑的肌膚，濃眉下一雙精神的大眼睛，一看就是一個吃得了苦能做事的好漢。你早就從曾經在賀家山良種場工作過的李必湖那兒知道，周坤爐畢業於常德農校，被分配到賀家山良種場當祕書。他常聽李必湖給他講跟隨你做雜交水稻研究的事，所以要和李必湖一道跟你進行雜交水稻研究。

你開玩笑說：「周坤爐，你怎麼叫這麼個名字？」憨厚的周坤爐老實地說：「小時候我爹找算命先生給我算命，說我命裡缺火，就找人給我取了這麼個名。」你笑道：

「哈哈哈，海南島本來熱死人，你這火爐一來，那就熱上加熱，你莫不是太上老君的八卦爐，要把我們都煉成孫猴子？」李必湖和尹華奇聽了哈哈大笑。

你就是這麼一個生活上不拘小節、豁達開朗、和善樂觀的人。和你接近的人，都會覺得你和藹可親，值得信任。你該說就說，該做就做，該玩就玩，很少為什麼事情不吃不睡、難過傷心。

一會兒，外號「餓大哥」的郭名奇和羅孝和也如約來了。郭名奇原是安江農校畢業的，後來到桂東縣農科所工作。羅孝和是湖南隆回金石橋人，一副老實相，講話有點結巴，他從湖南農學院畢業，被選送到北京農業大學進修兩年，回到湖南農學院育種教研室任助教。羅孝和是「茶壺裡頭裝湯圓」，肚子裡有貨，倒不出來，學校沒讓他任教，而讓他到保管室管儀器。因為他學的是育種專業，研究雜交玉米，所以學校把他派來了。

你知道羅孝和是有水平、有能力的，忙說：「啊，羅孝和你來啦，歡迎歡迎，熱烈歡迎！」羅孝和還要說明來意:「省……省裡成立雜……雜交水稻科學研究小組，學院派……派我來海南一塊做研究，向……向袁老師學習。」

這時，大家都還沒吃飯，肚子餓了。李必湖是勤快人，主動燒火煮飯。你招呼道：「小李，今晚可得多煮點飯。」李必湖皺皺眉：「今天來了三位貴客，只是沒有什麼好菜。」尹華奇機靈的眼睛一滴溜，話也不說，就走了。不一會，他不知從哪裡弄來一塊肉，悄悄溜了進來。把肉給李必湖一亮，他做了個鬼臉：「有肉了。」李必湖一見，心知肚明，輕輕「喔——」了一聲。

飯熟菜香。沒有桌子，大家圍成一團，蹲在地上，吃得津津有味。尹華奇故意問道：「這菜好吃嗎？」羅孝和讚不絕口：「好……好吃。」你問：「這是什麼肉，哪兒買的？」李必湖忍不住噴飯。周坤爐說:「我嘗出味道來了。」你聽出問題來了，問道:「什麼味道？」周坤爐如實相告:「老鼠肉。」你一聽，放下筷子，不高興地說:「真是亂彈琴，怎麼弄老鼠肉招待客人？」羅孝和趕緊打圓場：「老……老鼠肉，高蛋白，還有豐富的賴……賴氨酸。」「餓大哥」也忙說:「袁老師，不怕！長腿的，我除了桌子、凳子不吃；長毛的，除了蓑衣不吃。我啥都敢吃！老鼠肉吃得，吃得。還是上等肉哩！」

你這才消了氣，對三位客人表示歉意：「看，真是對不起了！我們這兒就這麼個條件，還望包涵！尹華奇也是一片好心！請大家理解！」羅孝和高興地說：「理解萬歲！」周坤爐說：「袁老師，我們是來向你學習的。你跟我們一樣吃苦受累，我們還不知足嘛！」尹華奇說：「海南島的老鼠又多又大，好吃得很哩！袁老師，你吃嗎？」說著，他夾了一塊鼠肉放到你的碗裡。

晚飯後，你對助手說：「明天我們去遊一遊海南山水，好不好？」幾個年輕人都高興得很！誰說你只會工作？不，你熱愛運動，熱愛山水，熱愛旅遊，熱愛生活！

你們玩了整整一天，玩得好痛快。那海天一色、驚濤拍岸的天涯海角，那有著美麗傳說的鹿回頭，那一泓碧水、千頃銀沙、風光迷人的大東灣，使遠道而來的湖南人大飽眼福，驚羨不已。

你最愛游泳，一見到寬闊無邊、蔚藍色的大海，心裡就醉了。你把衣服一脫，就要投入大海的懷抱。尹華奇爭強好勝，也跟著要下海。羅孝和不知道你是游泳高手，叫住你說：「袁老師，我們比一比，怎麼樣？」你高興了，笑道：「好啊，我讓你先游，我來追你。」羅孝和搖了搖頭，認真地說：「那不行，我們要公平競爭。」尹華奇知道你是游泳高手，但不知羅孝和水平如何，就說：「好，你倆比賽，我來當裁判！」

於是，隨著尹華奇的一聲口令，你和羅孝和同時躍入水中。你在水中如同蛟龍入海，掀波激浪，很快就把羅孝和甩下十多公尺。尹華奇宣布：「袁老師獲勝！」羅孝和不服輸，說：「這才第一局，還要比兩次，三打二勝嘛！袁老師，這次我要給你拿點真功夫出來。我在湖南農學院橫渡瀏陽河的比賽中獲得過第六名，擅長的就是蛙泳。」

尹華奇知道，你在漢口博學中學讀書時，獲得過武漢市中學生游泳比賽第一名，在西南農學院讀書時，還在西南地區運動會中取得過第四名。羅孝和肯定不是你的對手。但是，他得把氣氛造起來呀！於是他宣布：「好的！三打二勝。第二局開始！」

你們又開始第二局比賽。這次羅孝和就不再講公平競爭了，沒等你回過神來，便搶先游出去好幾公尺，沒想到你還是很快追上了他，又把他拋在後面十來公尺。這一次，羅孝和不得不服輸了，他憨厚地笑著，豎起大拇指說：「袁老師，研究雜交水稻，我佩……佩服你是老師；游泳，在下也甘……甘拜下風了！」

遊覽回來，已是傍晚。回到農場，大家趕緊做晚飯。

吃了飯，休息了一會兒。你想各路人馬投奔自己而來，組成了一個新的團隊，應該先開個會。沒有板凳，大家挨著坐在床沿上，像是開會，又不像開會，似乎在閒談。

「諸位，」你很隨意地說，「今天大家一起遊山玩水，感覺怎麼樣？」尹華奇說話愛帶幾句形容詞：「蔚藍色的海洋，銀白色的沙灘，滿山遍野的仙人掌，獨具風采的椰子樹，真是美不勝收，讓人大飽眼福！」羅孝和高興地說：「嗯，有……有味，有味。」

「諸位，你們知道海南有十八怪嗎？」你慢悠悠地抽著煙問。尹華奇說：「我數不出那麼多。只曉得老頭爬樹比猴子快，三個老鼠一麻袋，人不穿鞋牛穿鞋，抓一條螞蟥當褲帶……」大家哈哈大笑。

等大家笑夠了，你才接過話頭說：「崖縣有漢、苗、黎、布依、壯等十幾個民族，屬海南黎族苗族自治州管轄。由於它孤懸海外，遠離京都，故稱『天涯海角』『鬼門關』，是歷代王朝貶謫忠臣的地方……」

尹華奇聽著，不禁好奇地問：「老師，你剛到這兒，怎麼就知道這麼多？」你詭譎地笑了笑：「我為什麼知道這些呢？因為我來海南前，就查了古籍，了解了這裡的歷史沿革、風土人情、氣候條件和地質情況。我覺得這對我們科學研究有好處。當然，我袁隆平不是被貶謫來的，也不是誰強迫我來的，我是心甘情願來的，是為了早出科學研究成果來的！今天我們遊覽了鹿回頭，那裡不是有一個美麗的傳說嗎？你們哪位記得清楚，講給我們聽一下吧！」

羅孝和第一個講：「很……很久，很久，以……以前……」

他說得結結巴巴的，尹華奇忍不住了，打斷他的話說：「算了，還是我來講。很久很久以前，有位勤勞勇敢的黎族青年，手拿弓箭追趕一隻美麗的梅花鹿，追了七天七夜，從五指山一直追到這裡。梅花鹿被迫跳上了高高的山崗，可前面是一片茫茫大海，再也無路可走了。梅花鹿突然回眸一望，竟然變成了一位天仙般美麗的姑娘。那位黎族青年愣住了，摔掉手中的弓箭，趕緊追了上去，向姑娘張開了熱情的雙臂。這位美麗的姑娘也張開了雙臂，向青年走去。他們緊緊地擁抱在一起，相親相愛，結成了一對美滿幸福的夫妻。」

你聽完了尹華奇浪漫的、誇張的講述，神色莊重地說：「夥計們，今天，我是有意帶你們去遊鹿回頭的。我們就像那個黎族青年，我們追求的雜交水稻項目，就像那一隻美麗的梅花鹿，黎族青年追梅花鹿才七天，我們追求雜交水稻姑娘可已經六七年了，我們追求雜交水稻姑娘從湖南追到了天涯海角！黎族青年執著誠懇，梅花鹿就回過頭來，變成美麗的天仙。我想，只要我們心誠志堅，雜交水稻姑娘也會被我們感動，給我們帶來最大的成功和幸福！是不是？」

你熱情澎湃、生動浪漫的講述，激起了助手們滿腔熱情，他們忍不住鼓掌歡呼起來：「對！」「是！」你最後說：「我們的雜交水稻工程，就等待著我們去追求它！抓住它！我們要在這裡背水一戰！找到野生稻，實現三系配套！」「好！」大家再次歡呼雀躍！你望著那一張張飽經風霜、黧黑粗糙的面孔，感到這個貌似隨意吹牛亂彈的會，開得非常成功！

你知道這幾個跟著你走南闖北的年輕人真是太不容易了。特別是尹華奇和李必湖，多年來跟著你，成天在田頭土裡勞作，經受了那麼多困難、挫折和打擊。這兩年，他們又拋家別子，緊緊地追趕著太陽和季節，在幾千公里的土地上來回奔波，像候鳥遷徙一樣南來北往：湖南、雲南、海南三地跑。一年裡栽培兩三季稻子，比真正的農民還辛苦。真是難為他們了！說到待遇，這支育種隊一年也就三千元科學研究經費，每人每天給五角錢出差補助費，兩個助手每人每月才二十六元生活費。如果不是因為對雜交水稻的執著和對你袁隆平的信任、尊重和崇敬，他們何必來受這個罪呢？

三、洪水中搶救秧苗

農場撥給你的試驗田，開始並不好，後來做了調整，選在農場二號公路的中部。二畝六分做秧田，另外四畝做雜交試驗田。

試驗材料種子播下沒多久，就長起來了，秧苗如茵，青翠可愛。正待移栽，誰想到沒過兩天，煙波萬頃的大海，突然變了臉，頓時狂風大作，濁浪排空，大樹被吹倒，房屋在動搖，這樣的狂風你們以前還從沒遇到過。接踵而來的是傾盆大雨。你焦急地揮手高喊：「快去看秧苗！」

你和尹華奇、李必湖、郭名奇等幾個人冒雨衝到秧田邊，放眼一看，大吃一驚：試驗田已變成一片汪洋，試驗秧苗全部被淹沒在洪水中，很快就會被全部捲走！即使不被捲走，秧苗被海水浸泡，也會被漚爛了，一腔心血又要化為烏有！

可是，你們只有幾個人，又沒有任何工具、設備，怎麼能把這麼多秧苗搶救出來呢？大家都急得團團轉！還是你急中生智，想到了駐地的床板。你大聲地對幾個弟子說：「快去把床板拆下來！」弟子們飛快跑回去把床板背來，當作木船浮在水面上，然後小心翼翼地將這些秧苗從水田中挖出來，放到床板上，再小心地把裝滿秧苗的床板從漫進大水的秧田中抬到公路上，轉移到了安全的地方，躲過了一次災難。

三天以後，風暴過去了。南紅農場的試驗田裡，你們把搶救出的秧苗再次插進田裡，秧苗慢慢又茁壯成長起來了。

在天涯海角，你們除了要經受風暴的襲擊、烈日的烘烤外，還真正嘗到「三個老鼠一麻袋」「三條螞蟥做腰帶」的滋味。稍不留神，那又粗又長的螞蟥一弓一弓地就會遊來貼到腿上，兩頭吸你的血。試驗田的秧苗揚花抽穗後，穀粒灌漿結籽，天上的「強盜」，地下的「土匪」，又都來搶食打劫。天上的「強盜」是麻雀，地下的「土匪」是田鼠。為了對付麻雀，你自作主張，買了一支氣槍，看見麻雀來打劫，「砰砰」兩槍，即使沒打著，也全嚇飛了。那討厭的田老鼠呢，晝伏夜出，你們只好在田邊架起幾根木頭，墊上稻草，掛上蚊帳，做成一張簡易的床。白天雖然很勞累了，夜晚還要輪流派兩人值班，一旦聽到響動，躺在床上的人就趕忙起來去驅趕田鼠，像愛護自己的眼睛一樣保護那些珍貴的試驗材料。

四、找到「野敗」

秧苗長起來後，你又跟助手們出動尋找野生稻。你們深入黎家山寨詢問老農，在荒涼的山野沼澤池塘和田裡到處尋覓。由於精力過度集中，又粗又長的螞蟥巴在你們的腿肚子上，脹鼓鼓的，吸飽了血又掉了下來，你們都全然不知，腿肚上還流淌著鮮血，身後留下帶血的腳印。

你決定到北京去拜訪鮑文奎研究員並查閱資料，了解國際水稻育種研究的最新進展和動態，從中獲得一些有用的訊息。如果總是把自己捆綁在試驗田裡，獨自埋頭苦幹，科學研究資訊不暢，這是不行的。臨行前，你交代兩個助手在照顧秧苗成長的這段時間裡，多向農場的技術員了解野生稻的分布情況，抓緊在附近一帶多做野外調查，爭取盡快找到野生稻。

你到北京之時，鮑文奎先生剛從「牛棚」裡出來。他在受到衝擊期間，沒有人敢來看望他，他經常吟陸游的兩句詩「世味年來薄似紗，誰令騎馬客京華」， 深感人情的淡薄。他突然接到你的電話，聽說你專門從海南來看望他，向他請教，他真是高興萬分，感慨萬千。他熱情地請你到他家做客，並親自下廚在家中招待你吃了一頓飯。你第一次拜望他，就給他留下了很好的印象，這次去了，他更給你談了許多遺傳學和水稻栽培方面的問題，並熱情支持你把雜交水稻研究好好做下去，這項工作一定大有前途，功德無量！

你告別鮑文奎先生之後，又到中國農科院資料室，看到了外文報刊上登的一些重要的研究動態和訊息。你了解到，一九六八年，日本琉球大學教授新城長友實現了粳稻的三系配套，只是由於雜交組合優勢不明顯，還沒有投入生產應用。因此，這項研究還只有理論價值，沒有成為一項實用技術。

看了這個訊息，你更加感到時間的緊迫、形勢的嚴峻。你決心盡快實現秈型水稻的三系配套，搶在世界的前面，把它變成一項應用技術！只有這樣，才能在雜交水稻領域中搶占世界的制高點，為國家爭光！為中華民族爭氣！因為，當時，五大作物體系中的玉米、馬鈴薯、大豆等作物的科學研究，美國、日本都走在中國前面了！我們如果在水稻研究上不搶占先機，那麼，我們在五大糧食作物的研究上，都會落伍於世界！而水稻又是中國最主要的糧食，如果落伍於世界，會出現很大的糧食安全問題！你自覺肩上的擔子更重了！

就在這時，你驚喜地收到兩個助手從海南島發來的報喜電報：找到了雄性不育野生稻。

這個消息真是太好了！野生稻在這時候被找到，讓你興奮極了！你來不及去預定火車票，就連夜擠上火車，直奔農場，你來到試驗田邊，去看那株比金子還要貴重的野生稻。

原來，你走後，到了野生稻抽穗揚花的季節，一九七〇年十一月二十三日上午，南紅農場技術員馮克珊駕著牛車來到你們的住地，李必湖與他聊起了野生稻。

李必湖試探著問：「你是本地人，你可知道，你們這個地方，哪裡有野生稻？」馮克珊是當地人，他用海南話說：「你說的野生稻，是不是那種『亞哥』（野禾）？我們這裡許多地方都有。」李必湖又問：「什麼『亞哥』？我不明白。你把這兩個字寫給我看看。」馮克珊在紙上寫了「野禾」二字。李必湖大喜：「對，對，對，海南人叫『亞哥』（野禾），就是野生稻呀！老馮，我們正要找它。你能帶我去找找嗎？」馮克珊摸著腦袋想了想說：「聽說有個地方，是塊很少有人去的沼澤地，我想，那裡可能有『亞哥』（野禾）。我帶你去看看吧！」

李必湖坐上馮克珊的牛車，從二號公路走到一號公路緊靠鐵路的涵洞旁邊。李必湖下車一看，這裡果然有一塊大約兩百平方公尺的沼澤地，地名叫林家田，沼澤地裡，烏黑的淤泥上，雜草叢生，各種蚊蠅在水面上亂飛。這塊荒涼的地方，看樣子很少有人涉足過。

走到沼澤地邊，李必湖看見在雜草中好像真有野生稻。他知道，野生稻與栽培稻不一樣：它的株型匍匐，莖稈細長，葉片狹窄，穗頭短小，穗上長有長長的紅芒，野性十足。

李必湖見到野生稻，高興得嘴都合不攏了。他急忙脫掉鞋子和外褲，就要下去。馮克珊忙說：「這水太髒，太深，還可能有眼鏡蛇，危險！」

李必湖見了野生稻，就像見到盼望已久的情人，哪裡還管它危不危險，徑直往沼澤地裡走。李必湖邊走邊觀察野生稻。沼澤地黑呼呼的淤泥散發著臭氣，冒著氣泡，漫過膝蓋，各種蚊蠅亂繞著他飛。他一心只顧尋找沼澤地中的野生稻。他發現這些野生稻花的雄蕊都是正常的，而這並不是他要找的。他要的是雄蕊不正常的野生稻。李必湖貪婪地睜圓大眼，一株一株仔細查看其特徵和性狀，就像當年你尋找雄性不育株那樣。猛然，他敏銳的眼光在一朵野稻花上停住了。長期的實踐和鑽研，李必湖已練就了非凡的辨別力——這就是雄蕊敗育的野生稻！只見它的花藥細瘦，呈火箭形，色淺呈水漬狀，沒有開裂散粉。奇蹟終於出現了！李必湖發現了三個雄花異常的野生稻穗，這三個稻穗生長在同一個禾蔸上，是從一粒種子成長起來的不同分蘗。

李必湖走向前，要去挖這株野生不育稻蔸，不料大腿一下陷進了更深的汙泥之中。他顧不得危險，彎下腰，伸出雙手插進泥裡要將野生稻的根部摳出來。這時，那水草深處的各種蟲類受了驚嚇，「呼呼啦」亂飛亂跳，在他臉上、腿上、手臂上亂叮亂咬！粗大的水螞蟥也一弓一弓地叮住他的雙腿飽吸血漿。他無力驅趕這些蟲子，使勁挖這蔸野生稻。突然，他似乎感覺到一種危險的氣息，他臉一側，只見一條兩尺多長的水蛇就盤伏在他身邊的一片草叢裡，伸出可怕的頭在向他吐著信子！這可把李必湖嚇了一跳。他想把水蛇趕走，可是赤手空拳，怎麼辦？他只得把手中的泥團向水蛇砸去！水蛇受了驚，一溜煙走了。李必湖這才鬆了一口氣，雙手再次更用力地插進汙泥中，為了不損傷它的根鬚，他小心地把根蔸周圍的泥土全部摳了出來，這大坨泥土怕有十斤重！

他捧著這株野生稻，像抱著剛出生的兒子，從汙黑的沼澤地往岸上走。他興奮地對馮克珊說：「你看，野生稻終於找到了！」馮克珊說：「你們就是要這號『亞哥』（野禾）？」李必湖點點頭：「是的，是的。」

李必湖到了沼澤地邊的公路上，輕輕放下手裡捧著的「寶貝」，脫下身上的衣服，把它包好，徒步將稻蔸搬回試驗田。還沒到駐地，李必湖就欣喜地大喊：「找到野生稻啦！找到野生稻啦！」尹華奇、羅孝和、周坤爐迎了上去，接過野生稻，拿著放大鏡反覆檢驗。羅孝和開懷大笑：「是野……野生稻，而且是我們正需要的雄蕊敗育野生稻！」尹華奇摟著李必湖的脖頸，歡呼跳躍：「我們終於找到啦！」

他們初步推斷，這很可能是一株雄性不育野生稻。他們趕快把它跟「廣矮」栽植在一小塊空地裡，等待你回來做最後的鑑定。

你趕回崖縣南紅農場，放下行李，立即對這株野生稻進行仔細全面的觀察，又採集了稻花樣品，放在顯微鏡下進行檢驗，最終確認，這確實是一株十分難得的野生稻雄性不育株。這株野生稻株型匍匐，分蘗力極強，葉片窄，莖稈細，穀粒小，有長芒，易落粒，葉鞘和稃尖紫色，柱頭發達外露，除雄性不育性外，其性狀與海南島的普通野生稻沒有太大差別。它的原始株的花藥瘦小，黃色，不開裂，內含典型的敗育花粉。

你在顯微鏡下認真測試，仔細觀察，反覆辨認，激動地喊起來：「高級！高級！真是野生稻，千真萬確的雄花敗育的天然野生稻！」

鑑於它是一株典型的花粉敗育的野生稻，你當即就興奮地把它命名為「野敗」。

爾後的研究證明，「野敗」是一株難能可貴的、不可多得的「金種子」。真是「山重水複疑無路，柳暗花明又一村」。正當你們對三系配套研究感到前景渺茫的時候，唯「野敗」的表現與其他不育材料不同，真是異軍突起，別開生面，給你們的試驗帶來了新的光明，為雜交稻三系配套打開了突破口，給雜交稻研究帶來了新的希望。

「野敗」是你的助手李必湖和馮克珊在海南發現的，這一發現也是在你認真總結豐富的實踐經驗，果斷地跳出栽培稻研究的小圈子，向遠緣的野生稻尋找新的育種材料這一新的思想指導下出現的奇蹟！後來，你在談到發現「野敗」的功績時說：「有人講李必湖等發現『野敗』是靠運氣，這裡有一定的偶然性，但必然性往往寓於偶然性之中。一是李必湖是有心人，是專門來找野生稻的；二是他有這方面的專業知識，『世有伯樂，然後有千里馬』。當時全中國研究水稻雄性不育性時間比較長的，只有李必湖、尹華奇和我，所以寶貴的材料只要觸到我們手裡，就能被一眼識破。別人即使身在寶山，也不見得識寶。這就是李必湖發現『野敗』的必然性。」

五、把「野敗」分給大家

確定「野敗」的特性後，李必湖即用試驗田裡僅有的一個正處在抽穗末期的秈稻品種「廣矮 3784」與「野敗」雜交。一連五天，李必湖共雜交了六十五朵花，這六十五朵花結了十二粒種子。李必湖身不離試驗田，眼不離雜交稻。烈日當頭，他耐心地坐在特製的水田工作凳上，守候著「野敗」開花。每當野敗開一朵花，他便小心地用鑷子夾著栽培稻的花朵與其雜交，並在小本上做記錄。共雜交八個組合。後因遭受風吹雀啄，只得到珍貴的五粒種子，真是比金子還珍貴！

李必湖找到「野敗」不久，春節即將來臨。這是中國人最講究的節日，也是全家團圓的日子。你們的親人，都盼著你們回家團聚。可是，這時候卻是你們正忙的時候！所以，你們都不能回家過年。你們只能把對家人的思念藏在心中，化為強大的動力，加速把「野敗」轉育成「不育系」，進而實現三系配套的工作。

一九七一年春，你們又在南紅農場進行了第二次試驗，這才更認識到這個傢伙是好東西：雄性不育，且能夠保持下去。

於是，你把研究的重點立即轉移到「野敗」材料的研究上。希望為雜交稻研究成功打開突破口。

你在「野敗」轉育上取得了重大進展，雄性不育株百分之百能夠遺傳。但是，這只是萬里長征的第一步。因為「野敗」轉育的不育株在生產上並沒有直接利用的價值——它不能結稻穀！還必須進行精心的轉育工作，把「野敗」中的不育基因轉入栽培稻，進而培育出生產上需要的不育系和保持系，並進而跟恢復系配合，才能產生強大的增產作用。

中國有兩萬多個水稻品種，要想從中篩選出理想的品系，單靠你和你們幾個人的科學研究小組，要用很長的時間，而且效果不一定好。為了早出成果，趕在日本、美國之前出成果，出大成果，你決定把你們「野敗」研究的新成果向中國農業科學研究機構和科學研究人員公布，以便爭取更多的人參加進來！眾人拾柴火焰高，多一個人就多一份智慧和力量，有利於盡早實現雜交水稻的三系配套！於是，你給省農科院領導匯報了你的想法，得到了他們的全力支持。

你的這個行動，展示了你胸襟的開闊和眼界的高遠，表現了你心靈的純潔和思想的高尚。

一九七一年春，由湖南省革命委員會生產指揮組牽頭，省農業廳、省農科院、湖南農學院、湖南師範學院、安江農校組成全省雜交水稻研究協作領導小組，由當時「支左」的省軍區副司令員黃立功任組長，省農業廳廳長張勇任副組長，省農科院院長何光文任副組長兼辦公室主任。辦公室設在省農科院，一切具體事務工作由農科院主持。湖南省農科院糧油系成立水稻雄性不育研究組，李東山任副組長（未設組長）。你做技術工作。

不久，中國科學院業務組副組長黃正夏到海南，召集在海南做南繁的有關省份和科學研究單位召開會議。會議號召協作，加快研究進程。會後，先後有廣東、廣西、江西、湖北、上海、新疆等八個省（市、自治區）的三十多位，到海南南紅農場湖南基地向你學習，參加試驗。於是，一向冷清的南紅農場一下子變得熱鬧起來，全中國十幾個省、市的科學研究人員浩浩蕩蕩地會聚到這裡，開展雜交水稻三系配套的協作攻關。

你表現出寬廣的胸懷和無私奉獻的精神，把你們幾年來從事雄性不育研究的經驗教訓和艱苦獲得的「野敗」資料無償地分送給全中國十幾家單位的科學研究人員，而且在福建科學研究組的試驗秧苗出了問題時，你還把你們僅存的一蔸「野敗」第二代不育株挖出一半派人送去！想一想你從發現「鶴立雞群」的雜交稻，在炎熱夏天尋找雄性不育株，再到尋找到「野敗」，經歷了多少年的艱辛和曲折，而現在卻無償地、毫無保留地奉獻給全中國各地的有關單位，就可以看出你的胸懷有多麼寬廣，眼光有多麼遠大，品德和人格有多麼高尚！這是你能取得偉大成功的一個重要原因。

對於跋山涉水遠道而來的同行客人，你總是親自下廚房和麵。麵條擀好了，水燒開了，一鍋魚湯麵很快便熟了。

「鯽魚麵吃的是湯水，很有營養啊！」你盛了一碗又一碗湯麵，端到客人面前。「袁老師的廚藝不錯嘛！」客人邊吃邊誇獎你的廚藝高。「好吃歸好吃，可要把舌頭鉚牢呀，萬一把舌頭咬下來可就麻煩了。」你風趣地說。說話間，羅孝和與尹華奇拿出了他們平日捨不得吃的墨魚蛋、臘肉，作為下酒的小菜。你們總是喜歡先吃飯，後喝酒，無論是主人還是客人，直喝得面紅耳赤……

白天，你在試驗田裡給來自全中國各地的科技工作者講授水稻雜交的操作技術；晚上，你在寢室掛上小黑板，給大家講授培育雜交水稻的理論課，把自己多年累積的知識毫無保留地傳授給你的同行們。

你說：「各位同行，諸位朋友，你們來得正是時候。倘若早來，你們很可能跟著我們多走不少彎路，多吃不少苦頭。現在，咱們有了『野敗』，就意味著我們成功地找到了它的保持系，離我們培育出新的不育系只有一步之遙。七年多的試驗和研究，使我們搞清楚了水稻雄性不育的種類和許多基本原理。從實踐中我們摸索到了雜交水稻試驗中關於測交、回交的規律，以及人工製造保持系和恢復系的技術要領。我們還摸索到了利用野生稻資源實行遠緣雜交，尋求突破三系的新思路。就是在這種新思路的指導下，我們發現了『野敗』。現在，我們要科學地利用『野敗』，用『野敗』培養出保持系和恢復系，為三系配套闖開一條成功之路。」

你即時總結自己和周坤爐等助手的經驗，進一步指出：

「利用『野敗』選育不育系，實質上是一個核置換過程，即把具有保持力的父本（栽培稻）的細胞核，透過雜交和連續回交，轉到『野敗』的細胞質中，取代原來的細胞核，這個置換過程一完成，則不育系及其相應的保持系就告育成。根據我們的試驗，以『野敗』原始株做母本的，到回交四代或五代，可獲得與父本性狀基本上一致的不育系，若用已建成的不育系來轉育新的不育系，只需要回交二至三代。選育程序可分兩個步驟：第一，廣泛測交，以篩選保持力良好的各類品種；第二，擇優回交，以加速核置換過程。」

你講課時思維敏捷，語言生動，且風趣幽默。來自全國各地的年輕人都喜歡聽你講課，也喜歡和你開玩笑。你永遠保持著一顆童心，性格非常隨和，你走到哪裡，哪裡便有歡聲笑語。但在科學實驗中，你嚴肅認真，一絲不苟。有人說：「袁隆平進行雜交水稻科學研究的過程，既是造福於民的過程，也是其人格日趨完善的過程。」這話不無道理。

「野敗」的星星之火，形成了燎原之勢。你無私獻出的珍貴種子，成為全中國農業科技人員共同攻關的可靠保障，從而大大加快了雜交水稻的研究進程。

你與周坤爐、李必湖、尹華奇、羅孝和等一起，育出了「29 南 1 號」「威 20」等不育系和保持系；江西萍鄉農業科學研究所的顏龍安、文友生等，在你的指導下，利用「野敗」進行雜交，獲得種子，育出了「珍汕 97」不育系和保持系；福建的楊聚寶等利用你贈予他們的種子，育出了「威 41」不育系和保持系！

至此，中國第一批「野敗」細胞質骨幹不育系和相應的保持系宣告育成。

六、選育恢復系

三系中已育成了不育系、保持系，只差恢復系了。於是，三系選育的重點轉入恢復系選育，方法以測交篩選為主。全中國農業科技人員又再次雲集海南進行南繁試驗，各省、市、自治區利用自己掌握的各種品種資源，進行連續的測交試驗。然而，培育恢復系卻費了不少周折。

當時有一些所謂的學術權威認為，恢復系是很難找到的，甚至懷疑能使「野敗」胞質恢復的基因是否存在。有人甚至說：「三系，三系，三代人也搞不成器！」有些人在權威面前開始動搖了。但你袁隆平畢竟是袁隆平！在豐富的試驗材料中，你已經在秈稻中測出了一些對育性有恢復力的品種，發現了具有恢復系基因的苗頭。所以，你滿懷信心地告訴弟子們：「恢復系必將被我們篩選出來。」

在這個關鍵時刻，當時已在中國國務院任副總理的華國鋒再次給了你和雜交水稻事業以大力支持！他批示，把雜交水稻列入國家重點科學研究項目，組織全國力量協作攻關。

一九七二年三月，中國國家科委將雜交水稻研究列為全國重點攻關項目，由當時的中國農林科學院和湖南省農業科學院牽頭，全中國十九個省（市、自治區）農業科學院和部分大專院校組成了全國性的協作組。很快在全中國形成了一場以「野敗」為主要材料培育三系的協作攻關大會戰。幾十個單位互通有無，做了幾千個組合的測交和幾個世代的回交選育，全中國各省的研究者們又一次在海南島會集進行育種試驗。

一九七二年十月，在中國農林科學院主持下，在長沙召開了第一次全國雜交水稻科學研究協作會議，湖南對於雜交水稻的研究得到國家的肯定和重視。會上，你根據這兩年恢復系試驗的情況，提出了自己的看法：一是隨著不育材料回交世代的提高，雜種一代的恢復率和恢復度逐步趨於一致；二是恢復品種與品種的地理分布有關。原產於熱帶東南亞國家的品種，恢復系的比例較高，原產於溫帶國家的品種，對「野敗」恢復的品種比例很少；而典型的粳稻品種測篩了數千個，沒有一個恢復的。你據此指出：「野敗」的恢復基因主要分布在低緯度，且和水稻的進化有關。要想為「野敗」尋找強恢復系，應該在「野敗」的近緣品種中多下功夫。

會議還確定每年春天都要召開一次南繁現場經驗交流會，及時交流情況，提供測交品種，總結經驗，制定協作方案，明確主攻方向。這就大大加速了研究的進程。

經過你和全中國各地的眾多專家的努力，全國雜交水稻研究協作組終於在一九七三年從東南亞一些品種中測得了具有較強恢復力和較強優勢的恢復系。如廣西協作組首先從國外引進材料中篩選出「IR24」和「泰引 1 號」等一批對「野敗」型不育系具有強恢復能力的品種作為恢復系；湖南、江西、廣東也分別培育出了「IR24」「IR661」和「古 154」 等恢復系品種。

一九七三年十月，在江蘇省蘇州市召開了第二次全國雜交水稻科學研究協作會議上，你代表湖南省水稻雄性不育系研究協作組做「利用『野敗』選育三系的進展」的發言，正式宣布秈型雜交水稻三系配套成功。這次會議標誌著中國水稻雜種優勢利用研究取得了重大突破。

一九七四年三月，全國雜交稻研究協作組在海南崖縣召開了現場會，會上各省、市、自治區介紹了自己三系選育的進展，參觀了各單位在海南的試驗基地。經過充分討論分析，大家一致認為，中國水稻三系選育，依靠集體力量，發揮社會主義大協作的優勢，僅用三年時間，就成功地在全世界率先實現了雜交水稻的三系配套。

原本有人預言：「三系，三系，三代人也搞不成器！」但是，你和你的同事們卻在短短三年時間內，就把三系配套成功了！

三系配套成功，預示著中國在世界上率先應用水稻雜種優勢的時刻即將到來。

你以你的智慧、勇敢、堅忍和自信，以你的大度無私和開闊胸懷，開創了中國雜交水稻的高產之路！

七、從失敗中總結教訓

一九七二年冬，在解決三系配套的過程中，有很多爭論，也有很多挫折。你給我講了兩個生動的小故事：

第一個故事發生在一九七一年。當時，你們在海南開了一個民間的研討會。會上請了兩位老先生，其中一位姓李，是中科院學部委員，是中國研究雜交玉米的權威，他認為水稻是沒有雜種優勢的。他說玉米是異花授粉作物，有雜種優勢；水稻是自花授粉作物，沒有雜種優勢。你不同意他的觀點，就反駁說：「玉米自交系配組，才有很強的雜種優勢，因為在選育自交系的過程中，不良基因被淘汰掉了。水稻是天然的自交系，為什麼就沒有雜種優勢呢？」當時會上有好多人都是研究雜交水稻的，都站在你這邊。那個時候你還年輕，血氣方剛，有點初生牛犢不怕虎，又覺得理直氣壯，就和他激烈爭論，結果弄得李先生很生氣地說：「不跟你們談了！」然後拂袖而去。在場的年輕人都笑了，認為自己勝利了。但是，你後來卻反省自己，不應該對老先生那樣咄咄逼人。即使觀點不同，把道理講清就行了，不應該搞得人家下不了臺。今後，應該謙虛、謹慎、有禮貌，尊重和團結同仁，特別是意見不同的老前輩。

第二個故事發生在一九七二年夏。當時你們在湖南省農科院的田中做了個試驗，助手羅孝和看到田間雜交稻的優勢很強，長勢喜人，對照品種只有大概七八寸高時，它卻有一尺多高了；對照種一株只有四五個分蘗，而它就有七八個分蘗了。於是，羅孝和就帶著吹噓的口氣說這是「三超」雜交稻：它的產量要超過父本、母本和對照品種。「三超說」吹出去之後，有些人對雜交稻感興趣，有些人就反對。當時「文化大革命」中的湖南農科院還處於軍管時期，由一位軍分區的政委在主持工作。軍代表聽說後就去看了，看到試驗田的雜交水稻的確表現不錯。接著，省軍區司令員也到田裡去看，說雜交稻的確有希望。再後來，省裡領導都來看了，大家都稱讚。但到秋天收穫時，結果不盡如人意：結實率不太高，稻草的產量增產了近七成，而稻穀產量卻比對照品種還少。這下，原本持反對意見的人就說風涼話了：「可惜人不吃草，要是人吃草呢，你這個雜交稻就大有前途。」

後來，領導們開會，研究到底要不要支持這個雜交稻繼續研究下去，持有不同觀點的兩派在那裡爭論。當時，常規育種派占絕對優勢，你們成了「弱勢小群體」。羅孝和在眾多的質問下啞口無言，灰溜溜地把頭低了下去。

身處此境，你也感到有些尷尬。但是，你冷靜地思考了一下，突然抓住了問題的關鍵，看到了這塊看似失敗的試驗田的好的一面，成功的一面。你和他們爭論的是雜交稻有無雜種優勢，而羅孝和的雜交稻並沒有全部失敗，因為它顯示了雜種的優勢呀！只不過它的優勢主要體現在穀草上了！於是你沉著地站出來說：「的確，從表面上看，我們這個試驗是失敗了，因為我們的稻穀減了產；但是從本質上講，我們是成功的。為什麼？因為稻草增產了！而我們現在爭論的焦點是水稻這個自花授粉作物究竟有沒有雜種優勢。那麼，我們現在用試驗證明了，水稻有強大的雜種優勢。至於這個優勢表現在稻穀上，還是稻草上，那是技術問題。這是因為我們經驗不足，配組不當，使優勢表現在稻草上了。我們可以改進技術，選擇優良品種配組，使其優勢發揮在稻穀上，這是完全做得到的。因此，雜交水稻的研究肯定是有前途的。」

軍代表和院領導被說服了。他們說：「是呀，老袁說的有道理，應繼續支持。」這個時候，那位認為自花授粉作物沒有雜種優勢、研究雜交水稻沒有前途的老專家也去看過試驗田，在事實面前，他也不得不承認這一點，只是還強調「優勢是表現在稻草上而不是稻穀上」；但他也贊同你的觀點。

這個時候，本來低著頭的羅孝和馬上腰桿就挺了起來，高興了起來，拍著你的肩膀說：「袁老師，還是你高明！」

從此，雜交水稻研究得以繼續進行下去。

這兩個故事說明了你善於總結經驗教訓，善於從失敗中看到成功的因素，從挫折中看到前進的希望。這也是你取得成功的極重要的原因。

八、攻克優勢組合關

三系配套完成之後，還必須攻克優勢組合關。因為三系配套有沒有優勢，必須透過三系配套的產量優勢表現出來！必須要用研究成果來說話，用研究成果來判定科學上的是非。

你從多年試驗中摸索出基本的規律：選擇親緣關係較遠、優良農藝性狀互補、親本之一是高產品種的恢復系與不育系雜交，可以選育出營養生長和生殖生長優勢都很強的優良組合。

當時，你用「29 南 1 號 A」與恢復系「IR24」 配組，育成了「南優 2 號」。桂東縣用盆栽「南優 2 號」一蔸的產量居然有一斤半！一九七三年春，你將在海南配製的雜交稻種，分給大家試種。湖南農科院一點二畝試驗田，畝產達到五〇五公斤。你給在貴州工作的同學張本寄去「南優 2 號」種子在貴州金沙縣種植了四畝，畝產量超過了八百公斤，轟動了整個縣城，引起了縣領導的重視。一九七四年你安排尹華奇在安江農校做五十畝晚稻雜交稻示範試驗。他發動農校學生參與試驗，舉辦了八個雜交水稻技術培訓班。結果，當年五十畝水稻平均畝產達到五百一十三公斤，他做的示範田畝產達到了六百二十八公斤！「南優 2 號」成為中國第一個大面積生產上應用的強優勢組合。

從一九七三年到一九七五年，從湖南到廣西都頻頻傳來雜交水稻的試種喜訊：

一九七四年十月下旬，廣西農學院給湖南農科院、中國農科院和遠在海南進行育種的你等各省研究雜交水稻的專家和科學研究骨幹發了三大喜報，說他們試種的六畝雜交稻特別好，可能畝產有千斤。現場會驗收產量後，平均畝產五百五十公斤！這次會議，對與會者震撼很大！

一九七四年十二月，時任湖南省委第二書記張平化到省農科院試驗田視察後高興地說：「雜交水稻很有發展前途。要發動群眾以最大的幹勁，最快的速度，把雜交水稻做上去。」

一九七五年十月，全中國二十一個省、市、自治區的協作單位和有關部門，參加了由中國農林科學院和湖南省農業科學院共同主持在長沙召開的第四次全國雜交稻科學研究協作會，參觀了湖南、江西大面積雙季晚稻栽培的雜交水稻生產示範現場。大面積畝產一般都在五百公斤以上，高的超過六百公斤。比當地雙季早稻和中稻的當家品種一般可增產二〇至三〇%。有的甚至成倍增長。其中最早投入生產的組合是你們湖南省雜交水稻研究協作組配組的「南優 2 號」。會議總結了幾年來的科學研究成果，認為雜交水稻大面積生產應用的時機已經成熟，同時命名了三個不育系和六個恢復系，制定了雜交稻組合命名規則。

至此，雜交稻配組闖過了「優勢關」！全中國陸續選配出了「南優」「矮優」「威優」「汕優」系列的強優組合，為雜交稻迅速走向生產做好了技術儲備。中國成為世界上第一個生產上成功利用水稻雜種優勢的國家！

九、闖過製種關

你告訴我，要使雜交水稻真正在大面積生產中應用，還存在一個製種的難題。因為雜種優勢只表現在第一代上，所以每年都必須製種，生產第一代種子。當時不少人認為：雜交水稻製種產量一定很低。理由有三：一是水稻屬於嚴格的自花授粉作物，花粉量比玉米、高粱等作物少，難於滿足異花授粉的需要；二是水稻穎花張開角度小、柱頭小，且多數品種的柱頭不外露，不易接受外來的花粉；三是水稻每天開花時間短，花粉壽命也短，異交時間就更短。因此，製種產量一定很低。美國水稻研究中心一名博士研究指出，水稻不育株的異交率只有二．四%，很難解決製種問題。國際水稻研究所一九七〇年開始研究雜交水稻，一九七二年放棄，主要原因也是當時該所的科學家認為很難闖過製種這一關。

但是，你卻在多年研究中對製種問題抱有很大的希望。你對學生和助手們說：「生命本身其實就是一種承受壓力的載體。每個人都希望自己的事業『風和日麗』，但月有陰晴圓缺，人有旦夕禍福，人的一生，順利是相對的，不順利是絕對的。我們應該有走向成功的決心和信心，也應該有承受坎坷、承受不幸的勇氣。世界上沒有任何東西可以真正打敗我們，除非我們自己打敗自己。在挫折面前，一定要激流勇進。失敗往往是成功的前奏，總結了失敗的教訓，也就可以看見成功的背影了。」

你不但有堅毅的意志和必勝的信心，而且還善於一分為二地看待事物，不但能看到不利的一面，還善於發現事物的優點和長處。你認為，雜交水稻在製種方面確實存在缺點或不足，但是它仍然保留了一些有利於異花傳粉的特性，例如水稻花粉小而光滑，開穎授粉，柱頭外露，裂藥時幾乎全部散出，隨風飄揚。這些保留下來的風媒花的特徵和個性是有利於異花傳粉的，是能夠進行雜交製種的前提。因而你推斷，只要我們在技術上對這些有利方面加以充分利用，只要發揮主觀能動性，揚其利，棄其弊，雜交製種的產量是可以提高的。

當然，開始時沒有經驗，第一年你製了兩畝多的種，每畝只收穫十七斤。開始，你分析認為，製種低產問題的關鍵在於水稻的花粉量不足，於是在製種試驗中，採取多插父本及母本緊靠父本種植等措施，以增加單位面積花粉量，讓母本接受較多花粉，但試驗仍然得到了否定的結果。

在一次次失敗面前，你顯示了不怕挫折、開動腦筋、深入研究、找出竅門、解決問題的高超本領！

你在試驗田裡反覆觀察、思索、調查、計算，你突然想到：是不是因為水稻開花時間短、花粉壽命短，父本與母本未能同時開花授粉引起的呢？你經過反覆觀察、核算，證明確實如此。於是，你修正了認識：要增加製種產量，關鍵不是花粉量不足，而在於要做到父本、母本的花期相遇，從而讓雄花的花粉及時地、均勻地散布在母本柱頭上。你不但親自觀察父母本開花習性，尋找葉齡與花期的相互關係，推算播種期；還發動助手和學生，集思廣益，共同出主意，想辦法採取一系列針對措施。你的助手舒呈祥、羅孝和等都提出了很好的意見，如採取父母本分期播種、調節花期、割葉、剝包、噴施赤黴素、人工輔助授粉等行之有效的綜合性措施，大大提高了結實率，製種產量就像芝麻開花節節高。到一九七五年，你們製種二十七畝，平均畝產製種五十九點五斤。你們把種子分到湖南省的各個地方去種，效果很好，水稻畝產一般都在千斤以上，增產顯著。

由於一九七五年中國南方各省、市、自治區在大面積種植雜交稻方面均取得顯著的增產效果，中國農業部於一九七六年一月在廣州召開南方十三省參加的秈型雜交水稻推廣會議，決定在中國南方大面積推廣雜交水稻，並由湖南省向部分省、市、自治區提供三系種源。

隨之而來的是各地的縣委書記們。他們紛紛到湖南農科院來要雜交稻種子。這個要兩百斤，那個要三百斤，院長囊中羞澀，只好開「空頭支票」，形勢迫使你趕快組織人馬去海南大規模製種。

當時全中國需要六萬畝雜交稻種子，光湖南省就要三萬畝。各路人馬駐紮到海南製種，由你當技術總顧問。你去了後就馬上安排播種。一般父本與母本之間要有個播差期，父本生長期長些，要早播，母本要遲播，然後讓它們同時抽穗，令花期相遇。各處還要你去給他們做報告，給他們傳授技術。透過大家的努力，最終製種的畝產達到了七十九斤。

現在，經過二十多年的探索和創造，你的雜交水稻的製種能力大大提高，每畝可製種兩百公斤，而雜交水稻用種量很少，全中國平均一畝地只用一點一至一點五公斤種子，一畝製種地可供一百五十至兩百畝大田使用；而常規稻一畝地的種子田只能供八十至一百畝大田使用。

回顧製種的過程，你感慨多多，你又及時地將製種研究與試種栽培經驗整理後撰寫了一篇《雜交水稻製種和高產的關鍵技術》的論文，一九七七年發表在《遺傳與育種》雜誌上。從理論與實踐上，及時而有力地指導了全中國正在興起的雜交水稻製種。論文強調指出：雜種優勢是生物界的普遍規律，水稻也不例外。對於現有雜交水稻優勢不夠理想，以及存在這樣或那樣缺點的問題，不能否認利用水稻雜種優勢方向的正確性，這項工作才剛剛開始，還有廣闊的發展前途，還蘊藏著巨大的增產活力。

這就是你走的科學研究之路：學習和借鑑西方的先進科學理論和技術，但又敢於衝破西方的局限和束縛，從中國實際出發，走自己的道路，最終趕上並超越西方，創造出屬於自己的新的科學研究成果和創新體系！

十、千軍萬馬下海南

闖過了三系配套關、優勢關和製種關之後，你沒有停步，而是思考怎樣將雜交水稻的科學研究成果轉化為生產力，怎樣在生產中推廣應用。

你知道，中國和世界上的一些科學家，他們的科學研究成果，因為沒有強有力的支持，不能得到推廣應用，不能轉化為生產力，結果淪為展品、樣品，於社會無大補，於人民無大益。而你是懷著為農業增產的赤誠心願來做科學研究的，重視把科學研究成果轉化為生產力；並且你又謙虛誠懇，沒有某些知識分子的清高和孤傲，善於主動尋求支持和幫助；再加上你特別幸運，得到了中共和政府的高度重視和支持，所以，雜交水稻得到了最快的推廣和應用。

一九七四年十一月初，在南寧召開會議期間，你與湖南省農科院的陳洪新、陳一吾等領導和雜交水稻專家利用晚上的時間反覆研究了如何加速發展雜交水稻的問題。你們一致認為，雜交水稻是高科技產品，其科技含量高；而推廣雜交水稻是一項複雜的系統工程。又因為雜交水稻是新事物，它與常規水稻有不同特點，所以在推廣中應注意以下三點。第一，雜交稻必須年年製種，而首先必須做好不育系種子繁殖，然後才能用不育系跟恢復系配製雜交種，有了雜交種才能推廣種植。因此，大面積推廣雜交稻，必須有一個「三年早知道」的周密計劃，使「繁殖」「製種」「栽培」三個環節互相依存，緊密銜接，環環扣緊。第二，雜交稻繁殖、製種、栽培都有嚴格的技術要求，必須有強有力的技術服務體系作為支撐，必須層層培訓好技術骨幹，建設一支夠強大的技術推廣服務隊伍。第三，推廣雜交稻是一個龐大的系統工程，牽涉面廣，工作量大，既要協調好農業、科學研究、教學、推廣、種子、植保等單位的關係，又要組織好農業、糧食、財政、商業、工交運輸等部門的通力協作。這些都必須有強有力的組織領導，實行有權威的統一指揮，才能完成。

你向陳洪新提出了「推廣工作千頭萬緒，首要的是擴大南繁，盡快獲得足夠不育系種子」的建議。陳洪新非常贊同，及時向湖南省委領導匯報，得到了領導的高度重視和大力支持。一九七四年冬，湖南省僅有不足六十公斤不育系種子，你和陳洪新等五人研究決定，首先由湖南帶頭加速發展，然後由湖南支援全中國大發展。省委、省政府一次拿出資金一百萬元、糧食一百五十萬公斤，組織八千名幹部群眾爭分奪秒，四次擴繁，形成了千軍萬馬下海南大面積製種的壯觀場面。

具體安排部署是：一九七五年春把在海南冬繁不足兩公頃的不育系田所收穫的一百七十七公斤（比一九七四年冬翻了十一倍）不育系種子立即運到廣東湛江做第一次大繁殖，春繁二十一點三公頃，共收到不育系種子九千五百公斤。然後將這些不育系種子一分為二，一半從湛江直接運到廣西南寧做第三次擴繁，秋繁不育系三百零二公頃，面積翻了十四倍；一半運海南繁殖。同年冬季再將湛江的種子全部運往海南，跟在海南繁殖的種子一起進行冬繁。雜交水稻不育系的種子南來北往輾轉擴大繁殖四次，在一九七五年一年時間裡，由一百一十七公斤猛增到十一萬公斤。以這種超常規的速度來加速雜交稻發展，這在中國，乃至世界良種推廣史上，都是史無前例的。

陳洪新是整個「南繁」戰役的行政執行總指揮，你是總技術顧問。你倆緊密配合，科學決策，忙而不亂，鎮定自若，調動了「千軍萬馬」，終於奪取了「南繁第一仗」的重大勝利。為一九七六年全中國大面積推廣做好了種子、技術力量、經驗積累等多方面的極其寶貴的準備。這段時期，全中國二十七個省、市、自治區每年去海南的都有一萬八千多人，製種面積多時達六萬畝，較大面積製種的雜交組合有「南優 2 號」「汕優 1 號」和「汕優 2 號」等。

十一、華國鋒大力支持

為了爭取一九七六年在全中國大面積推廣雜交水稻，必須爭取國家支持，即爭取中國農業部甚至中國國務院支持。

一九七五年，陳洪新決定直接給時任中國國務院第一副總理華國鋒匯報要在全中國大面積推廣雜交水稻。十二月二十二日，華國鋒接到陳洪新的信後，立即帶著當時分管農業的中國國務院副總理陳永貴、中國農業部部長沙風、常務副部長楊立功聽取匯報。在中南海小會議室，華國鋒認真聽了陳洪新兩個小時的匯報，不時提出問題並做記錄。華國鋒對雜交水稻研究給予了高度評價，並指出，全中國推廣雜交稻碰到了困難，農時不等人，要即刻解決。他還有針對性地強調指出：「對雜交水稻一定要有一個積極的態度，同時又要扎扎實實地推進，要領導重視，培訓骨幹，全面布局，抓好重點，做好樣板，總結經驗，以點帶面，迅速推廣。」他當即承諾：第一，中央拿出一百五十萬元和八百萬斤糧食指標支持雜交水稻推廣，其中一百二十萬元給湖南作為調出種子的補償，三十萬元用來購買十五輛解放牌汽車，裝備一個車隊，運輸南繁種子；第二，由農業部主持立即在廣州召開南方十三省、市、自治區雜交水稻生產會議，部署加速推廣雜交水稻工作。根據華國鋒的指示，一九七六年一月，中國全國首屆雜交水稻生產會議在廣州召開，有南方十三省、市、自治區的農業廳廳長、農科院院長和少數雜交水稻科學研究骨幹參加，會議商定和落實了全中國大推廣的第一年繁殖、製種、示範栽培的生產計劃。

雜交水稻，從此以世界良種推廣史上前所未有的發展態勢在中國大地上迅速推開。一九七五年南方省、市、自治區種植面積是三百七十多公頃，一九七六年則一下子躍升到十三點八七萬公頃，繼而於一九七七年迅猛擴大到兩百一十萬公頃，到一九九一年已達到一千七百六十萬公頃。截至二〇〇六年，雜交稻在中國已累計推廣三點七六億公頃，共增產稻穀五千兩百多億公斤、取得了巨大的經濟效益和社會效益。農民群眾異口同聲稱雜交稻為「幸福稻」。

十二、湖南水稻大增產

由於你和陳洪新在湖南抓兩個大樣板和噸糧田，所以，湖南不僅在雜交水稻的研究方面在全中國成果最大，而且在雜交稻推廣的面積、速度、規模、效果等方面也跑在全中國的前頭，充當了全中國的「領頭雁」。

一九七六年底，湖南省在海南冬季製種達到四千公頃，用了不育系種子約六萬公斤，占全中國的一半多。其中一九七六年廣泛試種大約達到一百三十多萬畝，包括做一季中稻種植的十三點三萬多畝，做雙季晚稻種植的一百二十多萬畝。在不同海拔、不同土壤、不同生產水平的地方均有種植，占全中國的 六〇%。在湖南種植面積較大的有衡陽地區、韶山區、桂東縣以及慈利縣等。衡陽地區是丘陵區，把試種雜交水稻當作發展糧食生產的重要途徑，在一九七五年試種三十多畝的基礎上，一九七六年一下子躍升到五十多萬畝。

最突出的是桂東縣，它地處井岡山南麓，稻田分布在海拔兩百公尺到一千兩百公尺的山坡上，很適合雜交水稻的種植。在研究三系配套的時候，你和陳洪新就選擇在桂東做研究試驗；三系配套成功後，你又把桂東作為全中國試種雜交水稻的試點縣之一。桂東過去糧食生產發展緩慢，當時的縣委書記雷純章親眼看到你的雜交水稻高產示範田，堅信雜交水稻能大大提高產量，就號召基層幹部在推廣雜交水稻中起帶頭作用。他本人率先示範，做樣板田，還在自家院子放上大水缸，種上了雜交稻，激發了全縣種植雜交稻的熱情。縣委組織幹部到現場參觀、驗收，透過辦學習班、學校上課、巡迴報告和放幻燈片等多種形式進行技術培訓，他們還編了歌謠傳唱：「大水山峰高又高，層層梯田半山腰，種子撒在雲霧裡，銀河兩岸種雜交。」

一九七五年全縣僅試種雜交水稻近八畝，畝產達到五九一點五公斤；一九七六年全縣便迅速推廣，十三萬畝稻田中試種雜交水稻七點五萬畝，其中四萬多畝中稻，平均畝產七百多斤，每畝比一九七五年增產一百三十多斤。雜交水稻豐收的事實，極大地鼓舞了幹部和群眾加速發展農業生產的信心和決心。一年時間內雜交水稻種植面積占全縣稻田總面積將近六〇%，成為在全省、全國第一個實現水稻雜交化的縣，為全省、全國樹立了成功的大樣板。這一年，全省、全國的雜交水稻生產現場會在桂東召開，桂東迎來十三個省、市、自治區組織的代表團來參觀，僅湖南省就有九〇%以上的縣、市、區組團來參觀。

你和陳洪新還抓了衡陽地區大樣板。陳洪新於一九五一至一九五四年曾擔任過中共衡陽地委的的領導，分管農村工作，因此，他在選擇地區辦大樣板時，自然就想到了衡陽。衡陽地區歷來是湘南重鎮，水陸交通方便，經濟比較發達，是一個雙季稻地區（一季稻很少），農業科技力量較強，農業生產技術普及得比較好，農民勤勞而且生產水平也較高，是湘南的一個主要產糧地區，前兩年的雜交水稻試種做得也比較好。一九七五年底，陳洪新到達衡陽後，給當地領導詳細講解了雜交水稻增產的優勢和途徑，希望衡陽地區從今年開始，爭取三五年時間基本上把常規稻改種雜交稻，讓單產和總產都躍上新臺階，成為全省乃至全國推廣雜交水稻的最大樣板和示範地區。當晚，領導就研究決定當年冬季到海南製種一萬畝，第二年上五十萬畝。由於領導重視，組織得力，措施具體，群眾積極性高，一九七六年衡陽地區改種的萬畝（萬公頃）雜交晚稻（南優 2 號）大獲成功，每畝平均增產三〇%以上，占全省推廣面積一百二十八萬畝（八點五三萬公頃）的四〇%；占全國總推廣面積的二十五%。一九七七年全區種植雜交晚稻一百二十萬畝，一九七八年全區種植雜交晚稻兩百萬畝，一九七九年全區種植雜交晚稻三百萬畝，實現了全區「雜交化」，圓了陳洪新辦一個地區雜交水稻大樣板的夢。

湖南省致力於雜交水稻的推廣，獲得持續增產，連續跨上兩百億公斤、兩百五十億公斤新臺階。一九七八至一九八三年，總產量由一百八十四億公斤上升到兩百六十五點五億公斤，這是湖南省自中華人民共和國成立以來糧食生產增長最快、最穩定的時期，出現了糧食人均占有量增加、庫存增加、調出增加的大好局面。但從一九八三年後，糧食生產出現徘徊、波動。陳洪新一九八三年任湖南省政協副主席後，仍然密切關注湖南省及全國的糧食問題。他清醒地認識到湖南省糧食生產面臨的嚴峻形勢，經過研究考察，他提出了建設噸糧田，以解決湖南省糧食產量波動的有效途徑。經過深思熟慮後，他慎重約見你，把他的想法向你道明。恰好，你也正在為湖南省的糧食生產問題憂慮，你倆思路基本一致，真是英雄所見略同！你們仔細研究，相互補充，一致認為要穩步發展湖南省糧食生產，把低產變高產，讓高產更高產，抓大面積和大區域的平衡高產，必須逐步全面開發噸糧田。

方針確定後，一九八六年春，陳洪新與你面見當時的省委書記熊清泉，提出了加強和發展全省糧食生產的意見。熊清泉認真仔細地聽取了你倆的陳述，當場拍板同意成立湖南省噸糧田開發示範領導小組，負責具體指導實施這項工作。同時，就誰來當組長的問題徵求你倆的意見，你不假思索地說：「不成立則已，要組建成立，組長非陳洪新莫屬。」

一九八六年三月，湖南省正式下文成立湖南省噸糧田開發示範領導小組，組長為陳洪新，副組長由你和王守仁等擔任，李必湖和周坤爐等均擔任了組員。為此，還專門召開全省會議，時任省委書記熊清泉親自出席講話，明確要求各地、市、縣摸清家底，示範推廣，然後制定規劃，落實措施，建立機構，落實人員、經費，全面發展。

陳洪新兼任組長後，深入基層，調查研究，具體指導，噸糧田建設一炮打響，一九八六年新增噸糧田一百一十萬畝。經過十年努力，湖南省噸糧田開發示範已碩果纍纍。一是提高了糧食產量，促進了糧食生產的穩步發展。由於噸糧田開發的輻射帶動，全省雙季稻每畝產量達八百零八公斤，較一九八五年提高了六十五公斤。二是實現高產、高效與可持續發展的統一。據十三個噸糧縣（市、區）統計，一九九四年農民人均純收入為一千三百四十七元，比一九八五年人均四百零三元增加了二點三四倍，比全省平均增幅高四四%，打破了「高產窮縣」的怪圈。三是促進了產業結構調整和農村經濟全面發展。

十三、優質雜交稻品種選育

早期育成的「南優 2 號」「威優 6 號」等雜交稻優勢強、產量高，深受農民歡迎，發展迅猛。但這些雜交稻生育期較長，只能做中稻或遲熟晚稻種植。要進一步發揮雜交稻的增產優勢，擴大種植面積，必須發展雜交早稻。當時也有人進行雜交早稻育種嘗試，但未能成功，甚至有人過早地做出了雜交水稻「早而不優、優而不早」的片面結論。

從一九七五年開始，你指導周坤爐等助手進行雜交早稻的品種選育。周坤爐面對「優」與「早」的矛盾，冷靜地進行了分析，認為不育系「V20A」 等在早稻熟期上不存在縮短生育期的問題，重點應放在恢復系的選育上。經過六年時間，終於選育出符合要求的恢復系「26 窄早」與「V20A」配組，一九八二年育成第一個高產、多抗的優良雜交早稻組合「威優 35」。經過品比和省區試及南方稻區早稻區試均居第一名。「威優 35」的育成，是雜交水稻研究的又一次重大突破，較好地解決了雜交水稻「優而不早，早而不優」的矛盾。

緊接著你還跟助手進行了香型優質雜交水稻選育。二十世紀八十年代中期，中國水稻產量大幅度增長，人民生活水平提高，對稻米的要求從「吃飽」向「吃好」轉變。在雜交水稻較好地解決了高產、多抗的問題後，你又把研究重點轉移到提高雜交水稻米質上來，希望培育出「高產、多抗、優質香型」的雜交稻，使普通百姓吃上過去皇帝才能吃到的「貢米」。優質雜交稻研究又是一個嶄新而艱巨的課題。你跟助手周坤爐等對當時推廣的雜交稻組合及其親本進行了研究分析，認為改良雜交水稻米質針對組合親本雙方，而關鍵是不育系，因為不育系是長江流域早稻，米質差，你們決定要選育出米質優良的不育系，來與恢復系配組。有了這個認識後，周坤爐就開始蒐集優質的親本。恰好在一九八四年，周坤爐被派到國際水稻所開展合作研究。他利用這個機會，廣泛蒐集優質稻種資源，包括特種資源香稻品種，作為培育優質雜交稻的材料。一九八四年二月在國際水稻所利用「MR365」優質香稻品種和「V20B」雜交，一九八七年育成「湘香 2 號 A」，後與「明恢 63」 配組，育成了超級香稻「香優 63」，其質量超過了泰國香米。在選育優質雜交稻時，為了快捷、方便地把既優良又優質的親本、組合在收穫前選上，周坤爐還採用了咀嚼稻米法。優質的稻米咀嚼起來，感覺柔軟。在咀嚼過程中，他還發現用香稻不育系與非香的恢復系配組的雜交稻即使在一個稻穗中也有香的和不香的，也就是說，在雜種稻穗中有一〇%左右的籽粒具有香味，其稻米不需要摻和，米飯就有香味。這樣的雜交稻，根、莖、葉包括穀殼都無香味，大田種植、倉庫儲藏還可以避免蟲、雀、鼠的危害。為了早日育成定型的優質雜交稻，周坤爐打破常規，加代穩定，硬是一年種植了四季，刷新了水稻育種記錄。

多年的辛勤耕耘終於換來豐碩的收穫。周坤爐先後選育出優質香稻不育系「湘香 2 號 A」和「新香 A」（獲國家植物新品種權），選配出既高產又優質的香型雜交稻組合「香優 63」「新香優 63」「新香優 77」「新香優 80」 等，分別透過品種審定，從一九九二年起陸續開始推廣，到二〇〇二年全中國累計推廣達兩千四百多萬畝。這些組合的米質比汕優和威優組合都有所提高，其中「香優 63」「新香優 63」「新香優 77」的米質達到了中國農業部頒布的優質米標準，適口性等品質指標超過目前市面上大多數優質米。例如，「香優 63」在二十世紀九十年代在全中國一百一十九縣、市試種和稻米品嚐，被人們譽為「超級香稻」，其稻米被譽為「超級香米」「超泰香米」。

這一重大系列成果為提升雜交稻米品質、使稻農增收增效，提供了強有力的技術支撐，並正在發揮影響力。

第六章 再戰兩系法

隨著三系法雜交稻的培育成功和在全中國的大推廣，你一時間名聲大振。一九八一年四月，在菲律賓召開的國際水稻科學研究會議上，你被譽為「雜交水稻之父」。

一九八一年五月五日，中國國家科委發明獎評選委員會專家對秈型雜交水稻這項重大發明進行了認真的評審，一致認為這項發明的學術價值、技術難度、經濟效益和國際影響四個方面都很突出，報請中國國務院批准後，決定對你和李必湖、周坤爐等人授予特等發明獎，獎金十萬元。

一九八一年六月，《中共中央關於建國以來黨的若干歷史問題的決議》中鄭重地寫上了一條：「秈型雜交水稻的育成和推廣是中國當代科學技術取得的重大成果之一。」

一九八二年八月，中國國家農牧漁業部發出《關於成立全國雜交水稻顧問小組的通知》，由時任湖南省農業廳廳長陳洪新任組長，你任副組長，江西顏龍安、廣西張先程、遼寧楊振玉、江蘇黎世元、四川羅繼榮、中科院婁希祉、湖南余太萬等為組員。

從一九七六年到一九八五年，全中國雜交水稻得到大面積推廣，糧食產量大大提高。單以湖南為例，從一九七六年到一九八五年，全省累計推廣雜交水稻一點五八億畝，每畝比常規稻增產七十四公斤，累計增產一千一百四十萬噸。為國家糧食生產做出了重大貢獻！

但是，就在這巨大的成績與榮譽面前，在雜交稻培育成功並在全中國獲得巨大經濟效益的時候，你卻第一個站出來，對雜交稻「一分為二」地看待。你指出雜交水稻的缺點和不足，並在會議上公開聲稱現階段培育的雜交稻有缺點，你將其概括為「三個有餘，三個不足」：前勁有餘，後勁不足；分蘖有餘，成穗不足；穗大有餘，結實不足。並於一九八六年正式提出雜交水稻發展的戰略設想，即選育方法從三系法到兩系法再到一系法，優勢利用從品種間到亞種間再到遠緣優勢利用，首先要做兩系法。

你再次顯示了一個優秀的科學家敢於承認自己科學研究成果的不足，敢於向自己提出新的更高要求，從而向更高目標攀登的不斷創新的精神！

對你的這種做法，你的一些學生和助手都感到吃驚，他們說，你這樣坦率地指出自己經過十餘年艱苦奮鬥才剛剛取得的重大科學研究成果的缺點和不足，並立即提出新的戰略目標，這不是給自己抹黑嗎？這不是給自己出難題嗎？這不是給自己加鞭加碼嗎？你不可以稍稍休整一下嗎？你既否定了剛取得的成就，又給自己提出了新的、更高的科學研究目標，要是你做不到怎麼辦？

還有幾位好心人勸你說:「你已成了著名科學家，萬一搞砸了，豈不壞了名聲？」

你堅定地回答說:「做科學研究如同跳高，跳過一個高度，又有新的高度在等你。你要是不跳，早晚要落在後頭！你即使跳不過，也可為後人累積經驗。個人的榮辱得失又算得了什麼？」

這就是你的思想和風格，這就是你的意志和膽略：不斷超越別人，也不斷超越自己。不怕失敗，不畏艱險，繼續向更高的境界攀登！

你以敏銳的眼光，既看到了三系法的不足，又看到了它還蘊藏著巨大的增產潛力，它有向兩系法前進的可能。二十世紀八十年代初，全球出現了世界性的饑荒，這再次激發你進一步提高雜交水稻產量的設想。你憑著豐富的想像、敏銳的直覺和大膽的創新精神，根據八十年代廣親和基因、光（溫）敏核不育基因的相繼發現和研究，在一九八七年《雜交水稻》第一期上發表了《雜交水稻的育種戰略設想》的論文，你高瞻遠矚地把雜交水稻育種分為互相銜接的三個戰略階段。你指出：

從育種方法上說，雜交水稻的育種可分為三系法、兩系法和一系法三個戰略發展階段，朝著程序上由繁到簡而效率越來越高的方向發展。

你對雜交水稻育種的這個新的戰略設想，被人稱為「袁隆平思路」， 跟中國「八六三」計劃不謀而合。

一九八六年，中國啟動「八六三」計劃。你審時度勢，及時向國家提出了兩系法雜交水稻研究課題。你這一戰略思想很快得到了中外科學家的一致認可，成為中國雜交水稻育種界的指導思想。國家立即將你的這個課題確定為「八六三」計劃生物工程中的第一〇一之一號專題。你被指定為該專題組組長和責任科學家，牽頭組成了兩系法雜交水稻研究協作組，組織全國十六個科學研究單位協作攻關。

你還像以前一樣在試驗田裡忙碌。有人勸你年紀大了，要少下田，注意休息。你樂呵呵地說：「關在屋子裡手腳發癢，下田做試驗，才有樂趣。」

二、培育光敏核不育株

在你新的戰略設想的指引下，從一九八六年起，開始了兩系雜交稻的研究，經歷了不平凡的十年歷程。

實際上，早在一九七三年十月上旬，湖北省沔陽縣（今仙桃市）農業技術員石明松在他栽植的一季晚粳品種「農墾五八」的大田中發現了三株典型的雄性不育突變株。這種突變株在夏天的時候是雄性不育的，它的花粉是敗育的；但是到了秋天卻是正常的，育性恢復，是一種光敏不育類型水稻。他透過六年的系統試驗研究，得出從「農墾五八」中選育的這種晚粳自然不育株，具有長光照下不育和短光照下可育的育性轉換特性，並在一九八一年第七期的《湖北農業科學》上發表了《晚粳自然兩用系選育及應用初報》論文，指出這種育性可轉換水稻在不育期可以一系兩用，故命名為「兩用系」，即「農墾五八 S」。這種新的水稻不育資源為兩系法利用水稻雜種優勢提供了可能，給雜交水稻開闢了新的育種與利用途徑。

你對這個發現非常重視，認為給兩系法創造了條件。於是你開始尋找和研究這種雄性不育突變株，並發動你的學生和助手都去尋找和研究這種雄性不育突變株。

一九八七年七月十六日，在你的新戰略思想指導下，李必湖的助手鄧華鳳就像當年李必湖按你的思路尋找到「野敗」一樣，經過多年探尋，終於在安江農校秈稻三系育種材料中，找到了一株光敏核不育水稻。它雌蕊正常，其他性狀與其餘五十九株無甚差別，唯花藥瘦小，棒狀，乳白色不開裂。他感到很奇怪，但憑他當時的知識，還不能完全認定，他趕忙採取套袋隔離措施，防止異交結實，並繼續嚴密觀察鑑定。到九月初，其他五十九株都自交結實正常，唯有套袋的這一株自交不結實。他感到有希望，趕忙將這一蔸禾剪掉莖葉，留下不高的禾蔸移入盆栽，放到家裡的陽臺上。至九月二十一日，僅有的一個晚生分蘗抽穗了，雄性恢復正常，二十四朵小花結出十一粒種子，表現出類似湖北光溫敏核不育水稻的特點，即長日照誘導不育，短日照誘導可育，不育期內完全可以製種。鄧華鳳將這十一粒珍貴的種子，用小袋包好，晒乾，放在木箱子裡，防止老鼠破壞。

十一月下旬到海南崖縣荔枝溝冬播，第二年二月二十三日稻株開始抽穗，全部表現雄性正常，自交結實率為八六 · 一〇%。至四月一日，所抽穗性狀整齊一致，仍無分離。第二天育性開始轉換，敗育花粉與日俱增。

鄧華鳳將這一發現向你匯報，你立即趕赴安江農校的三亞基地，親臨田間，進行觀察和指導。你仔細地觀察了這棵稻株之後，興奮地對鄧華鳳說：「從外表看，這極有可能是一株新的光溫敏不育材料。小鄧呀，你要精心地培育好這棵稻株，等結實之後再拿到湖南去繁育，爭取明年能夠進行技術鑑定。」

鄧華鳳聽了心裡樂開了花，他連連點著頭說：「您放心，我一定會按您的指示做好研究，絕不辜負您的期望。」

果然，在鄧華鳳的悉心呵護下，這棵光溫敏不育株經過安江和三亞兩地三代的南繁北育，證實了他找到的兩系不育材料的農藝性狀整齊一致，在安江盛夏高溫和長日照的條件下，不育株和不育率均達到了百分之百，並且保持不育的時間長達五十天；而在這天之前或之後抽穗揚花的，則全部表現為雄性可育，還能夠自交結實。由此可以推斷，這是一種新的光溫敏雄性不育突變株。

你又指導鄧華鳳做好如下研究工作：一、繼續做好育性鑑定，研究育性變化情況；二、選不同類型的水稻品種與其雜交，研究其異交習性、配合力和遺傳特性；三、用其跟湖北的「農墾五八S」進行正反交，透過不育基因的等位性研究，確定其異同。還指示他做好其他相關研究，為技術鑑定會做準備。

經過鄧華鳳的精心培育，這棵光溫敏不育株的後代一直表現穩定。

你親自主持鑑定會，把它命名為「安農S-1」光溫敏核不育系。你非常高興，你的助手李必湖在二十七歲時發現了「野敗」，為三系雜交做出重大貢獻；現在李必湖的助手鄧華鳳也是在這個年紀發現了給兩系法帶來希望的「安農S-1」。

這一成果申報國家科技獎勵時，你堅決不掛自己的名字，而是讓年輕人走上領獎臺。你感到十分欣慰的是雜交水稻研究後繼有人了。

在此前後，還有湖南省衡陽市農業科學研究所周庭波於一九八八年發現的「衡農S-1」和福建農學院楊仁崔於一九八九年發現的「5460S」等。

這些新成果為雜交稻從三系法過渡到兩系法打開了新局面，為雜交稻研究提供了一個新的優良種質資源。

三、解決「瘟病」與「飄移」的問題

但是，兩系法雜交水稻技術並不像原來設想的那麼簡單。一九八九年夏季，南方出現了歷史上罕見的低溫天氣，一些經過鑑定的不育系在不育期內變成了可育，出現了「瘟病」現象，致使兩系法雜交水稻的研究遭受了嚴重挫折，研究陷入低谷。許多人因此為研究的前途擔憂，不少研究人員喪失了信心，甚至出現全盤否定兩系雜交水稻研究的傾向。

在此嚴峻關頭，如何選育實用的水稻光溫敏核不育系，就成為成敗的關鍵。

面對重重困難和巨大壓力，你迎難而上，以過人的膽識和豐富的經驗，幾度調整研究方案，使得兩系法雜交水稻研究得以順利進行。你仔細研究了長江流域有記錄以來的所有氣象資料，除在平原、丘陵地區設點試驗外，還在海拔兩百公尺至兩千公尺山區的不同高度上設立多個試驗點，同時開展轉育試驗。你找來外號叫「樂呵呵」的羅孝和，用基金資助他進行試驗，要他盡快培育出一個不育起點在攝氏二十四度以下的兩用不育系來。

羅孝和剛經歷了一場「割耳朵事件」。不久前，他用尚不成熟的兩系法在新化縣做了一百畝雜交製種，結果父本母本花期嚴重不遇，每畝只收了五斤種子。大受損失的農民捉住他不放，急得他趕緊向你求救，打電話說：「袁老師，快匯錢來救我，農民要割我的耳朵了。」你急忙匯去兩萬元錢，讓他賠償農民的損失。

羅孝和沒有辜負你的期望，他根據你提出的粳質、秈核、光溫敏、廣親和為理想核不育系遺傳工具的設想，於一九八五年用粳型「農墾 58S」與自己育成的秈型廣親和系「培矮 64」 雜交及回交，經多年多代選育，育成了一個不育起點為攝氏二十三點三度的粳質、秈核、光溫敏、廣親和的低溫敏核不育系——「培矮 64S」。

鄧啟雲博士在「培矮 64S」的基礎上，用「培矮 64S」「安農 S」「常菲 22」「Lemont」等親本組成，育成了適應性廣、配合力高的「Y58S」，其雜種產量突破每畝九百公斤。

這些成果，給你的理論設想提供了一個有力的佐證，表明不育起點溫度低於攝氏二十四度的低溫敏兩用核不育系完全可以培育出來。利用這種低溫敏核不育系，就可以進行實用性的兩系法雜交育種。

但一波未平，一波又起，麻煩接踵而至。由於「培矮 64S」不育的起點溫度低（下限溫度為攝氏二十三點三度），要使它轉換為可育、能繁殖後代的溫度範圍就比較小，在大田裡繁殖，每畝繁種最多十來斤，無法在生產中推廣。有人諷刺說：「這不是『培矮 64S』，而是賠得要死。」你並不灰心。你鼓勵和指導羅孝和繼續試驗，羅孝和根據中國農科院作物育種栽培研究所薛光行在人工氣候箱鑑定的「培矮 64S」在攝氏二十點五度能使它恢復到五〇%的自交結實率的啟示，設計用盆栽加冰水控制溫度的方法來試驗。不料，冰塊融化後難以維持恆定的低溫，試驗失敗。他轉而用深井自來水來維持攝氏二十度左右的低溫。當他把處理的盆栽單株移至省農科院喇叭口的第一丘不育系鑑定試驗田時，發現那裡有一股鉛筆頭大小的泉水，取出溫度計來一量，水溫合格。老天給了他一個極好的機會！在這丘試驗田裡，他插了數千株用作不育系鑑定的不育株，泉水出口處有三株育性恢復正常，盆栽低溫處理的植株也恢復了育性。羅孝和豁然開朗，第二年夏天開始了「培矮 64S」冷灌繁殖種子的試驗。為了尋找適合於大田使用的冷水資源，羅孝和在你的指導下，與助手們奔赴全省各地考察。半年內，他們幾乎跑遍了省內所有大中型水庫和有地下水源的地方。後來瀏陽農業局的向籽柏打電話告訴羅孝和，瀏陽縣（今瀏陽市）高坪鄉龍泉村有冷水地下水源。向籽柏是安江農校畢業的，也算是你的弟子。一個風和日麗的日子，羅孝和一行風塵僕僕地趕到瀏陽縣高坪鄉龍泉村那塊寶地，找到了一口大井，水量可供上千畝田灌溉，出水口處水溫才攝氏二十二度。羅孝和在出水口處租了近十畝田進行試驗。這一年，羅孝和與村民一道辛苦耕耘了一個夏天，嘗試用冷水串灌新技術繁殖低溫敏核不育系，結果只有三畝取得成功，產量每畝才過三百斤。次年，在一片反對聲中，羅孝和又在與瀏陽接界的醴陵官莊水庫進行了三條沖（每沖約十畝）的水庫低層水灌溉試驗，用水庫下層巨大冷水資源繁殖「培矮 64S」，終於收到滿意效果，高產丘塊每畝過七百斤，一舉解決了培矮的種源供應問題，使兩系法雜交水稻由理論走向生產應用。

「培矮 64S」當年八月通過了「八六三」計劃專家組鑑定。「培矮 64S」的育成，打破了粳型兩用核不育系的地域局限性，又改變了當時秈型兩用核不育系育性不穩的艱難局面。它在全中國都能推廣應用，利用這種低溫敏核不育系，就可以進行實用性的兩系法雜交育種。

你還指導羅孝和一舉解決了育性不穩定，即不育起點溫度「飄移」的問題。在選育過程中，你和羅孝和都發現，其不同株系間、不同世代間不育起點溫度存有差異。湖南產的、廣東茂名產的「培矮 64S」不育起點溫度也不同，羅孝和也有由低到高不同起點溫度的株系。為了使不育系的育性臨界低溫相對穩定，你仔細設計了一套科學的「核心種子—原原種—原種—製種」原種生產技術程序，以保證不育起點溫度相對穩定，從而避免上述的「瘟病」現象，使水稻製種有了更可靠的技術保障。你於一九九四年發表了《水稻光、溫敏不育系的提純和原種生產的技術方案》的論文。羅孝和根據你的思路和中國農科院的薛光行、湖南雜交水稻研究中心的廖伏明、南京氣象學院的姚克敏、華中農大的曾漢來等人對「培矮 64S」不育性穩定性研究的成果，在科學研究、生產實踐中經過認真鑽研，得出一整套對「培矮 64S」行之有效的、長期穩定的保純方案，他把它們概括為「花培提純、再生擴繁、高產保純」。

你還指導羅孝和解決了兩系法製種難的問題。最初，羅孝和等人選育的系列組合柱頭小，製種產量上不去。經過反覆選育，篩選出柱頭較大的株系，製種產量才提高了一些，勉強投產。你們又繼續研究，採用「培矮 64S」與「S505」組合的改造系「S5107」和「P88S」（S5120）以後，製種產量才得到了真正提高。

四、兩系法成功

「培矮 64S」的育成為秈型兩系雜交稻的育成和推廣打下基礎，也為兩系亞種間雜種優勢利用鋪平了道路，很快被全中國十多個省（區）用來配製強優組合，成為全中國應用面積最廣的兩用核不育系。而且還很快用「培矮 64S」與「特青」組合，選育出全中國第一個通過省級審定的兩系雜交稻先鋒組合「培兩優特青」，該組合高產、優質、多抗、適應性廣，在一九九二年湖南省中稻區試中畝產達六百三十一點八公斤，比同熟期三系雜交稻增產一〇%，即每畝增產五十公斤，創區試中單產最高紀錄。該組合於一九九四年第一個通過湖南省品種委員會審定，定名為「培兩優特青」，一九九五年開始推廣，增產效果顯著。

一九九五年在懷化召開了國家「八六三」計劃兩系法雜交稻現場會。你在會上高興地宣告兩系法雜交稻在中國取得成功。「培兩優特青」這個先鋒組合於一九九八年十月獲湖南省科技進步一等獎。二〇〇一年又獲國家科學技術進步一等獎。羅孝和抱著金光閃閃的獲獎證書從北京回來後，你又發給了他二十萬元獎金和一輛別克牌小轎車。

「培兩優特青」經過各地試種後，增產效果明顯，你已經看好了這個品種，準備對這個品種進行廣泛的測交和篩選，爭取早日將「超級稻」培育成功。

如果說三系法是運用「經典的方法」做成的實驗，那麼，兩系法則是中國的獨創。兩系法水稻育種方法的優越性：一是簡單，不要保持系了，育種程序簡化了；二是選到優良組合的機率大大提高了；三是高產優質，兩系法種植的雜交稻一般比同熟期的三系雜交稻增產五%～一〇%，且米質一般都較好。因此，兩系法具有廣闊的應用前景。兩系法雜交水稻的成功不僅是作物育種史上的重大突破，更是中國的雜交水稻研究對世界人民的偉大貢獻，使中國的雜交水稻研究水平繼續保持了世界領先地位。

全新的兩系法育種理論不但使中國的水稻受益，也使中國其他農作物育種的工作者深受啟發。不久，兩系法雜交的高粱、油菜、棉花和小麥品種紛紛湧現，中國的育種行業出現了異彩紛呈的大好局面。

從一九八六年至一九九五年宣告成功，兩系雜交稻和三系雜交稻相似，也歷時十載。又一個不尋常的十年，你和戰友們付出了多少智慧、汗水和辛勞！

在科學研究工作中，你既能高瞻遠矚，胸懷全局，及時提出戰略性的目標（一九八七年提出「雜交水稻育種的戰略設想」），又能在兩系法遭受嚴重挫折的關鍵時期，指明方向，提出方案，並指導助手腳踏實地、一步步解決科學研究中出現的難題，及時總結、提升，寫出科學研究論文，引領科學研究工作層層深入，取得重大成就！

第七章 征戰超級稻

一、超級稻設想

超級稻，就是超高產優質水稻，這可是多年來眾多中外農業專家夢寐以求希望解決的世界難題。一九八一年，日本率先啟動水稻超高產育種計劃，想用十五年的時間育成單產潛力達到每公頃十二噸（畝產八百公斤）的超高產水稻品種；一九八九年國際水稻研究所也提出培育超級稻，後改為「新株型」育種計劃，但均未成功。

如果我們將「超級稻」比作是世界各國在水稻育種研究領域的一場馬拉松賽跑，那麼，中國能否領先於其他對手呢？

對此，你有必勝的信心和決心！

一九九六年，兩系法才實現一年，你又主動請纓，立項「超級雜交稻」育種計劃並組織實施。第一期（一九九六年至二〇〇〇年），在同一生態區兩個百畝以上的示範片，連續兩年的平均畝產達到七百公斤，第二期（二〇〇一年至二〇〇五年），在同一生態區兩個百畝以上的示範片，連續兩年的平均畝產達到八百公斤。

作為中國超級計劃的首席責任專家，你深知這可不是紙上談兵，尤其是在制定技術路線上自己負有舉足輕重的責任，半點也馬虎不得，稍有閃失就會給國家和人民造成重大損失。

思考，論證，再思考，再論證……經過這樣多次反覆的思考論證之後，你感到透過育種來提高作物產量的有效途徑有兩條：一條是形態改良，如矮稈、少蘗、大穗等高產的理想株型；另一條是雜種優勢利用。

有一次，你赴江蘇考察兩系雜交稻，在觀察一丘亞種間雜交稻時，突然，你腦海裡閃現出一種超高產雜交稻形態模式！

這是你又一次靈感閃現！這是你多年受現場參觀的啟發與觸動而突然產生的靈感！你非常激動，一回到賓館，連忙將靈感中出現的模式描繪出來，精心設計出以提高光合效率為宗旨的「高冠層、矮穗層、中大穗、高度抗倒」特點的形態模式。你設計的水稻上三片功能葉「長、直、窄、凹、厚」的形態模式優勢如下：上三片葉長，可以增加日照面積；上三片葉直，葉片可以兩面受光又互不遮陰；上三片葉窄，單位葉面積的指數可以更大；上三片葉凹，可以使葉片堅挺不披，就是角鋼比片鋼更能承受壓力的道理；上三片葉厚，光合功能比較好，不易早衰。水稻具有這種形態特徵，才能有最大的有效葉面積指數和光合功能，可以製造更多的有機物，為超高產提供充足的光合產物。同時你還提出了超高產稻株的形態模式，超高產育種的技術路線：一是充分利用雙親優良性狀的互補作用，在形態上做更臻完善的改良；二是適當擴大雙親的遺傳差異，以進一步提高雜種優勢的水平。

這篇論文引起了世界著名的 Science 雜誌的重視。Science 雜誌是國際科學界的權威性刊物，該刊在一九九九年一月第二八三卷第五四〇〇號第三一三頁上發表文章介紹你撰寫的《雜交水稻的超高產育種》論文，並刊登了你提出的超級雜交稻形態照片。文中介紹了你對雜交水稻超高產育種的設計理念，具體描述了你所構想的水稻株型的形態。該文還評論稱：「袁教授正在尋求一次新的革命。」並稱這一成功將是「水稻育種上的一次重大突破，將對當今世界糧食安全做出重大貢獻」。

二、實現一期、二期目標

根據這個設想，你和助手們以高產優質的不育系「培矮 64S」等為親本，進行廣泛的測交與篩選，不僅育出了幾個具有超高產潛力和米質優良的新組合，更重要的是找到了庫大源足和高度抗倒的理想株型。中國國家雜交水稻工程技術研究中心羅孝和等跟江蘇省農科院合作，用「培矮 64S」與恢復系「9311」選育出兩系亞種間雜交稻品種「兩優培九」，先後透過江蘇、湖南、湖北、江西等省審定。「兩優培九」一九九九至二〇〇〇年在湖南龍山連續兩年百畝片示範中，畝產過七百公斤，達到中國超級稻的第一期育種目標。至二〇〇八年「兩優培九」累計推廣面積達八千零四十七萬畝。該成果在二〇〇四年獲中國國家技術發明二等獎。

一九九九年秋收時節，你和助手們趕到雲南濤源鄉試種點。這裡傳來一個振奮人心的消息，稱種植的試驗田（七百二十平方公尺）一個苗頭組合「P64S/E32」超級雜交稻畝產可能超過一千公斤。下車後，你顧不上休息，在試種點的同仁帶領下徑直朝田間奔去。在稻田邊，你蹲下身子仔細地看了眼前這些穗大粒多的超級稻，臉上露出了幸福的微笑。你慢慢地站了起來，然後轉過身來對旁邊的科技人員說：「憑我多年觀察的經驗，這兒的超級稻也許會創造世界紀錄。」果然不出所料，這片超級稻在驗收時畝產量達到了一千一百三十九公斤，創下了水稻單產新的世界紀錄，標誌著中國的超級雜交稻研究處於世界領先水平。

第一期育種目標的實現還與湖南隆回縣有關。時任隆回縣農業局長楊俊培是羅孝和與郭名奇的同班同學和好朋友。他得知你立項超級稻的消息後，立即趕到長沙雜交水稻中心拜訪你，要求你把超級稻第一期攻關項目放在隆回。項目爭來後，隆回縣決定把攻關基地選在羊古坳鄉羊古坳村，並確定試驗面積為一百零五畝。該鄉農業站技術力量雄厚，地理自然條件優越，村民過去有種雜交稻的基礎。但僅有這些還不夠，楊俊培和縣老科協的同仁們一道，一手抓思想動員，一手抓科學普及，提高科學種田水平。他們採取集中授課、上門服務、印發資料、田間指導等多種形式，把科學種田技術送到各家各戶，特別是在浸種育秧、插秧、田間管理和病蟲防治等關鍵生產環節上，老科協的同仁們下到村組，下到田間進行手把手指導，以確保各項增產措施落實到位。

功夫不負有心人。當年秋天驗收時，一百零五畝「64S/9311」平均畝產七百一十二公斤，達到了超級稻第一期攻關目標，被省兩系法雜交水稻領導小組授予二等獎。縣委、縣政府及時在該鄉召開全縣推廣雜交稻生產現場會，在全縣產生了極大迴響，第二年全縣雜交水稻種植面積迅速發展到十萬多畝。

二〇〇〇年四月，在菲律賓國際水稻研究所召開的國際水稻科學大會上，你介紹了中國超級稻的進展情況，並展示了超級稻豐收的實物圖片，引起了農業界強烈的震撼。特別是當一些外國專家看到飽滿碩大的超級稻時，更是掌聲雷動，連聲驚呼「水稻瀑布」。許多國外媒體競相報導了中國的超級雜交稻。此時此刻，你作為一名中國的農業科學家，心中升起了一股浩然之氣，那是為中華民族爭光的強烈自豪感。看著雜交水稻在異國他鄉揚花吐穗，你心裡愜意極了，自豪極了！

第一期育種目標實現後，你馬不停蹄，人不解甲，立即又率領大家攻克第二期目標。

第二期超級雜交稻是用鄧啟雲研究員的「兩優 0293」（P88S/0293）和「Y 兩優 1 號」為良種。這是鄧啟雲根據你《雜交水稻的超高產育種》的指導思想，精心培育出來的。這些優良品種二〇〇三年在湖南省隆回、中方、汝城、湘潭四縣的六個百畝示範片及海南省三亞市和澄邁縣的兩個示範片種植，單產每畝超過八百公斤。二〇〇四年這兩個組合在湖南、安徽和貴州共十二個點畝產八百公斤以上，其中湖南的隆回、中方、汝城三縣的六個百畝示範片連續兩年達標，即提前一年實現了第二期超級雜交稻的產量指標。二〇〇五年，在湖南溆浦縣更有一個千畝（一千兩百四十畝）示範片畝產超過七百公斤。

二〇〇三年，在隆回縣羊古坳鄉羅古石村以「兩優 0293」（「P88S/0293」）良種進行的百畝高產攻關喜獲突破：經專家驗收，平均畝產八百零一點八五公斤，達到了超級稻第二期畝產八百公斤的攻關目標。《湖南日報》以「超級稻攻關獲重大突破——八百公斤夢圓金秋」為題做了大篇幅的報導。省超級稻領導小組給隆回攻關小組特別頒發一萬元獎金。二〇〇四年，隆回縣的百畝兩系超級雜交稻組合「P88S/0293」的畝產達到八百零九點九公斤，這是連續第二年畝產超過八百公斤，提前達到了中國農業部制定的中國超級稻第二期目標。

第二期的超級雜交稻從二〇〇六年開始推廣，增產效果很好。如浙江金華一萬畝以上的「兩優 293」 平均畝產為六百五十七公斤，湖南溆浦一點二萬畝畝產超過七百公斤，貴州黔東南自治州十萬畝「準兩優 527」畝產接近七百公斤。

三、高產、高產再高產

第二期超級雜交稻研究在二〇〇四年提前一年取得成功之後，你又根據第一期、第二期超級雜交稻研究的成就和進展，以及水稻在理論上的產量潛力，立即提出了第三期超級雜交稻育種計劃，目標是到二〇一五年實現一季稻大面積示範畝產九百公斤。這是一項更加艱巨而繁重的任務！但是，為了搶在西方國家前面，為了保持中國在雜交水稻研究推廣上的世界領先地位，你決心排除一切困難和阻力，堅決完成這個任務！二〇〇四年兩會期間，你向溫家寶打了個報告，要進行第三期超級雜交稻攻關。溫家寶立即批示啟動該項研究。二〇〇六年農業部正式立項和啟動了第三期中國超級稻育種計劃。

第三期目標（九百公斤）使用的是鄧啟雲培育的「Y 兩優 2 號」良種。由「株 1S/ 培矮 64S」的後代育成的「雙 8S」配合力高，其與「雙 8S」配組的「雙 8S/0293」取名「Y 兩優 2 號」，比「雙兩優 1 號」更高產、穩產，二〇一〇年在雲南永勝縣取得了畝產一千零六十六公斤的高產成績。由「Y58S 」配「 0293」的雜交種經栽培專家李建武二〇一二年海南三亞的試驗和袁禾公司多年的生產試種，產量與對照「Y 兩優 2 號」畝產持平，但米質有所改良。

由於中國超級稻試驗在隆回連續兩期攻關成功，你對隆回人民更有信心了，決定把第三期試驗攻關的艱巨任務交給隆回，希望在二〇一〇年實現雜交稻大面積畝產九百公斤的第三期宏偉目標。二〇〇五年，你同意湖南雜交水稻研究中心在隆回縣建立超級稻試驗示範工作站，並提供良種兩千四百五十公斤。隆回縣確定仍然由縣老科協承擔中國超級稻第三期大面積畝產九百公斤的攻關任務。縣老科協透過精心謀劃，先後在羊古坳鄉、金石橋鎮、三閣司鄉、高平鎮等鄉鎮做了十五個百畝示範片。其中，羊古坳鄉羅古石村種植的隆平高科改良型「P88S/0293」的百畝示範，畝產達八百二十公斤；在牛形嘴村種植的神龍大豐公司「培兩優慈 4」百畝示範片，經省級專家驗收高產丘畝產八百七十六點五公斤；在羊古坳村種植的「GD-IS/RB207」百畝示範片，經驗收平均畝產八百五十公斤左右，高產丘畝產達九百四十公斤。為此當年中國中央電視臺《新聞聯播》節目組到該鄉專題採訪報導，大大提高了隆回縣超級稻種植豐產增收的知名度。

但是，經過多次攻關，百畝畝產一直只有八百多公斤，最高百畝畝產八百七十六點五公斤，始終無法突破九百公斤大關。怎麼來突破瓶頸呢？縣、鄉老科協都認真思考這個問題，最後形成一個共識：只有推行種田能人、種田大戶的種田新模式，才能為超級稻高產攻關提供組織保證。基於這個認識，縣老科協決定在羊古坳鄉挑選一名種田大戶，集中由一人承包攻克九百公斤大關。大家把目光投向縣人大代表、趙家沖村黨支部書記王化永，希望他來承擔衝刺畝產九百公斤的重任。當時只有三十八歲的王化永長期在外打工，學得一門製磚好技術後回家鄉辦廠，工廠每年利稅幾十萬，可以說事業順風順水。但是，當縣、鄉老科協會長肖利民找到他，希望他來擔當攻關中國超級稻九百公斤大任時，他毅然決定把企業交給家人打理，自己來承包水田種超級稻。他之所以願意放棄蒸蒸日上的事業來承擔攻關重任，是因為他深為你的精神所折服，也了解到糧食安全對國家極為重要的意義。二〇〇九年，王化永在雷鋒村連片種植「Y 兩優 3218」，平均畝產達到八百五十六公斤，促使當年全國優質水稻現場觀摩會在隆回縣召開。二〇一〇年，他在雷鋒村種植「廣占 63S/1128」，平均畝產達到八百七十四公斤，為實現超級稻第三期畝產九百公斤攻關目標打下了堅實基礎。

二〇一一年一月，肖利民帶領王化永專程到湖南雜交水稻研究中心看望你，你連連稱讚說：「你可是全國承包水田做高產攻關的第一人哦！你們創造的『羊古坳鄉模式』，改變了粗糙的耕作方式，有利於制定統一的技術標準。」

為了順利衝關，你與肖利民、王化永仔細商討了一些耕作技術問題，並跟他們商定了「良種、良法、良田」的攻關思路。回縣後，肖利民、王化永在雷峰村租種了一百零八畝水田，採用你的「三良」攻關思路，實行集約化耕作。

一是採用良種。攻關水田全部種上「Y 兩優 2 號」新品種，這是你與科學研究團隊研究的超級稻最新品種。

二是選用良田。首先是改良土壤。超級稻的根莖粗，結穗多，對水肥的需要量大，如果土壤不保水保肥，要實現高產便成了空話。王化永帶領農戶出動耕整機，對試驗田全部深耕一次，每畝摻黃土三百擔，再施用石灰，調節土壤的酸鹼度，確保土壤保水保肥。其次是在水田的四周開溝，以利水的灌溉和循環，讓水排灌自如，晒田時排得乾，需水時灌得進，灌水深淺掌控自如。

三是採用良法。首先是插秧做到東西對行，南北通風，以利水稻平衡生長；其次每蔸禾插兩粒穀的秧，比以往多一倍，這樣多插，控制少發，增加基本苗和有效穗；其三是測土配方，為試驗田量身訂做專用肥。

為了衝刺成功，王化永和攻關組的其他成員基本上天天吃住在攻關水田旁邊的小屋子裡。因長期吃飯沒規律，他胃病惡化，妻子很心疼他，他卻說：「袁院士那麼大年紀了，還在為中國超級稻四處奔波，我這點病算什麼？我一定要為衝刺九百公斤大關做貢獻。」

優良的品種、良田，科學的種田方法加上辛苦的勞作，終於迎來了令人喜悅的豐收。二〇一一年九月十九日，經驗收，隆回縣羊古坳鄉雷峰村一百零八畝連片土地上，「Y 兩優 2 號」超級雜交稻試驗田平均畝產九百二十六點六公斤，實現了超級稻畝產九百公斤的第三期目標，再創世界雜交水稻的高產紀錄。

當天下午，在長沙雜交水稻研究中心舉行的「超級雜交稻第三期目標攻關重大突破記者見面會」上，你興奮地說：「實現畝產七百公斤的目標，我們用了四年時間；實現畝產八百公斤的目標，我們又用了四年。這次畝產九百公斤目標取得重大突破，我們用了七年。感謝隆回縣的領導和同行，感謝羊古坳鄉人民，你們的辛勤勞動，使我們的第三期攻關目標提前四年實現了！」

二〇一二年九月十八日，溆浦縣橫板橋鄉興隆村，在這個土地肥沃的小村外，由你指導鄧啟雲研製的「Y 兩優 2 號」百畝超級雜交稻試驗田，正式進行收割、驗收。為了保證驗收公正，你並沒有親臨現場，你一直坐在辦公室的電話機旁。專家組隨機抽取了三塊攻關田驗收。專家組每驗收一塊試驗田的產量，水稻研究中心的工作人員就會透過電話，向千里之外一直守在電話機旁的你報告這塊試驗田的產量。最後，農業部委派的專家組成員，到場進行現場監督驗收，並進行產量測定，經烘乾去雜後，平均畝產九百一十七點七二公斤！看到這個結果，你興奮得連聲說「好」，你的臉上終於露出了笑容。「九百一十七點七二」，一個何等振奮人心的數字！你終於連續兩年實現了「超級稻」畝產九百公斤的目標，用你一個有趣的比喻說，這個「九百公斤重的姑娘」終於被你「追到手了」！

第三期畝產九百公斤目標提前實現後，你又向第四期目標——畝產一千公斤奮進。

第四期攻關任務雖然與以前一樣，畝產只提高了一百公斤，但正與爬山登頂一樣，越往上越難。因受溫光條件、土壤環境、栽培技術的制約，雜交水稻單產的每一次大幅度提高都意味著技術上的重大突破。

第四期攻關運用的良種是超高產水稻新組合「Y 兩優 900」。它是鄧啟雲研究員在你提出的形態改良與雜種優勢利用相結合的技術路線指引下，透過進一步塑造理想株型和擴大利用秈粳亞種間雜種優勢而育成的遲熟型超級雜交中稻組合，是超級雜交稻育種史上又一重大創新成果。「Y 兩優 900」是以廣適性光溫敏不育系「Y58S」為母本，秈粳雜交選育的偏秈型恢復系「R900」為父本配組育成的超高產雜交稻新組合，具有根系發達、穗大粒多、結實率高、株葉形態理想、熟期適中、適應性廣、高產穩產、優質多抗等特點。

「Y 兩優 900」攻關基地選擇了好幾個。其中一個是溆浦縣橫板橋鄉紅星村，位於湖南省西部，雪峰山北麓，海拔五百三十公尺左右，屬亞熱帶季風氣候，氣候溫和，光熱充足，雨量充沛，全年平均氣溫攝氏十六點二度，攻關基地地勢平緩，土質肥沃、土層深厚、保水保肥能力較強，排灌設施齊全，生態條件較好，全部透過集中流轉後由九戶種田能手分片管理。

溆浦縣橫板橋鄉紅星村的攻關團隊在你和湖南雜交水稻研究中心專家及地方政府協同指導幫助下，依據「Y 兩優 900」的特性，在栽培管理上，按照你提出的超級雜交稻高產攻關的技術路線，實現了良種、良法、良田、良態的合理配套結合，最終成功地突破了第四期超級稻百畝高產攻關田單產超每畝一千公斤的產量目標，取得了打破世界紀錄的高產成績。

「Y 兩優 900」攻關基地還有一個是隆回縣。

二〇一三年大年初二，隆回縣老協會會長肖利民等來到長沙，給你拜年，並要求申請兩個百畝片，以實現第四期攻關雙保險。你十分高興地答應了。在你的指導下，隆回做了兩個百畝片衝關畝產達一千公斤。肖利民主持的第四期超級稻示範基地在隆回縣羊古坳鄉牛形嘴村，共有種植農戶四十二戶，種植面積共五十七丘一百零一點二畝。在你的指導下，肖利民帶領牛形嘴村四十二戶農戶對試驗田採取「四良」（就是良種、良法、良田、良態配套。其中良種是核心，良法是手段，良田是基礎，良態是好的氣候和生態條件）配套的思路；實行五個統一，即統一播種、統一育苗、統一時間規格插秧、統一施肥、統一田間管理和病蟲害防治，特別在後期用著重施鉀肥的方法來提高結實率。試驗田成功闖過了四十六天無降雨的乾旱天氣一關。

二〇一三年九月九日上午，你帶領國家雜交水稻工程技術研究中心的專家們，冒著高溫，來到隆回縣羊古坳鄉，預測二〇一三年度該鄉超級稻基地高產攻關情況。在超級稻攻關基地，你看到一百零一點二畝稻田裡金燦燦的「Y 兩優 900」超級稻長勢喜人，你十分高興地握著鄉農技站站長肖利平的手說：「謝謝你們！你們辛苦了！」你估計這個基地的畝產應該能超過九百五十公斤。看完牛形嘴村超級稻基地，你們一行人驅車來到該鄉雷峰村王化永的超級稻基地。這裡是你重點關注的超級稻基地之一，在你的精心指導和幫助下，該超級稻基地循序漸進、穩步推進，二〇一一年實現了畝產九百二十六點六公斤的目標，二〇一二年實現了畝產九百三十三公斤的目標，使超級雜交稻提前兩年實現了第三期目標。

一下車，你就在王化永等的陪同下，走到百畝超級稻田間，逐丘察看超級稻長勢。該基地二〇一三年遭遇罕見旱災，供水的三都河曾斷流十七天，給超級稻帶來一些影響。除受旱較嚴重的少許田塊，大部分超級稻長勢很好，高產有望。你捧著沉甸甸的稻穗，對王化永大加稱讚，並對隆回縣委、縣政府對超級稻的熱情支持表示感謝！你當場預測，王化永超級稻基地二〇一三年可能會實現畝產九百五十公斤，至少三分之一的面積能達到畝產一千公斤！許多崇拜你的農戶要跟你交流、合影，你欣然答應，高興地在烈日下、稻田邊跟大家合影留念。

你勉勵基地攻關人員說：「中國的超級稻已經多次取得世界第一，連傲氣的日本人也為中國的超級稻深深折服，我們一定要讓超級稻發出中國最強音！」

九月二十八日上午十時，中國科學院院士、著名育種專家謝華安率領中國農業部專家組，來到隆回超級稻苗頭組合「Y 兩優 900」示範基地，現場抓鬮隨機抽取了編號為三十三號、三十五號稻田，連同示範基地農民推薦的十四號田，一同在專家組的全程監督下收割、測產。謝華安院士在現場查看了「Y 兩優 900」後說，根據現場專家初步測產，每畝平均有效稻穗達到十五點二萬穗，每穗稻穀的平均粒數在三百五十粒左右，結實率超過了九二%，一千粒稻穀重達二十七克，比普通超級稻重一克左右。九月二十九日，在長沙國家水稻工程技術研究中心，中國農業部專家向記者發布消息：在湖南省隆回縣羊古坳鄉牛形嘴村，對袁隆平老師創新團隊成員選育的第四期超級雜交稻苗頭組合「Y 兩優 900」百畝高產攻關片進行現場測產，驗收結果是，平均畝產為九百八十八公斤，逼近畝產一千公斤的研究目標。

二〇一五年十月二十六日上午十點半，在長沙雜交水稻研究中心三樓會議室，你接待了「海上絲綢之路主流媒體湖湘行採訪團」的二十餘名記者。會上，你高興地公布：今年九月，中國雲南箇舊、河南信陽、湖南衡陽的三塊超級雜交稻試驗田再次創造了世界水稻產量的最高紀錄，即每畝一千零六十六公斤。

二〇一五年十二月二日在長沙舉行的超級雜交稻高產攻關總結與計劃工作會上，官方正式發布了百畝示範片攻關、「百千萬」高產攻關示範工程、「種三產四」豐產工程、「三分田養活一個人」糧食高產工程四大科技項目的實施情況。

二〇一六年是超級雜交稻第四期目標每畝一千公斤攻關的第二年。去年在湖南省溆浦縣種植的「Y 兩優 900」百畝攻關片，創造了平均畝產一千零二十六點七公斤的紀錄。今年在全中國十六個省三十七個縣（市）精心布局了四十六個超級雜交稻百畝攻關片，南至海南三亞市，北至河北邯鄲市，分屬全國五大稻作區。攻關的骨幹品種，除了「Y 兩優 900」外，還有「超優千號」「雙兩優 1000」「湘兩優 2 號」等。

雲南省箇舊市的「超優千號」百畝片平均畝產達到每畝一千零六十七點五公斤（每公頃十六點零一噸），創造了水稻大面積全國單產新紀錄，突破了你提出的超級雜交稻第五期（每公頃十六噸）的攻關目標。當然，這個攻關點的良態也非常突出，其海拔較高、光照充足、晝夜溫差大。

海南三亞「超優千號」百畝片高產實收測產，則創造了熱帶稻區水稻單產及百畝片高產新紀錄。最高田塊達到畝產一千零一十公斤，百畝片平均單產達到每畝九百四十一點七九公斤。此外，河北永年、湖北隨州、河北光山、湖南隆回四個百畝攻關點，均達到了每畝一千公斤的水平。據統計，在已測產驗收的四十個百畝攻關片中，有二十二個攻關片平均單產超過九百公斤。

項目組表示，明年將打實超級稻萬畝雜交稻一千公斤攻關基礎，適時啟動第五期攻關。

根據我二〇一五年三次到三亞南繁基地和長沙雜交水稻基地採訪了解到的情況，我覺得，你提出的在你九十歲前實現每公頃十七噸的高產目標是完全可能的！因為就在二〇一五年，好幾個地區已接近或達到每公頃十六噸（每畝 一千零六十六公斤）的紀錄；而且你的好幾個學生、助手、同事都運用常規或分子育種方法培育出了更加高產優質的雜交水稻新品種，一兩年或三五年即可投入試種。所以我相信未來幾年你所開創的中國雜交水稻還會創造出更大的奇蹟！

如果我們將常規稻、三系雜交稻、兩系雜交稻、超級雜交稻的單位面積產量比進行比較，它們分別是 100 ： 120 ： 129 ： 181。不難看出超級稻的優勢非常明顯，而且增產潛力巨大。

四、「種三產四」豐產工程

第二期的超級雜交稻二〇〇六年開始推廣，增產效果很好。如浙江金華一萬畝以上的「兩優 293」平均畝產為六百五十七公斤，湖南溆浦一點二萬畝畝產過七百公斤，貴州黔東南自治州十萬畝「準兩優 527」畝產接近七百公斤。基於這些成績，你又及時地提出超級雜交稻「種三產四」的豐產工程計劃，即種三畝超級雜交稻產出現有四畝地所生產的糧食。計劃用五年時間在全中國發展六千萬畝，產八千萬畝的糧食。該工程既能保證中國的糧食安全，又能節約兩千萬畝耕地，以發展其他經濟效益更高的項目，為農民致富創造條件。

你提出的「種三產四」戰略設想再次體現了你對國家糧食安全和人民溫飽的高度關注和憂國憂民的偉大情懷。

你提出的「種三產四」的戰略設想的現實情況是：從一九九六年中國耕地達到一點三億公頃以來，隨著經濟的高速發展，耕地面積迅速減少，到二〇〇七年已減少至一點二二億公頃，十一年間減少了八百萬公頃左右；與此同時，人口卻迅速增加，一九九六年中國總人口十二點二四億，到二〇〇七年已增加到十三點二一億，十一年增加了九千七百萬。人增地減的矛盾日益突出。這種情況，不能不引起你這位「先天下之憂而憂」的農業科學家的高度關注和擔憂。你從超級雜交稻計劃實施以來，一直不斷地想方設法一步步提高超級雜交稻的產量，從第一期的畝產七百公斤到第二期的畝產八百公斤。但是，這些高產的經驗和措施方法，必須得轉化為生產力啊！因此，你想到了這個誘人的口號和目標：請湖南省委組織各地縣（市、區）以小規模示範，以超級雜交水稻的高產成果，吸引廣大農戶參與進來，逐步向全國推廣。這跟你隨後提出的「三分田養活一個人」糧食高產工程（「三一」工程）一樣，都是你為將超級稻的研究成果盡快轉化為生產力，以促進糧食高產，提高農民經濟效益，確保國家糧食安全而絞盡腦汁想出的辦法呀！

你提出「種三產四」的戰略設想是很有科學基礎和現實根據的。你提出的超級雜交稻第二期指標已經基本實現，超級雜交稻組合選育、配套高產栽培技術的研究和示範推廣都已取得了重大進展，而水稻生產實際水平與超級雜交稻高產水平還有較大距離。因此，大面積水稻種植的單產有較大的增產空間，可以在專家指導下，運用超級雜交稻的組合品種和高產栽培技術，挖掘土地和人力的潛力，實現「種三產四」的目標。

你於二〇〇六年向湖南省提出這項計劃，得到了湖南省委、省政府的高度重視和大力支持，二〇〇七年該計劃在湖南率先立項實施。時任湖南省委書記張春賢、省長周強、副省長楊泰波等都高度重視「種三產四」豐產工程項目的實施，多次來湖南雜交水稻研究中心與你討論項目的實施情況，並前往示範基地指導工作。

二〇〇八年，經省政府批准同意，時任副省長徐明華擔任「種三產四」豐產工程項目總指揮，你擔任首席專家，湖南雜交水稻研究中心指派專家彭既明研究員為專職項目協調人；各示範縣（市、區）均成立由分管農業的副縣長任組長、相關單位為成員的項目領導組，成立由縣（市、區）農業局長任組長，農業局相關股站、鄉鎮農技站和擁有品種權的種子企業參與的項目實施小組；每個示範縣（市、區）農業局，確定專人負責項目的協調與聯絡工作。

湖南省政府高度重視此項工程，每年從省財政撥專款予以大力支持，合計五年撥專款三千萬元，各示範縣（市、區）在保障項目資金專款專用的基礎上，在財政上也給予了相應支持，每縣（市、區）每年支持經費從二十萬元至一百二十萬元不等。

二○○七年，你在湖南試點成功的情況下，又向國家提出建議，把「種三產四」納入國家「糧食豐產科技工程」，加大力度實施，以期在五年內實現全中國種植四百萬公頃超級雜交稻產出現有五百三十三點五萬公頃糧食的奮鬥目標。

你根據湖南各稻作區域生態類型與溫光資源，充分挖掘超級雜交稻品種的產量優勢，設立了五種種植模式，即「超級雜交早稻＋超級雜交晚稻」的「雙超」模式、「超級雜交早稻＋優質常規晚稻」的「早超」模式、「優質常規早稻＋超級雜交晚稻」的「晚超」模式、「超級雜交中稻」的「中超」模式以及「一季超級雜交晚稻」的「一季晚超」模式。這五種種植模式設立後，從選用適宜的超級雜交稻品種和配套技術著手，展開了深入而廣泛的研究，取得了大量的試驗數據，對推動項目的大規模實施提供了理論參考和技術支撐。

超級雜交稻「種三產四」豐產工程得到了湖南省委、省政府的高度重視，也得到了廣東、廣西、安徽、河南、四川、雲南、貴州七省（自治區）的大力支持。最終，項目得以大範圍、大規模地長期實施，產生了巨大的社會經濟生態效益，對確保糧食持續穩定增長造成了積極的推動作用。

二○○七年，項目實施的第一年，湖南省選擇二十個縣率先啟動實施，每個縣示範基地三百畝，經省（自治區）農業廳、農業局及市（州）農業局組織驗收，十八個縣（市、區）達到每畝增產三三%的目標，「種三產四」豐產工程取得了初步成功。

二○○八年繼續在這二十個示範縣（市、區）進行示範，每個示範區的面積由三百畝擴大到三千畝以上，合計實施面積十點五三萬畝。經雜交水稻研究中心和各市（州）農業局組織現場驗收，有十九個示範縣達到每畝增產三三%的目標，平均增幅達四五 · 二%，增產稻穀約一千兩百六十萬公斤。

在第一、二批二十個示範縣（市、區）的基礎上，二○○九年全省新增了十二個示範縣（市、區），共計三十二個縣（市、區）參加項目實施。在示範實施中，有二十九個縣（市、區）達到項目增產三三%的指標。合計實施面積 一百四十七點六萬畝，增產糧食約二點二八億公斤。

二○一○年全省三十六個縣實施「種三產四」豐產工程，總面積達到三百八十五點七萬畝，比計劃的兩百萬畝增加一百八十五點七萬畝，增幅九二 ·

八%。經驗收，三十四個縣（市、區）達到三三%的增產指標，增產稻穀三點八九億公斤。

二〇一一年，實施「種三產四」豐產工程的縣（市、區）增加到四十七個，示範面積達到四十七點七八萬公頃，按示範平均產量比當地前五年增加三三．三%計算，增產稻穀達十點三七億公斤。

五年來，你們本著「穩步示範，逐年擴大」的原則，逐年增加示範基地數目，穩步擴大示範面積。單是湖南省，「種三產四」豐產工程項目實施縣（市、區）數從二〇〇七年的二十個，擴大到二〇一一年的四十七個，每個縣（市、區）的示範面積從二〇〇七年的二十公頃，擴大到二〇一一年的一萬公頃。二〇〇七至二〇一一年，湖南省累計完成「種三產四」豐產工程示範推廣面積八十三點七八萬公頃，按示範產量比當地前五年平均單產增加三三．三%的標準計算，五年累計增產稻穀十六點五四億公斤。

為了進一步加大「種三產四」豐產工程的推廣力度，你從二〇一一年開始在湖南省張家界市的永定區和永州市的零陵區實施「成區（縣）建制」的「種三產四」豐產工程，計劃用三年時間，使全區的水稻面積的八〇%達到「種三產四」豐產工程的增產指標。二〇一一年，兩區均順利完成了任務。

超級雜交稻「種三產四」豐產工程在湖南實施多年，已成為湖南省各級政府主抓糧食生產的一項重要措施，產生了較好的經濟效益和社會效益。今後，「種三產四」豐產工程將把重點轉移到中低產區，以促進中低產區的稻穀產量由低產向高產發展；隨著其示範面積的逐年擴大，其增產的規模效應將會更加顯著。

為了在全中國逐步推動「種三產四」豐產工程項目，以你為主任的湖南雜交水稻研究中心於二〇〇九年和二〇一〇年分別與廣東省農業廳、廣西壯族自治區農業廳、貴州省農科院簽訂了合作協議，從二〇一〇年到二〇一五年，廣東省計劃示範推廣超級雜交稻「種三產四」面積二十萬畝以上，廣西壯族自治區計劃推廣二十六點七萬畝以上，貴州省計劃推廣十三點三萬畝以上。這三個省（自治區）均已於二〇一一年底前完成了試驗、示範階段，進入大面積推廣階段。湖南雜交水稻研究中心還與安徽、河南、四川、雲南等省的部分地市簽訂了「種三產四」豐產工程合作協議。

二〇一五年是「種三產四」豐產工程實施的第九年。從當年第一批的二十個縣（市、區）擴大到五十二個縣（市、區）實施，推廣面積一千一百九十六點六萬畝。按項目最初設計的增產標準——「單產與項目實施前五年平均單產比較」進行計算，二〇一五年項目總增產稻穀十三點八六億公斤。這些年來，透過栽培體系和種植模式的不斷完善，項目組已在全省形成了五種分別適宜不同生態區域和水稻生產種植的超級雜交稻種植模式，並在全省範圍內推廣，為湖南糧食總產穩定在三百億公斤做出了巨大貢獻。

實施成建制示範的永安和零陵兩區，則繼續順利完成第五年計劃任務。其中，永定區實施「中超」模式，也就是種一季中稻，完成成建制示範面積二十萬畝，核心示範區平均畝產五百九十六點六公斤，比項目實施前五年平均單產增產四成多。

二〇一五年十二月二日在長沙舉行的超級雜交稻高產攻關總結與計劃工作會上，你高興地告訴記者，「種三產四」豐產工程致力於中低產田的增產，實施九年來效果很好，力爭到二〇一七年全省推廣一千五百萬畝，產出原有兩千萬畝的糧食，即多產出二十億公斤糧食。

「種三產四」豐產工程在廣東、廣西、貴州等地的推廣工作正在穩步推進，輻射面積將越來越大，最終將會為廣大農民增產增收和糧食持續穩定增長做出更多貢獻！

五、「三一」糧食高產工程

「種三產四」豐產工程在中低產地區推廣取得了較好成果之後，為了進一步大面積提高水稻產量，你又開動腦筋，提出了新的高產工程，這就是「三分田養活一個人」的「三一」糧食高產工程，即研究並推廣應用以超級雜交稻為主體的糧食周年高產模式及其配套栽培技術，到達周年畝產一千兩百公斤，實現三分田養活一個人的產量目標（畝產一千兩百公斤即三分田產糧三百六十公斤，按每人每年三百六十公斤稻穀的國家糧食安全指標計算，達到三分田養活一個人的產量標準）。

「三一」糧食高產工程是為了充分利用中國農業科技的最新成果特別是超級雜交稻新品種及其配套技術，結合各種糧食生產模式，最大限度地挖掘光溫生產潛力和土地生產力，提高糧食綜合生產能力，提高農民經濟收入，保障國家糧食安全。

「三一」糧食高產工程於二〇一四年在湖南省十六個縣（區、市）實施，預期到二〇二〇年在全省推廣應用一千一百萬畝，占全省耕地面積的六分之一，可以養活三千六百多萬人口。為穩定提高湖南省糧食總產、確保糧食安全、調整農業產業結構和增加農民收入提供堅實基礎。

為此，首先，組建管理及技術團隊。

項目領導小組：由你任總指揮，雜交水稻研究中心常務副主任鄧華鳳任組長，馬國輝研究員、徐秋生研究員為副組長；各基地縣要相應成立以縣委書記（縣長）任組長，分管副縣長和各相關局一把手為副組長的領導小組。

技術指導組：分別由組合選育者、栽培技術專家、肥料專家三個方面成員組成技術指導組；各基地縣要成立以農業局和科技局局長為組長，相關技術人員組成的技術指導組。

技術實施組：基地縣農業局分管局長為組長，糧油、土肥、植保、科教等部門技術人員組成。

你為這項工程提出了三種配套模式：

1. 雙季超級雜交稻糧食周年生產模式

以湘北、湘中、湘東、湘南等高產田區域為主，發展雙季超級雜交稻一千萬畝，周年畝產一千兩百公斤，其中超級雜交早稻五百五十公斤／畝、超級雜交晚稻六百五十公斤／畝。

2. 超級雜交中稻＋冬種馬鈴薯糧食周年生產模式

以湘北、湘西、湘西北等地區的高產田區域為主，發展超級雜交中稻＋冬種馬鈴薯八十萬畝，周年畝產一千兩百公斤，其中超級雜交中稻七百公斤／畝、馬鈴薯產糧五百公斤／畝（馬鈴薯兩千公斤／畝，按四比一折成稻穀產量）。

3. 春玉米＋超級雜交晚稻糧食周年生產模式

以湘西南、湘西、湘南等地區的高產田區域為主，發展春玉米＋超級雜交晚稻二十萬畝，周年畝產一千兩百公斤，其中春玉米六百公斤／畝、超級雜交晚稻六百公斤／畝。

二〇一四年「三一」糧食高產工程在十六個縣（市、區）開展雙季超級雜交稻、馬鈴薯＋超級雜交中稻、春玉米＋超級雜交晚稻三種模式的擴大試點工作。

經過一年的努力，「三一」糧食高產工程的三個模式均取得了較好成績，實現了預定目標。

「三一」糧食高產工程推進中，相關技術研究也取得了較大進展：不但集成了以超級雜交稻為核心的高產栽培技術的研究，還促進了高產優質新品種的培育與推廣。

「三一」糧食高產工程項目的實施取得了不少經驗：

1. 項目的實施管理得力項目組形成了以你為總技術顧問的包括雜交水稻、馬鈴薯和玉米等專家組成的專家技術指導小組，定時定點對各示範基地進行技術指導與技術培訓。各示範基地縣（市、區）成立專門領導小組、技術團隊和項目負責人負責項目的實施管理，在資金與技術上進行配套支持。

2. 項目的技術支持到位專家指導小組根據本基地特點在年初方案制定期間選擇高產品種合理搭配，在項目實施過程中規範田間管理，統一技術方案、統一供種、統一水肥管理。嚴格控制播種期、移栽期、安全齊穗期和收穫期。

二〇一五年，「三一」糧食高產工程在二〇一四年實施的基礎上，繼續在現有的十六個縣（市、區）開展，面積擴大到十五萬多畝。其中雙季超級雜交稻模式九個縣，每個縣核心試驗示範面積擴大至五百至一千畝，各示範基地把示範區域輻射到一萬畝；超級雜交中稻＋馬鈴薯模式六個縣，每個縣核心試驗示範面積擴大至三百至五百畝，各示範基地把示範區域輻射到一萬畝；春玉米＋超級雜交晚稻模式一個縣，核心試驗示範面積擴大至三百至五百畝，示範區域輻射到五千畝。

二〇一五年，科學研究單位還與示範基地實行協同創新：湖南雜交水稻研究中心以研究和培育超級雜交早、中、晚稻品種和高產配套技術為主，湖南農大以研究和培育馬鈴薯優良品種及配套技術為主，省農科院作物研究所以研究和培育馬鈴薯和玉米優良品種和高產配套技術為主。

經過全省各單位的共同努力，「三一」糧食高產工程在二〇一五年取得了成功。經過驗收，十四個縣（市、區）達到產量目標。其中，龍山縣的示範基地實施的馬鈴薯＋超級雜交稻中稻模式，經過驗收，雙季折合原糧畝產一千五百八十點四五公斤，超過預期產量目標近四百公斤。

最近，你還提出，要推進超級雜交稻「種三產四」與超級雜交稻「三一」工程項目的協同發展。超級雜交稻「種三產四」在繼續向中低產區輻射推廣的同時，可與「三一」糧食高產工程在高產區協同推進，整合項目資源，在高產區開展大面積示範，努力打造超級雜交稻「種三產四」項目的升級版。

徐秋生研究員告訴我：在「三一」糧食高產工程實施過程中，你親自制定技術方案，根據各地生態條件和品種特性進行品種搭配指導。在赤日炎炎的夏天，你經常深入各地示範基地進行調研與技術指導，保證了「三一」糧食高產工程的穩步發展。

第八章 科學探祕永無休

你在完成三系法育種、兩系法育種、實現超級稻的一期目標之後，又瞄準了一個新的目標，那就是利用無融合生殖以固定雜種優勢的一系法。一系法的最大特點就是不再需要年年制種，雜種優勢無變異，能真正實現雜交水稻育種技術由繁到簡的飛躍。儘管實現一系法有賴於分子育種、基因技術的進步，且難度極大，甚至遭到一些人的質疑和反對。但是，你始終認為，一系法非做不可。因為，這是科技進步和社會發展的必然要求，也是科技工作者追求的目標和神聖的使命。

你以育種戰略家的敏銳眼光和不斷創新的科技業績，始終站在中國和世界雜交水稻研究的最前沿。數十年來，你一直是走在世界農業高科技前沿的當代最傑出的科學家。

一、水稻基因組框架圖

一九九〇年，被稱為「人體阿波羅登月計劃」的人類基因組測序計劃正式啟動。這一計劃共耗資兩百四十億美元，動員了一百二十所大學和兩萬家企業的力量，四百萬人參加。二〇〇〇年六月二十六日，時任美國總統柯林頓和英國首相布萊爾與世界有關科學家共同宣布「人類基因組計劃工作草圖」繪製完畢。柯林頓聲稱：「這是人類迄今製作的最重要的、最奇妙的圖譜。」布萊爾則說：「這是二十一世紀的首項技術的勝利。」因為，人類基因組測序工作的完成，為其他生物的基因測序開啟了一扇大門。

中國科學家首次參與人類基因組計劃，雖然只占其中測序工作量的一%，但他們憑著傑出的智慧和勤奮的精神，不僅提前完成了人類基因組一%草圖的繪製任務，同時形成了一個世界級的技術平臺，在國際科技舞臺上充分展示了中國的科技水平。

作為世界第一大水稻生產國，作為世界上稻作發源地和最先發明雜交水稻的國家，中國有能力、有責任開展水稻的測序工作。在國際人類基因組測序中擔任中國首席專家的中國科學家楊煥明教授完成人類基因組計劃的任務之後，立即找到了你，談了擬測定中國超級雜交水稻基因組的想法。你們兩人一拍即合，決定用基因工程去詮釋和破解「超級稻」高產的奧祕。

中國水稻基因組「工作框架圖」以你的超級雜交水稻秈稻恢復系「九三一一」為研究對象。透過從基因組到分子育種，再到大田試驗的全方位研究開發，很快便取得了成功。基因測序工作不但折射出中國基因研究的進步，表明中國人不但有能力參與國際合作，而且在生命科學、生物技術、計算機科學、軟體開發綜合技術等領域已躋身世界前列。二〇〇〇年，你與楊煥明、于軍、汪建、劉思奇等人領導的中科院遺傳研究所人類基因組中心進行合作，啟動了超級稻計劃的「姊妹計劃」——水稻基因組測序和重要農藝性狀功能基因組研究。在完成中國的超級水稻基因組測序的基礎上，全面開展超級雜交稻的基因研究，在分子層面探索超級稻的祕密，確保中國水稻高產優質。中科院與你們的合作有著重要的意義。二〇〇〇年四月初，美國最大的基因工程公司孟山都公司宣布，他們做完了水稻的基因組測序，但他們測的是粳稻，日本有一個多國參加的國際水稻基因總計劃，做的也是粳稻，而你們做的超級水稻是秈稻，是雜交出來的。粳稻和秈稻的差別是很大的，秈稻表現出更多的雜交優勢，而且本身也是中國的一個特色。超級稻裡蘊藏著一個解答不了的問題，那就是為什麼能夠高產。透過基因研究，就是想把這個謎解開。在光合作用下，某些酶能把太陽能轉化為自然生長的蛋白質。如果能找到這種基因，就可以在物種研究上取得很大的突破。

中科院遺傳研究所人類基因組中心在完成中國的超級水稻基因組測序的基礎上，將從基因層面解答中國的超級稻為什麼高產的機理問題。他們提出要解決的幾個問題：一是高產，二是優質，三是抗病，四是耐寒，五是抗逆轉。

整個水稻測序的合作中，由你提供種子，確保所測序的種系是你的雜交水稻。也就是由你提供資源，中科院把資源訊息化，再由中科院遺傳所把它分子生物學化，然後就可以再回到你這兒，把它組織化，運用於生產實踐，這是一個循環。用這樣的循環來破解水稻這本天書。

二〇〇一年十月十二日，中國科學院、國家計委、科技部聯合召開新聞發布會，著名生命科學家、時任中國科學院副院長的陳竺宣布：具有國際領先水平的中國水稻（秈稻）基因組「工作框架圖」和數據庫在中國完成。他說：「這次秈稻基因組『工作框架圖』成果的取得，是重大的、原始性的知識創新，是中國科學院正在開展的科技戰略行動計劃中的一部分。這項工作和袁隆平先生的工作構成了中國水稻大生命科學與大生物技術研究的互為依託的整體格局。」「水稻基因組國際合作追求的目標不僅僅是做出『工作框架圖』，亦即『草圖』，而是要追求完美的『精細完成圖』，中國現在已接近完成『精細圖』，而且有自己的研究特色。該研究作為國際合作計劃的組成部分，是中國對世界所做的莊嚴的承諾，我們既然做了，就一定要做到底，並且把它做好。」秈稻基因組的「工作框架圖」完成，不但折射出中國基因研究的進步，而且對世界都是一個里程碑式的偉大創舉。

美國 Science 雜誌二〇〇二年第五期在封面上刊登了中國雲南著名的紅河哈尼水稻梯田大照片：在蜿蜒不斷的青山之中，層層梯田栽著金燦燦的水稻從山腳盤繞至山頂，像一首抒情詩，又像一幅山水畫。隨刊發行的有關水稻基因組測序宣傳畫突出地介紹了中國的長篇科學專論《水稻（秈稻）基因組的工作框架序列圖》。Science 雜誌的社論評價說：「水稻基因組框架圖的論文是該領域『最重要意義的里程碑性工作』」「永遠改變了我們對植物學的研究」，對「新世紀人類的健康與生存具有全球性的影響」。丹麥皇家農業與畜牧大學教授 M·福拉德漢姆稱讚道：「我對中國基因組計劃所做的成就印象非常深刻。」「最近的進展表明他們還在迅速發展。毫無疑問，他們將來能在科學領域發揮更重要的作用。」

二、傳統育種技術與最新生物科技的結合

二〇〇一年十一月，你在世界農業科技大會上說：「生物技術可以加速中國的超級稻研究。如果轉入玉米的某種基因，超級水稻的單產還會有大幅增長的潛力。」與此同時，利用高技術優化米質的工作也全面展開。

早在一九九九年初，香港中文大學生物系主任、美籍華裔科學家辛世文教授就了解到，你有意利用分子生物工程技術提高雜交水稻米質，他感到這是一個很好的合作機會。香港中文大學生物系擁有設備優良的生物工程實驗室，超級稻是一個理想的項目。辛世文教授對同你的合作產生了極大興趣。一九九九年，他與你開始攜手合作，用分子遺傳技術開展雜交水稻品質改良和用分子標記技術改進水稻形態，增進抗病能力的研究。你認為，「超級雜交水稻計劃」的啟動，是要讓「超級稻」的米質從現在一般雜交水稻米質的三級或二級提高到一級，產量也要達到畝產九百公斤，水稻抗逆能力也將大為提高。辛世文教授表示，香港中文大學將提供先進的實驗設備和研究人員，進行早期的實驗選種工作。你們還邀請了專門研究植物光合作用的美國華盛頓州立大學華人科學家古森本教授參與該計劃。

二〇〇一年七月，中國國家雜交水稻工程技術研究中心與香港中文大學植物及真菌生物科技中心合作，正式啟動一項「超級雜交水稻計劃」，旨在透過傳統育種技術與最新生物科技的結合，發展新一代的高產優質雜交水稻。

辛世文教授一九四二年出生於廣東湛江，一九五四年隨父母到香港，後來赴美國留學，一九七四年獲哲學博士學位。一九八〇年提取並複製出了世界上第一個植物基因，同時第一個發現植物基因亦含插入順序，被國際同行譽為「複製植物基因之父」。他的科學發現具有劃時代的意義，表明人類按照自己的需要和意圖任意設計「製造」植物的時代已經到來。他雖然加入美國國籍，卻不忘中國的養育之恩，對於中國的科學事業一往情深。早在一九八〇年，他就開始應邀擔任中國國家蔬菜系統工程技術研究中心的顧問和客座教授，後來受聘擔任中國農業大學、西北農業大學（現併入西北農林科技大學）、武漢大學、中國科技大學和南開大學的客座教授，以及農業生物技術國家實驗室學術委員會委員、北京植物細胞工程實驗室科技顧問。作為生物基礎理論和應用科學研究領域的世界級傑出科學家，辛世文教授的加入給中國生物學界帶來了生氣。

你告訴我：在運用分子技術與常規育種結合起來進行攻關方面，你和你的雜交水稻研究中心已取得了三方面的進展。

其一是透過分子技術，在野生稻裡面發現了兩個增產基因。野生稻有許多不良的性狀，但是裡面又隱藏了極其有利的基因。你們發現的這兩個增產基因坐落在第一和第二染色體上，每個基因比對照（品種）有增產一七%至一八%的效應。你們已把這兩個增產基因導入栽培稻，培育了一個很好的恢復系，它比目前生產中的水稻穗子更大，粒子更多一點。你們用它來配組做雙季晚稻，在示範田中比對照增產二〇%左右。

其二是將稗草的 DNA 導入水稻，利用稗草的 DNA 創造新的水稻資源。稗草是水田中的一種雜草，生命力非常旺盛，裡面有一些好的基因。但是你們現在還不知道，哪個基因是好基因，使它的生命活力那麼強。你們就把稗草總體 DNA 都提出來，導入栽培稻裡去，其後代就發生了變異，你們再到田裡去選好的來培植。就是用這樣一個笨辦法，選到了一個很好的恢復系——「RB207」。它的穗子比原始的品種顯著增大，籽粒重也提高了。

其三是轉育 C4 基因的研究。植物有兩大類，一類叫做 C3 植物，一類叫做 C4 植物。C4 植物的光合效率比 C3 植物的光合效率高出三〇%左右。水稻、小麥屬於 C3 植物，玉米、甘蔗、高粱是 C4 植物。你們跟香港中文大學合作，把 C4 的四個關鍵酶基因（PEPC、PPDK、MDH 和 ME）轉到超級雜交稻親本裡去了。在轉基因 R299 群體中，部分株系的光合效率提高五%至二五%；小區測產結果表明部分組合產量有一 · 二八%至一〇 · 九%的增加。同時你們還用具有 C4 基因的親本來培育雜交稻，它的光合效率也有所提高，最高的增產效果可以達到一〇%。

這些進展的取得，使你有充分的信心一直站在世界水稻科學研究、種植、栽培、推廣的最前沿。

三、航天育種工程

一九六一年蘇聯太空人加加林乘坐太空飛行器進入太空，人類完成了文明史上的一次飛躍。伴隨著載人航太夢想的實現，人類對物質世界的認識產生了劃時代意義的變革。繼陸地、海洋、天空之後，航太技術正把地球文明推向高遠浩瀚的宇宙。國際上有遠見的專家們都認為，近地軌道將是下一次新工業革命的場所。美國、蘇聯早就發現空間中植物、微生物的變異，但他們重視基礎理論和空間醫學研究，更多考慮這種變異對太空人的影響，而忽視了另一個重要課題——航太誘變育種的應用。

中國在航太育種方面，可以說是捷足先登。一九八六年，王大珩院士提出應用航太搭載進行生物科學研究。一九八七年中國首次在兩顆返回式衛星上進行搭載試驗。航太誘變育種已成為中國在空間生命科學研究方面的一個特色，開創了中國育種的新途徑。

太空環境為微重力、強輻射、高真空，重力僅為百分之一到十萬分之一克，而人在地面感受到的重力是一克。衛星中存在著地面沒有的高能粒子輻射。這種特殊的環境，使種子和微生物產生遺傳變異。

你領導的科學研究組利用空間誘變處理雜交水稻種子，使雜交水稻種子透過太空強輻射、高真空、微重力的作用，產生在地球上無法得到的變異，再進行選取育種。這種嘗試始於一九九六年十月。你將精選處理過的雜交水稻種子，由中國返回式衛星搭載進入太空，在太空運行十五天後返回地面。一九八七年十月，你又挑選了十九種雜交水稻良種，共五百一十九克，透過中國航天總公司發射的返回式科學實驗衛星送上太空。透過太空的強宇宙射線輻射、高真空、微重力的作用，雜交水稻種子發生在地球上無法產生的變異，再進行選取育種。這兩批種子返回地面後，在國家雜交水稻工程技術研究中心三亞基地進行第一代種植。透過現場觀察測量、分析發現，第二代種子在生育期中的形態特徵和生物學特徵等方面出現了廣泛的高頻率變異。

你在回答記者問時說：「第一批太空誘變種子已獲得第二代種子。一般而言，其變異要經過四至五代種植才能穩定。第二代太空誘變種子與原雜交水稻種子比較，其遺傳性產生了廣譜性、高頻率的變化，且變異率高、變異幅度大、變異性狀易穩定。這些太空誘變種子變異性有：植株變高或變矮，分蘖期提早或推遲，穀穗變長或變短，抽穗期提前或推遲；個別性狀的分離變異率高達一二 ‧ 三六%，比一般用射線照射得到的變異率提高了一百倍。當然，有利變異與不利變異在太空誘變中是並存的，目前尚無證據說明有利變異占主要地位，但是只要是有利變異大的種子，我就能把它選出來進行培育。」

據悉，航太育種項目已納入中國農業部的「八六三」計劃。中國已進行多次太空育種試驗，涉及五十多種作物、三百多種種子、三十多種微生物和十多種昆蟲。某些種子試種已獲成功。透過航太育種的辣椒，有的一個就可以炒一盤菜；航太育種的黃瓜，有的一根就重達一點五公斤。航太育種為雜交水稻研究提供了新的發展途徑。

你以不斷創新的科技業績和育種戰略家的敏銳眼光，始終站在中國和世界雜交水稻研究的最前沿。隨著中國改革開放的步子加快，隨著世界範圍的高科技的快速發展，你更加注意強化雜交水稻研究與當代生物工程技術及航太技術的聯繫與融通，促進雜交水稻朝著高科技層面更高水平發展。

四、創立雜交水稻學

作為中國雜交水稻學科的總設計師和學術帶頭人，你從發現田間「鶴立雞群」的天然雜交稻到開始獨立進行雜交水稻研究，五十多年來，你從實踐到認識，又從認識到實踐，不斷地總結雜交水稻試驗過程的經驗，進行理論的總結和提升，先後發表論文六十多篇，出版專著七部，逐步建立和完善了一整套雜交水稻的理論和應用技術體系，從而創建了一門系統的新興學科——雜交水稻學，為農業科學史增添了光彩奪目的新篇章。

你研究雜交水稻技術的學術理論基礎，是經典的遺傳學說，即孟德爾—摩爾根的基因、染色體遺傳學理論體系。在長年的生產科學研究實踐中，你豐富和發展了遺傳育種的理論和技術，而且以水稻雜交成功的豐碩實踐，批判了所謂「顯性學說」論者關於「自花授粉作物無雜種優勢」的錯誤論斷，在研究成功三系法、兩系法和超級稻的創新過程中，創立和逐步完善了雜交水稻學。

一九六六年你發表的第一篇重要論文《水稻的雄性不孕性》，是中國雜交水稻研究的奠基之作。在中國國內首次發現、報導並研究了水稻雄性不孕現象，提出了可以透過雄性不育株獲得雄性不孕系、保持系和恢復系用作水稻雜種優勢育種的材料。

一九七七年你發表論文《雜交水稻製種與高產的關鍵技術》，總結了十多年育種的實踐經驗。文章是對雄性不育和三系關係的深刻解釋，從另一個角度說，也是對你的水稻存在雜種優勢思想的闡釋。論文總結了雜交水稻育種的實踐和理論，提出了雜交水稻研究在三個方面的重要作用：一是豐富了雄性不育和三系關係的遺傳理論，二是否定了稻、麥等自花授粉作物沒有雜交優勢的舊理論，三是給某些其他自花授粉作物的製種技術提供了良好的借鑑。同時，你還在論文中批評了自花授粉作物無雜種優勢的理論基礎——「顯性學說」的片面性，指出：植物有無優勢，不決定於它們固有的生殖方式，水稻和其他植物的雜種優勢，受共同的規律支配。水稻有無雜種優勢或優勢大小，關鍵在於選配親本。這與異花授粉植物具有很大的共同性。

一九七七年你發表論文《雜交水稻培育的實踐和理論》，進一步深刻闡述了關於雜交水稻的幾個重大的實踐與理論問題。

一九八七年你在《雜交水稻育種的戰略設想》中，提出了雜交水稻育種由三系法到兩系法再到一系法和從品種間到亞種間再到遠緣雜種優勢利用三個發展階段的戰略設想，你對超級雜交水稻理論和選育技術路線的闡述，顯示了你在雜交水稻研究領域卓越的科學預見能力。

一九八五年出版的《雜交水稻簡明教程（中英文對照）》，促進了雜交水稻知識和理論的系統化、普及化與國際化。一九九五年《雜交水稻生產技術》（英文版）

由聯合國糧農組織出版，二〇〇一年又由該組織譯成西班牙文出版，並發行到四十多個國家，成為全世界雜交水稻生產的指導用書，這是國際上雜交水稻研究領域的第一本專著。

一九八八年出版的專著《雜交水稻育種栽培學》，全面、系統地總結和闡述了三系法雜交水稻育種、種子栽培、基礎理論諸方面的經驗和問題，標誌著雜交水稻學科的基本形成。在該書第一章「概述」中，扼要敘述了水稻雜種優勢利用研究概況，論述了中國水稻雜種優勢利用取得的偉大成就，介紹了雜交水稻的推廣應用及經濟效益和中國雜交水稻發展迅速的主要經驗。然後逐章論述了水稻雜種優勢，水稻雄性不育系、保持系、恢復系的選育，雜交水稻的制種，種子的精選加工和貯藏保管，雜交水稻的形態結構、生長發育、生理及栽培技術等。

二十世紀九十年代，你在兩系法雜交水稻、亞種間雜種優勢利用、超級雜交稻選育等重大課題的研究中，先後提出一系列技術策略，有效地指導了關鍵技術的突破。在這個過程中，你對各項研究與實踐進行了總結和提高，發表了《水稻廣親和系的選育》《水稻無融合生殖研究的新進展》《選育水稻光、溫敏核不育系的技術策略》《選育水稻亞種間雜交組合的策略》《兩系法雜交水稻研究的進展》《兩系法雜交水稻研究》《我國兩系法雜交水稻研究的形勢、任務和發展前景》《雜交水稻超高產育種》《超級雜交水稻育種研究的進展》《水稻強化栽培體系》等論文，在技術和理論上豐富完善了你的雜交水稻學說。在此基礎上，由你主編，由你組織從事雜交水稻科學研究、生產和教學人員中的精英強將共同編寫的《雜交水稻學》一書於二〇〇二年出版了。該書更加深入、全面、系統地論述了雜交水稻學，把雜交水稻研究和雜交水稻學推向成熟和完善的新階段。《雜交水稻學》較為全面地概括了編寫《雜交水稻育種栽培學》十多年來，你和團隊專家們在完成兩系法雜交水稻研究、超級雜交稻研究方面取得重大突破和雜交水稻分子育種方面取得的新的重大進展和發現，更加全面、系統地反映了二十一世紀初雜交水稻最新研究成果。全書著重從理論和方法上闡述了兩系法雜交水稻、超級雜交水稻、雜交水稻分子育種以及繁殖、製種、栽培方面的新技術。《雜交水稻學》是全中國雜交水稻研究協作組廣大科技工作者的智慧與勞動的結晶，代表了世界雜交水稻研究的最新的、最高的成果。

二〇一〇年，科學出版社出版了《袁隆平論文集》。這是你在從事雜交水稻技術研發四十多年間撰寫、發表的諸多雜交水稻研究文章以及在國際會議上做學術報告和擔任聯合國糧農組織首席顧問提交的顧問報告的精華選粹。這本中、英文論文集，不僅是你雜交水稻研發歷程的展示，而且是你長期從事雜交水稻技術研究開發的經驗總結與昇華。本書「前言」指出：

……

眾所周知，袁隆平院士是一位傑出的農業科學家，近半個世紀以來，他將全部精力傾注在雜交水稻事業上，為中國乃至世界的糧食生產發展做出了重要貢獻。他不僅是雜交水稻事業的開創者，而且始終是這一研究領域的「領頭雁」。雜交水稻研究的每一發展階段、每一項重大創新，都離不開他所起的關鍵作用，都體現了他非凡的智慧與學術思想，並集中反映在他的學術論著中。他在雜交水稻的研究和發展中建立和完善了一整套理論和應用技術體系，從而創建了一門系統的新興學科——雜交水稻學。

……

國際上這樣評論中國的雜交水稻：中國雜交水稻是在脫離了西方這個所謂農業科學源頭的情況下，自己創造出來的一項成果。雜交水稻的成功，為發展遺傳育種學的實踐和理論提供了新的內容。你是從實踐中成長起來的科學家，但你非常重視實踐的總結和理論的昇華。你在五十年的雜交水稻研究開發過程中，開創了一條科學創新之路：你在中國水稻種植的傳統基礎上，學習和借鑑西方的先進科學理論和技術，敢於衝破西方的局限和束縛，從中國實際出發，走自己的道路，最終趕上並超越西方，創造出屬於自己的新的科學研究成果、學術體系，創立了雜交水稻學！

五、設立袁隆平農業科技獎

一九九四年六月十五日在湖南雜交水稻研究中心，隆重舉行了三項慶典活動：中國雜交水稻研究三十週年、湖南雜交水稻研究中心成立十週年暨袁隆平雜交水稻獎勵基金會首屆頒獎。

這次慶典規模小、規格高，邀請了中國有關國家部委領導、中共湖南省委、省政府、省人大、省政協、省軍區的主要領導以及各省、市著名雜交水稻專家學者等一百二十餘人參加。慶典面向全中國，獎勵在雜交水稻開創的艱難年代，堅定地支持雜交水稻研究與應用的有功之臣四十二名，其中包括最早支持你的中國國家科委九局原局長趙石英與原湖南省農業廳廳長陳洪新。你作為理事長給獲獎者頒發獎牌、獎金。

這次慶典活動影響很大。你的無私奉獻精神得到了各界的高度稱讚，大家一致建議要進一步擴大基金來源，加大獎勵力度，擴大袁隆平基金會的社會影響。與會代表在這次慶典會上還一致呼籲：要在湖南雜交水稻研究中心的基礎上，組建國家雜交水稻工程技術研究中心，並向全中國發出倡議書。

擴大、更名的「湖南省袁隆平農業科技獎勵基金會」成立於一九九六年。這年七月十二日在湖南雜交水稻研究中心隆重舉行「湖南省袁隆平農業科技獎勵基金會成立暨《功勛科學家袁隆平》一書首發式」。

新成立的「湖南省袁隆平農業科技獎勵基金會」所設的「袁隆平農業科技獎」一九九八年首次開評。首屆袁隆平農業科技獎評選結果：羅孝和、黃培勁、官春雲、李羅斌、周新安五人獲首屆湖南省袁隆平農業科技獎，每人獎五萬元；陳洪新獲首屆湖南省袁隆平農業科技特別獎，獎勵六萬元。

一九九九年九月七日在長沙隆重舉行「袁隆平學術思想和科學研究實踐研討會暨袁隆平農業科技獎首屆頒獎儀式」，你給獲獎人陳洪新、羅孝和、黃培勁、官春雲、李羅斌、周新安等人頒發獲獎證書、獎牌和獎金。

第三次頒獎於二〇〇二年一月十八日在長沙隆重舉行。對二〇〇〇至二〇〇一年在湖南省超級雜交稻示範工作中取得顯著成績並經國家級或省級驗收達到國家農業部規定的第一期目標（一季中稻畝產七百公斤）的十三個單位，頒發了第二屆「袁隆平農業科技獎」。

第四次頒獎於二〇〇三年六月六日在湖南雜交水稻研究中心舉行。由於張昭東多年在菲律賓選育、推廣雜交稻方面的突出貢獻，決定授予張昭東「袁隆平農業科技獎」，頒發獎勵證書、獎金八萬元。

第五次頒獎於二〇〇四年九月八日在「慶祝雜交水稻研究四十週年暨第三屆科技獎頒獎大會」上舉行。李必湖、馮克珊、顏龍安、謝華安、鄒江石五人獲獎，每人獲獎金五萬元。「國際雜交水稻與世界糧食安全論壇」的兩百多名代表亦參加了頒獎大會。進一步擴大了袁隆平基金會的影響。

第六次頒獎於二〇〇六年十二月十九日在湖南雜交水稻研究中心召開的湖南省超級稻研究開發第六次協作會議暨第四屆「袁隆平農業科技頒獎大會」上舉行。尹華奇、呂保智、鄒國清、羅澤民、周坤爐、鄭聖先、駱正鑫、郭名奇、雷純章、黎垣慶十人獲第四屆「袁隆平農業科技獎」，每人獎三萬元。

第七次頒獎於二〇〇八年九月十二日在長沙召開的「第五屆國際雜交水稻學術研討會」的開幕式上進行。有朱英國、楊振玉、楊聚寶、李丁民、李成荃、李錚友、吳讓祥、張慧廉、彭興富、彭惠普、謝放鳴、潘熙淦十二人獲第五屆「袁隆平農業科技獎」，每人獎五萬元。

第八次頒獎於二〇一四年九月十五日舉行。第八屆「袁隆平農業科技獎」獲獎者是朱運昌、李文友、青先國、曹兵、謝長江，每人獲獎金十萬元。

二〇〇四年你又將獲得世界糧食獎的獎金十二點五萬美元全部捐獻給「袁隆平農業科技獎勵基金會」。在你的帶動和影響下，基金會不斷發展壯大，基金由一九九六年七月十二日成立時的兩百六十餘萬元，擴大到現在的一千三百餘萬元。透過歷屆評獎、頒獎，弘揚了你的無私奉獻精神，造成了「重獎一人萬人趨」的激勵作用，達到了繼續保持雜交水稻成果領先世界的目的。

六、熱情培育科技人才

你一貫認為，人才是事業成功的保證。雜交水稻研究是一項遠大的事業，需要代代有傳人。雜交水稻事業要繼承、創新和發展下去，需要各方面的人才，要建立一支科學研究團隊。因此，你特別重視人才的培養。在水稻的雄性不育性研究還剛剛起步的時候，你從安江農校畢業學生中，挑選出李必湖與尹華奇當助手。你對他們說：不僅要重視既有專業知識的學習，還應放眼了解世界科技資訊，還要求他們一定要學習英語。你平時擠出時間給他們上輔導課，持之以恆，從不間斷。到二十世紀七十年代初期，雜交水稻三系剛剛配套，你就把他倆先後送進武漢大學和湖南農業大學深造，後來還將他們多次派到國外傳授雜交水稻技術。現在，他們都已成為研究員，成為雜交水稻研究領域的技術骨幹。

二十世紀七十年代開展大協作，前來參與協作的科技人員急需雜交水稻育種的知識技能，你毫無保留地給他們傳授水稻雜交技術的經驗和心得。你經常架起小黑板，給前來取經的協作人員講課，並在試驗田教他們技術。後來一大批來自全中國各地的雜交水稻技術人員，如羅孝和、周坤爐、黎垣慶、郭名奇、朱運昌等人，都迅速成長為雜交水稻專家。

隨著雜交水稻研究的成功和雜交水稻研究中心成立，你更加認識到，未來的農業科技如果僅靠常規技術就會落伍，必須與現代生物技術結合起來，才可能占領雜交水稻科學研究的前沿陣地。因此，就必須不遺餘力地加強對高精尖技術人才的培養和引進。

你先後被湖南農業大學、中南大學、東北農業大學等多所高校聘為兼職碩士研究生導師和博士研究生導師，你親自指導碩士生和博士生。你還利用自己在國際上的名望，從美國洛克菲勒基金會為中國爭取到生物學獎學金資助名額。從一九八八年起，湖南雜交水稻研究中心分批派出碩士研究生謝鳴放、肖金華、李繼明、李新奇、符習勤、辛業藝、袁定陽、段美娟等赴美或赴港、赴澳，一邊讀博士，一邊合作研究。這些博士畢業後大多回來做雜交水稻研究工作，少數留在美、澳等國工作的，也取得了較大的成就。有人說：「你培養的人才都飛了，不是白費心血了嗎？」你卻不這麼看，你說：「中國雜交水稻事業的未來，需要大量超過我袁隆平的人才。優秀人才的成長需要廣闊的自由天地，讓他們都窩到我的手下來，受著我的思想束縛，怎麼能超過我呢？」這就是一個偉大科學家的胸懷！

對於人才培養，你主張採取「送出去、請進來、傳幫帶」等多條途徑和多種措施。你認為，在人才隊伍建設方面，多讓年輕人繼續學習和參加中外的學術交流是十分重要的。要為人才創造環境和條件，使他們在學術上有建樹，在科學研究上有成果，成長為德才兼備的學術帶頭人。現在，中國國家雜交水稻工程技術研究中心已形成了高水準的科學研究團隊，高級研究人員已超過六十名，占科學研究人員總數的一多半；同時，相繼成長起一批碩士、博士，為提高科學研究水平、保障持續發展的後勁積蓄了後備力量。

你在培養人才方面，從來不搞「小圈子」，沒有門戶之見。如羅孝和、周坤爐、郭名奇、黎垣慶、朱運昌、趙炳然等從全中國各地來到你雜交水稻研究隊伍的科技人員，都在你的指導幫助下迅速成長為優秀的雜交水稻專家。

你總是充分激發科學研究人員更好地釋放自主創新能力。你認為在培養青年人才上，應採用更有力度的激勵機制。你把自己獲獎所得的獎金捐獻出來，還把美國水稻技術公司付給你的合作顧問費也捐出來，專門用來資助科學研究人員，特別是年輕人，支持已有苗頭和潛力的項目研究。每年幾乎都有幾個課題獲得你兩萬～五萬元的資助。這項基金不但支持本單位的科技人員，也扶持其他單位的科學研究人員。如福建農業大學的一位博士後，開展多倍體水稻育種的探索性研究，苦於經費不足而幾乎停滯。你得知後，專門撥出一筆經費，鼓勵他取得成果。湖南農業大學和湖南農科院水稻研究所各有一位青年科技人員，也連續三年獲得你的資助。你的初衷就是既獎勵為雜交水稻的研發做出傑出貢獻的單位和個人，也鼓勵那些在更廣範圍熱愛農業科技的人。

現在，研究中心隊伍中三四十歲的人都成長起來了，有了一批博士，其中一些人有了研究成果。他們都能專心致志地做研究。有的走了之後又後悔，說在袁老師這裡工作最好，感到在你這裡工作有一種親切感。不少人又回到了雜交水稻研究中心。你對他們有要求，但是也很關心他們，從來不以領導、上級的身分對待過他們，而像兄長、老師、朋友那樣。科技人員是個大群體，打硬仗要有夠強的團隊，其中最重要的是學術帶頭人。學術帶頭人應該有戰略頭腦，領導研究工作一步一步向前走。

在人才培訓方面，你非常重視培養研究生的動手能力，你並不太看重分數，而是看重這個人的科學研究素質，看他肯不肯下田，肯不肯吃苦，肯不肯刻苦鑽研。實驗室和電腦前的工作固然重要，但最重要的是下田，頂著太陽，趟著泥水，下田實幹。實踐出真知，苦幹結碩果。書本上、電腦裡種不出水稻！不管是毒日頭，還是狂風暴雨，都要到田裡去，認識水稻，了解水稻，要進了稻田一眼望去就能分辨出是哪個品種，它有什麼樣的「脾氣」，一如區分自家和別家的孩子。你長期以來養成了每天堅持下田的習慣，直到八十多歲了，你還堅持每天下田。你覺得，下田好啊，看綠色，晒太陽，呼吸新鮮空氣，這樣不會缺鈣。關在屋子裡，手腳發癢，下田做試驗才有樂趣。你以身教言傳帶出了一批優秀的中青年骨幹，帶出了一支能打硬仗、打勝仗的科學研究團隊。他們多數是能下田的，被晒得很黑，他們以事業為重，不怕辛苦和勞累，又有探索和創新精神。你為他們感到欣慰和驕傲！

七、走科技產業化之路

雜交水稻研究中心從一九八四年成立以來，經費拮据一直是影響事業發展的一個重要問題。財政給的人頭經費人均只有兩千七百元，課題經費也短缺，「孔雀東南飛」，人才外流的現象一時難以解決。為解決經濟拮据問題，你們曾走過不少彎路。

二十世紀八十年代末九十年代初，在「一所兩制、三向分流，穩住一頭、放開一片」方針的指引下，除穩住科學研究這一頭外，雜交水稻研究中心先後嘗試辦起了飲料廠、飼料廠、汽車配件廠等小工廠，結果虧損近兩百萬元，教訓慘痛。 吃一塹，長一智，你們認真總結經驗教訓，認識到只有堅持開發擁有自主知識產權、在國際國內領先的科學研究成果才是壯大發展雜交水稻研究中心的唯一出路。

從事雜交水稻研究之初，你就密切關注國際上最前沿的生物遺傳基因學說，用世界上最先進的遺傳學理論指導最樸素的田間育種，從而在知識經濟時代為中國創造了不可估量的農業高科技知識產權。只要想一想中國在電腦晶片等技術領域長期滯後，付出大量的外匯購買知識產權，就可以推想到，像中國這樣一個人口超級大國，如果吃飯靠進口糧食，種植水稻的技術也需要向外國購買知識產權，那將要付出多麼巨大而沉重的代價！

雜交水稻技術這項科學研究成果，在早期推廣的過程中我們沒有在知識產權方面進行保護，中國雜交水稻技術在轉讓中曾蒙受過巨大損失。二十世紀九十年代，中國逐步加強了雜交水稻知識產權的保護，一些雜交水稻研究機構制定了保護知識產權的相關規定，加強了研究開發、生產經營以及科技人員流動、對外科技交流與合作活動中知識產權保護措施。

兩系雜交水稻在美國大面積製種成功之後，美國水稻技術公司領導層當即決定，與中國商談合作開發雜交水稻種子市場的問題。經過幾輪談判，雙方議定，由中國國家雜交水稻工程技術研究中心以科技成果作為無形資產占五一%的股份控股，由美國休斯頓水稻技術公司投資一千萬美元，占四九%的股份，聯合組建「袁隆平雜交水稻種業有限公司」。合約約定，簽訂協議後，由美國水稻技術公司首期投資兩百九十萬美元，待公司業務一展開，便付清全部一千萬美元的投資。為了表達誠意，美國休斯頓水稻技術公司總裁請出老闆列支敦士登國王漢斯·亞當二世，以私人身分親自到長沙，對雙方的合作表示謝意與祝賀。該合作協議經中國相關部門批准，雙方於一九九八年底在長沙正式簽字，在國家工商行政管理部門註冊了「袁隆平牌」和「隆平牌」商標。

與美國水稻技術公司的合作協議，在中國國家雜交水稻工程技術研究中心引起了很大迴響，激盪著領導層的心。一方面是國外公司虎視眈眈，如此看好雜交水稻種子市場的潛力；另一方面，中國國家雜交水稻工程技術研究中心的經濟卻又如此緊張。原湖南省農科院院長左連生徹夜不眠：「我這黨委書記當得艱難啊。」除了左連生之外，還有雜交水稻研究中心副主任全永明也想著：自己辛辛苦苦賣種子，卻還是讓研究中心如此艱難，一直在賣與買之間打交道，卻從未想過老師這個無形資產更值錢。

一九八七年的一天，一段時間以來都失眠的兩個人不約而同地往你的辦公室趕。

左連生給自己倒了杯水，喝了一口，這才對你說道：「袁老，您看啊，美國人這麼看好我們的雜交水稻，而且還專門以您的名字來命名，說明您的名字有號召力、影響力。我這幾天想了想，要不我們乾脆成立一個以您的名字來命名的上市公司好了。」

你一聽，堅決地搖頭，說：「不行，到時候『袁隆平』三個字今天漲一分，明天跌一分，這像什麼話。這還不算什麼，最主要的是別人怎麼看我。說我沽名釣譽，說我一個科技工作者這麼貪錢貪財？我現在每個月薪水有一千六百多元，加上各種津貼、補助，去國外授課的錢，一個月有三四千元啦，已經足夠我用啦。更何況我對經營管理完全不懂。我還是那句話，『我只想安安心心做科學研究，我也只會做科學研究』。」

左連生看你反應挺激烈的，知道必須要換一種方式了，因此，他緩緩地說：「老師，您是只想做科學研究，可是您馬上七十歲啦，按規定，國家是不可能再有科學研究資金撥給您啦，您也不可能再擔任研究員啦。而且您看，我們現在這麼困難，連一個分子研究室都沒錢建，談何研究一系雜交水稻？沒有錢，寸步難行啊。何況這也合情合理啊，是一個機會啊。」

你面露難色，左連生的話說出了你長久以來的心事。這時全永明拿出一張報紙，說：「老師，您看一下，這是張廷璧教授的發言。他說，現在很多院校及科學研究機構的科學研究成果很難轉化為生產力，其實是一種很大的浪費。老師，您心裡其實也認同吧？如果科學研究成果得不到企業的支持，就不能轉化為商品，從而造成更大的浪費。老師，雜交水稻如果不轉化為生產力，那是一種更大的浪費啊。」

你說：「可是……可是……」

左連生看見你有點動搖了，急忙趁熱打鐵，說：「袁老，您不為自己考慮，也得為國家利益考慮啊。您看，人家美國都想要開拓中國市場了。農業科學研究受自然條件的制約，出成果本來就難，還有農業科學研究週期長，市場風險大，成果的公益性強，如果組建股份公司，有利於擴張農業科技產業，增加農業科技投入，促進農業科技體制創新，建立人才競爭機制。另外，中國馬上就要加入 WTO 了，成立上市公司，對加入 WTO 以後的機遇和挑戰，承受能力更大。」

全永明不等左連生的話說完，就接了過去，說：「是啊，老師，左書記說得對，我們得轉變觀念，創新科技，適應市場，發揮應有的優勢，在市場經濟中尋求發展機遇。透過產業規模擴張，做大做強農業科技產業。我們這個是首創，是名牌效應。如果我們以您的名字成立公司，就具有知識、技術、產業三大優勢，透過這一組織形式，將把具有世界先進水平的高科技成果推向市場，使更多的農民受益，使高精尖的科學研究事業受益，為解決人類仍然面臨的糧食問題做出新的貢獻。這不就是您一直以來的夢想嗎？老師，您不知道，我們的雜交水稻種子才賣九塊錢一斤，可那些供應商賣給農民卻是二十六塊錢一斤呢。」

你大吃一驚，問：「什麼，他們賣二十六塊？」

全永明說：「老師，您一心要為農民減輕負擔，只准我們賣九塊，我們的經濟這麼困難，但是到最後農民還是沒有得到實惠啊。老師，公司上市了，有錢了，才能更好地為百姓服務啊。」

左連生接著全永明的話，繼續說道：「袁老，前美國國務卿基辛格說，誰控制了糧食，誰就控制了全人類。誰控制了貨幣，誰就控制了全球經濟。隨著全球種子商品化率的不斷提升，全球種子市場價值可以預見，肯定會持續增長。您也經常對我們說，種子，國家安全之重器也。您的學生黃崎還專門做過深入的研究。我們中國是糧食生產大國，也是種子需求大國。但我們國家種業的整體競爭力卻不強，產業分散度高，研發主要依賴公立機構，具有培育繁殖推廣一體化能力的種子企業較少。種子就相當於『咽喉』，如果我們的『咽喉』一旦被其他國家的種業巨頭控制，這是非常危險的。種子，是國家糧食安全之命脈啊！」

你沉默了很久，感慨萬分地說：「是啊，有時一粒小小的種子能夠絆倒一個強大的國家。」

左連生接著說道：「美國巨頭孟山都現在都已經開始研發分子技術了。而他們曾經的農業部部長說過一句話，糧食是一件武器，而使用它的方式就是把各個國家繫在我們身上，那樣他們就不願和我們搗亂。這很明顯，他們有從『石油美元』向『糧食美元』過渡的趨勢啊。而且隨著蘇聯解體，中國改革開放崛起，中國肯定會被認為是一種威脅。雖然我們自己沒有想拿種子做武器的想法，但中國人口眾多，種子要握在我們手中，才安心啊。而且您去過印度、緬甸，您更知道，一個雜交水稻試驗點，才十畝地，就花了五十萬，而中國僅區試至少需要試驗兩年，我們哪來這麼多錢？」

三十年來，科學研究經費不足的問題一直困擾著你。為此，你將美國水稻技術公司每年給你的一點五萬美元的顧問費捐贈給雜交水稻基金會。聽到這裡，你深深地嘆了一口氣，說：「我從沒想過要當什麼富翁，我所想的是誰種雜交水稻我都歡迎，而且雜交水稻的推廣面積越大越好。一個人光講索取和享受那很淺薄，一個人生存的價值在於創造。只有創造性的勞動，才能使人充實，才使人活得有意義。既然你們都這樣說，那行吧。只是我分文不取。在我名下的，就全部用於科學研究吧。不過呀，既然要做上市公司，要做國際開發，那就要做好一點，我們這些科學家在國外是要獨當一面的，得請人來給他們先培訓培訓，培訓成儒商，到時候獨當一面了，市場才能長久。」

左連生、全永明對視一眼，興奮之情難以掩飾，異口同聲地說：「還是老師想得周到，做培訓找誰？」

你想了想，說：「那就找中南大學商學院院長陳曉紅教授吧。聽很多人都說，她培訓能力不錯。你們把聯繫方式找來，這個電話我親自打。」

左連生、全永明歡天喜地立即著手找人了，經篩選，決定先由湖南省四達資產評估事務所來評估「袁隆平」這個名字的無形價值。

八、創立隆平高科

一九九八年六月二十四日，湖南省四達資產評估事務所在長沙宣布：經過兩百一十天，透過對十一萬組數據資料的嚴格審查論證，「袁隆平」這個名字的無形資產價值為一千零八點九億元。

六月二十九日，袁隆平農業高科技股份有限公司（以下簡稱隆平高科）在神農大酒店召開成立大會。隆平高科大股東是湖南農科院，其他股東是湖南雜交水稻研究中心、袁隆平院士、中國科學院長沙農業現代化研究所、湖南東方農業產業有限公司和郴州市種子公司。湖南農科院占股份的五五%，中國國家雜交水稻工程技術研究中心占二五%。你與公司簽訂了有償使用姓名權的協議，你本人以三百八十萬元折股兩百五十萬股，占公司股本的五%，以自然人的方式作為股份公司的發起人。

一九九八年十二月十八日，袁隆平農業高科技股份有限公司籌委會十五位組成人員召開大會，由第一大股東湖南農科院的法人代表左連生主持會議，董事長是湖南農科院原院長田際榕，總經理是湖南農科院原副院長彭海華，你為名譽董事長，方志輝為董事兼國際貿易部總經理，楊耀松、劉英任國際貿易部的副總，王秀松、陳毅丹、楊忠炬、胡智輝、彭正明等做國際貿易部的部門經理，開發國際市場。陳曉紅為獨立董事。

二〇〇〇年，日本東京工業大學博士、中南大學商學院院長陳曉紅教授在你的親自邀請下，負責隆平高科中層以上管理人員的培訓。她連任了兩屆獨立董事和一屆公司顧問，為隆平高科先後服務了九年時間。

九、《環球時報》的採訪

二〇〇〇年五月三十一日，中國第一家以農業科學家名字冠名的袁隆平農業高科技股份有限公司，代號「隆平高科」的股票在深圳證券交易所上網定價發行。

十二月十一日，在深圳證券交易所掛牌上市，發行價為十二點九八元，當日開盤價二十七點八九元，收盤價四十點三七元。

公司上市不久，大批新聞媒體工作者蜂擁而至，《環球時報》記者吳興華做了充足的準備，對你進行了電話專訪。

吳興華問：「袁院士，以前您有沒有想過有一天『袁隆平』三個字會成為一家上市公司的名字？」

你回答道：「從來沒有想過。研究雜交水稻之初，也只是因為『大躍進』時，大家都沒飯吃，而我本身學的就是農業，立志解決人類糧食安全問題。我本來是堅決不同意以我的名字作為公司的名字的，後來為什麼同意了呢？也是被逼出來的呀，主要是基於兩點考慮。第一，在國外發展雜交水稻需要資金，以我的名字，更容易籌集資金，更有利推廣雜交水稻。國外有公司願意投資，但考慮到中國本身的利益，我不願意。第二，我已經七十歲了，按國家規定，七十歲後就不能擔任項目的首席專家了，也就是說沒有科學研究經費了，有了上市公司，我就可以繼續進行雜交水稻的研發。」

吳興華接著問道：「公司上市的當天，股票就上升了十多元，您本人也成了億萬富翁。有的報紙說，您的名字值五百八十萬元，有的說，據有關資產評估事務所的評估，您的名字這個品牌值一千零八點九億元。作為一位知識分子，對此您的感受會有什麼不同？」

你平靜地回答：「那只是帳面上的富翁，我個人本身是用不了多少錢的。像我這麼一個老頭子，一百七十公分的身高，六十公斤的體重，就是砸了骨頭賣掉也值不了幾個錢。我認為，人身上最值錢的東西，是腦袋裡的知識。雜交水稻的成果，在全中國是無償使用的，只是國外還付給我們國家專利費，那也不是給我的。這一次，在公司成立之前，我已經簽好協議，同意捐贈出去，作為科學研究基金。同時也說明大家都非常看好雜交水稻，懂得科學技術是第一生產力。」

犀利的問話一個接一個抛出：「您做為中國一位享譽世界的科學家，大家很關心您下一步還有些什麼打算。」

你頓了頓說:「我這一輩子還有兩個願望:第一個願望是把雜交水稻推向全世界，讓雜交水稻造福全人類；第二個願望是把超級雜交稻做成功。現在，超級雜交水稻研究取得了突破性進展，已經在湖南取得了十八個百畝片、四個千畝片，平均畝產七百多公斤的成果，最高的達到八百七十公斤。按國家的要求，要在二〇〇五年前達到大面積畝產八百公斤的目標。我現在正為這一目標而奮鬥。」

吳興華沉吟了一會兒，接著問道：「在科學研究領域，失敗的例子很多，您是成功者，您認為成功的因素是什麼？」

你笑了說：「失敗啊，我也有很多，百分之九十都失敗了。在研發雜交水稻之前，我還研發過其他很多農產品，並且光研發雜交水稻，也用了很多年時間，到現在為止，你可以說成功了，也可以說還沒有成功，因為科學永無止境，雜交水稻的技術還有待提高。另外做科學研究最重要的是研究方向。我的水稻雜交理論全部來自實踐，我在實踐中發現了水稻的雜種優勢，不要被權威或者大流思想左右，當然，實踐要與理論結合。另外，成功不是我一個人的，是全體科技人員的，我們『中心』有很多人，外單位八萬、十萬年薪請他們去，他們也不去。同時國家與政府也給了我們很大的支持，當時，要不是華國鋒先生以及藍寧處長等很多領導重視科技，雜交水稻是沒有今天的。」

吳興華提了最後一個問題：「您對自己有什麼樣的評價？」

你說：「這我不好說。但大學時，同學們給我的評價是：愛好自由，特長散漫。說是這樣說，但我對我自己喜歡的東西是非常專注的。毛主席的『兩論』——《矛盾論》《實踐論》我讀過很多遍，『兩論』對於我的思想方法有影響，有作用。做科學研究讀點哲學是有好處的。我在年輕時學習李森科的理論時候，覺得他有主觀唯心論，這才敢於衝破經典遺傳學關於自花授粉作物雜交無優勢的理論。」

媒體的大肆傳播，使隆平高科上市的消息很快傳到了美國。美國休斯頓水稻技術公司執行總裁安格爾斯不禁大吃一驚。水稻公司已按照聯合組建「袁隆平雜交水稻種業有限公司」的協議，付清了首期投資兩百九十萬美元，正準備付清餘下的七百一十萬美元，正式開展業務。沒想到，你竟然又跟其他人合資成立另外一家名稱、經營業務幾乎相同的公司。雖然在合約上並沒有註明不允許你這樣做，但依照國際慣例，這樣的事情是不會發生的，因為兩者的利益是相衝突的，相信名滿世界的農業科學家一定知道這個。安格爾斯傻眼了，堅信不會發生的事情現在竟然真的發生了。

安格爾斯緊急飛赴長沙，了解到隆平高科是由中國幾家兄弟單位聯合建成後，安格爾斯明確表示，「袁隆平」做為公司的冠名和商品品牌名稱，只能屬於一家，要麼跟美方合作，要麼跟中國國內夥伴合作，兩者只能選其一。否則，美方只得要求退股。儘管安格爾斯十分紳士，但在言談間，對你的這種做法仍然流露出了一種不解。

你自己倒真的不知道原來不能這樣做。你對安格爾斯真誠地表示道歉，說自己真的不懂經營，本來想兩家都興旺發達。但現在這種情況，自己別無選擇。單從國家雜交水稻工程技術研究中心的利益出發，當然是跟美國合作比較好，擁有控股權，而且夥伴單一，關係單純，立即就可以引進一千萬美元的經營權。與中國國內合作，關係複雜，且只有二五%的股權。哪一邊的利益更多，即使是個完全不了解市場的人也能一眼看出來。但個人首先還是應該以國家利益為重，更別說農科院一直以來是自己最堅實的支撐，而且自己現在還兼任著農科院的名譽院長呢。中科院農業現代化研究所也是緊鄰隔壁的兄弟單位。此外，還有省領導的意圖和期盼，等等。你希望安格爾斯能夠理解。

安格爾斯雖然來的時候比較氣憤，一聽，也是個道理。並且你做為一個純粹的科學家，的確不知道不能這樣做，於是，他也就保持原本的紳士風度，收回原擬建立合資公司的兩百九十萬美元，卻希望仍然保持與中國國家雜交水稻工程技術研究中心的科學研究合作。

自此，雜交水稻產業化之路才正式步入正軌。

「隆平高科」是中國證券市場第一個以科學家名字命名的股票。有的媒體把你描繪成中國科技界帶頭轉變觀念挺進市場的「時代英雄」。這件事再一次震動了中外。隆平高科是你為加速科技成果轉化而以自己的品牌與有關部門共同發起組建的以種子、種苗為主業，集科學研究、生產與銷售於一體的強強聯合的農業高科技開發公司，用市場的手段來研究、開發、壯大雜交水稻事業，這也從另一個方面體現了你的創新精神。

我以為，現在面臨市場經濟的挑戰，特別是中國當時即將加入世貿組織，只有按市場規律辦事，才更有利於雜交水稻的研究和推廣。而且你這樣做，確實具有開創性的意義！它使科學家的科學研究成果有了保障，使雜交水稻的研究和推廣獲得了強大的動力和支持！

談到近十年來產業化所走過的曲折道路，你深有體會地總結了這麼幾項經驗：第一，要堅持開發自主知識產權——雜交水稻新材料、新親本、新組合，做出自己的精品牌和主要產品；第二，以銷定產，計劃製種，留有餘地，不會積壓；第三，要有固定的製種基地，與基層和農民建立互惠的長期合作關係，堅持按協議、合約辦事；第四，建立內部分配激勵機制，對有市場開發前景的新親本、新組合，推出新的分配政策，使育種家獲得較豐厚的回報，才能充分調動育種與開發兩個方面的積極性；第五，質量是種子開發的生命線，堅持高質量的種子標準，講信譽，創名牌，取信於民；第六，成立上市公司隆平高科，走資本運作之路。

第九章 湖南雜交水稻研究中心

一、推辭農科院長職務

一九七六年十月，「四人幫」被粉碎，「文化大革命」結束了。

一九七八年二月，你當選為全國人民代表大會代表，赴北京出席了第五屆全國人民代表大會第一次會議。

一九七八年三月，在這萬物萌生的春天裡，科學事業得到了新生，千千萬萬的科技精英得到了新生。你懷著興奮的心情步入全國科學大會的莊嚴聖殿！

在這次科學大會上，鄧小平號召科學家奮勇直前，他來做後勤部長。

時任中國科學院院長郭沫若發表了振奮人心的《科學的春天》的演講。他熱情洋溢地說：「我們得到了第二次解放……科學的春天到來了。」郭沫若還說：「恩格斯在談論十六世紀文學復興時曾經說過，那是一個需要巨人而且產生巨人的時代。今天，我們社會主義國家的偉大革命和建設更加需要大批社會主義時代的巨人。我們不僅要政治上、文化上的巨人，我們同樣需要有自然科學和其他方面的巨人。

「科學是講求實際的。科學是老老實實的學問，來不得半點虛假，需要付出艱巨的勞動。同時，科學也需要創造，需要幻想，有幻想，才能打破傳統的束縛，才能發展科學。科學工作者同仁們，請你們不要把幻想讓詩人獨占了。

「偉大的天文學家哥白尼說，人的天職在於勇於探索真理。我們人民歷來是勇於探索，勇於創造，勇於革命的。我們一定要打破陳規，披荊斬棘，開拓中國科學發展的道路。」

郭沫若的這些話，說得多麼好啊！句句說在你的心上！是的，惡夢一夜之間終結了，科學的春天終於來到了！你以後說話再不用左顧右盼了，行動再不用瞻前顧後了。人們都說，你活得更灑脫了，人也顯得更有朝氣了。

一九七八年十月，你出席湖南省科學大會，並獲湖南省個人發明獎。

一九七九年，你當選為農業部科學技術委員會委員、中國作物學會副理事長、中國遺傳學會理事、湖南省遺傳育種學會副理事長、湖南省農學會理事。

不久，你正式調入湖南省農業科學院。

一個春意盎然的早上，原中共湖南省委組織部部長找你談話，他說：「組織上考慮到要充分發揮科學家的作用，考慮到你的重大貢獻，經研究，想讓你擔任省農業科學院院長，正廳級。」

對於一名在科學研究事業上已經功成名就的科學家來說，如果帶著這份顯赫的科學研究成果，登上某個官位，也不失為一種明智的選擇。但是，這不是你的選擇。你毫不猶豫地拒絕了。你不假思索地答覆組織部領導：「我這個人不適合當官。在我看來，當官有很大的局限性。別的不說，在做科學研究攻關這一點上，就沒有我現在自由、自在、自如、自得。倘若當上官，整天文山會海，哪裡還有時間做科學研究？」 部長大吃一驚！他沒想到你居然會拒絕這樣高的地位、待遇和榮譽。

「請你擔任省農業科學院院長，正廳級高幹，這可是黨組織對你的關心、愛護和重視！你擔任這個職務，就有相應的較高的工資待遇、生活條件和工作條件，再說，當農業科學院院長與你從事雜交水稻科學研究並不矛盾，都是工作嘛！」這位領導耐心地說服你。

「有人說我是一個不問政治的人。一個不問政治的人，怎麼當得了官呀？」你似乎是在做自我否定。

「不對！」領導說，「回想二十世紀六十年代初，饑餓貧窮，直接導致了黨和國家的威望下降，你袁隆平憂國憂民，身體力行，歷盡千辛萬苦，進行高產試驗，做雜交水稻研究，這怎能說是不問政治呢？」

「院長我可當不了囉，省農科院那麼大一個攤子，我怎麼顧得過來？要我當院長，就意味著要我離開雜交水稻的科學研究。」你繼續推辭。

「你這個人也真有意思，要你當官，好像是要你服苦役。」領導搖搖頭說。

「不是服苦役，只是當官不適合我。」你真誠地說。

「不當可不行，這可關係到落實黨的知識分子政策的問題，體現了黨對知識分子的關懷和重用，更何況你是知識分子的傑出代表嘛！」這位領導亮出了最後一張「王牌」。

「這就怪了，怎麼當官才是關懷和重用呢？黨和政府為我提供了良好的科學研究條件，這不就是關懷和重用嗎？」你擋回了領導亮出的「王牌」。

這就是你——袁隆平，你視權力為過眼雲煙，視「官帽子」為不必要的累贅，為了做好雜交水稻研究，你可以拋開一切虛名和利祿。

在你看來，自己是一個從事農業科學研究的科學家，在世俗和功利面前，自身精神價值的取向應該是純淨無瑕的。所以，無論外部世界如何浮躁失衡，你的心境總是平靜的。你不時會憶起父親的教誨：「我們的一生有很多東西需要堅守，如果浮躁了，就難以看清事物的本來面目。有些事情，我們也要勇於放棄。必要的放棄，是另一種意義上的堅守。」有時，你也會憶起母親的教誨：「上帝給你的不會太多。」

如今你已經深深悟出了這句話的道理：人生不可貪婪，學會擁有，也必須學會放棄。

你跟省委組織部長的談話，讓我想起愛因斯坦。愛因斯坦就是一個善於有所放棄並善於有所堅持的人。他因其科學成果與名望而被國民推舉為總統候選人，但他婉言謝絕了。他終生老老實實地「蹲踞」在科學家的角色之中，最大限度地實現了他的人生價值。

你對我說：「愛因斯坦的成就是我望塵莫及的，但我要學習他的精神，失意時不氣餒，得意時不忘形，分外之事雖有利而不為，分內之事雖無利而為之，終生安於自己的科學研究事業。我記得，英國詩人拜倫好像說過這樣一段話：『將全世界女人的優點都集中到一個女人身上，然後，讓我去愛這個女人，讓我緊緊地擁抱她！』那麼，現在我把詩人拜倫的話改動一下：『將全世界水稻的優點，都集中到一個雜交水稻品種身上，讓我全力研製這個雜交水稻品種，我希望用她為人類創造幸福！』」

你這話說得多好啊！正是因為你把自己所有的精力、智慧、才華和心血全部投入雜交水稻的研究之中，把五十多年的光陰全部投入雜交水稻的事業中，極力避免涉足雜交水稻之外的事情，極力減少權力、名位、金錢、利碌、人事糾紛對你的影響和干擾，你才取得了這樣輝煌的成就！

這是你給予我們的重大啟迪和激勵！

二、創辦湖南雜交水稻研究中心

湖南是雜交水稻研究的發源地。一九六四年你在安江農校實習稻田中發現首株雄性不育株以後，提出了培育水稻雄性不育系、保持系、恢復系，利用三系配套來發揮水稻雜種優勢，得到了當時省裡和黔陽地區有關領導的重視和支持。一九六七年湖南省將這項研究列入全省重點科學研究項目，一九七一年六月湖南省農科院成立水稻雄性不育科學研究協作組，並把你抽調到該組擔任業務負責人。雜交水稻三系配套後，大大推動了雜交水稻高速發展。為了給雜交水稻研究搭建更理想的工作平臺，一九八三年，湖南省科委提出成立湖南雜交水稻研究中心的建議。建議的發起者，是省科委當時的計劃處處長藍寧。她認為，雜交水稻科學研究項目是一條增產糧食、造福老百姓溫飽、確保國家糧食安全的科學途徑。為此，她積極倡議由湖南省農科院牽頭，組建雜交水稻的專門研究機構。這個建議，得到了省科委的同意，也很快得到中國國家科委、國家計委的高度重視和支持。省科委隨即成立了籌建團隊，迅速展開了選址、設計、調配人員、購置設備等工作。

一九八三年四月初，藍寧處長帶隊赴北京，向國家計委遞呈了申請撥款報告，國家計委非常重視，批准給予五百萬元支持。在當時國家財力十分有限的情況下，那實在是一個驚人的天文數字啊！此後不到一年，在長沙市東郊馬坡嶺數十公頃的用地上，辦公樓、實驗樓、宿舍等接連拔地而起，湖南雜交水稻研究中心建成了。這裡樹木青翠，環境幽雅，初具規模，規劃有序。

組織上決定，由你出任湖南雜交水稻研究中心主任。你當時正在海南進行南繁工作，接到消息時，你感到十分驚喜和詫異。長期以來你只是負責具體技術工作，從未挑過這麼重的擔子。當然，你很清楚，這表明了組織上對你的信任，同時你也感到肩負著一份重大的責任。因此，你慨然接受了這項任命。

一九八四年六月十五日，湖南雜交水稻研究中心舉行成立大會。時任湖南省省長劉正主持了這次大會。

為了紀念這次富有歷史意義的國際盛會，在湖南雜交水稻研究中心科學研究大樓右側，建了一座和平女神塑像。女神的左手抱著一個天真活潑的男孩，右臂托著一隻展翅欲飛的和平鴿。人們祝願這隻和平鴿展翅翱翔，將你培育的中國雜交水稻種子，以及你開創的雜交水稻研究事業，隨著中國改革開放的春風，傳遍全世界，把和平的福音灑遍全球！

湖南雜交水稻研究中心建立十年後，一九九五年以其為依託成立了中國國家雜交水稻工程技術研究中心。兩個「中心」實行「兩塊牌子，一套人馬」的統一運行體制。「中心」下設科學研究處、產業發展處、試驗基地管理處、國際合作處、辦公室等機構。

「中心」既是湖南省農科院的一個研究所，也是在雜交稻研究領域中最具權威、輻射全中國乃至全世界的一個專門研究機構。湖南雜交水稻研究中心成立三十多年來，以雜交水稻育種為重點，在主持全中國和全省雜交水稻研究方面的重大課題——三系、兩系育種，一系無融合生殖的探索，以及製種、栽培、基礎理論研究等方面，都取得了舉世矚目的成就；同時也培養了一批擔負起這項研究任務的高層次研究人員。同時，「中心」進行遠緣雜種優勢利用、水稻分子技術、轉基因應用技術以及雜種優勢機理等基礎理論研究；進行雜交水稻親本繁殖，雜交製種、高產栽培等配套應用技術研究及雜交水稻示範推廣；進行雜交水稻資源收集與鑑定、種子純度檢測和米質分析等研究與服務；進行雜交水稻技術國際培訓與開發；編輯出版《雜交水稻》等。「中心」正朝著原國際水稻研究所所長斯瓦米納森博士所期望的「發展成為雜交水稻研究和培訓的國際著名中心」而不斷邁進。

三、首屆雜交水稻國際學術討論會

湖南雜交水稻研究中心成立後，影響最大的一件事是一九八六年十月在長沙召開的世界首屆雜交水稻國際學術討論會。這次國際學術討論會是由國際水稻研究所與湖南省科學技術協會、湖南雜交水稻研究中心聯合召開的。與會人員多數為中外著名專家、學者。其中，來自美國、日本、菲律賓、比利時、巴西、埃及、印度尼西亞、伊朗、義大利、印度、墨西哥、斯里蘭卡、英國、泰國、馬來西亞、孟加拉、荷蘭、迦納等二十多個國家的專家、學者七十多人，來自中國二十四個省市的專家、教授一百四十多人。

你在會上做了題為「雜交水稻研究與發展現狀」的學術報告，並提出了今後雜交水稻發展的戰略設想：即透過三系法過渡到兩系法，再向一系法發展；從利用品種間雜種優勢，發展到利用亞種間雜種優勢，進而利用種間、屬間遠緣雜種優勢。同時指出：要想達到這些戰略目標，必須將新的育種材料與新的育種方法相結合，才會出現新的突破。你的這一戰略設想，得到了與會專家、學者的贊同，並被寫進了會議文件。

會上，還有斯瓦米納森博士等十五位中外專家做了學術報告。國際水稻研究所向湖南雜交水稻研究中心贈送了紀念匾。匾上用中、英兩種文字刻寫著：

湖南雜交水稻研究中心

國際水稻研究所榮幸地祝賀第一屆國際雜交水稻學術會在湖南雜交水稻研究中心召開。在富有歷史意義的地方召開這一學術會分外合適。這裡，透過袁隆平教授和其他中國科學家卓越的研究以及有關人員獻身的勞動，使雜交水稻應用於生產成為現實。我們祈望，湖南雜交水稻研究中心成功地發展成為雜交水稻研究和培訓的國際著名中心。

國際水稻研究所所長 姆·斯·斯瓦米納森

一九八六年十月八日賀

「山不在高，有仙則名；水不在深，有龍則靈。」原國際水稻研究所所長斯瓦米納森博士風趣地對記者說，「長沙在世界上的知名度很高，一個很重要的原因是湖南農業科學院、湖南雜交水稻研究中心在這裡。水稻是自花授粉作物，以前沒有人認為它會有雜交優勢，是中國把這項研究做了起來，為解決世界糧食問題做出了貢獻。國際上認為，水稻高稈變矮稈是第一次綠色革命；雜交水稻是第二次綠色革命。」「你們的成功在於把科學研究和生產聯繫在一起。『野敗』的發現是雜交水稻研究的重要轉折；製種研究為大面積生產打開了道路。我們這次是來認真學習的。希望湖南雜交水稻研究中心能逐步成為世界水稻的研究中心。」斯瓦米納森博士還說：「袁隆平先生多次來國際水稻研究所指導工作，我們非常感謝他的幫助。國際水稻研究所十分珍惜與該『中心』的合作，並期望將來加強這種合作。」

斯瓦米納森博士臨行前跟你告別時說：「我雖然人回國了，可我的心還留在中國，留在『中心』！」

菲律賓農業部原副部長、菲律賓大學副校長、國際水稻研究所中國聯絡員烏馬里博士在宴會上發表熱情洋溢的講話，真誠感謝湖南省與長沙市政府和人民對這次大會的支持。他說：「中國有句古話叫『上有天堂，下有蘇杭』。但對水稻科學研究工作者來說，應是『上有天堂，下有長沙』。因為，雜交水稻研究中心就在長沙，這裡是各國雜交水稻科學研究工作者的『麥加』聖地。如果你沒有見過『雜交水稻之父』袁隆平，那麼，你的科學研究旅途才剛剛起步。在這次會議上，各國科學家學到了很多的經驗和知識，受到了很大的啟發。應該感謝中國科學家。」

世界首屆雜交水稻國際學術討論會的召開，確立了湖南雜交水稻研究中心在世界水稻科學研究的翹楚地位和世界影響。

自首屆雜交水稻國際會議在長沙召開以後，湖南雜交水稻研究中心還先後舉辦了五次規模較大的國際學術研討會或論壇。

一九九二年一月，長沙舉辦了首屆水稻無融合生殖國際學術討論會。這次會議有八個國家的近五十名代表參會。會議著重研討了具有無融合生殖特性的水稻材料在遺傳學及胚胎學等方面研究的初步成果，以及無融合生殖基因導入水稻的試驗研究情況。這次會議的一些發言對你有不少啟發。

湖南雜交水稻研究中心已成為享譽中外的雜交水稻研究與開發機構，將秉承「發展雜交水稻，造福世界人民」的宗旨，繼續弘揚「求實、創新、奮發、進取」的精神，加快知識創新和技術創新，不斷提升科技研發和服務水平，努力打造國際性的雜交水稻研發中心、資源中心、資訊中心和培訓中心，為中國和世界糧食安全做出更大貢獻。

四、組建國家雜交水稻工程技術研究中心

湖南雜交水稻研究中心成立以後，中共和國家領導人，以及國家部委和省市領導親臨視察，給予了巨大的鼓勵和支持，極大地推動了雜交水稻持續、穩定發展。

前後四屆總理以總理基金項目形式，共計撥款四千萬元。這裡邊包含了中共和國家的殷切希望，對你和你的同事們來說是最大的推動和促進。

一九九五年十二月十六日，國家雜交水稻工程技術研究中心（以下簡稱「中心」）在湖南雜交水稻研究中心基礎上正式成立，你任「中心」主任。

「中心」成立後，你們按照建成中外第一家雜交水稻專業科學研究機構的定位，添置了先進的種子倉庫和人工氣候室、分子標記輔助選擇及轉基因植物隔離溫室等設施；還配備了各種大、中型科學研究儀器四百多臺（件）。「中心」擁有雜交水稻國家重點實驗室、水稻國家工程實驗室（長沙）、雜交水稻國際科技合作基地、聯合國糧農組織雜交水稻研究培訓參考中心等研發平臺。這些建設和設施在全中國同行中堪稱首屈一指。「中心」已成為中國國內乃至國際上雜交水稻的主要研發機構。

五、科學研究力量雄厚，科學研究成果豐碩

「中心」成立三十年來，經過三十年的歷練、三十年的創新，而今已成為國際著名的科學研究機構，為雜交水稻研究事業的發展做出了巨大的貢獻。

「中心」主持承擔了國家攻關計劃、科技支撐計劃、「八六三」計劃、「九七三」計劃、國家自然科學基金、總理基金以及農業部超級稻專項、轉基因專項等多項國家和部、省級科學研究項目。已取得科學研究成果一百多項，其中育成雜交水稻組合及骨幹親本一百一十二個，取得了巨大社會和經濟效益；獲國家科技進步和發明獎十二項（特等獎一項、一等獎兩項、二等獎三項、三等獎六項）、省部級科技進步和發明獎勵六十多項。

一九八五年，育成第一個長江流域雙季雜交早稻組合「威優 35」，通過品種審定。

一九八六年，你提出「雜交水稻育種的戰略設想」，為雜交水稻的發展指明了方向。同年，在湖南長沙成功召開首屆雜交水稻國際學術討論會。

一九八七年，主持承擔國家「八六三」計劃「兩系法雜交水稻研究」項目，組織全國攻關。

一九九一年，育成全國第一個實用廣親和、低溫敏核不育系「培矮 64S」。該項成果於二〇〇一年獲得國家科技進步一等獎。

一九九四年，育成全國第一個通過省級審定的兩系雜交水稻組合「培兩優特青」。該項成果於一九九八年獲得湖南省科技進步一等獎。

一九九五年，兩系法雜交水稻研究取得成功。該成果於二〇一三年獲得國家科技進步特等獎。

一九九七年，你提出雜交水稻超高產育種理論與技術路線，並於二〇〇〇年、二〇〇四年、二〇一二年和二〇一四年先後實現了百畝片區畝產七百公斤、八百公斤、九百公斤、一千公斤的中國超級稻育種第一、二、三、四期目標。目前已啟動超級雜交稻第五期每公頃十六噸目標攻關。

同時圍繞超級雜交稻「百千萬」高產攻關示範工程、超級雜交稻「種三產四」豐產工程和「三分田養活一個人」三大糧食增產科技工程開展攻關，取得了顯著的成績。

「中心」在分子標記輔助選擇、外源 DNA 導入、轉基因技術創新、C4 型超級雜交稻的種質創新等方面均取得重要進展；已成功地將野生稻高產基因、玉米等高光效光合關鍵酶基因和高賴氨酸基因轉到雜交水稻中，不僅創建和豐富了一批新種質，同時也為實現超級雜交稻高產打下了較好的基礎。

「中心」擁有一支優秀的高水平科學研究團隊。現有在職人員一百三十六人，離退休人員九十一人。在職人員中，院士一人，「新世紀百千萬人才工程」 國家級人選一人，國家「萬人計劃」科技創新領軍人才一人，享受國務院政府特殊津貼專家六人，國家現代農業產業技術體系崗位專家一人，高級研究人員五十二人；湖南省新世紀「一二一」人才工程入選專家五人；博士生導師六人，博士二十二人。目前，「中心」已組建了一個國家重點領域創新團隊、三個省級創新團隊、八個所級創新團隊，十二個 P1 專家團隊。

「中心」在擁有科學研究優勢的同時，也具備學術上的權威，出版了雜交水稻中、英文專著三十多部，其中，《雜交水稻育種栽培學》《雜交水稻學》等專著已成為中外雜交水稻領域權威著作，先後榮獲首屆和第六屆中國國家圖書獎，《超級雜交稻研究》榮獲首屆中國出版政府獎。在中外公開發表論文一千餘篇。編輯出版的專業期刊《雜交水稻》在中外具有很大影響，獲第二屆中國國家期刊獎提名獎（二等獎）。

「中心」成立後，開展了豐富的雜交水稻的國際交流、國際培訓和全球推廣活動。

「中心」與國際水稻研究所等國際組織和美國等國家的一些機構建立了長期的研發合作關係；先後有八十多個國家和地區的兩千多名專家學者和官員前來訪問交流或培訓學習。

「中心」成功舉辦了三十多期雜交水稻技術國際培訓班，主持召開了八次國際學術研討會。有十三名專家先後被聯合國糧農組織聘請為技術顧問，你被聘為首席顧問。你親自到美國、菲律賓、印度、孟加拉、越南等國做培訓指導。你親自給到「中心」學習的學員授課，並為他們編輯了《雜交水稻栽培學》等英文教材。「中心」

派出兩百多人次前往美國、日本、菲律賓等國家進行學術交流和指導雜交水稻研究與生產。目前，越南、印度、菲律賓、孟加拉、美國等國家已實現雜交水稻的商業化生產應用，還有許多國家正在進行雜交水稻的試種和示範。

六、創辦《雜交水稻》雜誌

為了不斷地發展和完善雜交水稻科學，促進研究成果向現實生產力的轉化，保持中國雜交水稻在世界上的領先地位，以適應形勢發展的要求，「中心」於一九八六年創辦並編輯出版了專業期刊《雜交水稻》，你擔任主編。這是迄今雜交水稻領域內唯一對中國國內外公開發行的專業技術刊物。

全國雜交水稻專家顧問組原組長、著名雜交水稻推廣專家和領導陳洪新在「代發刊詞」中說：

雜交水稻在中國研究成功並大面積應用於生產，以其顯著的雜種優勢，為中國糧食產量的大幅度增長做出了重大貢獻，產生了巨大的經濟效益和社會效益。從此，它把中國水稻生產水平提高到一個新的發展階段。這一事實，在全世界已經或正在產生著重大而深遠的影響。這是我們的榮譽和驕傲。

近幾年來，中國從事雜交水稻研究的廣大科技工作者在基礎研究，新三系選育，優質、高產、多抗和不同熟期的新組選配，繁殖製種和栽培技術的研究等方面，又邁出了新的步伐，取得了新的可喜進展。然而，雜交水稻這門科學的發展和其他科學領域一樣，也是無止境的，它將在反覆實踐的過程中，不斷地完善和發展提高。因此，面對現實，我們絕不滿足已有的成績，而是深深感到歷史所賦予的責任是重大的，需要更加謙虛謹慎，戒驕戒躁，努力攀登，繼續前進。

為了不斷地發展和完善雜交水稻科學，保持中國雜交水稻在世界上的領先地位，《雜交水稻》雜誌適應形勢發展的要求，公開正式發行，跟廣大讀者見面了。辦刊的目的是促進雜交水稻的開拓研究與開發研究，並使其研究成果盡快轉化為生產力，從而推動雜交水稻科學研究和生產的不斷發展，更好地為中國的社會主義四個現代化建設服務。《雜交水稻》是一專業技術刊物，它為從事雜交水稻研究的廣大科技人員提供發表研究文章，交流科技知識的園地；它又為廣大讀者傳播資訊，交流經驗提供了橋梁。它的內容主要包括雜交水稻的選育，繁殖製種，栽培技術，基礎理論等。主要選登研究論文、調查報告、經驗總結、科技動態、綜述評論、最新譯文以及有關的重要建議等。我們誠摯地希望廣大讀者共同關心《雜交水稻》這個刊物，積極投稿、訂閱，並歡迎及時對刊物提出批評和建議，使其越辦越好。

近三十年來，該刊已在促進雜交水稻科學研究，促進研究成果向現實生產力的轉化等方面發揮了重要作用，該雜誌已發行到美國、印度、越南等十多個國家和地區，具有很大的國際影響力。

《雜交水稻》對你來說，既是一個宣傳和推廣的窗口，也是一個學習和借鑑的陣地。透過主編《雜交水稻》，你可以看到各地、各國發來的最新鮮、最新穎的稿件和資訊；你又是一個善於學習和吸收先進科學研究成果的人，因此，透過主編《雜交水稻》，你在雜交水稻研究領域裡就了解得更多，也站得更高，看得更遠，思考得更深。你深刻地認識到：中國雜交水稻的研究和利用雖然成績巨大，但從育種上分析，還只是處於初級階段；從產量上看還蘊藏著巨大的增產潛力，具有廣闊的發展前景。

《雜交水稻》雜誌自創刊以來始終堅持緊密結合科學研究與生產實際，充分發揮科技期刊傳播科技資訊的基本功能，及時、準確、全面地報導雜交水稻領域的新成果、新理論、新技術、新方法、新經驗、新動態，有力地促進了雜交水稻成果的推廣和轉化、資訊的交流和利用、知識的傳播和普及，為推動雜交水稻的不斷向前發展，並使中國在雜交水稻領域中始終保持國際領先地位，發揮了重要作用。

《雜交水稻》兼顧學術性，促進雜交水稻學科的發展。《雜交水稻》自創刊以來，一直設有「基礎理論」欄目，報導與雜交水稻有關的學術理論文章，如雜交水稻的雜種優勢機理、生理生化基礎、遺傳育種理論、高產繁殖制種技術和高產栽培技術的理論體系等。透過學術論文的報導，促進了學術交流，為雜交水稻科學研究和生產提供理論依據，在雜交水稻學科的建立、發展和完善中發揮了積極作用。

《雜交水稻》注意培養青年人才，為雜交水稻的不斷發展提供人才保障。

科學技術的發展，人才是關鍵。科技期刊是眾多優秀科技成果的「寶庫」，是一所沒有圍牆的大學。發現和培養人才，特別是青年人才，是科技期刊應有的重要職能。為發揮好刊物作為培養人才陣地的作用，該刊鼓勵青年人投稿。在稿件的選用上，有意識地安排並保證每期都有一定比例的青年作者的稿件發表，並特別注意從中發掘一些頗具創新觀點和方法的優秀稿件優先刊發。

《雜交水稻》重視對外交流，促進雜交水稻走向世界。雜交水稻係中國獨創的應用技術體系，無論在研究還是在應用上，中國一直遙遙領先於世界各國，為使這一技術能在確保世界糧食安全中發揮應有的作用，《雜交水稻》自 一九九三年對外發行以來，在編排上加大了刊物的英文資訊量，所有文章都附有英文標題，對主要論文均配備較為詳細的英文摘要和圖表英文，方便國外讀者從中獲取重要資訊。對於重要論文，如你的《雜交水稻超高產育種》等，還以中、英兩種文字刊發。同時，透過各種途徑，如在來訪的外賓中贈送，出訪的專家、學者帶雜誌進行交流、贈閱，在雜交水稻國際培訓班上散發，向有關國際研究組織寄送以及對外公開徵訂等，加強對外交流，擴大了國際影響，促進了雜交水稻技術的對外傳播，推動了雜交水稻的國際發展，為雜交水稻走向世界造成了不可忽視的作用。

《雜交水稻》雜誌曾被評為湖南省一級期刊、優秀科技期刊、首屆「十佳」科技期刊，獲第二屆中國全國優秀科技期刊評比三等獎，被遴選為全國中文核心期刊。

七、建設雜交水稻國家重點實驗室

為滿足國家糧食安全重大需求，確保中國雜交水稻研究保持國際領先地位，中國科技部於二〇一一年批准由湖南雜交水稻研究中心和武漢大學聯合共建雜交水稻國家重點實驗室。該重點實驗室探索完善共建共管制度與協同創新機制，吸收、彙集全國優勢力量，共同攻關，顯著提升了研究條件和科學研究創新能力，加速了科技成果轉化，實現基礎研究、應用基礎研究、生產實踐的一體化發展。

幾年來，你領銜的團隊，瞄準雜交水稻學科前沿發展趨勢，著力從水稻雜種優勢機理、水稻發育與育性機理、雜交水稻種質創新與基因挖掘、超級雜交稻育種、雜交水稻繁育與種子學、雜交水稻超高產生理生態六個方面，開展雜交水稻基礎與應用基礎研究。承擔中國國家「九七三」計劃、「八六三」計劃等國家級、省部級及國際合作課題一百一十餘項，新增「九七三」計劃、「八六三」計劃首席科學家各一人，「強優勢水稻雜交種創新團隊」入選國家重點領域創新團隊，在水稻光敏不育系育性調控關鍵基因的複製及作用機理研究、紅蓮型雜交稻育性分子機理研究、水稻紋枯病基因組進化及致病機制研究、C3 光合作用系統模型研究，以及兩系法廣適性超高產雜交水稻技術研究與應用等方面取得了重要進展。發表學術論文一百六十二篇（其中 SCI 收錄論文一百二十篇），獲授權發明專利三十二項，審定以超級雜交稻「Y 兩優 2 號」為代表的雜交稻品種三十五個，獲國家科技進步特等獎、二等獎各一項，省部級科技獎八項。其中，你主持的「兩系法雜交水稻技術研究與應用」，榮獲二〇一三年度國家科學技術進步特等獎；第三期超級雜交稻先鋒組合「Y 兩優 2 號」百畝超級雜交稻試驗田畝產突破九百公斤，入選二〇一一年度中國十大科技進展新聞；第四期超級雜交稻苗頭組合「Y 兩優 900」百畝試驗田平均畝產超越一千公斤大關，創下世界雜交水稻較大面積畝產最高紀錄。

第十章 關注國家糧食安全問題

一、回答《誰來養活中國人》

作為農業大國和人口大國，中國的糧食問題向來受到世界的關注。

一九九四年九月，美國世界觀察研究所原所長、美國經濟學家萊斯特·布朗發表了《誰來養活中國人》一文，文中先假設中國在一九九〇年至二〇三〇年期間將實現持續快速的工業化，將大量侵占農田，水資源短缺日益嚴重，加上每年新增的人口，人多地少的矛盾更為突出，糧食將無法自給。作者據此預測：到二〇三〇年，中國人口將達到十六點三億左右，按人均每日八兩飯計算，需要糧食六點五一億噸；與此同時，中國的耕地面積還在以每年數百萬畝的速度減少，屆時，中國糧食生產將下降到二點七三億噸，需要淨進口糧食三點七八億噸，從而引發全球性的糧食短缺和糧價暴漲。因此他得出結論：饑餓的中國將不僅帶給本國眾多的社會問題，而且還將影響世界。比較近期的預測是到 二十一世紀初，中國可能得從國外進口大量的糧食，會引起世界糧價的上漲和糧食短缺，將造成全球的糧食恐慌。他的結論是：沒有哪個國家能夠養活中國人。

隨著萊斯特·布朗的質疑，一時間，西方世界「中國糧食威脅」的論調鋪天蓋地般地襲來，幾乎引起了一陣世界性的恐慌。因為，布朗向世界提出的不僅是一個「誰來養活中國人」的問題，而是「一個養活不了自己的中國將如何危害世界」的問題。

作為中國著名的農業科學家、聯合國糧農組織的首席顧問，你看了他寫的文章，不禁感慨良多！決定給予回答。

首先，你認為布朗也許是出於好意，他提出了一個現實的問題，希望造成警示的作用。他呼喚各個國家的領導人，不要拿經費來備戰，製造兵器，而是要重視糧食生產，發展農業。

其次，布朗的論證是非常充實的，他對中國的情況瞭如指掌，人口增長多少，土地每年減少多少，水資源狀況，等等。而且，布朗確實提出了一個不容忽視的嚴峻現實：中國的耕地在逐年減少，而人口卻在逐年增多。比如一九九六年，中國的糧食總產量為四千九百億公斤，而當年人口升至十二點二四億，人均占有糧食只有三百九十二公斤，反而低於一九八四年人均占有糧食四百公斤的水平。據預測，到二〇三〇年中國人口將達到十六億之多，而耕地面積卻還在以每年一百萬畝計的速度遞減，這為人們敲響了警鐘。

但是，你也指出了布朗著作中的最大弱點，就是忽視了科技進步對提高農作物生產力的巨大潛力。而恰恰農業科技進步是支持糧食增產的第一要素。關於科技進步，布朗也說到了。他說，首先很多人把希望寄託在基因工程上，但基因工程弄了二十年，對提高作物的產量還沒有看到一點貢獻。第二點，是他把希望寄託在國際水稻研究所的超級稻上面，結果國際水稻研究所的超級稻也沒做成。他寫作的時候，還不知道中國要啟動超級稻計劃。事實上，透過科學技術的進步和運用，水稻的產量可以跳躍式不斷登上新臺階。近十年來，我們已實現了超級稻第一期畝產七百公斤、第二期畝產八百公斤的目標。現正在向第三期畝產九百公斤目標攻關。水稻如此，其他糧食作物同樣具有美好的發展前景。提高農作物產量在技術上的潛力很大，而每一項技術進步都能對增產糧食和保障糧食安全發揮重要作用。

由此，面對布朗博士所提出的尖銳命題，你做出了堅定有力而充滿自信的回答：「雜交水稻蘊藏著巨大的增產潛力，我們現在正在從事培育產量更高、米質更好的雜交稻的科技研究，對進一步提高中國水稻的產量和品質具有廣闊前景，再加上其他綜合增產措施，依靠科技進步和自身的努力，中國完全有能力解決自己的吃飯問題。」

二、回應「三不稻」

一九九二年三月的一天，你習慣性地提前五分鐘到辦公室，喝杯熱茶，再翻翻當天的報紙，然後開始一天的工作。你掃了一眼報紙，被嚇了一大跳，從椅子上一下跳起來！你再看，只見這份農業部主辦的報紙頭條上登出了長篇座談紀要：在某次座談會上，一些非常有身分的人士，一致大肆貶斥雜交水稻。最後得出的結論是：雜交水稻是所謂「三不稻」，即「米不養人，糠不養豬，草不養牛」。

你好像挨了當頭一棒，被打得暈暈！怎麼會有這樣的議論和攻擊呢？不可能吧？也許是看錯了吧？你定了定神，讓自己安定下來，再拿起報紙，你多麼想是剛才自己眼看花了，看錯了啊！可是，你仔細看了一遍，果真還是剛才看到的內容！你不禁傻眼了，呆了，報紙從你手上無聲地滑在地上。

你腦子裡一片混亂，不禁喟然長嘆：「怎麼這麼難，這麼難啊！」你不禁想起安江農校那滿地被損毀的秧苗！你憤然從椅子上站起，把桌子一拍：我要駁斥他們的誣衊！怎能這樣無端指責、攻擊和誣衊我們的雜交水稻呢？！你從桌上抓起筆，拿出紙，想要寫！可是，寫什麼呢？你一下又愣住了！你丟下筆，頹然坐下，陷入了躊躇難決、舉棋不定的兩難境地：作為一個對國家的戰略大局負有特殊責任的水稻專家，你沒有理由對這種高談闊論保持沉默，而應當立即據理力爭，澄清事實，闡明利害，以肅清這種在糧食問題上的盲目觀念所造成的不良影響，保證糧食生產的正常發展。但是，自己作為雜交水稻的研究者，「雜交水稻之父」，當別人在貶斥自己成果的時候，如果公然站出來進行抵制，極力維護自己的「孩子」的聲譽，那人家會不會說你武斷專制，容不得反對意見呢？

你陷入深深的矛盾和痛苦、煩惱之中。

這時候，很多同事、朋友、學生都打電話或當面問你：怎麼回事？為什麼不反駁？難道就聽任這些人這麼糟蹋？你總是表現得無所謂的樣子，給他們說：「沒事，會解決的。事實終歸是事實！」

事情延續到六月上旬，時任江西省副省長舒惠國來訪。

舒惠國直截了當地問你：「袁老師，三個月前那份報紙頭條上的內容是真實的嗎？」

你回答說：「不是。」

舒惠國說：「既然不是，那你怎麼不說清楚，以正視聽呢？那些貶斥雜交水稻的言論，已經讓群眾產生了疑惑。我今天就是特意來問個清楚的。我得給我們江西省的老百姓一個交代，考慮還要不要種植雜交水稻。」

你萬萬沒有想到影響這麼大，緊張地說：「我沒想到影響會這麼大！你來了正好，我也正不知如何做才恰當呢。我也想過據理力爭，但我認為，事實會說話的。真沒想到，影響會這麼深遠。」

舒惠國說：「您是學者。這樣考慮，也是合情合理的。袁老，我清楚您的處境，的確是為難您了。」

你解釋說：「說為難倒也談不上。近年來，隨著雜交水稻的發展，的確出現了所謂『賣糧難』的問題，只是這並不意味著中國糧食已經過剩了，今後也無須強調提高糧食產量了。據世界銀行報告，一九九〇年，美國國民的人均穀物使用量為八百八十九公斤，加拿大為一千三百五十二公斤，匈牙利為一千一百公斤，丹麥為一千三百一十四公斤，而中國僅為三百五十七公斤。實際上中國所謂的『賣糧難』，是低消費水平上的『賣糧難』，中國所謂的糧食過剩，只是一種結構性的過剩，即市場不需要的品種過多，而市場需要的品種卻仍然不足。江西、湖南這兩年都發生嚴重的『賣糧難』的問題，但鄰省廣東的市場上卻正在銷售泰國米。只要廣東一省的市場向江西、湖南敞開，這兩省的難題差不多就可以迎刃而解。一個十幾億人口，人均耕地不足一點五畝的大國，在糧食問題上盲目樂觀無疑是非常危險的。」

舒惠國說：「是的，退一萬步講，即使中國糧食真正過剩，也不能愚蠢到以拋棄雜交水稻高產優勢的辦法去削減糧食單產，而只能用繼續鼓勵提高單產，適當調減糧食作物播種面積的辦法去削減糧食總產。這樣，調減出來的耕地可以種植其他經濟作物，增加市場供應，提高農民收入。」

你同意他的觀點，說：「即使是為了提高米質，也不能以犧牲高產為代價。現在有一部分雜交水稻米質確實較差，但完全可以根據市場的需求去淘汰這些米質過差的品種組合，而不能一概否定雜交稻。從總體來說，雜交水稻既能高產，也能優質。今後進一步研究發展的方向，也仍然是在強調持續提高產量的基礎上不斷改善和提高米質。而絕不能使用美國、泰國等土地資源豐富的國家所實行的辦法！」

舒惠國說：「這個事情，還得你們科學家出面說清，畢竟老百姓還是相信你們科學家的。辛苦您了，袁老。」

你說：「您這樣說，讓我難為情了。這本是我分內之事。是我沒有考慮這麼深遠，沒想到影響這麼大，已遠遠超出了個人榮辱毀譽的範圍。您放心，我現在就給《人民日報》去一封由我親自簽名的信。」

信文如下：

編輯同仁：

最近社會上流傳雜交水稻米質太差，有人貶雜交稻為「三不稻」，說什麼米不養人，糠不養豬，草不養牛。果真是這樣嗎？我想用事實來回答。

中國是世界上第一個在生產上利用水稻雜種優勢的國家，雜交稻比一般水稻每畝增產一百公斤左右。一九七六至一九九一年全中國累計種植雜交稻十九億多畝，增產糧食近兩千億公斤。由此可見，雜交水稻的推廣，對解決中國 十一億人口的溫飽問題發揮了極其重要的作用。

目前，全中國種植面積最大，產量最高的一個水稻良種叫「汕優 63」，它是雜交稻。近幾年的年種植面積都超過億畝，平均畝產穩定在五百公斤左右，不僅產量高，而且品質好，被評為「全國優質秈稻米」。

的確，在中國南方生產的稻穀中，有相當一部分米質較差，這主要是雙季早稻。目前積壓的稻穀以及歷年來糧店出售的大米，大多數為這種早秈稻。據統計，一九九一年長江中下游各省市雜交早稻面積為兩千零八十五萬畝，只占雙季早稻總面積的二三%（前幾年的面積更少）。雙季晚稻和一季中稻，一般品質較好，糧店偶爾出售這種稻米時，則出現排長隊爭購的現象。而雜交稻就占雙季晚稻和中稻的八〇%左右，產量占九〇%以上。因此，說雜交稻屬劣質米與事實不符。

其實，雜交稻、常規稻與任何其他作物一樣，品種不同，產量和品質也會有差別，有的甚至懸殊。一般地說，大多數雜交稻品質的米質屬於中等，其中也有個別品種米質較差，但絕不能以個別品種的優劣來概括全部。

一九九一年十二月，廣東韶關市農業局召開了一次稻米品質鑑定會，邀請有關領導和專家八十多人參加，參鑑品種共六個，其中兩個進口優質米，兩個廣東的名牌優質米，兩個雜交稻品種，採取編號保密和無記名打分投票方式進行鑑定。結果，名列榜首的是產量很高的雜交稻新品種「香優 63」。這個事實生動地說明，雜交水稻既能高產又能優質，具有誘人的發展前景，絕對不是什麼「三不稻」。

湖南雜交水稻研究中心研究員 袁隆平

一九九二年六月

六月十八日的《人民日報》以「雜交水稻既能高產又能優質」為標題，在第二版登出了你的這封信。這封信的發表，不但使雜交水稻的影響深入民心，同時也增強了廣大農民群眾種植雜交水稻的信心，為穩定全中國糧食生產發揮了積極的作用。此後，在新聞媒體上公然貶斥雜交水稻的言論再也沒有了。

三、大膽講真話

一九九三年十二月三十日，你剛剛出差回來，方志輝就跟了進來。你倒了一杯茶，喝了一口，坐下來問：「志輝，怎麼啦？什麼事這麼著急？」

方志輝拿了一張紙遞給你：「老師，一些縣市領導來找過您，沒找到您，就到我們科技開發處來了。說前不久省委領導召開了一次縣長以上幹部大會，在會上號召各縣市趕緊到農學院買種子，明年開春在全省大範圍內種植玉米稻。」

你聽了大吃一驚，剛喝下去的熱茶一口全噴了出來，著急地問道：「就是去年農學院研發的玉米稻？」

方志輝說：「是的。那些領導說，在會上，有很多縣市領導表示大力支持，他們因為沒有聽說過，又比較小心，所以特意來找您問問，但您不在，所以找到我們科技開發處了。我當時聽了，也是大吃一驚。所以您一回來，都不敢等您坐下，我就來啦。這張紙上面，是我記的來找過您的那些市縣領導的名單。」

你匆匆掃了一下，急忙問道：「怎麼會出這樣的問題，誰告訴省委領導的？這玉米稻壓根兒還沒有經過審定，不能大面積應用。」

方志輝說：「不知道。估計有人想邀功，所以……」

你說：「先不管是誰了，你幫我把長江叫過來。這件事我會處理，你先去忙，志輝。謝謝你這麼用心。」

原來，一九九二年，湖南農學院採用遺傳工程技術，成功地將一個玉米基因片段導入水稻之中，水稻當時長得稈粗葉闊，頗具有某些玉米性狀。你當時跟中國國內生物、遺傳以及農學界著名專家、學者十數人，共同鑑定，一致認為這是一個很好的創舉，可能會為未來的水稻育種開闢一條新的途徑，培育一個很有價值的種質資源。但這純粹只是一個學術鑑定，與大面積生產應用完全是兩碼事。沒想到現在有人拿這種沒有經過審定的新產品投放市場，竟還報告給了省委領導，讓全面推廣。

等方志輝走後，你立即坐下寫了一紙公告：

對大面積推廣玉米稻要持慎重態度

湖南農學院用幼芽浸泡法將玉米的 DNA 片段成功地導入了水稻，育成具有某些玉米特徵的玉米稻，取名遺傳工程稻。這種玉米稻具有類似 C4 植物的高光效特點，主要表現在穗大粒多，結實率很高和籽粒飽滿充實。因此，玉米稻的育成是科學研究上的一次重要突破，為水稻育種提供了極其寶貴的新資源。

但是，玉米稻也存在較大的缺點，主要是株葉形態不好，植株鬆散，葉片寬長而披，不僅造成田間的通風透光條件不良，降低群體的光合效率，而且還嚴重限制了有效穗數的提高，所以它的實際產量並不高。一九九三年區試結果，玉米稻的產量在六個點中有五個點居末位，一個點倒數第二位；晚稻區試也名列倒數第二；在我院試種的零點八畝玉米稻，畝產僅三百千克。基於此，我認為目前要把玉米稻推向大面積生產為時過早，必須對它進行進一步改良。

近來，全省各地來人來函反映，一九九四年要大面積推廣玉米稻的勁頭很大，來勢很猛。為此，我鄭重建議對此要持慎重態度，應嚴格按照推廣農作物新品種的科學程序辦事，絕不能急於求成。一定要先行小面積種植示範，待確證在當地能獲得高產後，再大面積推廣，以免給我省糧食生產和廣大農民帶來巨大損失。

湖南省農業科學院研究員 袁隆平

一九九三年十二月三十日

剛落筆，謝長江就進來了，你對他說：「趕快派人把這篇短文送到《湖南日報》去，請他們盡快在顯著位置登出，以免誤了大事。」

謝長江接過文稿，很快瀏覽了一遍，皺起了眉頭，憂慮地說：「老師，這個短文恐怕我們送不出去。」

你不解地問：「為什麼？」

謝長江解釋道：「這個事情，我有耳聞。第一，推廣玉米稻是省委領導的意思，而且是公開號召的。省委去年剛授予您『功勛科學家』稱號，而且一連幾年都推薦您當科學院院士。您現在公開跟領導唱反調，領導今後怎麼看您？第二，農學院是我們的兄弟單位，這是人家的成果。對於他們來說，既是經濟效益，也是學術聲譽。您這文章一發，到時候只怕他們會背地裡抹黑您。第三，《湖南日報》恐怕不敢接您這篇短文。」

你聽了，仍然堅持自己的意見：「他們為什麼不發？這是有利於老百姓的事情，是客觀事實。再說了，我都敢寫，他們還不敢發？而且這本身就是對省委領導跟兄弟單位最大的愛護。」

沒想到謝長江的話不到兩個鐘頭就應驗了，短文原稿被退了回來。《湖南日報》編輯看了短文後，感到事關重大，當即請示總編和社長。社領導一致認為，推廣玉米稻是省委領導親自部署的，省報不能發表反對組織的言論，故請袁先生原諒。

謝長江無言地看著你。你在辦公室裡急得跺腳，焦急地說：「長江，你親自送省農業廳去。請他們用文件或函電的形式，盡快發到各地市州縣農業局、種子公司、糧油站、農技推廣站，以及各大國營農場，務必制止玉米稻的推廣。不然，明年無法向老百姓交代！他們是內行，這事他們不會不重視的。省領導跟兄弟單位那邊，我去解釋。」

這篇短文終於由湖南省農業廳以「湘農業函〔一九九三〕種字一一三號」公函的形式發了下去，一場重大損失避免了。

極少數沒有聽取你的忠告的市縣，仍然種了玉米稻，結果第二年大面積減產。你的預言完全被證實了。減產後，有極少數法治觀念比較強的農民，向湖南農學院提出了索賠，索賠金額高達五百多萬元。原本對你有看法的人，在事實面前，終於懂得了你當初那一紙公文有多大的作用！要不是你出面制止，也許今天面對的就不只五百多萬元的索賠。

但這件事情很快傳到了一些領導及院士耳中。某些人認為你一邊舉手贊成玉米稻通過鑑定，一邊又公開撰文貶損玉米稻的聲譽，是學術道德問題；也有人分析說，這是你害怕遺傳工程稻的創舉超過雜交水稻，故意有意壓制，是典型的學閥作風。

但是，你並不後悔。因為你在關鍵時候講了真話，避免了一場大的損失！

這兩件事表現出你對農民問題的關注，表現了你的高風亮節和博大情懷。當事涉對你的誣蠛和榮譽時，你可以保持沉默；但當事涉農民兄弟的重大利益的時候，你不顧這事可能給你帶來的後果。你這樣做直接否定了省委領導的部署，而且直接得罪了兄弟院校，可能還會對你事業和聲譽帶來很大的負面影響！但是，只要對農民有利，你就要堅決去做！

四、給政府獻言獻策

你總是喜歡將自己比作一株稻子，根植於肥沃的黃土地之中，沐浴著陽光雨露，有時也歷經狂風暴雨的洗禮，隨著季節的變化而發芽生長、拔節抽穗，最後甘願將沉甸甸的稻穗奉獻給勤勞的人們。

如今，你的額頭上已經布滿了皺紋，那是一種農民式的滄桑感和知識分子憂患意識的複雜組合。你雖已年逾八旬，卻仍然戰鬥在科學研究與生產的第一線。從播種到收穫，你依然風塵僕僕地下試驗田；從春夏到秋冬，你依然從北到南追趕著太陽。那麼多的榮耀、獎勵，那麼高的名譽、地位……這些東西似乎絲毫也沒有改變你像老農一樣在田間奔走的生活。你曾動情地說：「我是個育種家，育種家如果不與土地打交道，難道叫我閒待著安逸享樂不成？」

你一生始終熱愛農業，關心農村，關注糧食。幾年來，每當「兩會」召開，你都會提出一些切實可行的、能夠使百姓們受益的、關於糧食問題和農村問題的提案。這些沉甸甸的提案，這些語重心長的建言，都凝聚著你這位農業科學家對農民、對國家的深厚感情。

二〇〇四年，糧價稍漲，社會上立時引起一陣騷動。三月，在中國全國「兩會」上，你做了一個《高度重視中國糧食安全問題》的發言，提出了四點建議：一是堅持自力更生為主的糧食安全戰略；二是充分發揮科技對糧食安全的保障作用；三是切實保證一定規模的糧食播種面積；四是切實保護和提高農民的種糧積極性。

你在發言中說：

「受耕地減少、水資源短缺、人口增加、自然災害頻發等因素影響，全球糧價上漲，糧食安全警鐘再次敲響。聯合國糧農組織說，至今已有三十七個國家爆發糧食危機，海地總理更是在危機中倒臺；一些糧食出口國採取了限制出口的措施。

「我同意對國際糧價上漲將是未來長期的趨勢的判斷，現在汽油、石油價格飛漲，人們必然要尋找替代能源。美國生產酒精用玉米做原料，此外還有其他一些國家也用玉米生產酒精，這是糧價上漲的重要因素之一；再有，隨著人口增長，人們加大了對糧食的需求，因此人口增長也是導致糧價上漲的重要因素。

「糧食為萬物之首，糧價是百價之基。糧價的上漲，很快便帶動了肉、奶、蛋、油等其他食品的價格上漲。糧價，成了人們關注和談論的焦點。世界銀行的統計數據表明，過去三年，國際市場小麥價格上漲了一八一%，食品價格整體上漲了八三%。糧食價格的暴漲，引得許多國家釋放儲備糧以取利，導致世界糧食儲備降到三十年來的最低點，只夠維持五十三天，遠低於去年初一百六十九天的水平。

「當然，讓不少人驚訝的是，這次世界糧荒對中國卻沒有明顯的影響。中國的糧食儲備占當年糧食消費總量的比例已超過了三五%，大大高於聯合國糧農組織一七%至一八%的糧食安全線。中國現在擁有一點五億至兩億噸的儲備糧，比世界平均水平高出一倍。

「二〇〇六年一月一日開始，聯合國停止了對華糧食援助，標誌著中國二十六年的糧食受捐贈歷史已畫上了句號，並且成為世界上重要的援助捐贈國。中國以占世界不到一成的耕地，養活了占世界兩成多的人口，可以說，是世界的一大奇蹟！但在我們這個擁有十多億人口的泱泱大國，絕不會出現真正意義上的糧食過剩。糧食問題始終是戴在我們頭上的一道『緊箍咒』，並且只能依靠中國自己來解決。而依靠科技進步提高糧食的單位面積產量，就是我們的必然選擇！因此，中國的超級雜交稻研發，理應不斷地把產量提高到更高的水平，繼續為保障糧食安全發揮重要的作用。

「中國是人口大國，糧食安全始終是關係國計民生和社會穩定的大事。但凡有點國家安全意識的人都會明白，糧食，在某種程度上不單單是商品，它是一種重要的軍事和政治意義上的戰略物資，過分依賴國際市場，就會受制於人，等於把自己的脖子伸出去任人宰割，關鍵時刻，一粒小小的糧食，將絆倒巨大的中國。十三億人口的大國，雖然儲備了一些糧食，但我認為目前不能盲目樂觀，不能掉以輕心。糧食始終是戰略物資，要適當地有所儲備。在中國當前工業化、城鎮化和現代化加快發展的時期，保護耕地與發展用地的矛盾已十分尖銳，中國的科學家必須要研究出辦法，讓農民在中國因城鎮化日益減少的耕地上，用更少的田種出讓更多人吃的糧食，這就是要依靠科學技術的力量。

「還有非常重要的兩條，第一條就是國家對於保護耕地要有一個硬性的規定，絕對不可以亂占耕地，要有非常強硬的法律定下來。溫家寶總理在《政府工作報告》中提出保證要有十八億畝耕地，嚴格保護耕地，以法律的規章制度定下來。第二條要提高農民種糧的積極性。科學技術潛力是有，但是，如果政府不重視，如果推廣體系不好，如果農民不願意種田，即便有再好的技術，也無用武之地。現在已面臨這麼一個問題：農民覺得種糧沒有效益的話，就會拋荒，青壯年農民都外出打工，留一些老弱病殘在家裡。穀賤傷農啊！面臨著這麼嚴峻的問題，我要警示性地呼喚，希望全社會都要重視農業生產，重視糧食生產。如果農民不願種糧食，大家就沒有飯吃了。中國幾千年的歷史寫著：餓死人是與社會動亂聯繫著的呀！要多推出一些惠農政策，現在已經有了不少好政策，但是我認為還不夠，特別是糧價相對來講還是有點偏低。怎麼辦？糧價不能漲，但又應該額外地補償一些，讓農民得到好處，這才是最好的辦法，可以調動農民的積極性。」

二〇一二年「兩會」召開的時候，你又提出了一個很有力度的提案：《關於糧價的建議》。你在提案上說，根據湖南省物價局調查統計，二〇一一年農民種植水稻，每畝除去國家的糧食補貼，純收益只有七點五元。面對記者，你激動地說：「七塊五啊！太少了，農民多窮啊，農民多可憐啊，種地拿不到錢，農民就不種了，拋棄耕地到城裡打工去了，種田的人越來越少，糧食從哪裡來呢？」從二〇一〇年起，你走訪了湖南的多個縣鄉和農村。你看到，大量耕地被荒廢，甚至被用來作為建築用地和垃圾場。因此，你建議，政府要以較高的價格收購農民的糧食，大大提高農民種糧的積極性，保住農民的基本利益，保住耕地；然後再以平價出售糧食，保障民生，保證老百姓的日常生活水平，保證國家糧食的安全和價格的平穩。如果由政府來補貼其中的差價，就能兩頭兼顧了。

你還提出，讓農民從土地上徹底解脫出來。你認為，農民越少越好。農民多了，小康不起來。如果農民透過利用我們的先進技術使糧食單產大幅度提高，就可以在確保糧食總產量的前提下釋放一部分農村勞動力。你希望中國發展現代農業，至少讓五〇%的農民走出田頭。

你還提出，要保證種子安全。你認為，隨著農民種糧積極性的降低，相應地會影響雜交稻製種業。據農業部統計數字表明，二〇〇七年製種面積由二〇〇六年的一百五十萬畝減少到一百一十萬畝，二〇〇八年再減少到八十萬畝左右。這種形勢影響到雜交水稻的種植面積，而雜交稻減少的話，國家糧食生產面積就得不到保障。因此，對這種製種量銳減的趨勢，應該引起足夠重視。糧食安全中有個種子安全的問題，種子安全中有個種子儲備的問題。國家要有二〇%的種子作為戰備種子，以防不時之需。否則，遇到天災或其他風險，國家的糧食安全必將受到影響。同時，你還呼籲國家增加扶持種子產業的力度，以減少糧食安全中可能遇到的風險。

你還提出國家糧庫問題。有一次，你聽人向你反映，個別國家糧庫存在虛報現象，有兩個地方糧庫是空的。你聽了，十分震驚！糧庫是國家儲存戰備糧的地方。

國家糧庫如果有假，必將危及國本，這個地方一旦出了問題，那可就是關係到國計民生的大問題。你出於一個政協代表的責任和一個老科學家的良心，在政協會議上提交了查實國家糧庫有無虛報的提案。你說，由於國家對糧庫有補貼，所以虛報後，可以冒領這部分補貼；另外，空的糧庫還可以轉作他用，用以牟利。雖然國家也有相關的查驗制度，但下面往往有機可乘。「下面到底存了多少糧食，建議國家好好查一查！」你建議檢查時應該「微服私訪」，不走官方管道，不定期隨機抽查，才能查出真實情況。對於你的提議，相關部門高度重視。原國家糧食局聶振邦局長、副局長任正曉和有關負責人專程去拜訪了你，並認真聽取了你的意見。同時，他們還跟你就有關情況進行了溝通，向你介紹了目前國家糧食庫存情況，以及加強糧食庫存監督檢查所做的工作。聶局長感謝你對糧食工作的關心和支持。他同時也表示，國家糧食局對你反映的情況和意見高度重視，對你反映的個別糧庫的問題，國家糧食局立即派出司級領導帶隊的檢查組，赴有關地區調查核實。隨後，糧食部門發生了一次大地震，多名「老鼠倉」「糧耗子」式的貪官，相繼落馬。

你還提出杜絕浪費糧食的問題。浪費糧食是最大的犯罪，省下一顆糧食，或許可以救活一個人的生命！愛惜糧食就是愛惜生命！你在中國央視二〇一三年一月二十三日《新聞三十分》的節目中說：「糧食浪費是個可恥的行為。『誰知盤中餐，粒粒皆辛苦』。現在我要建議，政府要推出法規政策，把浪費當成可恥的行為，當成犯罪的行為來限制。我參加過好多宴會，好多種菜，十幾種、二十種菜，每一樣蜻蜓點水，吃了一點點，其他全部倒掉好可惜！」你提出，限制有多少人吃多少，浪費了之後要罰款等措施。

你的這些提案確實是代表最底層的老百姓發出了呼聲。隨後，時任中國國務院總理溫家寶在《政府工作報告》中提到，要繼續提高稻穀最低收購價，平均每一百斤提高十六元。你當時聽了很興奮。

你還提出加大對農業科技的投入。你在接受記者採訪時呼籲，各級政府應加大對農業科技的投入。你說，要發展農業科技，捨不得花錢是不行的。要想多收穫，就得多施肥。現在各方面都是水漲船高，農業科學研究也要加大投入。農業本來是弱勢產業，希望政府多支持一點。要改善農業科學研究單位的基本待遇，使它能夠吸引人才，留住人才。國家可以明確農業科學研究單位公益性的創新主體地位，加大公共財政的支持力度，比照公務員待遇，保證農業科學研究單位全額撥款，解決科學研究人員人頭經費不足的突出問題。對農業科學研究機構科學研究經費的投入也要有保障。世界各國的農業科學研究機構都靠公共財政保持運轉，我們國家的政策，是把農業科學研究投入放在公共財政支持的優先位置，提高農業科技在國家科技投入中的比重。還要加大對農業科學研究基礎設施建設的投入。現在做現代農業，科技創新對科學研究條件和手段的要求高了。所以國家在這方面也要多投入，用於儀器設備、試驗基地、科學研究資源和科學研究基礎設施建設。另外，農業科學研究機構公益性很強，專業化程度更高，沒有其他收入來源，國家在農業科學研究項目的安排上可以優先保證他們，既有利於出成果，也有利於他們的生存和發展。

你還提出打造「國際稻都」的提案。你提出：國外的種業巨頭一直虎視眈眈地瞄準著中國這個大市場，中國糧食雖然逐年增加，但耕地在不斷減少，糧食安全、種業安全，始終是不容迴避的大問題。湖南是水稻產量的大省，又是雜交水稻的發源地，故此將長沙打造成「國際稻都」，對於持續保持中國水稻產業領先優勢、掌握中國農業國際話語權、確保中國乃至世界糧食安全，確實有著不可估量的重要意義！二〇一三年「兩會」召開的時候，你提出了在長沙建立「國際稻都」的提案。提案為我們勾畫出了「長沙稻都」的遠景圖——長沙「國際稻都」將建成以種業為核心、產業為支撐、企業為主體、基地為依託，產學研相結合，「育繁推」一體化的現代農業產業矽谷，培育中國的世界級種業企業，打造全球雜交水稻研發和生產中心。

「國際稻都」的提案，是極具戰略眼光的提案，這份提案的前瞻性和實用性都屬一流的。中國《經濟日報》二〇一三年七月二十三日的報導《瀏陽河東岸華麗轉身：長沙建設「國際稻都」》中提到：目前，「國際稻都」建設已從瀏陽河東岸片區開始，「一館兩中心」規劃已完成，並啟動了立項工作。相信不久之後，「國際稻都」就會以傲然聳立的雄姿，出現在世人的面前，那將是中國雜交水稻的搖籃，搖出一個不再饑餓的中國夢。

第十一章 水稻外交

一、經濟外交的一張王牌

在人類歷史上，落後國家崛起為強國，大多是透過侵略、掠奪、擴張和戰爭的方式來實現的。按照西方政治現實主義理論，崛起的大國必然對霸權國的統治地位構成挑戰，對現有的國際秩序構成威脅。當前，中國的崛起已成為必然的趨勢，因而，以美國為首的西方世界處心積慮地對中國進行圍攻、打壓、限制。然而，他們的習慣思維根本不適用於中國發展的實際情況。和平崛起之路是中國歷史性的戰略選擇，是中國傳統精神的延續和再現。

英國歷史學家湯因比說，中國是唯一具有天下情懷的國家。自古以來，中國崇尚「和為貴」，不具侵略性與進攻性。中華人民共和國成立以來，特別是進入新時期以來，中國堅持獨立自主的外交政策，以實際行動發展建設性的國際關係，倡導全球和睦共處，維護世界多樣性。中國的崛起注定要走一條別的國家所沒有走過的道路，中國的崛起不會構成對世界的威脅。雖然中國在近代以來，尤其在二戰中，飽受外國人的侵略，飽受現代殺傷性武器的禍害，但是，中國和平崛起後，沒有給其他國家輸出戰爭、災難、毀滅性武器，卻送給了世界人民解決饑餓和糧食安全問題的雜交水稻，體現了中國人博大的天下情懷和「和為貴」的思想。你正是中國「水稻外交」的核心人物，是中國進行和平外交的一個象徵性人物。

「乒乓外交」曾經促進了中國與美國恢復和平外交，演繹了一段歷史佳話。而你發明雜交水稻之後，雜交水稻又充當了具有時代象徵意義的綠色名片，充當了傳遞福音的和平使者，「水稻外交」成為中國與世界各國進行和平外交的重要方式之一，是中國實實在在「利益天下」的舉措。

你在湖南雜交水稻研究中心科學研究樓牆面上親筆題詞：「發展雜交水稻　造福世界人民」，以此作為全體同仁科技創新求索的宗旨。

你總是說：「雜交水稻這一成果不僅屬於中國，也屬於世界。希望這項成果能為解決人類仍然面臨的饑餓問題做出更大的貢獻。」

你還說：「中國科學家播下的，不僅僅是一顆顆水稻的種子，帶給世界以糧食的充實和物質的繁榮，更是一顆顆和平的種子，為促進人類和諧共存、文化融合，開闢了一條康莊大道。」

一九八〇年，雜交水稻作為中國出口的第一項農業科技成果轉讓給美國，拉開了雜交水稻走向世界的序幕。一九八一年，你帶領專家團遠赴美國，把雜交水稻的專利轉讓給美國公司。

二十世紀九十年代，聯合國糧農組織把各水稻生產國發展雜交水稻作為解決糧食短缺問題的首選戰備項目。他們選擇十五個國家，並給這些國家提供經費，推廣雜交水稻，這為雜交水稻在世界的研究和推廣提供了良機和條件。你被聯合國糧農組織聘為首席顧問，湖南雜交水稻中心有十幾位專家受聘為該組織顧問。你曾先後多次到印度、越南、菲律賓、緬甸、孟加拉等國進行技術指導和接受諮詢，你十多次主持舉辦雜交水稻技術國際培訓班，培訓了三十多個國家的近千名學員，並為這些國家建立起了一套發展雜交水稻的人才與技術體系，還先後提供了上百個雜交水稻組合在南亞和東南亞以及非洲和南美洲進行試種推廣。

二〇〇五年八月十三日，溫家寶和原國務委員唐家璇來到國家雜交水稻工程技術研究中心視察，你詳細地向溫家寶、唐家璇匯報了雜交水稻的科學研究情況。

溫家寶說：「超級稻研究及產業化不僅有重大的科學價值，而且對解決中國人能夠養活自己的問題做出了重大貢獻。現在看來，它的科學價值已經走出了國門，影響到世界。和東南亞幾個國家領導人會談時，他們都談到農業合作問題，而且指名要中國幫助他們發展超級稻。袁老師所做出的貢獻，不僅有利於中國，而且有利於世界。」

唐家璇高度讚揚了你和你領導的團隊在國外推廣雜交水稻所取得的成績和開展雜交水稻外交的思路，稱雜交水稻是中國開展經濟外交的一張王牌，明確表示將把雜交水稻的對外發展列為國家對外援助的重要內容，把雜交水稻外交列入國家經濟外交的整體範疇。

二〇〇六年十一月四日，中非合作論壇北京峰會隆重開幕。該會議提出了要在非洲建立十個有特色的農業技術示範中心，湖南省農科院承擔該項目中的第一個項目。隆平高科國際貿易部是隆平高科國際化戰略的重要窗口，讓雜交水稻走出去，這無疑是很好的時機。此前，方志輝是隆平高科董事兼國際貿易部總經理。從此，方志輝帶著他的同事和助手，開始了雜交水稻的又一輪推廣工作。

從一九八〇年雜交水稻成果轉讓給美國開始，三十多年來，你帶領你的同事和學生，一批又一批、一年又一年，在全世界範圍內傳播雜交水稻。從美國的大農場，到菲律賓、越南的熱帶雨林，從印度、巴基斯坦的高原，到非洲的大草原，到處都飄溢起雜交水稻的芳香。雜交水稻能夠解決中國國內溫飽問題，然後邁出國門、造福世界人民，靠的是你的科學研究成果領先世界，靠的是你的胸懷天下的思想，也離不開你的同事、助手和學生們前赴後繼地付出的難以想像的艱辛和努力。

二、簽約美國

（一）飛向美國

一九八〇年三月初，你戴著草笠，褲腳一邊高一邊低，正在田間察看水稻抽穗的情況，看到新一季的雜交水稻快要成熟了，你心情十分愉快，哼起了《紅莓花兒開》的輕快歌曲。

突然，學生尹華奇從你們居住的棚屋裡跑過來，手裡揚著一張紙，邊跑邊喊：

「老師，老師，剛剛收到一份電報，農科院叫你馬上回長沙去。」

接到電報，你立即趕赴長沙，坐汽車，坐輪船，再坐汽車，再轉火車，經過四五天的顛簸，才到長沙。

湖南省農科院院長讓你坐下，給你倒了一杯茶，這才給你講：去年五月份，美國圓環種子公司總經理威爾其來了中國一趟，農業部贈送了他三個雜交水稻種子組合，每個零點五公斤，總共一點五公斤，他們回去就種上啦，說是增產三三％。美國這次來簽了合約，一次性付了二十萬美金作為技術轉讓費用，還答應以後拿每年銷售收入的六％作為報酬。

你聽了十分高興。

可院長卻感慨地說：「不得不說，人家美國人是人精啊。」

你不解地問：「怎麼啦，這不是好事嗎？」

院長嘆了一口氣，說：「唉，我們自己拿起石頭砸了自己的腳呀。保密工作沒做好，完全沒有知識產權觀念和專利保護理念。」

你一臉茫然地看著院長，靜靜地聽他說下去：

「你跟中科院林世成不是去年四月去了國際水稻研究所嗎？圓環種子公司是五月份來的。美國人前腳剛走，國際水稻研究所後腳就跟來了。十月份，國際水稻研究所跟中國農業部搶先簽了長期合作協議，組織上不是還讓你把三個『野敗』型不育系交給國際水稻研究所嗎？壞就壞在這裡。」

你大吃一驚：難道當時自己給的種子有問題？不可能呀，你都反覆檢查了的呀。於是你問道：「這麼說來，我當時種子給錯了，闖下了大禍？」

院長說：「不是，不是，跟你沒關係。是當時除了給種子之外，你跟助手們在報紙、雜誌上發表的那些雜交水稻論文，中國農業部也一起給了國際水稻研究所——他們當時不知道技術還能賣錢呀！這樣，當威爾其再到中國來給我們簽合約時，就說，你們的雜交水稻技術已給了菲律賓國際水稻研究所，水稻雜交技術現在幾乎已經成為公開的祕密，但是，為了尊重你們的勞動成果，還是願意跟中國合作，只是價錢方面，中國得讓一下步了。唉，你看，這下只好低價賣囉！」

你聽到這裡，也不由感嘆了一聲：「哼，這個威爾其，不愧是一個精明的商人啊！」

院長說：「是啊。他這麼一弄，把中國農業部官員打了個措手不及，之前準備的合作內容，完全派不上用場，後悔莫及啊。人家威爾其還算是好的了，不過估計他們董事長在這中間起了很大的作用。他們董事長哈默博士，那才叫真正的商人，有眼光，有遠見，有智慧，又有勇氣跟魄力。」

你見院長這麼誇一個人，不禁生起好奇之心：「院長，極少聽你這麼誇過一個人啊。給我說一下，讓我心裡也好有一個底。」

院長說：「去年年底的時候，鄧小平先生提出了改革開放，由計劃經濟向市場經濟發展，人家敏銳的商人早就看中了這塊大肥肉，知道不久後的中國將有翻天覆地的變化，膽子大的商人就開始行動了。哈默博士就是其中之一。去年小平先生去美國訪問，他聽說之後竟一直追到聚會現場，跟小平先生搭訕。後來又親自坐私人飛機趕來中國洽談。袁老師，你看看人家這反應速度，這商業頭腦，不得不佩服啊。

人家這個啊，是看上我們中國這塊大蛋糕了。先捨小利而後得大利，智慧啊！據說哈默博士的生意遍及全球。」

你說：「聽你這麼一說，這人的確不簡單。不過不管怎麼說，我們在後期不是還有銷售收入的六%嘛。美國是龍頭老大，它成功了，其他國家自然而然會跟著上來。就算是給我們自己一個教訓唄，長點經驗，也不錯啦。我們原來還沒打算賺錢呢，這一次等於是撿來的。」

院長說：「不過這件事還真的教會我們，知識是有價的，不然我們還傻呼呼地認為只有實物才值錢呢。鄧小平先生聽農業部匯報後，說『科學技術才是第一生產力』。」

你熱烈地響應說：「是啊。科學技術是第一生產力。看看二戰後的日本，人家領土沒我們這麼大，資源沒我們豐富，人沒我們多，卻走在了我們的前面。為什麼？人家的技術先進呀。只要重視科技，中國會很快趕上去的。不管怎麼說，這是我們與世界做成的第一宗知識產權交易。應該說是開了一個好頭。」

院長說：「嗯，對於剛剛打開國際交往大門的中華人民共和國來說，雜交水稻種子堪比小球搏大球的『乒乓外交』。咱們的確已經成了國際社會關注的焦點。也正因為如此，才把你召回來，一是因為威爾其點名要你親自去，二是因為只有你去，組織上才放心啊。」

於是，一九八〇年五月九日，你作為首席專家，攜湖南農科院副研究員陳一吾、慈利縣良種場場長杜慎余一行三人組成的中國雜交水稻專家組，經過十幾個小時的飛行，終於到達美國西部重鎮洛杉磯。三人中，陳一吾大腹便便，戴著眼鏡，頗有學者風範，而杜慎余長期在一線工作，也跟你一樣，黑黑瘦瘦的，有點拘謹。

此時，威爾其與圓環種子公司的專家早已在機場迎候。威爾其之前並沒有見過你，便舉了一個紙牌在出口處等，紙牌上用中英文寫著：中國專家袁隆平、陳一吾、杜慎余。美國圓環種子公司。

你一出機場出口，便看見了歡迎自己的標牌，就率先向威爾其走去，用英語問道：「您好，請問是圓環種子公司嗎？我們是中國來的。」

威爾其向你伸出手，說道：「是。你們好，你們好。一路辛苦了，歡迎來到美國。」威爾其輕輕地跟你握了握手，然後轉身向站在你身後的大腹便便、戴著眼鏡的陳一吾伸出手，對他又是擁抱，又是貼臉，口裡一連聲地歡迎：「您好，您好，袁先生。我是圓環種子公司總經理威爾其。您是我的偶像。真誠地歡迎您的到來，能夠結識您這位偉大的科學家，並在美國接待您，我感到無比的榮幸。」

陳一吾顯得十分尷尬，你與杜慎余不由得笑了。威爾其看三人笑得莫名其妙，心裡也是一慌：莫非認錯人了？

陳一吾忙給他解釋：「威爾其總經理，您認錯人啦，剛剛與您握手的那個才是袁隆平先生，我們都是他的助手。」

威爾其立即連聲道歉說：「啊，不好意思，不好意思。袁先生，請原諒！請讓我再次向您表示崇高的敬意和熱烈的歡迎。您將是我們公司最尊貴的客人和朋友。我衷心地祝願您在美國工作和生活得愉快！」

說著，他再次握住了你的手，並緊緊地擁抱、貼臉。

你說：「謝謝您的熱情迎接，威爾其先生。您認錯人是完全可以理解的，許多中國人也經常把我認錯。我是一名水稻專家，長年在田間做試驗，所以他們都叫我『剛果布』來著，意思就是非洲黑人。這形容詞非常貼切，看，我不是又黑又瘦嗎？」

晚上七點三十分，圓環種子公司為中國專家準備了一場晚會，圓環種子公司總裁約翰遜先生、總經理威爾其、公司全體工作人員，以及公司附近加州大學的教授、學生也來了。

你同陳一吾、杜慎余被當作貴賓安排在前排，與約翰遜及威爾其位置相鄰。一會兒，主持人說：「今天的晚會，是為中國雜交水稻專家特意準備的，請他們也上臺表演一個節目，讓我們欣賞一下中國的藝術，好不好？」

臺下一片歡呼聲、口哨聲：「好！」

你和陳一吾、杜慎余三個人一下全緊張了，不知如何是好。

你問他倆：「你們倆誰會表演節目？唱歌怎麼樣？」

陳一吾突然說道：「我們都不行。他們不都說你小提琴拉得還可以呀，在三亞南繁基地晚上經常拉呀。」

這時，大家的歡呼聲更大了。你不得已，只得硬著頭皮向威爾其說：「威爾其總經理，請問有小提琴嗎？」

威爾其忙說：「有，有。」

你拿著工作人員送過來的小提琴走向演奏臺，鞠了個躬，坐了下來，雙手在大腿上擦了擦，緩解一下內心緊張情緒。隨後，一首憂傷的早期美國電影插曲《老黑奴》的優美旋律從琴弦中緩緩地流淌了出來……小廳裡頓時安靜下來，剛才還喊著你們演出的美國人，一時之間全被帶進了流暢的旋律之中，眼裡閃現出淚光。曲畢良久，人們才從曲子的意境中回過神來，掌聲、讚美聲頓時響起……

你走下演奏臺時，旁邊頭髮已經發白的約翰遜總裁站起來對你說：「袁先生，你的曲子感情真摯，直擊人心，把我們美國南方老黑奴的悲涼處境表現得非常到位。」

這個時候，你已經從掌聲中知道自己的小提琴拉得還不錯，心情放鬆了一些，於是說道：「感謝約翰遜總裁誇獎。」

約翰遜握著你的手，問道：「袁先生，你英語這麼好，美式口語非常地道純正，請問你早期來過美國還是來之前專門學過？」

你說：「我母親和姨媽教的，她們從小在美國的教會裡學習美式英語。」

威爾其在旁邊插了一句話：「袁先生，你們中國有句古話說得真好，『人不可貌相，海水不可斗量』，我為我今天的失誤再次致歉。」

你們三個在美國的土地上精心工作了三個多月，終於以卓越的成績征服了圓環種子公司威爾其一行。你站在田埂邊，一眼望過去全是沉甸甸的金黃色的穀穗，像瀑布一般，到處都是豐收的喜悅。

威爾其情不自禁地感嘆：「袁老師，真沒想到，雜交水稻品種在去年增產三三%的基礎上又提高了很多很多。用中國話來說，您真是我的福星，是我們公司的財神爺。」

在慶祝雜交水稻在美國成功種植的新聞發布會上，你見到了專程趕來跟你見面的哈默博士。哈默博士年過九旬，頭髮花白，但仍然精神矍鑠，雙眼散發出商人特有的智慧與倔強，他一說話便開門見山：「袁先生，非常歡迎您來我們公司指導工作。我是中國人的老朋友了，現在，我們在中國已經發展了許多業務。我今天看到，雜交水稻在美國也發展得很好，我本人衷心希望您的雜交水稻可以成為我們之間的另一座友誼橋梁。」

你謙虛地說：「謝謝哈默博士，我們現在正需要像您這麼有膽識、有魄力的人共同合作。我對您久仰大名，今天有幸見到您，是我的榮耀！」

哈默博士擺了擺手，說：「袁先生，您太謙虛啦。是我，是我要感謝您的雜交水稻為公司帶來的無限商機。站在我這個商人的立場來說，您的雜交水稻將帶來一個新興的產業和一個遍及世界的巨大市場，將提供千千萬萬的崗位，解決很多人的就業問題，同時也將帶來千萬億美元的財富，這些財富將超過十個西方石油公司規模的財富，而且您這個是造福人類，延續千秋萬代的功德。」

你興奮地說：「董事長，謝謝您。」

哈默博士說：「我聽說您無私地把種子跟資料分享給國際水稻研究所，我十分敬佩您的慷慨和無私。你們中國的科學家非常純粹，毫無功利心，我非常景仰。你們的精神境界，用我們西方的價值觀念是無法理解的。這也是我為什麼剛剛給您分析雜交水稻的未來前景的原因。要知道，如果您自己經營，光是中國市場就足以使您成為第二個洛克菲勒。」

你真誠地說道：「董事長，您去過中國，那您肯定知道，是人民養育了科學家，科學家理應全心全意為人民服務，科學家的發明和成果，也理應是國家和人民的。您的遠見卓識我非常欽佩。我期望圓環種子公司能非常快速地打開雜交水稻種子的國際市場。」

哈默博士說：「我們美國諾貝爾經濟學獎獲得者克萊因說，在中國，有兩個問題需要解決，一是農業問題，二是人口問題。您的發明不僅解決了中國人口增長的問題，也解決了一個世界性的難題。為了表達我對您的真誠信任，在您歸國之前，請您務必出席我們的股東大會。」

你們三人應邀赴美的主要任務是傳授雜交稻製種的技術。你們到美國不久，就應加州大學農學院的邀請，與教授、研究生們舉行了座談，並回答了他們提出的問題。後來又應邀參加了全美水稻技術會議。美國許多農業科技人員，對中國的雜交水稻從開始研究到三系配套只用了九年時間，表示敬佩。西方石油公司（圓環種子公司的母公司）董事長哈默博士召開股東大會，也請你出席，並把你安排在會議的首席座。美國當地報紙、雜誌和電視臺也專題報導了中國雜交水稻的成就和你們一行人到美國傳授製種技術的消息。

經過三個月的工作，終於到歸國的時候了。你跟陳一吾、杜慎余一下飛機，便風塵僕僕地往農科院趕。

一進辦公室，院長就問：「工作進展如何？美國的情況怎樣？」

你說：「美國整體環境的確是比中國好一些。美國一個私人農場擁有的土地面積差不多有我們中國一個人民公社這麼大。他們種水稻，從不育秧插秧，都是用小型飛機在空中直接播撒種子，連噴農藥都是從空中直接撒下去。他們的工人脖領裡鑽進一點穀芒葉灰就難受得嗷嗷叫，而且勞動力成本昂貴得嚇人，一天的薪水比我們教授的薪水還要高。還有，他們水稻只種一季，有條件種兩季的，也只種一季，而且是種一年休一年，說是要保持地力和維持良好的土壤結構。」

你從包袱中拿出在美國雜交水稻的生長記錄及圓環種子公司給的薪水：「院長，這是我們在美國的工作情況，我們種了六個品種，美國自己種了三個對比，他們的都排在最後。我們最好的增產了七九%。只是他們想用機器在揚花期趕花粉，所以明年還要再派人去做！這個是圓環種子公司發的薪水，一個月三千美元，四個月，這是一萬兩千美元。」

一九八三年八月，你第二次應美國邀請赴美國考察雜交稻試種情況並進行技術指導。美國在接受中國雜交水稻專利轉讓後，面臨著許多技術上的難題。這以後，你曾先後五次應邀赴美國傳授技術。之後，你還先後派你的助手尹華奇、李必湖、周坤爐等赴美國傳授雜交育種和製種技術，經過連續三年的努力，解決了早熟、高產、優質米和機械化製種等難題，受到了美國圓環種子公司總裁約翰遜先生的讚揚。

（二）共同開發

一九九四年二月二十八日，你跟安江農校的學生、當時的水稻研究中心副主任謝長江登上了長沙到香港的航班，然後轉乘新加坡航空公司可載五百餘人的波音七四七大型客機，歷經十八小時的飛行，於美國東部時間三月一日上午十點左右，抵達目的地——美麗的墨西哥灣畔的旅遊城市休士頓。

美國圓環種子公司總裁約翰遜逝世後，圓環種子公司將合約轉讓給了德州水稻技術公司。這是一家信譽度非常高的公司，由列支敦士登國王私人投資。列支敦士登是歐洲內陸的一個小國，位於瑞士和奧地利之間，是世界上僅有的兩個雙重內陸國之一，本國人口只有二三十萬，金融業、旅遊業發達。王族私人擁有相當多的財產，長期與世界上的頂尖大學和科學研究院所合作。這一次，你是應德州公司總裁羅賓·安德士的邀請，洽談兩系雜交水稻的共同開發研究。

下了飛機，羅賓·安德士親自駕車，冒著大雨，前來迎接。由於謝長江不懂英語，你幽默地介紹說：「他學的是俄語，這次洽談，我給他當翻譯。」羅賓·安德士總裁忍不住笑起來，氣氛一下子就親熱起來了。

三月二日至五日，雙方進入實質性洽談。洽談前，羅賓·安德士請你先給公司領導、高級技術專家做兩系雜交水稻研究新進展的學術報告，讓他們進一步看清了兩系雜交水稻的光輝前景和商業應用的廣闊空間與市場潛力，這也為中國談判增加了籌碼。

雙方對照中國提供的協議草案，逐條進行認真討論，在合作開發、利潤分成的問題上展開了激烈爭論，開始互不讓步。經過三天的洽談，雙方觀點逐漸明確，而且向協議草案靠攏，水稻技術公司在利潤分配上做出讓步，基本同意中國要求。只是水稻技術公司心存兩大擔心：一是擔心協議簽不了字；二是擔心中國農業部難以批准協議。中方在洽談中堅持兩條底線，一是保密底線，核心技術水稻公司不得洩密；二是誠信底線，一旦草簽了協議，回國經中國農業部批准生效，則要守信，按協議條款實行。

經過幾日的談判，三月九日上午十點，雙方簽署了《中國湖南雜交水稻研究中心與美國水稻技術公司共同開發和經營兩系雜交稻的合作協議》，協議採用中、英文兩種文本，具有同等法律效用。

三月十二日，你跟謝長江帶著這份協議和前期啟動費六萬美元支票回到了長沙。一九九四年九月十日，中國農業部正式批准了這個協議。

自從這次簽約後，鄧小林、周承恕等科學家五次飛美國，每次半年，會同美國專家一起，攻克一個個難關，完美解決了雜交水稻適合美國栽培方式和米質要求組合的選育問題。一九九六、一九九七年大面積生產一舉獲得成功。

美國做為世界上發展雜交水稻較早的國家，在第一次引進雜交水稻試種之後，其增產效應明顯，因此美國人將其驚呼為「東方魔稻」。從那時造成現在，雜交水稻在美國的種植面積和產量都在不斷增加，二〇〇三年雜交水稻在美國的種植面積約兩萬公頃，二〇〇四年擴大到近六萬公頃，二〇〇七年的雜交稻面積已達到二十四萬公頃，二〇〇九年更發展到三十三萬公頃，平均產量超過九噸／公頃，比當地良種增產二五%左右。對於未來的發展，美國充滿了信心。

實踐證明，當年你遠航美國簽訂的協議，不僅是一份雙贏的協議，而且透過協議的實施，大大加快了雜交水稻由中國走向美國和世界的步伐。

投資美國水稻技術公司的列支敦士登王子漢斯·亞當一九九八年便以私人身分專程來中國訪問。他到湖南來見到你時說，「我做夢都想見到您！」現在，王子已經是國王漢斯·亞當公爵二世了。二〇〇四年，你去美國領「世界糧食獎」時，他又專程飛到美國去見你，向你表示祝賀，並表明要加強與你們的友好合作。這個對雜交水稻情有獨鍾的國王，二〇〇七年再次來中國，而且帶來美國水稻技術公司的董事長與你們商談。他們看好了更廣的國際市場，對進一步開展雜交水稻的合作開發充滿了信心。

（三）拍攝雜交水稻紀錄片

中國雜交水稻在美國經過兩年試種，取得了顯著的增產效果。為了更好地推廣雜交水稻，美國西方石油公司計劃一九八一年七月，來中國拍攝一部以中國雜交水稻為中心內容的彩色紀錄片《在中華人民共和國的花園裡——中國雜交水稻的故事》。當攝製組來湖南省安江農校拍攝你選育雜交稻的過程時，你既當「演員」，又當翻譯，又當導演，給攝製組留下了深刻印象。

為了在影片中有一個良好的外交形象，領導一致決定，得讓你的家庭生活條件看起來的確像一個一流專家的樣子。至少也應有獨立的樓房，一般家具也得有，如沙發、酒櫃、電視機、冰箱，等等，最好戶外還有運動場和游泳池。

雖然這個任務已經下達，但直到六月份，這一切還蹤影全無。電影七月份就要開拍，時間這麼緊，這住房設施無論如何也是來不及了。

安江農校校長說：「學校剛剛建了一棟科學研究小樓，要不就給袁老師先住著吧。不過沒有廚房和浴廁。」

農業廳工作人員一聽，放下心中一塊大石，說：「那正好呀。沒有就沒有吧，也沒關係，在房子後側加蓋兩間小平房不就行了？」

農科院院長說：「也成。電器、家具就讓袁隆平自己買一些，到安江農校借一些。特殊情況只能特殊處理。不過沒有網球場跟游泳池呀。」

安江農校校長接過話頭說：「學校裡有籃球場、田徑場、簡易體操場，而且綠樹成蔭，花果飄香，環境還可以，只是沒有游泳池。袁老師最愛的就是游泳了。」

安江農校一老師插話道：「專家樓旁邊有一口池塘。」

農科院院長說：「那行，就用這池塘好了。校長，修一個游泳池大概要多久？」

安江農校校長說：「用磚石水泥鋪底砌岸，裝上排水管道，安上鋼梯和扶手，應該差不多半個月工夫可以弄好。」

當美國電影攝製組開始拍攝時，你的家已有了美國中產階層的模樣了。而且你的母親華靜，這個八十一歲的內陸老太，竟然會一口流利的美式英語，使攝影組組長勞克先生大感驚奇。

看到這一切，勞克先生用極其羨慕的口吻說：「喔，袁老師，您真會選地方，這裡的環境太美了。這個大院的資產都是您的嗎？真富有呀！」

你聽了有點哭笑不得，自己剛剛還住在家徒四壁的老木房子裡呢，現在這裡的家用電器也都是從公家借的。你想了想，委婉地說：「不是的，勞克先生。我們中國科學家的生活設施都是國家配給的。這裡的一切設施我都可以無償享用，但不是我私有的。只有我房子裡面的東西才是屬於我私有的。」

你接著說：「我已經看過你們的劇本。已經理解你們的創作意圖，非常贊成你們的內容編排和預定的表現方法。我會儘量配合你們拍好這部影片的。」

勞克高興地說：「謝謝您，袁先生。您除了要配合我們之外，還要大力幫助我們。我們既要請您當演員，也要請您當副導演和現場翻譯官。當您表演時，您要聽我們指揮；當別的角色表演時，您要代表我擔當指揮。」

影片解說詞高度讚譽雜交水稻這一科學研究成果「解決了世界各族人民的吃飯問題」。勞克先生說：「這個影片拿到西方去放映，將會震驚西方世界，將會吸引更多的人了解中國。」

錄音工程師說：「中美建交填補了歷史的鴻溝，兩國的合作前景很美好。」

這部影片，除了在美國、巴西、埃及、義大利、西班牙、葡萄牙六國放映外，一九八三年七月，日本電視臺也在全國範圍內進行了播放。

你的生活條件問題也確實不可忽視。於是，電影拍完後，組織上也沒叫你重新搬回舊房裡去住，而讓你一家在這所新宅裡正式安居了下來，一直住到一九九〇年你的夫人鄧哲隨你調到長沙湖南雜交水稻研究中心。不過，考慮到學校住房確實太吃緊，你還是將小樓騰出一半，讓給你的學生李必湖住。這個時候的李必湖也已是聞名遐邇的雜交水稻專家了，這棟小樓便被叫成專家樓。

三、榮獲「雜交水稻之父」稱號

（一）在國際水稻研究所

國際水稻研究所位於菲律賓首都馬尼拉南部郊區，以「減輕人類的貧困和饑餓，提高水稻種植者和消費者的健康水平，保證水稻生產的環境可持續性發展」為使命。一九六二年由洛克菲勒基金會和福特基金會出資，菲律賓大學提供土地，租用三百公頃土地而建成的水稻研究機構，是亞洲歷史最長、規模最大的國際農業科學研究機構。它是一個自治的、非營利性的水稻研究與教育組織，隸屬於國際農業研究磋商組織，員工來自亞洲和非洲十四個國家。

國際水稻研究所對水稻種子的保存方式主要分為錫箔紙封存和鋁盒保存兩種。前者放於攝氏四度的低溫庫中，種質資源可保存三十至四十年；後者放入攝氏零下十八度的冷庫中，種質資源可保存一百年以上。每年繁殖其中大約一〇%的種子，用於更新材料和提供免費發放的樣品。國際社會對水稻研究所每年投入大約六千萬美金，這裡聚集了世界各地的一流水稻科學家。

一九七九年四月，你應邀到菲律賓首都馬尼拉出席雜交水稻國際學術會議，這次會議有二十多個國家的兩百多名科學家參加。你們一行的中國水稻專家共四人，你是應邀在會議上宣讀論文的代表之一。由於是首次出席國際會議，你既興奮又緊張。從小就跟著媽媽學習英語，中學階段在教會學校博學中學英語也學得不錯，對英語也感興趣，但多年來除了參閱有關國外資料文獻外，平時用英語的機會不多。你知道這次會議是一個英語會話的環境，自己用英語說話，不知那些老外能不能聽懂。你特地買了英語錄音帶，專門擠出時間練發音，遇到疑難之處就查字典，進行強化訓練。有一段時間，你強迫自己每天記一百個英語單字。赴會的路上，你還老想著自己用英文寫的《中國雜交水稻育種》論文稿。

根據會議安排，每組由兩位專家發言。第一組發言的是日本的新城長友和一位美國專家。新城長友是你景仰已久的人物，曾訪問過中國，但那時你一頭栽在雜交稻試驗田裡，沒有機會和這位著名專家見面交流。新城長友即席答辯回答提問時，英語說得結結巴巴。你認真聽完了他的答辯，對自己的英語會話能力充滿了信心。

輪到中國專家發言了，你當時年方五十，正是知天命的壯年。你身穿筆挺的銀灰色西裝，黑色的皮鞋擦得黑亮，精神抖擻，昂首挺胸，健步登上講臺，用流利的英語向大家問好，然後全面闡述了中國研究雜交水稻及協作攻關的歷程與成果，以及雜交水稻強大的雜種優勢，並介紹了獨特而有效的製種技術。最後對雜交水稻的發展前景進行了展望。

你的發言不時被熱烈的掌聲所打斷。你為自己能代表中國在這裡昂首挺立，發出中華民族的聲音，發出中國科學家的聲音，感到前所未有的驕傲和自豪！這是你第一次將中國雜交水稻研究取得的成功公開報導給國際社會。

論文宣讀完畢後，一位印度專家求教說：「中國雜交稻製種的異交率那麼高，請問是透過什麼措施提高異交率的？」

你微笑著點點頭，表示理解了對方的提問，然後用英語清晰流利地回答:「第一，割葉，以此掃除傳播花粉的障礙；第二，就是人工輔助授粉——趕粉。」

接著，一位澳洲專家問你什麼叫「趕粉」。

你回答說：「這是我們採用的一種土辦法，就是在間隔種植的不育系和恢復系的揚花期，在晴天中午時分，用一根竹竿或兩頭牽扯的長繩，掃過父本（恢復系）的穗子，使父本雄蕊的花粉散出來，有助於這些花粉飄落到不育系張開的穎花柱頭上，促進受精，產生更多的雜交一代稻種。我們把這叫做『趕粉』」。

你的回答讓與會代表都紛紛點頭，並報以熱烈的掌聲。

雜交水稻新成果，引起了與會代表們的極大關注。這次會議，各國專家公認，中國雜交水稻的研究和推廣應用已經居於世界領先地位。

國際水稻研究所自一九七〇年開始研究雜交水稻，因為很難解決有關技術問題而於一九七二年中斷研究。由於中國雜交水稻獲得成功，國際水稻研究所受到很大的啟發和鼓舞。這次會議後，國際水稻研究所與中國簽訂了合作研究雜交水稻的協議，重啟雜交水稻研究。

一九八一年十月，繼一九七九年四月份參加國際水稻研究會議之後，你再次飛往國際水稻研究所，只是這一次沒了上次的緊張、忐忑，有的只是把雜交水稻技術傳播出去，讓更多人受益的使命感。

在所長辦公室裡，斯瓦米納森為你和羅得曼博士互相做了介紹。斯瓦米納森說：「好久不見。歡迎您來到國際水稻研究所給我們指導工作。」

你說：「所長，好久不見。一切可還好？」

斯瓦米納森見你這麼問，立馬就切入了正題，說：「不好。去年十月您贈送給我們三個『野敗』型不育系種子，回來後，我們當即就重新開展雜交水稻研究，但是並不成功。」

你關切地問：「主要表現如何？」

斯瓦米納森接著說道：「一是中國的不育系及現在的組合不能直接在熱帶國家利用；二是基本育成的幾個國際水稻系統的不育系，配合力不好，用它們配出的組合大多沒有優勢或者優勢不大；三是我們的製種技術估計也還不是很到位。所以得勞煩您來一趟。」

你歸納了他的問題，說：「那也就是說，我們需要選育新的適合熱帶、亞熱帶地區的高產、多抗雜交稻品種了？」

斯瓦米納森說：「嗯。大概是這個意思。我不清楚細節，羅得曼博士會跟你一起學習。」

羅得曼博士帶你到給你安排的辦公室，說：「袁先生，很高興您來國際水稻研究所指導我們技術。這是聘用合約，請您過目。薪水是每個月八百五十美元。」

你問：「八百五十美元？請問羅得曼博士，八百五十美元是國際水稻研究所什麼級別的薪水？」

羅得曼一愣，只得說：「實習研究生。」

你心想：我代表的可不只是我一個人呢，代表著整個國家，可不能讓他們這樣小看。

你堅決地說：「羅得曼博士，我可是高級研究人員。你給我的級別太低了，薪水太低了。可否請您向上級申請一下，給我加到高級研究人員的同等水準。如果不行，我只得向斯瓦米納森所長告辭，打道回府了。」

羅得曼沒想到你這麼強硬，只得向斯瓦米納森所長申請。

斯瓦米納森聽了羅得曼的報告後，先是一愣，然後立即去跟你反覆解釋並道歉，極力挽留。

你說：「斯瓦米納森博士，我是過來指導雜交水稻技術工作的，給我開一個實習研究生的薪水，我不好向我的國家交代呢。」

斯瓦米納森博士說:「袁老師，很抱歉，這是我們工作的疏忽。請您務必留下來，您不只是高級研究員，還是特別研究員，您說多少薪水可以滿意？」

你說：「你們的研究員，是多少薪水？」

斯瓦米納森博士說：「大概一千五百美元。」

你說：「既然我是特別研究員，那就一千七百五十美元吧。」

斯瓦米納森博士高興地答應了。

你在菲律賓的工作令國際水稻研究所非常滿意。斯瓦米納森博士對你有了非常深刻的印象。

（二）榮獲「雜交水稻之父」稱號

一九八二年秋，當你再次來到國際水稻研究所參加一年一度的國際水稻學術報告會時，國際水稻研究所所長斯瓦米納森博士莊重地引領你走上主席臺。他事先也沒有給你打招呼，這時投影機在布幕上打出了你的頭像，頭像下方有一排醒目的黑體字寫著「雜交水稻之父」。

當時斯瓦米納森博士對參加會議的代表說：「今天，我十分榮幸地在這裡向你們鄭重介紹我的偉大朋友，傑出的中國科學家，我們國際水稻研究所的特邀客座研究員——袁隆平先生！我們把袁隆平先生稱為『雜交水稻之父』，他是當之無愧的。他的成就不僅是中國的驕傲，也是世界的驕傲。他的成就給世界帶來了福音。」

會場上代表們立時報以熱烈的經久不息的掌聲。

第二天，菲律賓各大報頭版刊登了以「雜交水稻之父」為標題的報導，還配發了照片。

你對我說：「按我個人的理解，這個『之父』呢，可以說是『創始者』的意思，雜交水稻的創始者。這是很高的榮譽！此前我沒有任何思想準備，乍一聽到被稱為『雜交水稻之父』時，我感到很突然，說老實話，也很欣慰，很受鼓舞。當然，也感到有壓力，給你這麼一個榮譽，你就不能躺在功勞簿上，要繼續努力。」

迄今為止，你已三十次赴國際水稻研究所，或去參加國際學術會議，或去做技術指導，或是開展合作研究。你很樂意傳授自己多年積累的經驗和技術，也願意贈送育種材料。

透過國際水稻研究所，許多國家獲取了這一最寶貴的培育雜交水稻必不可缺的種質資源。國際水稻研究所和與其合作的不少國家，都利用這一材料育成了許多優良的不育系和高產的雜交組合，最後在生產應用上見到了明顯的效果。

你還告訴我一件事：

在菲律賓時，有一天，一位外國同事悄悄地向你透露說：「袁先生，聽說國際水稻研究所準備聘請一名高級水稻專家，薪金、妻子子女的生活費、教育費、保健費一概從優。你願意考慮嗎？」

你知道，當時中國國內一個大學畢業生一個月的工資才五十多塊錢。你在中國國內的工資也才一百元不到。國際水稻研究所給你的薪酬是每月一千七百五十美元。你如果應聘擔任高級水稻專家，其薪金肯定遠遠不只這個數目。然而你聽後既沒有去想這到底是出於這位同事的好心，還是出於某方面的授意，更沒有考慮個人在待遇方面的得失。你只覺得：雜交水稻是在中國的土地上研究成功的，這項成果的知識產權理所當然地應該屬於這塊土地的主人。如果這時自己離開祖國，豈不意味著把這個領先地位拱手讓人？豈不意味著辜負國家？自己受到如此尊重，正是因為自己的國家一天天強大起來了！作為炎黃子孫，責無旁貸地應該為國效力，使中華民族成為世界民族之林的佼佼者。想到這些，你嚴肅地婉言謝絕道：「先生，這個問題我無權考慮，也無須考慮。我是中國政府派來的普通工作人員，我的任何行動都將絕對服從中國政府的安排！」

你表現了多麼博大的愛國主義情懷和多麼高尚的民族感情啊！

四、幫助菲律賓

菲律賓是一個全民吃稻米的國家，它的國家領導人十分重視發展雜交水稻。

艾斯特拉達自一九九八年就任總統以後，一直強調把實現糧食自足作為自己追求政績的目標。他指出，中國有十幾億人口，卻依舊有糧食可輸出；而擁有豐富天然資源和大片農地的菲律賓卻仍持續進口大米，這種局面一定要改變！他認為既然中國、越南均透過雜交水稻技術而使稻米的產量增加，菲律賓人沒有理由挨餓，「菲國沒有理由不能超越鄰國的生產能力」。因此，艾斯特拉達總統鼓勵本國農民使用雜交水稻種子，發展糧食生產。

阿羅約總統上臺後，繼續艾斯特拉達總統的國策，支持發展雜交水稻。她也竭力促進雜交水稻在菲律賓的發展，她曾五次接見你。

一九九八年調至湖南農科院的張昭東，這些年來帶著一班人做市場開發，做得紅紅火火，但他內心卻還是覺得不滿足。他想：自己為何不幫袁老師做出口工作呢？主意已定，張昭東就主動找到你，說了到菲律賓推廣雜交水稻的想法。

你很贊同張昭東的想法，說：「昭東，你到菲律賓去！基地就設到國際水稻研究所旁邊，跟他們打擂臺。你打贏了國際水稻所，我們的國際開發應該就會水到渠成！」

張昭東看到你如此興奮，也充滿信心地說：「我一定不辜負老師的期望。不是有人說，雜交水稻不適合熱帶嗎？我就是要去把這個做起來！」

一九九九年八月，張昭東在你的支持下，帶著白德朗飛赴菲律賓。這個時候的菲律賓剛剛獲得聯合國糧農組織推廣雜交水稻的專項資助，一些有實力的民營企業也加大了對雜交水稻研究與開發的投資力度，西嶺農業科技有限公司就是其中之一。西嶺農業科技有限公司董事長林育慶是華人後裔，也是菲律賓最大的紙業集團公司的擁有者之一。聽說你想在菲律賓設立雜交水稻試驗示範基地後，他們都認為你胸懷如此博大，決定響應你的號召，承擔這個項目，使雜交水稻在菲律賓取得成功，讓菲律賓人民能吃飽飯。他從未涉及過農業，也不知道雜交水稻項目是成是敗，是盈是虧，就積極主動地找到張昭東尋求合作。

張昭東剛剛到菲律賓，對這位主動送上門的愛國華商的精神信念非常感動，雙方不謀而合，決定合作，於是成立了菲律賓西嶺農業技術公司。張昭東帶領白德朗從印度、馬來西亞、印度尼西亞、菲律賓等公共研究機構引入了上千份育種材料，又從國家雜交水稻工程技術研究中心引入五十多個雜交稻組合，並在離國際水稻研究所五公里遠的地方購買了四十多公頃的稻田研究基地。他們先後測配篩選了數千對組合，終於在二〇〇一年雨季的一千多對測交組合中選出了「西嶺 8 號」雜交稻新組合。緊接著，相繼選育出了高產、優質、高抗的新雜交稻組合——「西嶺 9 號」和「西嶺 7 號」。組合選出後，立即參加國家區試，公司也在全國水稻種植區三十多個省安排示範，並於二〇〇三年旱季在全國共種植「西嶺 8 號」雜交稻組合三千多公頃。

二〇〇三年四月，你應菲律賓總統阿羅約之邀，親自到菲律賓實地驗收，平均產量達到八點五噸／公頃，最高產量達到十一點三噸／公頃。你把新選育的「西嶺 8 號」定為熱帶雜交水稻的先鋒組合。二〇〇三年四月十九日，因為「熱帶先鋒」的成功，菲律賓總統阿羅約在碧瑤市總統行宮接見你們一行，並召開新聞發布會，向全國公布：熱帶雜交水稻先鋒組合在菲律賓選育成功，號召菲律賓農民大量種植。

宴會上，阿羅約對你說：「袁老，感謝您對我們菲律賓所做的貢獻，感謝您為全人類做的貢獻。你是我們國家最歡迎的外籍教授。我希望我能以總統的名義向諾貝爾獎評審委員會推薦您為諾貝爾和平獎候選人。」她還說：「我們的雜交水稻方案已成為菲律賓糧食安全的主要部分。假如樣樣就緒，可能在二〇〇八年，我們的大米產量便能自給自足，這是我們追求的目標。」

四月二十二日，西嶺公司董事長林育慶先生為你舉行了盛大招待會。菲律賓參議院議長、國防部長、農業部長、警察總監、國際水稻所主管科學研究的副所長、菲律賓國家水稻所所長、副所長等出席了招待會。各位政要和科學家都高度讚揚了你在菲律賓發展雜交水稻、造福菲律賓人民的巨大功績。出席招待會的還有中國駐菲大使王春貴和菲律賓華商總會會長等旅菲華人名流。與會華人振奮不已，深以與你同為中華民族後裔為榮。

二〇〇四年九月，阿羅約總統應邀訪問中國，她提出要在北京見你，要親自頒發她簽署的給你的嘉獎狀，給予你致力促進菲律賓雜交水稻發展的表彰。兩個月之後，你再次去菲律賓出席國際水稻論壇大會，阿羅約總統再一次接見你，希望你繼續支持菲律賓雜交水稻的研究和生產。

在「西嶺 8 號」的開發過程中，也培養了大批的技術骨幹，為雜交水稻的發展奠定了人才基礎。為了保證雜交水稻種子的質量，西嶺農業技術公司投入巨資，先後在南部建立了三個製種基地，配備了先進的生產設備，建成了兩條大型的雜交水稻種子加工流水線。每條線加工能力為五千公斤／小時。「西嶺 8 號」製種產量，已由二〇〇一年九百公斤／公頃上升到現在大面積兩千公斤／公頃。最高產量達到四千公斤／公頃。從而創造了菲律賓雜交水稻種子生產史上的最高記錄。

至二〇〇四年，「SL-8H」在菲律賓累計種植三十五點八萬公頃，平均產量每公頃七點一噸，比常規稻平均每公頃增產二點五噸。在二〇〇五年旱季，「SL-8H」最高產量每公頃達十五點二噸。因為米質優良，「SL-8H」大米已成為菲律賓幾家快餐連鎖店專供米。目前，菲律賓西嶺農業技術有限公司已成為中國以外亞洲最大的雜交稻種子公司，該公司生產的以「SL-8H」為代表的雜交水稻種子已占領了菲律賓雜交水稻種子八〇%以上的市場。

這一成功，首次在菲律賓樹立起了以你為代表的中國雜交水稻的旗幟，打破了中國雜交水稻品種不適合熱帶種植的斷言。

菲律賓前國家水稻研究所所長禾兵博士，由於大半輩子都撲在水稻研究上，因而特別佩服張昭東的成就。曾在不同的場合稱讚：「雖然『雜交水稻之父』不在我們國家，但『雜交水稻之子』張昭東在我們這兒。」

禾兵博士當然更敬佩你。他敬佩你的方式非常特別——用菲律賓稻穀一粒一粒地拼成你的頭像送給你。

二〇〇七年一月，時任中國國務院總理溫家寶出訪菲律賓，他專門點了你的名，要你隨團一起訪問菲律賓，以促進中菲農業友好合作，推進雜交水稻進一步在菲律賓發展。溫家寶總理是率團到菲律賓參加東盟峰會，在緊湊行程中還專門安排出席中菲農業合作情況交流會。在會上，溫家寶總理說，這次點名讓你作為特邀專家隨團訪問菲律賓，是因為你的言行反映了中國人民和廣大農業科技人員的心聲。溫總理還興致勃勃地觀看了中菲農業合作的圖片和實物展示。他十分滿意中菲農業合作取得的成績，並簽署了多個農業合作文件。溫總理高度評價「中菲農業技術中心」的合作成果，希望以中菲農業技術中心為平臺，進一步幫助菲律賓發展雜交水稻，提供好品種，提高產量，培訓好人員。

由此可見，雜交水稻實際上已架設起一座對外發展的橋梁。透過雜交稻的紐帶，可以增進中國人民和世界人民的友誼，加深世界人民對中國人民的認識及看法。這次你再一次見到了阿羅約總統，你們繼續討論了包括雜交水稻在內的農業技術合作。

近年，隆平高科貿易公司還在菲律賓投入了兩百多萬美元進行科學研究，以期培育出更好的雜交水稻種子，促進菲律賓雜交水稻的進一步發展。

五、印度傳經

一九九二年七月二十八日，你受聯合國糧農組織委託，以聯合國糧農組織首席顧問身分前往印度做雜交水稻方面的學術報告，為後面的指導工作做準備。

中國在二十世紀七十年代中期成功研發雜交水稻後，水稻產量越來越高，而印度雖然在二十世紀八十年代的時候，透過國際水稻研究所的幫助，也已經發展起來了雜交水稻，但技術還遠遠不夠成熟，單產和總產都遠遠低於中國。

印度位於南亞次大陸，是世界第二人口大國，也是世界第二大稻米生產國。雖然那裡吃大米的人口有八九億而且也有悠久的種稻歷史，但始終饑荒頻頻。印度農民也沒什麼技術，完全靠天吃飯。天老爺照顧他們，風調雨順，就有飯吃；天老爺一作怪呢，今年來個乾旱或者明年來個水災，就沒飯吃了。在引進中國的雜交水稻技術之後，現在他們的糧食也可以自給了。曾任印度農業大學稻米系主任的費巴加那扎這樣說過，印度需要雜交水稻技術，因為雜交水稻是增加稻米產量的最佳技術，可以提供更多的糧食。

一九九一年，在聯合國發展計劃署資助下，由印度農業研究委員會啟動了「雜交水稻開發與利用」項目，你一九九二年七月二十八日去印度的時候，印度已經建立了雜交水稻項目網的十個中心。你頻繁地考察了他們網絡裡的中心及其試驗基地和田間材料，針對印度科學家研究中遇到的問題與他們進行座談交流，對育種、栽培和製種的方方面面提出了一些建議。

一九九二年十月二十二日，你再次受聯合國糧農組織委託，以首席顧問的身分，帶著毛昌祥、鄧小林趕赴印度指導雜交水稻技術，這是毛昌祥、鄧小林首次到印度。他們發現，印度的氣溫常常高達攝氏四十度以上，住地不文明的行為，也隨處可見。

這一次，聯合國糧農組織安排你們三人住五星級賓館。但你為了工作方便，堅持住在郊區的印度國家水稻研究所簡陋的招待所裡，沒有空調，只有風扇和蚊帳。印度蚊子多，你和助手們只能晚上躲在蚊帳裡工作。晚上燈光昏暗，有一次你拉開抽屜，冷不防突然從裡面竄出許多條小眼鏡蛇來，嚇得你大叫一聲：「啊！有蛇！」幸好鄧小林是湘西山裡長大的，捉蛇很有一手，他趕緊一手把你拉開，一手去捉蛇。蛇在地上亂竄，嚇得你膽顫心驚！你看著鄧小林他們幾個年輕人終於捉住了這八條眼鏡蛇，不禁倒吁一口冷氣：「好險啊！」因為你清楚地知道，眼鏡蛇有劇毒！被牠咬了，可是有生命危險的！

條件惡劣如此，你和助手們仍然堅持住在這裡，每天自己洗衣服，做飯則由水稻所安排的一個師傅動手。你們三人天天泡在被陽光晒得滾燙的水田裡面，親自動手擺弄雜交水稻，觀察、記載、選種、趕花粉，忙個不停。時常頂著高溫烈日，一做就是好幾個小時，令印度人非常驚訝與欽佩。原來，印度是一個階級非常森嚴的國家。在印度，高級別一點的研究人員是不下田的，也不會自己動手做具體事情，他們只需要帶著助手和田間工人，在田邊上指揮就行。

印度研究人員時時提醒你們，要你們守他們的「規矩」，別這樣拚命自己動手幹活。但是你不管這些，依然堅持自己實幹！到了後來，印度的科學研究人員只好跟著你們一起幹農活，時間久了，他們也慢慢適應了。有的印度專家還說：「袁老師，你們不但帶來了中國的雜交水稻技術，也帶來了中國人勤勞樸實的精神。」

一九九二年十一月二日，晚上九點半，按照行程，你們三人得去另一個城市馬盧特魯了。火車運行時間是深夜，印度國家水稻研究所派了車，安排了所裡工作人員伊利亞斯和馬斯兩位陪同，一起去海德拉巴火車站。當你們到達火車站廣場時，偌大的廣場竟然空蕩無人。雖然覺得奇怪，但因為趕車，幾個人都沒有理會，直接進入車站，卻看到一列火車停在站臺旁，車頭上、車廂內外、車門上都是人。月臺上有人來回走動，也有人在指手畫腳，不知道在喊著什麼。爬在車上的人，有的拿著旗幟，有的拿著棍棒、農具，看上去大多是農民。幾個人都覺得困惑，不知發生什麼事了。毛昌祥、鄧小林擔心你的安全，轉過頭去正想詢問伊利亞斯和馬斯是怎麼回事，伊利亞斯已搶著說話了：「我去了解一下。馬斯，你照顧好幾位中國專家。」

說著，伊利亞斯便向工作人員走去。不一會兒，回來告訴你們：「火車停開了，我們走不成了。」

鄧小林問：「怎麼啦？」

伊利亞斯說：「有一群農民，要乘火車去首都新德里示威。看來這兒有危險，我們趕緊離開車站，回印度國家水稻所的駐地！」

在回去的路上，馬斯對你說：「袁老師，在我們印度，經常會碰到類似情況。」

從馬盧特魯回來，十一月六日清晨七點，你們三人從駐地出發，搭乘早上八點四十分的飛機，從海德拉巴飛往印度第四大城市馬德拉斯（後來改名為金奈），特意去拜訪國際水稻研究所所長斯瓦米納森博士。

你與斯瓦米納森博士多年來已經有了很深的交情，在菲律賓和中國常見面，既然來到印度，於情於理都應去拜訪。飛機經過兩個多小時的飛行，十一點左右到達馬德拉斯機場。因為行程安排很緊，下飛機後，你和鄧小林、毛昌祥直接驅車到斯瓦米納森研究中心。

斯瓦米納森在印度是個名人，在印度農業部有著舉足輕重的分量，因為國際水稻研究所在你的指導下，成功研發出了雜交水稻，而斯瓦米納森第一時間為印度引進了雜交水稻，因此他被印度人民尊稱為「印度雜交水稻之父」。

斯瓦米納森知道你這個時候要來印度，所以早早就做好了在家鄉迎接你的準備，只是這天不巧他還是需要外出開會。他安排手下的十名研究人員和你們進行了學術交流，實際上是由你做了一個關於雜交水稻研究的學術報告，然後展開討論。

吃過中飯沒多久，下午一點左右的時候，斯瓦米納森博士終於趕了回來，跟你見面。

一進門，斯瓦米納森就給了你一個大大的擁抱，興奮地說道：「袁，袁，袁老……很抱歉，到現在才趕來。還好嗎？」

你被他擁抱得幾乎喘不過氣來：「博士，我很好。」

斯瓦米納森說：「實在太高興了。一直都是在中國和國際水稻研究所見面，我們倆還沒在印度見過面呢。一直幻想著我們在印度見面的情景。」

斯瓦米納森研究中心的人員都從沒見過斯瓦米納森這樣興奮，平時雖然說斯瓦米納森也不嚴厲，但這麼高興還是比較少見。尤其是兩個都已經這麼大年齡的人熱情擁抱在一起，給他們「返老還童」的感覺。

斯瓦米納森又跟毛昌祥、鄧小林握了握手，然後對毛昌祥說：「小毛，好好照顧袁老，出了什麼差錯，唯你是問。」

毛昌祥直點頭，說：「是，是，是。」

斯瓦米納森拉起你的手往實驗室走去：「來，來，來，袁。一直都是我參觀你們的水稻研究中心，今天我帶你參觀一下我的生物工程實驗室，給你介紹一下我們的最新研究成果。」

你說：「好。我也正想參觀一下你這個『花果山』怎麼樣呢。」

參觀完畢，你告訴斯瓦米納森：「我們不得不告辭了！糧農組織已經給我們訂了下午兩點四十分的機票，得趕去科因巴托的泰米爾納都邦農業大學。」

斯瓦米納森一聽這個話，叫了起來：「時間怎麼這麼緊，至少也得預留一天在我這裡啊。你給我的研究員們好好指導一下工作，我們倆這麼久沒有見面，晚上得好好聊一下啊，我帶你欣賞印度夜景。」

你笑了:「我們以後還有時間，下次來的時候，無論如何，我們得好好聚一下。」

斯瓦米納森說：「小毛，袁老我就交給你了，你得護他周全啊。出門在外，你得保護你師傅的安全。」

下午五點，泰米爾納都邦農業大學的瓦迪那山博士，在科因巴托市機場迎接你們一行三人。因你兩年前曾經訪問過這所有近百年歷史的大學，做過一場學術報告，所以大家都認識你。當年，你還在這裡栽了一棵樹留作紀念。

瓦迪那山博士看著你們從機場走出來，他迎上去，一邊接過鄧小林手中的行李，一邊說：「袁老師，一路辛苦了。課題組組長冉嘎斯瓦米教授出差去了，要明天才能回來，他安排我來接你們。」

瓦迪那山博士一邊領你們往出口走，一邊說：「試驗田裡的材料大部分已經收割完了，只有『NYT-1』和『NYT-2』等少量材料。天已經這麼晚了，今天就先休息好了，長途趕機也辛苦，在泰米爾納都邦農業大學的招待所已經訂了房間。」

你想到很多天沒吃中國菜了，胃有點受不了，問道：「瓦迪那山博士，大學附近可有中國餐館？吃了十多天印度菜了，十分想念我們的中國菜。」

瓦迪那山博士說：「有。」就開車帶你們三個人左轉右轉，在市內一家叫「飯碗」的餐館門前停了下來。餐館內外布置充滿藏族特色，牆上掛著唐卡畫、藏刀、藏羚羊的頭和角等，點著酥油燈的神龕上供奉著一尊神像。幾個身著藏族服裝的青年男女，為客人們端菜送飯，而菜餚實際上以四川風味為主。三個人十多天終於好好地吃了一頓飯。

第二天上午，出差回來的冉嘎斯瓦米教授帶著你先去了他們的試驗田。

冉嘎斯瓦米教授指著餘下不多的「NYT-1」和「NYT-2」等材料，說：「袁老師，你看，這是我們自己選育的溫敏型兩用不育系材料，一共有七個株系，這是我們去年九月份在水稻開花季節，在稻田裡找到的，在接下來的今年早稻季節裡，有六個表現出了不育特性。我們又拿來種了晚稻，特意留下來請您察看。」

隨即，冉嘎斯瓦米教授帶你們三人參觀了學校。這所學校建立於一九一二年，擁有印度歷史最悠久的水稻育種站。水稻育種站前面是一棵種植於一八五〇年的芒果樹。參觀完，冉嘎斯瓦米教授安排人在樹下備了茶，你們邊喝，邊討論。你提出了一些如何進一步鑑定溫敏不育系起點溫度的建議。

下午，你們終於回到了印度國家水稻研究所。聯合國糧農組織及印度水稻研究所想要你們多住一些日子，但是你非常惦記中國國內兩系法的開發情況，堅持要回去。印度朋友只好依依不捨地送別了你！

自你到印度視察以後，印度的雜交水稻研究進展大大加快，你的助手們很快選育出了適合當地種植的雜交組合三十五個，好的可比對照品種每公頃增產一點二至一點四噸。

此後，雜交水稻在印度的推廣面積迅速擴大，至二〇〇一年，推廣面積達到二十萬公頃，二〇〇八年更上升到一百五十一萬公頃，大面積推廣的平均產量為每公頃六點三三噸，比印度常規稻每公頃增產一點一一噸，增幅達二一．三%，二〇一四年更是達到了約兩百五十萬公頃。為印度實現雜交水稻大面積商業化發展獻出了一份力量。

看到印度大面積應用雜交水稻的美好前景，你心裡非常高興，非常欣慰。

六、援助巴基斯坦

一九九九年六月，隆平高科成立伊始，方志輝作為公司董事兼國際貿易部總經理，上任的第一件事情，就是開拓國際市場。而國際開發是一個系統工程，對於政策和技術要求都非常高。方志輝感到責任重大，更感步履維艱。一系列問題充斥在他的腦海裡：雜交水稻國際開發如何展開？先從哪個國家開始？如何找好第一個合作夥伴？後續如何進行？種種難題讓他寢食難安。就在這時候，方志輝的好友段志雄打電話說自己即將外派中國駐巴基斯坦大使館科技處工作。方志輝當即對段志雄說出了自己現在的情況、想法以及需要段志雄提供幫助的地方。

段志雄爽快地答應了。抵巴之後，第一時間就摸清了巴基斯坦的土壤、氣候條件、水稻種植面積以及水稻種子市場和大米消費習慣，然後積極尋找願意合作的科學研究機構、有實力的涉農企業，最後再對種子進口和相關貿易政策等進行了深入的調研。方志輝收到段志雄發過來的郵件後，立即決定把首期開發目標定在巴基斯坦。

方志輝跟楊耀松經過兩個半小時的飛行，抵達巴基斯坦的首都伊斯蘭馬巴德。最終他們選擇了旁遮普省嘎德公司作為合作夥伴，當即與該公司首席執行官兼巴基斯坦全國稻米出口協會主席馬利克簽署了合作備忘錄。

當天晚上，馬利克請方志輝、楊耀松、段志雄吃晚飯，詢問起雜交水稻在印度研發和推廣的情況。

方志輝說：「袁老師在九十年代初期已經幫助印度培育出了自己的雜交水稻品種，現在已經開始在生產上大面積應用。」

馬利克當時就急了，說：「我下個月就去長沙拜訪袁隆平院士，請你們幫我盡快安排時間。只要印度有的，巴基斯坦必須有，並且巴基斯坦推廣雜交水稻的速度要超過印度。」

方志輝答應盡早安排時間。

按照計劃，馬利克準時來到長沙，他急切地向你提出請求，希望只經過一到兩年的試種，就大量進口中國雜交水稻種子，以便盡快趕超印度。

你告訴他，在巴基斯坦推廣中國雜交水稻至少需要五年，應經過篩選、區試、審定、示範，再到大面積應用，必須按科學規律辦事，不能操之過急。否則，欲速則不達。

馬利克採納了你的建議，科學地調整了發展雜交水稻計劃，並按照這個計劃與隆平高科簽訂了合約。

二〇〇一年五月，方志輝帶著聯合國糧農組織顧問、國家雜交水稻工程技術研究中心周承恕研究員，國貿部巴基斯坦項目經理楊忠炬以及項目經理胡智輝等，再次到巴基斯坦，開展雜交水稻技術培訓。

到達幾天後，方志輝等人就接到巴基斯坦全國工商聯主席邀請，參加巴基斯坦為朱鎔基同志一行舉行的午餐宴會，巴基斯坦總統穆沙拉夫、工商界的名流也都參加了午宴。席間，當朱鎔基得知隆平高科有代表參加午宴時，馬上安排工作人員，請方志輝他們上主席臺，方志輝向朱鎔基簡要匯報了在巴基斯坦合作推廣雜交水稻進展情況。

朱鎔基先生說：「巴基斯坦是農業大國，你們在這裡做好這個項目，是很有意義的。」

巴基斯坦一年只種一季水稻。當地四至六月氣溫很高，氣溫最高的信德省部分地區持續高溫攝氏四十三度至五十三度，可達十天以上。因此，中國的研究人員經過研究，想出了戰勝殘酷而又罕見的高溫的辦法，找到了合理的播種期，讓雜交水稻抽穗揚花期有效地避開高溫的危害。

付出得到了回報！二〇〇三年，方志輝帶去的五個組合品種，其中有兩個雜交水稻品種透過巴基斯坦農業部的品種審定，在巴基斯坦各省示範種植三千畝，比當地對照品種增產二五%以上，米質和抗性明顯優於當地對照品種，得到了當地政府和農民的廣泛好評。巴方非常滿意，希望大面積推廣。

二〇〇五年隆平高科向巴基斯坦出口雜交水稻種子一百二十噸。

二〇〇六年隆平高科向巴基斯坦出口雜交水稻種子三百五十噸。

二〇〇七年隆平高科向巴基斯坦出口雜交水稻種子五百噸。

二〇〇八年隆平高科向巴基斯坦出口雜交水稻種子加上當地生產的種子達一千噸。

到二〇〇九年，雜交水稻在巴基斯坦的推廣已進入大面積應用的初級階段。

二〇一四年隆平高科向巴基斯坦出口雜交水稻種子達兩千噸以上。

七、支援越南

越南位於中南半島東部，北與中國雲南、廣西接壤，西南緊靠暹羅灣，扼太平洋與印度洋海上交通要道，地理位置十分重要。越南古時曾作為中國的郡縣達千年以上，一直以來，深受中華文明的熏陶，因此在人文風俗方面和中國有著千絲萬縷的聯繫。越南的國土形狀南北狹長，兩頭寬，中間窄，人們常用「一條扁擔挑兩只米簍」來形容。「一條扁擔」指的是縱貫南北的長山山脈；「兩只米簍」指的是北部的紅河三角洲和南部的湄公河三角洲。越南共有大小河流一千多條，它們多發源於高原。上游水流湍急，穿越山地丘陵；中游彙集支流浩浩蕩蕩入海；下游是廣闊的沖積平原，造就了物阜民豐的魚米之鄉。

越南是傳統的水稻生產國，地方水稻品種資源比較豐富。儘管品種多，但水稻生產技術落後，單產較低，歷年有部分糧食依賴進口。

二十世紀九十年代初，聯合國糧農組織將推廣雜交水稻列為解決發展中國家糧食短缺問題的戰略措施，首先在越南等水稻生產大國實施，取得良好效果。為幫助越南發展雜交水稻， 你派遣了湖南雜交水稻研究中心十多名專家作為聯合國糧農組織國際技術顧問，多次赴越南指導發展雜交水稻。隆平高科農平種業有限公司是中國在越南推廣雜交水稻的主力軍之一。

一九九二年，你的學生、助手尹華奇受你派遣，作為聯合國糧農組織國際技術顧問到越南給四十八個縣輪流辦培訓班時，就驚訝地發現，早在二十世紀八十年代，越南就已翻譯出版了你的第一本書《中國的雜交水稻》。越南政府對於雜交水稻的推廣，是有一套辦法的。越南人民也非常感謝你，他們的大學課本裡就有你的事跡介紹，他們的農民說起你，就跟中國農民說起你一樣親切而充滿了感激。一九九二年，尹華奇等專家在越南北部試種獲得成功，越南開始從中國大量引進雜交水稻種植，種植面積從一九九二年的一點一萬公頃上升到二〇〇三年的六十萬公頃，二〇〇八年達到六十七萬公頃。中國引進的雜交稻的平均產量為六點三噸／公頃，比越南全國水稻的平均產量每公頃增產稻穀一點五噸以上，增產率在二〇%以上，為保障越南的糧食安全發揮了越來越大的作用。

二〇〇二年五月十四日，第四屆國際雜交水稻學術研討會在越南首都河內隆重召開。參加此次會議的有來自二十多個國家和國際組織的一百八十餘名代表。中國代表有五十多人，其中有你，有華中農業大學張啟發院士，還有著名雜交水稻專家楊振玉、李成荃、盧興桂、周坤爐、鄒江石、楊仁崔等，還有一大批中青年雜交水稻專家與學者。你擔任了該會議國際組委會副主席。本屆研討會共四天，在第一天舉行的開幕式上，越南副總理、農業部副部長和有關官員出席。會上，越南政府對在越南雜交水稻發展中做出傑出貢獻的三位人士，即你、國際水稻研究所的費馬尼博士和聯合國糧農組織的陳文達博士授予了「越南農業和農村發展」徽章。

你在開幕式上做了全局性的學術報告，闡述了二十一世紀全球水稻和雜交水稻研究與發展將面臨的挑戰，並提出了相應的措施。這以後，由於雜交水稻在越南多年大面積推廣，大幅度增產，越南由原來的糧食短缺國一躍成為僅次於泰國的世界第二大稻米出口國。

八、援助泰國

泰王國，通稱泰國，舊名暹羅。明成祖派鄭和率領艦隊，南巡七次，暹羅為必經之地。泰國實行君主立憲制，是東南亞唯一沒有淪為殖民地的國家。泰國實行自由經濟政策，是「亞洲四小虎」之一，是世界的新興工業國家和世界新興市場之一。泰國是亞洲唯一的糧食淨出口國，世界五大農產品出口國之一。泰國是一個幾乎全民信佛的國度，國民幸福指數很高。

二〇〇一年一月七日，隆平高科農平種業有限公司派馬國輝等專家到達泰國最大的機場——曼谷國際機場，然後直奔之前聯繫好的甘攀碧農場。甘攀碧農場位於泰國西北部地區甘攀碧省，距曼谷約三百八十公里，是正大集團綜合性較強且做出重要貢獻的農場之一。農場設有玉米及水稻良種製繁、果樹引種與水果生產、水稻、甘蔗、樹木技術指導等小組，有點類似中國的地級農科所，從事一些簡單的科學研究與推廣工作。

該農場的水田、旱土面積約萬畝，水稻只是其中較小的一部分，並有約二十畝的水泥田塍試驗區。這裡做水稻的人僅僅有兩個，其中一人負責良種繁殖，一人負責雜交水稻項目。該農場的稻田以往是租給農民種的，當地農民水稻產量可達三百公斤，高時還可接近四百公斤，且為典型的優質稻米。

經過近十天的調查，馬國輝認為當地水稻要獲得高產，主要有三個方面的障礙：一是稻田含砂量過高，一般高達七五%以上，土壤保水保肥能力差；二是土壤耕層淺、土地較貧瘠，有機質含量極低，目前空著的稻田連草都長得很少；三是耕作粗放，農場沒有自己的農工，必須在外請工。水稻大面積栽培採用的是直播，根本無有機肥一說，農工們無論季節閒、忙，於上午八點開始工作，中午連吃飯休息一個多小時，下午五點準時走人。要高產需要做的工作不僅僅只是技術工作。如何提高雜交水稻產量，確實是一道難題和一次檢驗。

馬國輝帶來八個組合，大部分為「兩優培 9」和「培矮 64S/E32」，還有少量的新組合。在這裡主要進行品種比較和大面積高產示範兩個方面的工作，總的示範面積為四十點五畝。育秧上，按中國的高產育秧技術結合泰國的實際，採用濕潤育秧方式以適應大田移栽，並於十七至十九日分兩批完全播下，十七日播的已開始出苗，接下來一兩天就會現青。晚上，回到基地後，馬國輝發了一份傳真給左連生，報告這邊的情況。當年，試種獲得成功。甘攀碧省引進中國的八個雜交水稻組合做品種比較試驗，較當地最好的品種增產二八 · 八%至五八 · 九%，而生育期平均要短八天。經過馬國輝等專家連續三年的努力，雜交水稻在泰國取得了很好的成績。

二〇〇四年九月，在泰國主辦的首屆「國際稻米大會」上，泰國政府頒給你「金鐮刀」獎。

你在劉英和彭既明等陪同下，到泰國領取「金鐮刀獎」，你們切身感受到了泰國王室成員對你們的尊崇。頒獎儀式前，有王室官員專門為你們培訓有關王室禮儀。在頒獎儀式上，當泰國公主詩琳通步入會場時，全場除外國人外，上千名泰國國民一律行跪拜禮，場面讓你感到非常震撼。詩琳通代表國王向你頒獎。她在頒獎時說：「袁隆平在過去幾十年裡持續努力，不斷優化雜交水稻品種，在為人類提供充足糧食的同時，也推動了這一學科的不斷發展。泰國政府因此授予袁隆平『金鐮刀』獎，感謝他在這一領域內做出的傑出貢獻。」

九、造福孟加拉人民

根據中國政府和孟加拉政府一九九九年十一月三十日和十二月二十八日換文規定，中國政府同意於二〇〇〇年十二月二十三日至二〇〇一年四月五日在孟加拉舉辦雜交水稻技術培訓班，幫助孟方提高雜交水稻種植技術。二〇〇〇年外貿部責成湖南省農業科學院承擔中國政府援孟加拉雜交水稻技術培訓班項目。按照合約要求，湖南農科院和隆平高科派王秀松、劉冰兩人到孟加拉執行此項目，孟方共有二十一名學員參加此次培訓。透過三個半月的雜交水稻理論和實踐培訓，孟加拉學員對雜交水稻有了較深入的認識，對雜交水稻技術有了更多的了解。同時，中方專家還在孟加拉國家水稻研究所的試驗田示範栽培了十五個中國雜交水稻組合，旱季示範結果表明，中國雜交水稻完全適應在孟加拉種植，增產在三〇%以上。以後的幾年，公司又先後安排毛學權、劉發余、張前盛幾位專家長駐孟加拉指導雜交水稻推廣。

孟加拉位於南亞次大陸，孟加拉灣北岸，面積十四點四萬平方公里，人口一點四億，為世界上人口密度最高的國家之一。孟加拉原為巴基斯坦的一部分，稱為東巴基斯坦，一九七一年三月二十六日獨立。孟加拉地處恆河和布拉馬普特拉河下游三角洲上，全境八五%的地區為沖積平原，地勢低平，河流縱橫，海岸線長五百五十公里。大部分屬熱帶季風氣候，濕熱多雨，是世界上降雨量最多，河流最多的國家之一。水稻是孟加拉國的主要糧食作物，一年栽培兩到三季，主要栽培季節是旱季（十一至五月）和雨季（六至十月），二〇〇五年種植總面積為一千零七十萬公頃，平均單產每公頃二點五至三噸，總產為兩千五百萬噸至三千萬噸，尚不能滿足全國人對糧食的需求。

雜交水稻在孟加拉的高產示範效應引起了孟加拉政府和企業的高度關注。

二〇〇一年七月，隆平高科與孟加拉伊斯蘭集團 AFTAB 公司簽訂了雜交水稻合作研究與開發協議。當年十一月派遣三名雜交水稻專家赴孟加拉進行雜交水稻品比、示範。在孟加拉，人們普遍認為雜交水稻不能在雨季種植，但隆平高科與孟加拉 AFTAB 公司透過二〇〇一年、二〇〇二年連續兩年雨季試驗，發現他們培育的新品種「GNY50」在雨季也表現非常突出。該組合不僅在雨季產量可達每公頃八噸，而且能抗孟加拉雨季流行的細菌性條斑病。該品種通過了該國品種審定委員會的審定。以後幾年，隆平高科又派高級農藝師彭正明帶領一個技術組在當地開展雜交水稻種子本土化生產。前前後後累計在孟加拉長駐的隆平高科和湖南農科院專家超過十人。

透過以上工作，雜交水稻在孟加拉國大面積推廣的產量優勢十分明顯，比當地常規水稻品種增產三〇%至六〇%。二〇〇五年，AFTAB 公司從隆平高科進口雜交水稻種子一百五十噸，二〇〇六年進口四百噸，二〇〇七年進口八百噸，二〇〇八年進口的種子再加上本土化產的種子達一千兩百噸。

雜交水稻在孟加拉的發展勢頭良好、速度很快。二〇〇三年雜交水稻種植面積僅為一萬公頃，二〇〇四年增加到五萬公頃，二〇〇五年達十九點一萬頃，二〇〇六年達四十六點五萬公頃，約占孟加拉水稻種植總面積的四%。用 AFTAB 農場場長的話講，中國雜交水稻現已開始造福孟加拉人民。

十、在柬埔寨播撒希望的種子

受三湘集團金邊有限公司李波寧總經理邀請，二〇〇〇年九月十五日，方志輝和楊耀松、郭國強從廣州出發，經過約兩小時航程，來到了柬埔寨首都金邊。

柬埔寨位於中南半島（印度支那半島）南部，面積十八點一萬平方公里，海岸線長約四百六十公里。東部和東南部同越南接壤，北部與寮國相鄰，西部和西北部與泰國比鄰，西南瀕臨泰國灣。湄公河自北向南縱貫全境。柬埔寨有二十多個民族。近代的柬埔寨動盪不安、戰事連連、災難不斷。然而，硝煙和戰火也難以掩蓋她曾經擁有的輝煌歷史和浩瀚文明。做為世界七大奇蹟之一的吳哥窟，是一個記載千年信仰的勝地，吸引著天涯朝聖者接踵而來。柬埔寨人們善良樸實，人人臉上都透著樂天知足的安詳。

九月十七日，方志輝一行和李波寧到中國駐柬埔寨大使館經商處匯報工作。經商處位於金邊毛澤東大道一五六號。經濟商務參贊柴治周在經商處會議室熱情地接待了他們。當他聽說他們是隆平高科的，是從袁隆平院士的雜交水稻研究院來的時候，他遲疑了一下。他說在他們來之前的一月份和三月份，他已接待兩批團隊，都說是你派來的。到底哪個團隊才真正是你派來的呢？他已搞不清了。聽他這麼一講，方志輝等人也被搞糊塗了。後經過調查，事情原來是這樣的：一月份來的團隊是雲南農業大學的，領隊的李錚友教授是你的好朋友；三月份來的團隊是湖南湘潭市農業局的，而湘潭市泉塘子鄉是你多年的示範基地。由此看來，大家都與你沾親帶故，都是高舉你的大旗在推廣雜交水稻，因此，應該可以相互理解。另外，柴參贊還告知方志輝，一九九九年就有印度專家在柬埔寨組織雜交水稻的試種。方志輝到現場一看，那些印度專家原來是印度派往中國參加第四期雜交水稻技術國際培訓班的學員。並且這些印度專家也都自稱是你的朋友，是你的科學研究合作夥伴。作為商業化運作的隆平高科員工，對於這些，他們有所觸動、有所震撼，也引發了頗深的思考。從柬埔寨回國後，他們向中國商務部鄭重提出了搶先註冊「Yuanlongping」「Longping」（「袁隆平」「隆平」）的商標，同時在柬埔寨、巴基斯坦、越南、印度尼西亞、孟加拉、菲律賓六個國家申請註冊了「Yuanlongping」「Longping」商標。商標的使用範圍為「雜交水稻及其他農作物雜交種子」。上述申請國際商標的費用得到了中國商務部資助。由於涉及人名，商標申請徵得了你本人同意。這些工作為後來的項目順利合作打下了基礎。

在柬埔寨，方志輝等人安排了兩個試驗點，第一個是位於柬埔寨中南部的磅士卑省的芝巴蒙縣。九月二日上午，李波寧和當地華僑派專車送他們從金邊出發到芝巴蒙，全程約需四個小時。經兩小時的車程後，專車在一個有許多茅屋的小街上停下來，方志輝以為是小縣城，誰知竟然是省城。

安排好磅士卑省試驗點後，第三天他們一行又到洞里薩湖西邊的馬德旺省格巴道縣安排了第二個雜交水稻試驗示範點。該點剛好在洞里薩湖畔。洞里薩湖又叫金邊湖，是柬埔寨中南半島第一大湖泊，也是東南亞地區最大的淡水湖。洞里薩湖位於柬埔寨中部平原的中心，湖的面積和深度隨著旱季雨季的交替會發生很大的變化：在旱季，湄公河與洞里薩湖進入枯水期，湖水回流進洞里薩湖以及湄公河，湖面大為縮小，水深下降到兩公尺左右；等到雨季來臨，湄公河進入漲水期，河水湧入洞里薩湖，湖面急劇擴大到一萬平方公里，水深達到十公尺。這樣洞里薩湖便成為天然可調節的水庫，為農業生產和人民生活帶來許多便利。同時也大大減輕了湄公河下游的洪水威脅。

柬埔寨作物育種工作尚未起步，也沒有品種審定制度。考慮到排灌條件，方志輝等選擇在芝巴蒙縣安排了三公頃試驗地、在馬德望省格巴道縣安排了兩公頃試驗地。每個試驗點均種植七個中國雜交水稻品種和兩個柬埔寨對照品種。由於郭國強等專家的辛勤努力，兩個試驗點的試種工作都取得了很好的成績。在水稻成熟季節，柬埔寨農業部組織專家對兩個點分別進行了現場測產。測產結果表明：中國七個雜交水稻品種的平均產量比兩個對照品種的平均產量高出三七 · 七%，都表現出了強大的雜種優勢。

現場測產時，一名正在放牛的老農民摸著中國雜交水稻的稻穗說，他種的稻子每年都不夠吃，如果有這種高產水稻，他就不愁沒有飯吃了。

二〇〇一年一月二十日，柬埔寨《星洲日報》對雜交水稻豐收景象用大特寫圖片做了專題宣傳，標題是「中柬播撒希望的種子」。

一月二十一日，柬埔寨《東華日報》《華商日報》均以「中國湖南袁隆平高科技水稻在柬埔寨試種成功」為題，對現場驗收情況進行了報導。

從那以後，雜交水稻在柬埔寨逐步推廣開來。

十一、在印度尼西亞

印度尼西亞（以下簡稱印尼）位於東亞與西歐、亞洲與大洋洲之間海上通道的十字交匯處，地理位置十分重要。印尼由太平洋和印度洋之間一萬七千五百零八個大小島嶼組成，海岸線長五萬四千七百一十六公里，是東南亞面積最大的國家，也是世界上最大的島國，以「千島之國」聞名於世。整個印尼群島就像掛在赤道上的一串綠寶石，閃爍著誘人的光彩。印尼地處赤道線上，廣闊的雨林、神祕的火山，千姿百態的海底珊瑚和熱帶魚，為這個亞洲海島國家增添著奇異的熱帶風情。

印尼常年水稻種植面積一千一百萬至一千兩百萬公頃，產量為每公頃四點五噸左右。約有五〇%的面積一年種植兩季。印尼是世界第四人口大國，現有人口二點三億，均以稻米為主食。從一九九八年開始，印尼每年進口大米一百一十萬噸以上，到二〇〇二年已上升到三百萬噸，成為世界最大的稻米進口國。印尼主要水稻研究單位為國家糧食作物研究所及其下屬機構，他們以國際水稻研究所為技術依託，引進國際水稻研究所的兩個不育系「IR58025A」和「IR62829A」進行雜交配組，但目前還沒有培育出自己的雜交水稻品種。因此，印尼政府迫切希望與中國政府開展雜交水稻科技合作，引進中國雜交水稻技術。

二〇〇一年十月三日至十六日，原中國農業部劉堅副部長應印尼農業部邀請，率團訪問印尼，方志輝和王秀松陪同劉堅副部長一行從雅加達來到萬隆。在萬隆，他們首先考察了隆平高科雜交水稻示範基地。方志輝向劉堅副部長詳細匯報了他們在印尼推廣雜交水稻的計劃，劉堅副部長表示將大力支持，同意提供兩個兩系雜交水稻品種各兩公斤種子到印尼試種。中國引進的雜交水稻的品種優勢和栽培技術優勢得到了充分體現，引起印尼農業部、廖省省政府以及社會各界的高度重視及廣泛關注。

為了讓印尼各界更加了解雜交水稻，加速雜交水稻在印尼的推廣和應用，當地政府於二〇〇二年九月十三日在示範基地舉行了雜交水稻現場評議會。中國駐印尼大使館經濟參贊譚偉文、廖省省長、省農業廳長、洛甘呼嚕縣縣長、三十多家新聞媒體記者以及各地農民代表等五百多人出席了現場會。譚偉文參贊、廖省省長等在隆重的開幕式後，親自下田揮鐮剪綵，現場當眾測量產量，測得三十公頃示範稻田平均產量為每公頃八點九三噸，三十公頃雜交水稻大面積示範產量比當地對照品種平均增產五七%。中方專家重點栽培的零點六六公頃高產示範丘塊最高單產為每公頃十二點零八噸，平均單產為每公頃十一點一五噸，專家責任田產量比對照品種平均增產九六%，最高的達到一一三%。消息一公布，與會者無不歡呼雀躍。

譚偉文參贊說：「今年四月，印尼總統梅加瓦蒂訪問了中國，希望把袁隆平先生發明的雜交水稻及其高產栽培技術引進到印尼。僅僅過了四個月，隆平高科在洛甘呼嚕縣進行三十公頃大面積雜交水稻示範就取得了成功，已初步實現了梅加瓦蒂總統的願望。」

廖省省長說：「中國的雜交水稻在我省首次大面積示範成功，最高單產達到每公頃十二點零八噸，創下了我省水稻栽培的歷史記錄，我很高興！希望全省農民從下季開始，全部改種中國的雜交水稻，並認真學習中國先進的高產栽培技術，這樣不僅能夠完全解決我省長期以來糧食短缺的問題，而且還能大幅度地提高農民的經濟收入。」

洛甘呼嚕縣縣長說：「中國的雜交水稻在我縣大面積示範取得成功，證明我縣完全適合發展中國的雜交水稻，並為我縣大幅度提高水稻單產找到了一條捷徑，我非常高興！我縣決定下季開始推廣中國雜交水稻一千八百公頃。」

從現場會召開的當天起，連續一個多星期，廖省各大新聞媒體對現場會的盛況進行了詳細報導，電視節目的黃金時段、報刊的醒目版面、電臺的專題節目等爭先報導中國雜交水稻在洛甘呼嚕縣大面積示範取得成功的消息，社會各界對中國的雜交水稻有了新的認識。來自廖省內外的許多政府官員、農場主紛紛致電隆平高科合作夥伴，要求盡快種植雜交水稻。一夜之間，你和你發明的雜交水稻在廖省及周邊省市家喻戶曉。

中國雜交水稻在印尼旱季種植取得巨大成功後，印尼農業部又向隆平高科提出新要求，希望他們能開展雨季雜交水稻種植示範。

二○○三年雨季，隆平高科的專家在爪哇島西努省連片種植雜交水稻獲得成功。西努省長主持的收割慶典，其場面十分感人、令人難忘。在一片金黃色稻田旁臨時搭起的帳篷裡，已坐滿了貴賓。十點整，省長和省祕書一行蒞臨現場，到場見證的來賓還有省農業廳廳長、省農檢局主任、省糧食局長，農民代表以及華僑知名人士。

慶典由省長主持，由省農業科技調查研究院主任致開幕辭。省長說：「一九八四年的綠色革命提出指標，我國糧食由這一年起基本上自給。可惜這個特別成績堅持不久，到了一九九四年我國再次成為米糧輸入國，並且是世界進口米糧最大的國家，每年輸入量為三百一十萬噸。根據聯合國糧食機構預測，輸入數量將提升到四百四十萬噸。所以如何提高米糧產量，已成為我國必須突破的首要任務。」他接著說：「去年八月份，我國西努省和中國湖南省簽訂了兩省農業合作意向書，西努省恆盛有限公司直接跟湖南省隆平高科合作，並在其專家教授實地指導以及省政府有關部門協調配合下，在此地試種。現在大家親眼見證了中國湖南省優良品種試種成功的成績，它比『IRRI64』每公頃增產二點五噸。」

西努省省長還說：「我們非常感謝中國湖南省政府的幫助，我們希望他們不僅給種子，同時也祈盼能夠傳授培育種子的技術，不要像日本人那樣，為了商業利益將人工培植珍珠方面的技術對我們進行保密。擺在我們面前的是一個絕對的事實，要提高米糧的生產，我們就要朝這方面發展，使我國將來不僅能達到糧食自足，且成為世界米糧的主要輸出國。」

最後，省農業檢疫局長闡明了有關中國稻種不會帶來蟲害。他說：「我國政府對此項目非常謹慎，經過多層次的檢驗以及我省檢疫部門同樣嚴格的檢驗，還有中央農業研調部主任的證實，袁隆平雜交水稻種不含任何檢疫性病害因素，所以廣大農民朋友可以放心選用中國雜交水稻種。」

中國雜交水稻在印尼受到農民歡迎。農民把中國的雜交稻親切地稱為「隆平稻」。印尼總統梅加瓦蒂非常高興，到中國訪問時指定要面見你。二〇〇六年七月，梅加瓦蒂作為前總統率代表團專程前往中國長沙，在中國國家雜交水稻工程技術研究中心拜訪了你，就印尼政府計劃大規模引進中國雜交水稻進行了協商。

近年，隆平高科國際貿易部還在印尼投資兩百萬美元，設了水稻研究中心，買了地，修了樓房，七八位中國的科學研究人員正在潛心做科學研究，研究出適合當地生產的雜交水稻新品種，以大大促進雜交水稻在印尼及世界各國的推廣。

十二、馬來西亞：十年合作備忘錄

馬來西亞稻米產量多年增長緩慢，造成大米短缺，自給率只有六〇%左右，每年需花費巨額外匯從泰國、日本、澳大利亞及柬埔寨等國進口大米。引進「超級雜交稻」為馬來西亞實現稻米自給帶來了希望。

二〇〇四年八月，你受馬來西亞西拉杰丁基金會（元首基金會）邀請訪問馬來西亞。你到達吉隆坡的當天，就受到馬來西亞最高元首西拉杰丁、總理巴達維和副總理納吉布的親切接見。最高元首還特地在王宮設午宴招待你們一行。馬來西亞博特拉大學舉辦了主題為「雜交水稻的研究與發展」的演講會，由你主講，校方動用衛星向分會場同步直播演講會。馬來西亞雜交水稻研究中心設在玻璃市州，他們聘任你為該研究中心的首席顧問。你代表中國國家雜交水稻技術工程研究中心，與馬來西亞元首基金會簽署了為期十年的合作備忘錄，協助他們培育適合當地環境的「超級雜交稻」。 你深入田間地頭，實地了解情況，你認為，當地土壤和氣候都非常適合種植雜交水稻，加上政府重視並有資金保障，培育出適應本土的「超級雜交稻」，單產量有望提高到每公頃六至七噸。

十三、東帝汶：既授人以魚，更授人以漁

二〇〇八年，受中國政府委託，隆平高科國際培訓學院在東帝汶開展了中國—東帝汶雜交水稻技術合作項目，分三期進行。東帝汶農業部部長薩比諾會同駐華大使張芬霞來到隆平高科，探討、考察了隆平高科的示範基地，簽署了關於一點五萬公頃水稻綜合開發的合作意向，水稻推廣區域配套水利建設項目；隆平高科與東帝汶當地企業合資建立兩千公頃綜合農業示範區項目；承諾與湖南建立長期友好的農業合作關係，包括農業綜合開發以及農副產品、農業機械、農資產品等進出口貿易。隆平高科則主要負責在東帝汶進行雜交水稻、玉米示範與推廣、人員培訓、組建國家級農業實驗室、開展有機肥生產、農產品加工，幫助編制東帝汶農業發展規劃並指導實施等工作。二〇一三年四月八日至十日，來中國出席博鰲論壇的東帝汶總理夏納納·古斯芒與中國國家主席習近平和中國國務院總理李克強會晤後，專門抽時間赴湖南長沙，出席「中國·湖南—東帝汶投資合作洽談會」，參觀考察隆平高科麓谷中心，並會見湖南省政府領導。

在四月十一日下午的中國·湖南—東帝汶投資合作洽談會上，夏納納·古斯芒開門見山地表達了他對中國·湖南—東帝汶農業技術合作項目的感謝。洽談會上，夏納納·古斯芒對中東合作的情況以及東帝汶重點招商項目如數家珍。他表示，歡迎湖南的企業到東帝汶發展，期待與湖南在農業、漁業、可再生能源、貿易、旅遊等領域進行對接合作。在湖南省副省長何報翔和夏納納·古斯芒總理、兩國大使等領導的見證下，東帝汶農業部部長薩比諾與隆平高科伍躍時董事長簽署了《關於開發東帝汶農業產業園項目合作協議》，雙方將在糧食生產、經濟作物、畜牧養殖、漁業開發、農產品深加工及在東帝汶打造現代農業產業園區等方面開展合作。

洽談會後，在何報翔和伍躍時的陪同下，夏納納·古斯芒一行參觀考察了隆平高科麓谷中心的生物技術實驗室和種子自動加工生產線。在種子自動加工生產線上，夏納納總理在得知隆平生產線上的一個條碼可以追溯到種子的產地、加工包裝時間、品種特性等內容時，對身邊陪同考察的東帝汶農業部長和財政部長說，要加快落實剛剛簽署的農業合作協議，使東帝汶早日實現糧食自給，並請何報翔轉達他對中國政府的感謝：「感謝中國政府挑選了這家優秀的農業企業來幫助我們發展農業。」

東帝汶代表團的農業部長、工商部長、交通部長、行政部長等還分別考察了隆平高科種子生產基地的農田水利建設、湖南交通設計院等，就農業園區建設、住宅建設、交通通訊等領域展開了深入的交流和探討，奠定了良好的合作基礎。

二〇一四年四月十四日，中國與東帝汶簽訂《中華人民共和國和東帝汶民主共和國關於建立睦鄰友好、互信互利的全面合作夥伴關係聯合聲明》。聲明中寫道，李克強總理與夏納納·古斯芒總理一致同意加強兩國在政治、經貿、能源、農業、防務安全等領域的合作。

東帝汶政府高度評價兩國雜交水稻技術合作取得的積極成果，認為這有助於東帝汶實現糧食自給自足。雙方同意繼續加強糧食生產和農業能力建設合作，並探索開展漁業合作的有效途徑。

東帝汶政府對中國政府關於建設二十一世紀海上絲綢之路和籌建亞洲基礎設施投資銀行的倡議表示讚賞和支持，並願積極參與相關進程。東帝汶政府將繼續致力於加入東南亞國家聯盟，並透過東南亞國家聯盟平臺加強與地區國家的合作。中國政府對此表示讚賞，並支持東帝汶在地區合作中發揮更大作用。

周丹讚揚說：「隆平高科援外專家方遠祥、易情、曾豔等在東帝汶推廣雜交水稻的同時，還不辭辛勞幫這個國家做農業規劃。他們秉承袁隆平『造福人類』的思想，為世界人民豐衣足食勞累奔波。尤其對於發展中國家，你們不僅推廣雜交水稻，而且把中國改革開放的致富經驗帶去，把中國人民的勤勞美德帶去，把自食其力的優良傳統帶去。既授人以魚，以解其一時之求；更授人以漁，以足其世代之需。」

十四、雜交水稻傳播到非洲

雜交水稻漂洋過海，傳播到非洲，受到了當地人民的歡迎。

一九九一年，雜交水稻開始在非洲中南部的尚比亞試種，一九九二年在國家級灌溉稻品種對比試驗中，引入的中國雜交水稻組合「汕優 99」，產量達每公頃七點九六噸，較當地良種增產二二%。雜交水稻組合「威優 77」「威優 46」產量分別增產三二 ． 六%和二二 ． 九%，充分展示了雜交水稻在非洲推廣應用的前景。

幾內亞每年要進口大米，中國伸出了援助之手，早在一九九七年就開始在幾內亞發展農業項目。當時中國方面投資一百六十萬美元，和幾內亞政府合資進行雜交水稻種植開發項目，公司的基地是科巴農場。當地氣候適宜發展農業，但土地不平整，而且雜交水稻要求投入比較高，這和當時人們的種植習慣很不一樣。幾內亞農民更習慣粗放式經營，不注重精耕細作。二〇〇三年雜交水稻在幾內亞試種成功後，雜交水稻迅速增長，二〇〇四年種植面積為八百公頃，逐年擴大種植面積，越來越受當地人歡迎。科巴農場就在總統家鄉，幾內亞總統經常參觀農場。中國在那裡的工作人員受到優待，農場的車掛著幾內亞政府的牌子，出行安全便利，暢行無阻。

二〇〇三年，湖南雜交水稻研究中心與中國農墾集團總公司合作，雜交水稻在幾內亞試種的效果很好，最高單產達每公頃九點二三噸，較當地最好的常規稻增產一倍以上，受到政府和民眾的熱烈歡迎。

二〇〇六年十月，賴比瑞亞總統埃倫·約翰遜·瑟利夫乘飛機抵達北京訪中。她是首位抵京參加「中非合作論壇·北京峰會」的非洲國家領導人。第二天下午，瑟利夫總統一行就飛抵湖南長沙，訪問中國國家雜交水稻工程技術研究中心，與你洽談雜交水稻技術合作。二〇〇六年隆平高科在賴比瑞亞初次試種雜交水稻，也取得了比當地水稻品種成倍增產的效果。

埃及於一九九五年開始雜交水稻研究，二〇〇五年已透過第一個雜交水稻品種應用於商業化生產，增產效果明顯，比當地常規稻良種增產一五%至二〇%。

研究和應用雜交水稻以解決第三世界人民的吃飯問題，已成為世界農業發展不可抗拒的潮流。雜交水稻的推廣，為世界人民戰勝糧食危機增添了信心，為人類消除饑荒找到了新的希望。

你說，從某種意義上說，雜交水稻這個水稻王國裡的新生雛鳥，已由洞庭湖的麻雀變為太平洋的海鷗了，已經從中國「飛」向世界，這正是你從事雜交水稻研究所希望獲得的光明前景。

十五、布稻馬達加斯加

二〇〇六年十一月，時任中國國家主席胡錦濤在中非合作論壇北京峰會上宣布，二〇〇七至二〇〇九年三年內在非洲建立十個特色農業技術示範中心。經湖南農科院申報，二〇〇七年八月，中國商務部批准湖南農科院承擔援建馬達加斯加雜交水稻示範中心項目。湖南農科院有幸承擔了胡錦濤主席在中非合作論壇提出的援助非洲十個農業技術示範中心項目的第一個項目。馬達加斯加雜交水稻發展史由此開始。

馬達加斯加，俗稱馬島，世界第四大島嶼，面積六二點七萬平方公里，二〇〇四年時人口一千六百九十點八萬，位於印度洋西南部。在遠古時代，已經從非洲岡瓦納古陸分離，與非洲大陸相望，人們通常將這個島稱為「印度洋中的小大陸」。 秀麗的自然風光、自成體系的動植物，使馬達加斯加成為人們心目中的一塊神奇土地。

馬達加斯加農業人口占總人口的八〇%以上，出口收入的七〇%來自農業。全國可耕地八百八十萬公頃，已耕地兩百八十萬公頃。土地肥沃，氣候適合各種熱帶、溫帶糧食和經濟作物生長。耕地三分之二以上種植水稻，其他糧食作物有木薯、甘薯、玉米等。主要經濟作物有甘蔗、香草、丁香、胡椒、咖啡、可可、棉花、花生、棕櫚等，香草在世界上享有盛名。馬達加斯加全國牧場面積三十四萬零四百八十四平方公里，占國土面積的五八%。沿海以及河流、湖泊盛產各類魚蝦、海參、螃蟹等。

早在二〇〇四年你參加國際稻米研討會時，就跟與會專家重點討論了關於馬達加斯加水稻的種植和改良問題。馬達加斯加的水稻種植有著得天獨厚的優越性，除亞洲以外，馬達加斯加生產稻穀的歷史最長，濕地稻穀生產體系很發達。該國所有地區幾乎都適宜進行稻穀栽培。

根據項目申報要求，立項前，湖南農科院、湖南袁氏農業必須與馬達加斯加政府確認擬建雜交水稻示範中心場址，並與在馬達加斯加有資質的中資企業協商土建工程方案，訂立土建工程施工合約。為解決這些問題，經多次協商，中馬雙方定於二〇〇七年四月一日在塔那召開兩國政府、企業及科學研究單位相關人員聯席會議。會議做出了積極種植雜交水稻的決議，並研究了具體辦法。

二〇〇七年九月二十五日上午，中國援馬達加斯加雜交水稻培訓班開學典禮在中國國家雜交水稻工程技術研究中心隆重舉行。你和中國商務部援外司何定處長，湖南省商務廳副廳長蔣懷章先生，湖南省農業廳總農藝師雷秉乾先生等蒞會。

在開學典禮上，你說，馬達加斯加是除亞洲以外生產稻穀歷史最長的地區，那裡的人民有豐富的種植水稻經驗，特殊的氣候與光照條件，使該國有水的地方甚至可四季種植水稻。雜交水稻技術援助馬達加斯加，將會緩解馬達加斯加糧食短缺問題。

二〇〇七年十一月十日，湖南省農科院派出以陳劍寶為組長，李順、楊耀喜、張立軍、周宏波為組員的五名雜交水稻技術人員赴馬達加斯加開展工作。二〇〇七年十一月十七日上午，馬達加斯加農牧漁業部和中國駐馬達加斯加大使館經商處在位於距馬達加斯加首都塔那那利佛四十多公里的馬義奇鎮示範中心試驗田共同舉行了項目開耕儀式。開耕儀式具有濃郁的非洲氣息，先由六位農民使用六頭耕牛繞試驗田耕一犁；然後由中馬雙方各派一名領導舉杯，杯中盛滿了馬達加斯加的蘭姆酒，灑向試驗田。灑酒完畢，在場的所有人員舉杯歡呼，預示試驗田的種植會風調雨順，獲得高產。開耕儀式標誌著由湖南農科院承擔的中國政府援馬達加斯加雜交水稻示範中心項目正式實施。

技術組剛到馬義奇鎮時人生地不熟，生活非常困難。初到馬達加斯加的五名雜交水稻技術人員，在精心指導當地農民進行雜交水稻比照實驗的同時，還在示範中心的基地上開墾了一大片土地，開展生產運動，種上了辣椒、黃瓜、豆角等蔬菜以及玉米等其他作物；他們還建起了一個小豬舍，利用剩飯剩菜飼養了五頭小豬；他們請教當地居民，學會了非洲人民在內河捕魚的方法，自己捕魚改善生活。

第一年試種，雜交水稻成績一鳴驚人。根據方案，陳劍寶率技術組在馬義奇鎮示範中心兩公頃試驗田裡進行了三十四個雜交水稻品種和兩個當地最好的常規品種的比較試驗，篩選出十個比當地對照明顯增產的雜交水稻品種。二〇〇八年四月下旬田間驗收結果顯示，雜交水稻品種「M729」在當地產量達每公頃十點四一噸，比當地兩個對照品種分別增產五一．一%和一一四．六%，在試驗區和示範區引起了轟動。馬達加斯加農牧漁業部長拉馬努埃利納高度稱讚：「中國雜交水稻的推廣將對馬達加斯加進行綠色革命，對實現糧食產量翻番目標發揮重要作用。」

第二年續試，雜交水稻表現穩產高產。

二〇〇八年，袁氏馬達加斯加農業發展有限公司成立，與阿其那那那區政府簽訂雜交水稻發展合作協議，落實了一百公頃的種子生產、研發、生產基地，建設了兩千平方公尺的辦公、生產、生活設施。

二〇〇九年，公司在水稻產區塔馬塔夫和安塔那與當地農業公司和華僑合作，進行了雜交水稻百畝片高產示範推廣，平均產量達到了九點六噸／公頃，平均產量七點二噸／公頃。平均比當地品種增產六〇%，在示範區引起了轟動，當地的華人華僑引以為傲。

二〇一〇年六月十六日，馬達加斯加農業部為中國政府援馬雜交水稻示範中心項目專家舉行隆重的授勛儀式。駐馬達加斯加技術組組長陳劍寶被授予馬達加斯加「國家勛章」，李順、楊耀喜、周紅波、張立軍、李豔萍被授予「農業騎士勛章」，以表彰項目近年來為促進馬達加斯加農業發展所做出的重要貢獻。中國駐馬達加斯加使館經商處周參贊高興地說：「項目組來馬達加斯加三年，致力於農業事業，成績斐然，倍感欣慰！」

二〇一〇年九月，袁氏馬達加斯加農業發展有限公司與馬達加斯加農業部簽署了安巴通扎卡雜交水稻製種合作協議。由湖南袁氏雜交水稻發展有限公司向中國商務部申報成立「援馬達加斯加農業技術示範中心」，項目主要工作為雜交水稻種子本土化生產，以降低馬達加斯加進口種子成本及相關檢疫風險，促進雜交水稻在馬達加斯加的全面發展。

二〇一〇年十一月三十日，馬達加斯加雜交水稻發展研討會在馬達加斯加首都塔那舉行。馬達加斯加農業部部長馬米迪亞納、農業部祕書長菲勒貝，中國駐馬使館經商參贊周芒勝，袁氏國際董事長袁定安，中非農業投資有限責任公司副總經理華偉，湖南農科院援馬雜交水稻示範中心項目組成員，馬達加斯加二十二個地區的農業局長和聯合國糧農組織、國際農業發展基金等機構代表等一百多人參加了研討會。楊耀松、陳劍寶和馬達加斯加農業部種植業司司長蘭圖女士，分別就中國雜交水稻的發展歷史和現狀、中國雜交水稻在馬達加斯加試種三年取得的成果及發展前景、中國政府贈送的五十六噸雜交稻種在馬達加斯加推廣情況以及與馬達加斯加現有強化栽培體系的融合等內容做了主題發言。與會代表普遍認為，中國雜交水稻對馬達加斯加的氣候和土壤條件具有良好的適應性。雙方應進一步加強此領域合作，逐步擴大在馬達加斯加本土生產雜交稻種的面積，以提高馬達加斯加農業發展和糧食安全保障能力。

二〇一一年，袁氏馬達加斯加農業發展有限公司在馬達加斯加水稻主產區扎卡生產雜交水稻種子十公頃，銷售雜交水稻種子十九噸，與區政府合作，簽訂了「公司＋政府＋農戶」雜交水稻推廣模式四百五十公頃。

二〇一二年，袁氏馬達加斯加農業發展有限公司開發了大米加工銷售業務，年加工銷售袁氏種業品牌的大米五百噸，填補了馬達加斯加高端大米市場的空白。至此，袁氏公司在馬達加斯加形成了完整的大米產業鏈。

二〇一三年，袁氏公司為了做大做強，積極開展與中國國內大型農業企業的對接業務，並與中非基金和中國農業發展集團控股的中非農業投資有限公司合作，共同出資六千萬元，成立中非—袁氏馬達加斯加農業發展有限公司。新公司以馬達加斯加為基地，面向整個非洲發展雜交水稻推廣業務，並充分發揮馬達加斯加土地資源優勢，開發了木薯、劍麻等經濟作物種植項目。

二〇一四年一月，新成立的中農發袁氏馬達加斯加農業發展有限公司在扎卡地區推廣雜交水稻種植面積三千公頃，採取聯合農業合作社和小額貸款公司共同合作，與農戶簽訂「公司＋農戶」的訂單模式。同年二至四月，中農發袁氏馬達加斯加農業發展有限公司與馬達加斯加領土整治部長和農業部長商談，在扎卡地區建立九千公頃雜交水稻高產示範園和雜交水稻本土化製種基地。項目規劃分三年逐步完成該島土地整治、農田水利、田間道路、取水引水和基地建設等五項工程，總投資約三點四億元人民幣。建成後，預計第三年可製種一千公頃，為馬達加斯加提供兩千噸雜交水稻種子，年利潤可達兩百萬美元以上，雜交水稻種植將達到八千公頃。

十六、在南美洲「月亮谷」

南美洲，拉丁美洲的一部分，位於西半球南部，東面是大西洋，西面為太平洋。雜交水稻已經在南美洲顯示出強大的增產優勢。自二〇〇一年開始，世界水稻主產國巴西、烏拉圭與中國湖南省農科院合作，開展了雜交水稻的研究工作。湖南省農業廳和省農科院派出專家組前往示範、推廣雜交水稻種植技術。經過幾年的實踐，雜交水稻在巴西、阿根廷、烏拉圭、厄瓜多等國種植，產量遠遠高過當地良種，顯示雜交水稻在南美洲發展前景廣闊。巴西從二〇〇三年開始種植雜交水稻，二〇〇四年種植雜交水稻面積兩千五百公頃，二〇〇八年增加到三點八萬公頃。

二〇〇一年春季，時任中國國家主席的江澤民先生訪問南美洲委內瑞拉時，委內瑞拉總統查韋斯表達了希望中國幫助他們發展農業的意願。江澤民主席答應了他們的要求，並推薦你去幫助該國推廣雜交水稻。為此，中國工程院特別組團並派遣你率團考察，指導該國發展雜交水稻。考察結束時，委方表示，要把推廣雜交水稻作為兩國政府間的合作項目，不僅解決本國的糧食問題，還要向周邊國家出口。

烏拉圭位於巴西南部，溫帶氣候，比巴西氣溫稍低。人均國內生產總值不低，人均生活水平、政府清廉度、政治穩定度也位於南美洲前茅，是一個中等發達水平的國家，出口農產品，水稻就是其中之一。

湖南農科院跟烏拉圭最大的農場主昂勒斯朵簽署了五年的合作項目，該項目合約經費五百萬美元。這是水稻史上最大的國際合作項目。

考慮到水稻未來的推廣，這次專家們就在巴西與烏拉圭兩國的交接處，即昂勒斯朵的「月亮谷」農場培育雜交水稻品種。「月亮谷」農場是巴西人昂勒斯朵投資的。烏拉圭全國水稻種植面積約十二萬公頃，農場十五個，昂勒斯朵投資了其中六個農場。最大的就是「月亮谷」農場，面積一點二萬公頃，占全國水稻種植面積的一〇%。

張玉燭、王聯芳作為首席專家，黎用朝、夏勝平等作為短期專家，接受任務後浩浩蕩蕩出發了。「月亮谷」，這是一個多麼有情調的浪漫的名字啊！但是，其惡劣的工作和生活條件卻讓專家們徹底傻眼了！首先是語言不通，老闆跟公司高管全是巴西人，只會講巴西化的葡萄牙語，溝通只有靠手勢。其次是交通不便，「月亮谷」農場地處烏拉圭與巴西接壤的邊遠地帶，道路不通，離最近的小集鎮也有四十餘公里，全是高高低低、彎彎曲曲的羊腸小道。而他們到達的前幾天，剛好下過雨，道路不見了，車子打滑，差點出了車禍。他們在坎坷不平的泥濘路上走了許久，好不容易越過茫茫草地，經過六天五夜，才到水稻所的實驗田間。其三是住宿條件惡劣。張玉燭等剛進屋放下行李，房間裡已經開始暗下來了，想開燈，結果卻發現房間裡竟沒有供電，輸電線安裝了，卻沒有接通。一個人說：「我想回家！」張玉燭是首席專家，何嘗不想回家！但是，他裝作沒聽見，出去找司機，打著手勢問司機。司機帶他看到了發電機，但電工週末休息了，沒人給他們發電。幾個人幾乎崩潰了，放了行李，臉也沒洗，飯也沒吃，直接倒在床上就睡了。

第二天上班了，公司老闆昂勒斯朵和高管都來了，問題才解決了。昂勒斯朵和高管帶著中國專家們去走了一圈，介紹了大概情況，張玉燭等就開始工作了。

專家們不管工作環境和生活條件多麼艱苦，一心一意只想做好雜交水稻，他們自己修田埂、除雜草、育苗、插秧、栽培、管理。但因為第一年對當地的情況不熟悉，帶過去的品種抗寒性並不適應；再加上地廣人稀，全是機械操作，品種又要求抗倒伏，驗收時，效果並不理想，未達到中方協議上規定的必須增產兩成以上的目標；所以公司負責人及高管們對中國專家的態度立刻就冷了下來。專家們也只得把委屈放在心裡：誰叫自己沒有做出成績呢？他們總結教訓，又從頭做起。

中國專家們辛勤耕耘，很快就到了禾苗抽穗的時候，專家們就兩人一組地輪流在田間守夜，怕動物等破壞了稻穀。一日，張玉燭在田間巡查的時候，發現有稻縱卷葉螟蟲，按照以往在中國國內的經驗，像這種情況，七天後應會爆發蟲災，於是便向昂勒斯朵匯報，應及時買殺蟲劑治蟲。昂勒斯朵同意了。但是，後來把這事情給忘記了！ 七天後發現禾葉上爬滿了蟲子。昂勒斯朵這下急了，連忙吩咐副總去買藥殺蟲。可是烏拉圭根本沒有殺蟲劑，必須到巴西去。幸好快週末了，只得等副總週末回巴西，再帶回來了。星期一，張玉燭找副總要藥，副總才記起，原來，竟把這事給忘了。副總非常著急，非常懊惱，怕老闆責怪下來，便破天荒地跟著專家們一起去田間看看禾苗到底如何了。這時奇蹟出現了！只見每畝田裡都有二至三隻大鳥在吃蟲，還有黃豆大小的青蛙爬在禾苗上吃蟲，而禾苗上的蟲災竟然沒了，一切都好好的。大家一看，竟不住歡呼起來！老闆昂勒斯朵更是高興壞了。

第二年，專家們根據情況，培育了「威優 027」新品種，按照你提出的「良種良法良田良態」的要求，精心培育，終於取得了好成績。每畝估計產量就不只六百公斤，實際產量達到八百多公斤，增加二〇%以上，取得了重大成功。公司負責人看到了豐收的希望，增加了信心，他們決定把中國專家們居住的房子翻修一新。

合作方提出來請農科院和隆平高科領導層過去看看。農科院院長兼隆平高科董事長的左連生及周坤爐等應張玉燭再三邀請，終於踏上去了烏拉圭的旅程。他們此行的主要任務，一是看望專家，二是考察項目進展，三是了解財務管理。張玉燭到機場迎接左連生一行，左連生提議先去居住的地方看看大家的生活環境。車開了三四個小時，終於快要到達專家們工作生活的地方了。他們先看到從中國引種的稻田一片片稈青葉綠、飽滿的稻穀重重地垂了下來，令人陶醉。而再往前，經過當地人種植的品種時，只見稈黃葉枯參差不齊，完全是兩種相反的情景。

「不錯不錯，你們幹得好！你們辛苦了！」左連生讚揚他們說。

「謝謝董事長誇獎。我們是誰？我們是從中國來的，怎麼樣也得讓他們瞧瞧。」王聯芳拍著胸口，自豪地說。

到了居住地，趙正洪、黎用朝已經把晚餐備好了，只見野兔、鴕鳥、鮮魚等擺滿一桌，邊上還放著紅酒、啤酒、威士忌、白酒。

周坤爐高興地說：「你們這生活，比我們在中國國內還好啊。」

趙正洪說：「嗨，今年是還好，去年過來不熟悉的時候，可苦著了，有錢都買不著吃的。這些野兔、鴕鳥、鮮魚等東西全是我們自己去捉的！酒呀，也是今年驗收結果還可以，所以才供應的！去年哪有酒喝！一到週末，這裡除了我們幾個人，連個活物都沒有。」

左連生看著專家們一個個晒得如當地人一般黑的皮膚，就知道專家們在這裡非常辛苦，心裡忍不住發酸！他深情地說：「的確你們住得太遠了點！這裡除了你們幾個人影，連一棟像樣的房子都沒有，太寂寞、太清苦了。」

張玉燭說：「其實平時還好。主要是過年過節最難熬，『每逢佳節倍思親』，我們卻只能遙祝家人幸福平安。又沒有通訊設備，電話訊號也不好，上網一個小時就要兩美元，時間還受限制，所以大家也都乾脆不上了。」

左連生眼角泛起淚水，大家也都唏噓不已。左連生站起身，給專家們深深地鞠了一躬，說：「你們為了雜交水稻，為了中國，做了很大的犧牲，我代表公司感謝你們，也代表袁老師感謝你們。王聯芳連母親去世都沒有趕回去，子平的孩子生下來到今年整整兩歲了，也還沒有見到過父親。我希望公司壯大發展以後，這些問題都能解決。」

王聯芳立刻說：「希望公司越來越好，雜交水稻盡早遍布全球，以後我們的子孫不受這種苦就成了。而且董事長，我們現在的外語水平、膽識見識以及能力水平，都有了很大的提高呢，這也是對我們的磨練。」

左連生聽了心裡感到十分欣慰，對專家們更充滿了敬意和感激！

十七、為世界培訓雜交水稻人才

為適應全球雜交稻需求的新形勢，一九八〇年九月與一九八一年九月，中國農業科學院和國際水稻研究所共同在湖南農業科學院主辦了兩期雜交水稻國際培訓班。你作為主講教師給來自十多個國家的專家講授了雜交水稻方面的主要課程。

隨著雜交水稻對世界影響的擴大，來湖南雜交水稻研究中心訪問的各國專家、學者、各界人士絡繹不絕，甚至越來越多的政要也專程來這裡尋求解決本國糧食問題的良策，如莫桑比克總理、賴比瑞亞總統、寮國總理、獅子山總統等都曾親自到訪過這裡。他們不僅讚賞中國雜交水稻的發展對世界做出的貢獻，而且非常希望中國提供幫助，促進其糧食生產的發展。

一九八四年，湖南雜交水稻研究中心成立後，跟國際水稻研究中心合作，展開了多次雜交水稻的技術培訓。

應技術普及與培訓之需，一九八五年，你編寫了《雜交水稻簡明教程》，同時翻譯成英文，由湖南科學技術出版社出版。當時這本中英文對照的簡明教程，為中外了解學習雜交水稻技術的人士提供了方便。隨著國際培訓的日益拓展，你著述的《雜交水稻生產技術》由聯合國糧農組織出版，發行到了全球四十多個國家，成為全世界雜交水稻研究和生產的指導用書。後來，聯合國糧農組織根據需要又將這本書譯成西班牙文再次出版，發行到更多的國家。

之後，聯合國糧農組織選擇十五個水稻生產國，將推廣雜交水稻作為增產糧食、解決糧食短缺問題的首選戰略項目，並給這些國家提供經費。雜交水稻研究中心有十幾位專家受聘為該組織的顧問，而你被聘為首席顧問。你和你的學生、助手、同事們先後多次到印度、越南、菲律賓、緬甸、孟加拉等國進行技術指導和接受諮詢，為這些國家建立起了一套發展雜交水稻的人才與技術體系，也先後提供了五十多個雜交水稻組合在南亞和東南亞進行試種推廣。

二十世紀九十年代，聯合國糧農組織把雜交水稻列為發展中國家糧食安全首選的技術措施，撥款支持發展中國家種植和發展雜交水稻，並要求中國提供雜交水稻的技術培訓。

一九九五年底，為了迎接更頻繁的國際培訓和交流活動，在中國國務院的支持下，在你的主持下，中國國家雜交水稻工程技術研究中心在原湖南雜交水稻研究中心的基礎上宣告成立。在這裡接受培訓的許多國家的學員，一批又一批學成回國後成為自己國家的雜交水稻技術專家。

一九九九年起，中國商務部本著「發展雜交水稻，造福世界人民」的意願，將開辦國際雜交水稻技術培訓班作為援外項目，將隆平高科和雜交水稻中心作為培訓基地，為開展技術援外搭建了一個很好的平臺。透過這個途徑，先後舉辦了近五十期雜交水稻國際培訓班，為亞、非、拉約五十個發展中國家培訓了兩千名左右的技術人員。這些培訓班的專家回國後，均成為雜交水稻開發推廣的技術骨幹，而且大多被提升擔任政府要職。他們經常寫信回來，感謝中國為他們傳授了雜交水稻技術，讓這門技術在他們各自國家的土地上生根開花，還表示想再來看看他們的第二個家——中國！

你告訴我：

「全世界種植水稻的國家有一百一十多個，除中國外，目前全球每年水稻種植面積有一點二億公頃。據統計，到目前為止雜交水稻已在全球二十多個國家種植，近年全球年種植雜交水稻總面積達到了近兩千萬公頃，中國以外的國家開發雜交水稻的面積由二〇〇二年的八十二萬公頃發展到二〇〇七年的兩百一十三萬公頃。但目前全世界雜交水稻的推廣面積尚不足二%，而平均每公頃比當地良種增產兩噸左右，因此，雜交水稻在全世界的未來發展空間非常大，而且發展雜交稻對產稻國糧食增產有立竿見影的效果。如果雜交水稻的推廣面積占到世界水稻種植總面積（一點五億公頃）的五〇%左右的話，全世界每年因種植雜交水稻而增產的糧食則可多養活四億至五億人口。這樣，在世界上消除饑餓就大有希望了。我熱切希望並衷心祝願雜交水稻為保護糧食安全和促進人類和平事業做出更大的貢獻！

「雜交水稻實際上已架設起一座對外合作的橋梁。透過雜交稻的紐帶，可以增進中國人民和世界人民的友誼，因此，國際友人稱此舉為『雜交水稻外交』！」

第十二章 愛情、婚姻、家庭

一、有心栽花花不發

一九五五年，你到安江農校已經兩年多了。論學習和教學，全校沒有幾位青年教師能賽過你。你求知慾強，自學能力強，不僅刻苦鑽研所教課程，而且閱讀興趣廣泛，除專業書籍外，文學、藝術、體育、音樂書籍都有博覽；還喜歡閱讀英文、俄文雜誌，了解世界科技資訊，這些大大促進了你的教學質量的提高。你給同學們傳授專業知識，還與學生交朋友，帶領學生參加文體活動，踢足球、打排球、打籃球、游泳，拉小提琴等。學生既尊敬你，又愛戴你，視你為良師益友。可是，你在生活上卻非常隨意，和學生時代一樣不注意穿著打扮，留平頭，穿粗布衣，冬天穿光禿禿的寡棉衣（不罩外衣），講課時有時找不到黑板擦，就乾脆用衣袖擦黑板，剛穿一兩年的棉衣，袖口上就開了「白花」，有些老師開玩笑叫你「油渣」。你那時生活也極其簡樸：一間單人房，一張單人床，一張三屜桌，一把單人椅，幾個紙箱內裝些普通衣服，唯書籍最多，有幾大箱。這就是你當年教書時的全部家當。你住在單人房，吃在大食堂，過的是清貧快樂的單身生活。

其實，作為單身青年教師的你並不全是快樂的，你也有寂寞，有煩惱。你，一位堂堂正正的青年教師，又是一位體魄健壯、身心健康的男子漢，怎不渴望有一個知心的女友，體貼的戀人！何況，和你年齡相仿的老師大都成了家，有的連孩子都有了，你心裡怎能不暗暗著急！

好心的同事們急於為你張羅對象，勸你早一點成親。

可你心裡雖然著急，嘴上卻不以為然地說：「急什麼囉，單身漢生活才自在哩，一人吃飽，全家不餓。找對象，要看有緣沒緣。」

有一次，你的好朋友曹延科給你介紹了一個對象，對方是紡織廠的一位年輕紡紗工。他說，她年輕漂亮，很想找一個有知識的老師。他約你第二天去看那個姑娘。

第二天，你剛一下課，身寬體胖、膚色白皙的曹延科穿得衣衫筆挺就來催促你了：「袁老師，你趕緊回宿舍洗把臉，把鬍子刮一刮，再換一件像樣點的衣服。第一次與對方見面，要穿像樣點的衣服，給人家留一個好印象嘛。」

你滿不在乎地說：「搞那麼複雜幹什麼？是去看人，又不是去看衣服！」

「你呀！」曹延科無奈地搖了搖頭，笑著說，「真拿你沒辦法。」

你回寢室隨便換了一件衣服，就去相親了。

可是，那姑娘相中的並不是你，而是衣著整潔、談吐大方的曹延科。相親之後，那位姑娘沒再跟你聯繫，卻不斷地與曹延科書信往還，頻頻約會！沒過多久，曹延科與那位姑娘手挽著手一起走進了婚姻的殿堂。

儘管這件事弄得有點啼笑皆非，可你是一個非常大度的人。當曹延科和跟你相親的姑娘紅著臉來請你去參加他們的婚禮時，你大方地對曹延科說：「看來，她和你有緣，和我沒緣。」你買了禮物，參加了他們的婚禮，並且真誠祝願他們愛情幸福，白頭偕老！

從那之後，一些好心的同事又先後給你介紹過幾位姑娘，真的是「有心栽花花不發」，每次都是與姑娘剛一見面基本上就告吹了。而究其原因卻是出奇簡單，姑娘們說你人是很不錯，可就是穿著太隨便，太不注意打扮了。但是你心想，我是做農業科學研究的，經常要在田地裡奔波，如果整天把衣服穿得筆挺的，那怎麼下田呀！而且，你認為，那些只重衣冠不重人的姑娘，就壓根兒不是你所要追求的人。

但是，你追求的姑娘，又在哪裡呢？

二、苦澀的戀情

陰差陽錯，命運讓你碰見了一位可心的姑娘。

一九五六年的春天，你受學校委派，到鄰近的一所重點中學——黔陽一中代課。在化學教研室，你碰見了一位和你情投意合的姑娘。這個姑娘叫王劍蘭，從第一眼見到她，你就被她亮麗的容貌、白皙的肌膚、苗條的身材所吸引，接觸不久，你更被她那一般女教師所沒有的豐富的才學和識大體而不拘小節的魅力所打動，你開始愛上了她。而她也為你的男子漢氣魄和言談舉止間所顯示出的才華和魅力所傾倒！你對她一往情深，她對你傾心愛慕，雙方都覺得喜遇知音！你們互相關心，互相幫助，互敬互愛。教研室裡，你們共同切磋教學；實驗室裡，你們一塊操作實驗；雪峰山上，留下了你倆的身影；沅水河畔，流蕩著你倆的歡聲笑語……你們相互傾慕，相互愛戀，雙雙投入了愛河！正當老師們都為你們慶賀，催促你倆趁熱打鐵，早吃你們喜糖的時候，突然間，一場風暴揭地而起，反右派政治運動席捲全國！地處偏僻的湖南省安江農校也難以倖免！你因為父親的歷史問題，儘管在運動中儘量躲避，少說多做，但還是被貼了不少大字報，後期還被打成了「中右」。這一消息很快傳至鄰近的王劍蘭所在的學校。學校教務處一位領導嚴肅地找王劍蘭談話：「像你這樣出身不好的人，再和袁隆平結婚，你想讓自己成為『雙料貨』呀！」

年輕的王劍蘭經不起當時巨大的壓力，敏銳地意識到問題的嚴重性和複雜性，心想：自己出身不好，而且有海外關係，但「出身不由己，道路可選擇」，自己迫切要求進步，早就加入了共青團，而且工作積極，年年被評為優秀教師。但是，如果跟袁隆平結婚，自己的政治前途豈不毀了！可是，不跟袁隆平好，自己又捨不得呀！自從袁隆平撞進自己的心裡，他那「剛果布」式的笑容，他那幽默風趣的談吐，就時刻在腦海裡湧現，自己是實實在在地愛著他，戀著他呀！怎麼辦？怎麼辦！

王劍蘭食不甘味，夜難成眠。無數的問號糾纏在一起！「是要愛情，還是要進步？」這是擺在自己面前尖銳而現實的問題，必須迅速做出選擇。這使她感到極大的痛苦！不知經歷了多麼激烈而苦澀的思想鬥爭，這位當時「聽領導話」的要求上進的年輕女教師不得不痛苦地放棄了純真的愛情，做出了「要求進步」的選擇！她屈服於壓力，不敢再登你的門檻了！但是，她還始終如一地傾慕著你！

而這時的你，比起王劍蘭來，內心更為痛苦！因為開始，你還弄不清其中的原委！女教師突然不來登門，這到底是怎麼回事呀？難道她的甜言蜜語都是假的？難道這幸福的愛情竟是一場惡夢？你心地善良、單純、痴情，始終不相信女教師會在感情上背叛自己！痴情的你耐心地等待著，等待著！等了一天又一天，一月又一月，一件你不希望發生的事情終於發生了。一九六〇年春節，女教師突然告訴你，她要跟另一位男教師結婚了。這時你如夢初醒。這位男老師在長沙工作，是湖南某學院的講師，出身又好。這時的你，才深知眼前的一切都是自己出身不好帶來的惡果。但你並沒有埋怨自己的出身，因為你深深懂得，一個人的家庭出身是無法選擇的。

不久，王劍蘭告訴你，她要隨丈夫調到長沙任教，希望臨走前在車站再與你見上一面。去不去送她呢？你思考了很久，心裡充滿了矛盾。最後，你還是決定去送她。你將內心的痛苦深深地藏在心裡，趕到車站。你們倆見面了！你們兩人眼裡都噙著淚水，真正是「執手相看淚眼，竟無語凝噎」。你理解她複雜的心情，你對她沒有半點責怪和埋怨。汽車就要開動，你含淚說道：「祝你一路平安，家庭美滿幸福！」她含淚點頭，輕輕說道：「謝謝你！多多保重。希望早日看到你的科學研究成果！」

汽車開動了，王劍蘭伸出頭來，痴痴地望著你。你跟著汽車跑了幾步，久久地望著汽車在自己的視線裡漸漸消失……

三、牽上暖心的酥手

失敗的戀愛沒有使你萎靡消沉，反而使你變得更加成熟了。你在逆境中奮勇拚搏，在事業中尋找精神的慰藉，在生活中領悟人生的真諦，你把全部精力傾注到學習、教學和科學研究當中去了。

你從那株「鶴立雞群」的雜交水稻植株開始尋找天然雄性不育株。白天，忙了一天，晚上回到家中，你會拉起小提琴，悠揚而深情的《梁祝》在寂靜的校園裡輕輕飄蕩。夜空深邃而美好，頭上的疏星，一顆顆高懸著，它們圍繞在明媚的圓月旁邊，顯得溫馨而又嫵媚。

老師們都很關心你的婚姻大事，你總是笑笑，說：「不要急嘛，事情總得有機緣！」

是啊，在那個年代裡，青年知識分子到而立之年尚未成婚者，何止你一個！ 你的學生鄧哲，與你的情況就非常相似。鄧哲畢業後到黔陽縣兩路口農技站做農業技術推廣工作，她學習努力，工作出色，才貌出眾。但因家庭出身不好，在婚姻問題上，也曾一度陷於苦惱之中。朋友們多次給她介紹對象，但對方一聽說她家庭出身不好，社會關係複雜，都不敢問津！鄧哲心想：「人貴有志，你看不起我，我還看不起你呢！」再有人來介紹對象，她就比較冷漠了。

就這樣，一晃鄧哲就已經年滿二十五週歲了。

轉眼到了一九六三年初冬，鄧哲非常高興地到地區農業局參觀學習，碰巧遇上了兩位老同學謝萬安和王業甫。在交談中當得知鄧哲還未結婚時，王業甫馬上就想到了仍單身的你。當年讀書時，他就非常崇拜你，連自己的髮型、穿著都要模仿你。此刻，他靈機一動，半開玩笑地說：「俗話說，男大當婚，女大當嫁。鄧哲，你也該成個家啦！」

「哎呀，沒得合適的，還不如一個人自由自在。」她的口吻裡帶著幾分冷漠和無奈。

「我們給你介紹一個人，肯定你會滿意。」王業甫心直口快地說。

鄧哲有些靦腆地問：「誰呀？」

「袁隆平老師——」王業甫有意把尾聲拖得長長的，逗她。

鄧哲一聽「袁隆平」三個字，兩頰頓時飛起了兩朵紅暈，羞答答地低下了頭。她眼前浮現出你當年教她遺傳育種課時的樣子，浮現出當年你帶學生到沅江游泳的情景。這是多好的老師啊！他喜歡拉小提琴，知識淵博，樸實憨厚，幽默風趣，他怎麼還沒結婚呢？

鄧哲還沒回答，謝萬安又在一旁說了：「鄧哲，我們都是袁老師的學生，你還不了解他嗎？」

鄧哲問道：「袁老師那麼好，還沒結婚嗎？」

王業甫答道：「是啊！別人給他介紹的對象，人家不是嫌他出身不好，就是嫌他太不會打扮。他現在成了學校的老大難。」

謝萬安著急了，忙說：「我們了解袁老師，你知道，袁老師是個多好的人！可是，因為出身不好，三十多歲了尚未成家。找到他，可是你的福分！」

兩位老同學真心誠意地撮合，鄧哲的心中激起了感情的浪花，她開始動心了：袁老師是我尊敬的老師，有抱負，人品好……就因為出身不好，至今仍未婚配。跟我的處境何嘗不是一樣？出於同病相憐，經過慎重思考後，鄧哲同意了與你接觸。

謝萬安和王業甫高興萬分，立即趕到安江農校找到你，給你介紹了鄧哲。

謝萬安高興地說：「袁老師，我們尊敬你、了解你，也了解鄧哲。你倆結合，可以說是天生一對，地上一雙！」

你一聽鄧哲的名字，腦海中立即浮現出她那嬌小玲瓏的模樣，想起她課堂上專心聽講的樣子，不禁心中高興。但是，你嘴裡卻說：「這事是好事，謝謝你們！可是『心急吃不了熱豆腐』，這事，急不得的。許多事情都可以高效率，快節奏，唯有人與人之間的感情不能速成。」

謝萬安微笑著說：「袁老師，您的年紀也不小啦，依我看，還是抓緊一點為好。」

「是呀。」王業甫顯然有些急了，「袁老師，我看事不宜遲，還是趁熱打鐵吧！」

這時，你無可奈何地搖了搖頭，笑著說：「真拿你們沒辦法，既然鄧哲同意，我當然同意。你們去給鄧哲講吧！」

第一次約會，是你們別後幾年的重逢。鄧哲那優美而勻稱的身姿，那一對迷人的眼睛和盛滿笑容的酒窩，在你眼中猶如亭亭玉立的山茶花，簡直就是一位仙女！你驚嘆怎麼讀書時沒有發現她的美，驚嘆她怎麼出落得這樣有氣質，有風韻，這樣端莊嫻靜。尤其是她身上特有的一股清香更是讓你迷戀、傾倒。你在心裡對自己說：這就是我心中的女神！

而鄧哲看到自己青年時就敬佩的你，看到你疏疏的眉毛下嵌著的那雙明亮而銳利的眼睛，看到你樸素的棉衣中包裹著的充沛的活力，感到你剛毅、正直、果敢、穩重，感到你特別的富於青春的魅力和陽剛之氣！她心頭湧動著少女初戀的柔情。她在心中自語：這就是我的白馬王子！

你與鄧哲的愛情，就這樣拉開了帷幕，就這樣一拍即合，就這樣水到渠成。

從那以後，你經常往返於安江農校與兩路口農技站之間，或單獨步行，或騎自行車去。有一次，你約鄧哲去看電影《青春之歌》，看到精彩處，你壯著膽子，用那隻有力的右手握住了她纖細的左手。這時，你只感到心跳加快，額頭冒汗，片刻，你的手心出汗了。在你握住她的手的一瞬間，她感受到一種新奇的悸動！二十多年來，還沒有一位異性這樣握住她的手！她感受到了愛的力量！她羞怯地望了望周圍的觀眾，生怕被旁人看見，又輕輕地將你的手推開了。但是，你又緊緊地握住她的手，向她傳遞著愛的訊息！她感到了溫馨和力量，更感受到你愛的執著和堅定！於是，她任你握著她的手，閉上眼睛，沉浸在愛的遐想之中，完全不知道銀幕上演出的內容了……

看完電影，你熱情地說：「我送你回去吧！」

鄧哲一聽臉馬上紅了，低聲說：「不行不行，讓別人看見了，影響多不好。」

「我們是大男大女談戀愛，正正當當的，有什麼影響不好的。」你稍一停頓，說，「再說，你一個人回去，我還真不放心哩。」

這關心的話語，使她感到了幾分溫暖，幾分甜蜜，她只好依了你。

回到農技站宿舍時，夜已經深了。你有些戀戀不捨：「天晚了，我今晚就不回去啦。」

「那怎麼行？」她很著急地說。

「你給我打個地鋪不就行啦！」你熱切地說。

她心裡真是有些擔心你這麼晚回去不太安全，也就同意了。

那一晚，你們兩人都徹夜未眠，各自想著自己的心事。

鄧哲想：看得出來，他是誠實的、痴情的，是真心愛我的。可他為什麼這麼多年都還沒找到可心的人呢？是他的自身條件差嗎？不是。是他冷酷無情嗎？更不是。他有一顆火熱的心，有善良美好的性格，還有健康的身體，有知識有文化有很好的工作！都是那該死的身世惹的禍。我自己不也是如此嗎？我倆真是一根藤上的兩隻苦瓜呀！

你想：她是多麼純潔的一個女孩呀，我苦苦地等待了這麼多年，現在終於遇上了她，這也許就是一種緣分吧！她是上帝贈予我生命中最好的知音，我一定要好好珍惜她、真心呵護她，用真誠的愛撫平她心靈的創傷！

又是一個週末的傍晚，你約鄧哲來到沅水河畔，河水在兩岸青山之間奔流，流水清亮，閃爍著銀光。兩岸青山，綠得讓你心醉，你們靜靜地坐在河邊。

「你在想什麼？」鄧哲打破了沉默。

「看到你，我什麼都不想啦！」你回答得很乾脆，也很藝術，很真誠。

鄧哲感動地說：「我覺得，兩個人相愛是一種緣分。人們都渴望得到一份純真的愛情，可愛情這東西是可遇不可求的。我倆之間的感情率真脫俗，心心相印，我們應當倍加珍惜，直到永遠……」

她這一番話，就像一團火灼燒著你那顆滾燙的心，你感動得半天說不出話來。你激動地說：「鄧哲，我愛你。對我來說，你的真情和溫柔是世界上最寶貴的東西，我要用生命來守候，百折不撓，至死不渝。」

當天晚上，回到家中，你抑制不住心中激情，寫下了一首愛情詩：

茫茫蒼穹，

漫漫歲月，

求索的路上，

多想牽上，

一隻暖心的酥手。

穿越淒風苦雨，

覓盡南北西東。

驀然回首，

斯人卻在咫尺中。

星期天，你騎著自行車，趕到兩路口農技站。昨夜湘西又下了一場大雪，四周變成了晶瑩剔透的琉璃世界。安江一帶的山巒、房屋和樹木都沉浸在恬靜和明朗的嚴寒中。一見到鄧哲，你就把這首詩交到了她手上。

鄧哲驚喜地讀著這首小詩，讀著讀著，她的眼睛濕潤了，可心裡卻有說不出的歡喜。從字裡行間，她深深感受到你熱烈的愛情，更觸摸到了你那顆純潔無瑕的美好心靈。你和鄧哲走在這白雪皚皚的曠野裡，眼前的一切都是那麼雪白、柔和和純淨，就像你們的心靈，就像你們的感情。你緊緊擁著她向前走著，你向她傾訴著你的真摯的情感：「鄧哲，經過了漫長的期待和艱苦的求索，我終於找到了你！在我倆未來漫長的生命旅途中，也許會遇到無數的風雪泥濘，也許會遇到一些意想不到的困難。但無論怎麼樣，我們都要相互關愛，共同牽手，生死不渝，共同前行！我相信，淌過秋天的泥濘，闖過寒冬的風雪，我們一定會迎來春天的曙光！」

聽到這，她突然停住了腳步，回過頭來，拉著你的手說：「你說得太好了！我們穿越了淒風苦雨，覓盡了南北西東，今天，我們的手終於牽在一起，我們的命運也連在了一起！」

你倆緊緊地握著手，向前走去！

四、天作之合

一九六四年正月初五，黔陽地區舉行職工業餘男女籃球比賽，鄧哲參加了女隊。因為天下大雪，縣城無室內球場，就選擇安江農校的禮堂球場進行比賽。誰曾想，好事者抓住這個好機緣，促成了你們的「天作之合」！

一九六四年春節臨近，你打算回重慶探望父母。是呀，又有兩年多沒回家與親人們團圓了，思戀之情溢於言表。沒想到，你正準備動身，卻被曹延科給攔住了。曹老師告訴你，正月初五，黔陽地區舉行職工業餘男女籃球比賽，鄧哲將代表黔陽縣女子籃球隊參加比賽。因最近連續幾天下大雪，縣城又沒有室內球場，故選擇了安江農校的大禮堂作為比賽場館，鄧哲要來農校。你們何不抓住機會把婚事辦了。

你驚奇地問：「鄧哲怎麼沒跟我提起過這件事？」

曹延科忙解釋說：「比賽場地是臨時改的。再說，她每天都在訓練，哪有空跟你聯繫。」

你說：「這樣，是不是太倉促了……」

曹延科馬上打斷了你的話：「袁老師，我看這是天賜良機，大好機會！你們也老大不小了，藉這個機會抓緊把婚事辦了算啦！」

你笑了：「你們怎麼比我還著急呢？這事我還沒未跟鄧哲商量過哩……」

曹延科是個熱心腸，他早就替你想好了：「這好辦，鄧哲那邊的工作我來做，你這邊稍微做一點準備就行了。」

春節剛過，當人們還沉浸在吉慶、祥和的喜悅氣氛之中時，許多球隊隊員為取得好的成績，都陸陸續續來到農校熱身，以便盡快適應場地，爭取打出好成績。

曹延科真是一位熱心的「紅娘」，他趁鄧哲練球的空隙，邀請她到你的宿舍休息。她一進門，他又是沏茶，又是剝橘子，讓鄧哲有點不太自在。於是，她起身去找臉盆洗手，屋裡只有一個破舊的洗臉盆，盆邊上還有一個小洞，她只好將臉盆歪著洗。回過頭看那單人床上的舊蚊帳， 也是一邊高一邊低，頂上還布滿了灰塵；再看那床腳邊，還扔著幾雙臭襪子。書桌上的各類書籍和雜誌也是堆得亂七八糟的。天呀！這哪是一個家啊。善良而又充滿愛心的鄧哲看在眼裡，疼在心上：「老師真是需要一個賢內助啊！」

這時的曹延科只忙於張羅，一個勁地勸她吃這吃那，沒注意到鄧哲的心理變化。待她坐定後，曹老師開門見山地說：「鄧哲，我看你跟袁老師年齡都不小了，經過一段時間的接觸，雙方都比較了解。如果你同意的話，是不是趁這個機會把你們的婚事給辦啦！」

鄧哲想得走了神，聽完曹老師的話，她只是「嗯嗯」地答應著。她這時想到的，就是可敬可愛的袁老師身邊多麼需要一個賢淑女人的照料和幫助啊！

她的答應，讓曹延科高興萬分！他連忙去找裁判長商量，看怎樣巧妙地安排比賽場次，確保婚事與比賽兩不誤。之後，曹老師又催促你和鄧哲到鎮政府開結婚證明。

結婚證明很快就辦好了。回來的路上，你們有說有笑，非常開心。不經意間，你發現鄧哲一直穿著一身紅色球衣。你想：如今人家結婚證都跟我領了，而我卻連一件像樣的結婚禮物也沒給她買，我真是太疏忽了。於是，你有些不好意思地說：「鄧哲，我們先到商店去好不好？我想給你買一件新衣服。」

鄧哲聽了心裡一熱，但她馬上又搖了搖頭，說：「不要，不要。要買你就給自己買一件行啦！」

曹老師也在一旁插話了：「你這個新郎倌也別太摳門了，是應當給新娘子買一件好點的結婚禮物。」

你再低頭一看，鄧哲仍然穿著一雙白色的運動鞋，就說：「那我給你買雙皮鞋怎麼樣？」

鄧哲抿嘴一笑，說：「不需要，我有呢。」

曹老師開玩笑地說：「袁老師。你真是好福氣呀，像這樣的媳婦就是打著燈籠也難找喲！」

聽到這話，你倆相視而笑……

這兩天，在你的單身宿舍裡，幾位熱心的同事在高高興興地忙進忙出，好不熱鬧。男教師替你倆布置了房間，搬來了雙人床；女教師幫你倆掛上了一頂新蚊帳，有的還送來了縫好了的新被褥；一位年輕的女體育教師還將繡著一對蝴蝶花的平絨布鞋送進了洞房……

正月初十，這天恰好是禮拜六。本來，這是一個極為平凡的日子，但對你們倆人來說，卻是永生難忘的大喜的日子！

這天晚上，就在你簡陋的宿舍裡，舉行了你倆簡樸的婚禮。沒有一件像樣的家具，唯獨牆上那幅你跟鄧哲的結婚照片特別引人注目。照片裡的你兩眼炯炯有神，透著幾分英武，那燦爛的微笑裡洋溢著幸福和憧憬；照片裡的鄧哲，更顯得儀表端莊，超凡脫俗，那可愛的笑臉，那雙會說話的眼睛讓滿室生輝。

鬧新房了！校長來了，老師們來了，愛熱鬧的學生們也來了，前來賀喜的人擠了滿滿一屋！這時，你作為新郎倌，身穿一件半新的灰色中山服，笑呵呵地在給大夥敬菸；身穿一件紅色碎花格子上衣的新娘鄧哲也喜笑顏開地忙著給大夥發喜糖。

校長熱情洋溢地祝福你們新婚幸福，白頭偕老。

紅娘謝萬安和王業甫祝福你們幸福美滿，早生貴子！

祝福聲中，大夥兒一邊吃喜糖，一邊開玩笑，氣氛非常活躍，歡聲笑語此起彼伏，真是熱鬧非凡。

客人散去後，夜已經很深了。賢惠的鄧哲顧不上休息一會兒，馬上又開始收拾起房間來。正當她在床邊準備鋪被子時，你連忙走過去一把將她緊緊地摟在了自己溫暖的懷裡。鄧哲回過身來，熱烈地擁住了你！

你在農校任教十一年了。這十一年中，你形隻影單，無依無伴，一個人讀書、教學、科學研究，吃了多少苦、流了多少汗，只有你自己知道！你在茫茫人世間，尋覓著知音，渴求著伴侶，又有過多少灰心失意！多少年的期盼，多少年的追尋，今天終於如願以償了，怎不令你高興萬分哩！

你將鄧哲慢慢地鬆開，雙手捧著她的笑臉，仔細地端詳著她的眼神，看了很久，夢囈般地說道：「今晚，你真是越看越漂亮。」

鄧哲抿嘴一笑說：「你今天也特別有精神，顯得比平時年輕多啦！」

你陶醉般地說：「你知道，我到農校了，終於等來了這一天呀！」

鄧哲幸福地笑了：「今天，不是苦盡甘來了嗎？」

你緊緊地擁住她：「是啊！今天，我們苦盡甘來啦！我們要永遠珍惜這幸福的愛情！」

第二天，天剛濛濛亮，窗外就響起了鞭炮聲。黎明的曙光照耀著雪白的原野。鄧哲想讓你多睡一會兒，就悄悄起身，做好了早餐，放在桌上，又穿上球衣和球鞋，準備去參加比賽。你從床上一躍而起，說：「慢點，我看你打球去！」

鄧哲見你醒了，體貼地說：「你不再睡會兒？」

你興奮地說：「我要看你打球！為你吶喊助威呀！不過，你們一定要打贏！」

鄧哲得意地：「那當然囉！有了你在身邊，我們還不打贏嗎！」

說完，你們有說有笑地朝著大禮堂走去。

結婚之後，你和鄧哲雖然各自在原單位工作，每週才相聚一次，但是，你倆相互關心，相互體貼，恩恩愛愛，小日子過得熱熱鬧鬧。每當週末你回到農技站，鄧哲早已替你燒好了水，讓你先洗個熱水澡，洗完澡以後，熱騰騰的飯菜就端上桌了。過一兩週鄧哲到農技校來陪你，給你打整房間，你的髒衣服，臭襪子，再也不會堆在屋角很久不洗了。你感到，不管做科學試驗遇到了多少障礙和艱難，也不管下田勞作有多麼辛苦勞累，有了妻子無微不至的照顧，生活變得更加有滋味了。

你跟鄧哲一樣，都鍾愛湘西的青山綠水。週末空閒時，你倆就爬到一些不知名的小山上散散步，吹吹風，唱唱歌，欣賞一下山野風景，放鬆一下心情。

有時候，你會拿出小提琴，拉起美妙的《夢幻曲》，你倆都陶醉在美麗的夢境之中。

你倆的愛情之花雖然綻放得遲了點，但芳香濃郁，讓你們沉醉流連；你倆的愛情之酒儘管釀造得久了些，但酒味醇正濃烈。在人生的道路上，在攀登科學高峰的崎嶇道路上，你倆攜手並肩、伉儷同行……

五、賢內助

你從一九六三年開始尋找雄性不育株，一年多了，始終沒有結果。新婚，給了你力量和信心，你想在今年爭取找到。一九六四年六月開始，栽培稻開始抽穗了，你開始每天到稻田裡去尋找野生不育稻。你每天中午在田頭頂著烈日，踏著稀泥，在田裡尋尋覓覓，中飯就吃兩個冷饅頭，喝兩口涼開水。鄧哲看在眼裡，疼在心裡。星期天，她從農技站到農技校，看到你還要去找野生稻，就堅持到田裡給你送點稀飯，鹹菜，豆漿什麼的，有時還跟你一起下田。你心疼她，讓她別下田，可她說：「讓我陪你一起做吧！」

有一次，鄧哲在田裡工作久了，又受暑氣蒸熏，竟然暈倒田中。你忙把她抱到田埂上，為她掐人中，給她吃十滴水，才解救過來。她醒來休息了一會兒，又要陪你下田。你堅決不要她再下田，讓她回家好好休息。

這天，你在田裡尋覓了許久，仍然沒有結果。晚上回到家裡，鄧哲見你疲憊不堪的樣子，心疼地叫你把汗水濕透的衣服脫下，趕快洗澡。洗完澡後，鄧哲端上稀飯、涼麵、蔬菜，讓你快吃。吃完飯，她又給你洗起衣服來。

一天的風塵洗掉了，一天的辛勞也解除了。看到鄧哲為你洗衣，你不覺想起前些日子看過的《三國演義》，你對鄧哲說道：「《三國演義》裡劉備說過一句話，『兄弟如手足，妻子如衣裳。』我覺得他的話不對。他可能是為了籠絡關羽、張飛才這樣說的。兄弟當然是手足，可妻子卻不是衣裳，而應該是骨肉。真正的好夫妻，應該是血肉相連，肝膽相照，休戚與共，相濡以沫，是最真誠的伴侶，是最貼心的支柱！」

鄧哲被你的熱情打動，也深情地說道：「我知道，你愛父母，愛妻子，愛兄弟，愛同事，愛老百姓。你像農民一樣憨厚，又有知識分子的知識和修養，還有男子漢的胸襟。你一個在大城市長大的知識分子，能在這偏遠落後的窮山溝裡執掌教鞭，為解決人民的吃飯問題在水田裡奔走，在烈日下求索，真不容易！我一定要做好你的伴侶和助手，幫助你克服困難，早日成功！」

可是，當你在田裡找到了雄性不育株進行培育試驗的時候，「文化大革命」的風暴席捲大地，你也被貼了大字報，眼看要被批鬥、關押，抓進「牛棚」！

這時候，鄧哲義無反顧地支持你！「憑什麼要批鬥你，關你的『牛棚』！你沒有做過對不起學校和老師、學生的壞事，你不怕！最多把你弄到農村去——我跟你一起去當農民！」

關鍵時刻的一句話，一個行動，賽過冬天裡的一把火，溺水時的救生圈！為你增添了意志和膽量！

當你實驗的秧苗被造反派全部搗毀的時候，又是鄧哲堅毅地鼓勵你：「留得青山在，不怕沒柴燒！你不要太嘔氣了！秧苗還可以重新培育，雜交水稻的試驗還可以繼續做！」

這些暖心的、鏗鏘有力的話語，給你注入了生命的活力，給你增添了無窮的勇氣！使你在最險惡的環境中、最艱苦的條件下，把水稻實驗堅持下去！所以，從那以後，你一直稱鄧哲為你的好老婆，賢內助！

「賢內助」不但在危難時候大顯身手，還在平凡的生活中發揮了巨大的作用。

你是一個很有愛心的人！你愛父母、愛兄弟，愛老師，愛兒子，可是，重大的科學研究工作要求你付出全部的智慧和心血，一生的勞累和艱辛。你沒有多少時間去照顧妻子，沒有多少精力去看護和培養教育孩子，更沒有精神去陪伴老人，孝順父母。這一切重擔都落在了鄧哲一個人身上。

平時你不在家，孩子的養育都靠鄧哲。

第二個兒子出生才三天，你就到南方去繁殖製種了。鄧哲不得不挑起全部重擔。

三位老人重病去世，都是她守候在旁，為他們送行，並處理後事。

從一九六七年到一九七四年，你為了抓緊南繁育種，七個春節都沒有回家，而是帶領助手和學生在海南、雲南工作！鄧哲付出了怎樣巨大的艱辛啊！

你因長期勞累，風餐露宿，加上生活沒規律，經常是飽一餐餓一餐，早些年就患有嚴重的胃病和慢性腸炎。你胃病一發作，妻子就親手做糯米飯或糯米粑粑之類的東西給你吃。你腸胃不舒服，妻子便連忙打開楊梅罐頭讓你吃。就連你出國，妻子也要為你準備幾瓶中國生產的楊梅罐頭。

你為解決國家糧食問題做出了貢獻，很多人稱你為中國的「國寶」。你回答說：「說『國寶』不敢當；不過，鄧哲可是我們家的『家寶』。沒有她這個『家寶』，就沒有我這個『國寶』！」

六、鴻雁傳書

你跟鄧哲一九六四年結婚後，雖然都在安江，但不在一個單位，只能每週團聚一次。後來你調到長沙，鄧哲仍在安江，你倆長期兩地分居。直到一九九五年，鄧哲才調到長沙，你們才結束了兩地分居的歷史。加之從一九六八年開始雜交水稻研究後，你為了做南繁北育工作，不得不每半年到海南育種，所以你們聚少離多。你在外地出差多，很多時候都寄信回去，表達你的愛意，傾注你的深情。

這封寫於二十世紀七十年代的簡訊，流露出多麼深切感人的愛意柔情：

哲妻如唔：

冷月飛霜，長空雁鳴。南繁之期又到，明天我們就要登車去海南島了，我已經連續三年沒和家人在一起新年團聚……你一個人又要上班工作，又要操持家務，照顧孩子，辛苦程度可想而知，我空為人夫人父，未能稍盡責任，常常感到非常內疚……

一九八五年五月，你赴菲律賓的前夕，特地託人從北京給妻子捎了點禮物，順便寫了一封簡訊：

哲妻：

我在京給你買了兩條裙子和一件汗衫（兩黑一深藍）。這是我第一次買裙子，不知什麼號碼適合你穿，只好買兩條供你選擇。這些東西我託人帶回長沙，待回國後再來安江。

家中老母和年幼的孩子們全靠你當家和照顧。我經常在想，有你這樣一位賢德的妻子，這的確是我和全家的福氣。希你多保重自己的身體，加強營養和加緊治病。餘再談。

你信中的每一句話語，都是一份無盡的牽掛，都是一份愛的承諾，都是一份沉甸甸的責任！

一九八六年三月九日晚上，在研究所裡忙了一天，你再次伏在桌上，拿起筆蘸著月光疾書：

哲妻如面：

上月二十四日離家，今天是三月九日，屈指一算，離開你們才十三天，卻覺得過了很長一段時間似的。這說明我對親人切切思念的心情，其中一個主要因素，恐怕就是對你雙腿有時感到乏力的擔心。唐醫生所開之藥的效果怎樣？如果仍無好轉跡象的話，應盡早去懷化診斷，並速來信告我，以便來長沙醫治。

近日老母親身體如何？感謝你替我在老母親身前盡孝。寒假期間，我自由自在，得到了充分的休息。但也有一件事使我感到遺憾和內疚，即對五二、五三的學習抓得不緊，父不嚴，加上母又太慈，致使孩子學習不好，是我之過也。前幾天在北京新華書店見到《文科綜合輔導與訓練》一書，特給五二購一本，希望他認真地看看，同時你也要督促他做習題。

自離家後，工作一直很忙，且到處開會，二月二十七日赴杭州，開了兩天會；隨即到北京，在中國農業科學院討論「七五」重點科學研究攻關計劃。昨天（八日）早晨離京，今晨抵達長沙。本擬十一日去海南，可又接省政協緊急通知，要我十二日到北京開政協常委會，為期五天。由於我已多次請假未參加政協會議，這次不好再託故請假了。我計劃十九日返長沙，停留兩三天，然後去海南。三月二十五日開始的全國人大會就不參加了。四月初再回長沙，四月十五日要去北京，十八日乘機經西德的法蘭克福赴義大利米蘭，四月二十一日至二十五日在米蘭北部一個小城市開會，二十六日啟程回國。估計五月初才能返湘，然後抽空回家一趟。

以上是我近期的日程安排，讓你知道，以免惦念。到北京後，再告訴你我的住址，以便有急事時，好及時聯繫。匆此。

順祝

近好！

隆平

一九八六年三月九日夜於長沙

一九八六年，你應邀參加在義大利召開的「利用無融合生殖進行作物改良的潛力」國際學術討論會。期間你抽空來到了這座在中國人心裡有著神祕、浪漫色彩的義大利古城——佛羅倫斯。參觀聖馬可修道院時，你突然發現，修道院印著標誌性風景名勝的明信片一疊疊地整整齊齊地擺在那裡，你花了幾百元買了幾張，就在餐桌上匆匆執筆：

鄧哲：

今日我參觀了義大利聖馬可修道院。這裡到處都是安吉列科修士的油畫和壁畫，幾乎成了安吉列科修士的博物館。這裡到處是他心目中的《聖經》，他的信仰。安吉列科不是修士的真名字，安吉列科是義大利語，其含意是「像天使般那樣美好」。是的，我從那一幅幅壁畫中感悟到了安吉列科修士那一顆天使般聖潔的心……

幾十年間，你寫給妻子的書信，因為沒有刻意保留，留存的已很少，成為吉光片羽，而這一封封書信顯現出你對家庭、親人的深摯的情意。

七、粗心爸爸

多年以來，由於忙於雜交水稻研究，你幾乎從來沒有帶孩子出門遊玩過。在萬家團聚的春節、在孩子的生日、在孩子突發疾病的時候……鄧哲忙裡忙外，而你作為父親卻經常缺席。你經常在心裡念叨：遇到鄧哲何其幸運，她既有著傳統東方女子的賢淑善良，又聰慧能幹，一個人照樣將家裡打理得井井有條，把孩子教育得很好。

在南繁工作最艱難的時刻，為了慰藉任勞任怨跟隨自己南征北戰的助手和戰友，你安排大家輪番帶家屬去海南「陪戰」。一九七三年，輪著你帶家屬去海南，於是，你帶上了鄧哲和當時尚且年幼的五二去海南。火車上永遠人山人海。你們只好把呼呼大睡的五二塞在行李架上，你們夫妻二人輪番用手護住孩子以免他翻身掉下來，就這樣顛簸著站了一路來到海南。下車時你們倆渾身散架似的痛。這就是這麼多年來你們全家第一次長途「旅行」。

一九八一年夏天，你接到了去北京開會的通知。以前你也曾想帶妻子和孩子去玩一玩，但那時無論是時間上或經濟上都不具備條件。現在，你決定補償一下妻子和孩子。於是你帶上妻子和兩個孩子一起去北京。你興致勃勃地表示，一定要帶他們去北京「好好地玩一玩」。

令人遺憾的是，在生活小事上比較笨拙的你竟然連臥鋪票都沒有買到。

「沒關係，站著就站著，反正又不是第一次了。」鄧哲安慰你。於是，你們就帶著孩子擠在過道上。五一和五二難得出趟遠門，他們倒是興奮得很，在人群中穿來跑去，玩得十分開心。你想起去北京開會還得做些準備，還得「辦公」，看見列車長從車廂裡經過，你趕緊擠過去，表示想補幾張臥鋪票。列車長搖搖頭，和顏悅色地表示無法解決。五二嘟嘟囔囔地說：「爸爸，美國人都來給你拍電影，你怎麼連票都買不到啊。」你笑著給他解釋說：「哈哈，這可不是同一回事。」

說者無心，聽者有意。「拍電影？」列車長不覺仔細打量了你一眼，他大驚：「哎喲，這不是水稻專家袁隆平嘛。」他趕緊跑過來，又是握手又是問好，連連說馬上去想辦法解決！你這下反倒覺得太麻煩人家，有點不好意思起來。後來，列車長為你找了兩張臥鋪票，但是，兩個臥鋪不在一個車廂。於是一家人只好分成兩隊，妻子帶著五一在一個車廂，你帶著五二去另外一個車廂。你一坐定，就趕緊拿出資料忙碌起來。五二纏著你講故事，見你忙個不停，自覺沒趣，就一個人跑去玩了。五二這一去，半天不見回來。你一心撲在工作上了，心想孩子肯定是去媽媽和哥哥那兒了，因此一點也沒多想。一會兒，鄧哲過來找五二，你才猛然發現，自己這個粗心的父親竟然把孩子給弄丟了。這可把你們急得團團轉。你一向沉著，這下也慌神了。你不住埋怨自己，還說帶他們去北京「好好地玩一玩」，才出發不久就把人都給弄丟了！

列車長聞訊趕來，馬上到列車廣播室廣播尋人啟事，列車上沒有回應。列車長即刻通知沿途車站是否有發現迷路的小朋友。果然，五二「丟」在了婁底站的月臺上。原來，他去找母親，一不小心就隨著下車的人群走下了火車。你只好讓妻子帶著五一先到北京，自己趕車去婁底站，把五二接上車，趕去北京。在婁底，看到滿臉淚痕、又委屈又害怕的小五二，你心裡充滿了愧疚和心疼，緊緊地抱著五二：「爸爸對不起你！」

這次經歷讓你和全家每個人都終生難忘。

八、精心照顧鄧哲

一九八一年除夕，原本是你們家最快樂的一個春節。因為，你很多年沒有在家過春節了，這一年你早就許諾哪兒都不去，要陪家人好好過一個節。沒想到，歡樂的春節還沒有結束，意外就發生了。鄧哲突發病毒性腦炎，你和家人手忙腳亂地將她送進了懷化人民醫院緊急搶救。

真是禍不單行，還沒安頓好鄧哲，你的岳母也突發腦血栓，住進了黔陽縣人民醫院。緊接著，你八十高齡的母親也患了重感冒，在家臥床不起。

這突如其來的打擊，弄得你有些措手不及，你本來就不善於操持家務，這下更忙壞了你！你白天照料病中的兩位老人，晚上幾乎夜夜陪伴在妻子身邊。當時，鄧哲躺在病床上深度昏迷，將近半個月都沒有睜開眼睛，全靠點滴來維持生命。你憂心忡忡地在三個地方奔來跑去，連喘口氣的功夫都沒有。家裡史無前例地亂得一塌糊塗，孩子也無人照料，家務更沒人做！

幾個朋友聞訊趕來，看到你這樣緊張忙碌害怕你身體受不了，也擔心你家裡無法照應，就勸你趕緊去懷化安心照顧妻子，兩個老人和家務事由他們幫忙料理。你這才長長鬆了一口氣，感謝他們的盛情幫助，自己留在醫院照顧妻子。

春節快過完了，鄧哲病情嚴重，仍然昏迷不醒。你正在著急，突然，學生尹奇華來到醫院，給你送來了會議通知：原來，湖南省農業廳請你趕赴長沙籌備全國雜交水稻研究協作年會。

拿著通知，你犯難了！你把雜交水稻研究工作看得像生命一樣貴重！水稻研究中心的大事小事你從來都是掛在心上，從沒有半點拖延！此刻，你卻不停地用手抓著腦殼：怎麼辦？怎麼辦？考慮半天，你不得不萬分為難地對尹華奇說：「小尹，麻煩你幫我去請個假吧！這麼多年來，我從來沒有為個人私事請過一天假。這是第一次，我只有請假了！你看到的，你師母昏迷不醒已經好幾天了！這幾天我怎麼能離開她呢？她有個三長兩短，我，我，我怎麼辦？我必須照顧你師母啊！請你替我給組織上好好說一下，我實在走不了！待師母好一點，我立刻趕去！」

尹奇華看著心事重重的老師，用力地點了點頭，什麼也沒再問，就趕緊去幫老師請假了。你留在醫院，夜以繼日地守著昏迷的妻子。你並不太擅長照顧人，然而護士們都笑稱你是最聽話的家屬。醫生囑咐要給病人一個小時翻一次身，要時常給病人捏一捏肩膀和頸部……你都認認真真地一一照做。你用這樣樸素的方式，彌補著在奔忙事業時對妻子的歉疚。

看著妻子蒼白的臉，你憂心忡忡，焦急萬分！你經常喃喃地說：「鄧哲，你快些好！快些好！」「都是我不好，都是我不好。讓你累壞了，累壞了！」

一連十天，你天天照看妻子，為妻子擦身子、換衣服，一勺一勺地餵雞湯；有時候，你還為她背唐詩，講故事，輕輕地用英語唱《老黑奴》，儘管她還處於昏迷之中，還聽不見……

守在病房裡的日子，怕是你倆結婚這麼多年來，朝夕相處最多的一段時間了。這些天來，時間似乎變慢了，你想了很多很多：每當你一次次地走上領獎臺的時候，你便會想起二十多年來與妻子共同走過的艱難歷程，心中驀地升起一種對妻子的深深敬意和一種歉意。正因為如此，你總是想起《十五的月亮》的歌詞「軍功章裡有你的一半」。你總希望與妻子共同分享那一個又一個幸福的時刻。

住院近半個月，鄧哲才醒過來。

看到鄧哲醒來，你眼角流出了歡欣的淚水！由於你的精心照顧，鄧哲竟然沒有留下任何後遺症。

這次病中你無微不至的關照，讓她心裡感到無比的歡喜和幸福。這次住院經歷，讓兩顆心貼得更緊了。

鄧哲這次生病，使你感到自己應好好照顧一下妻子了。於是，以後外出領獎，只要有可能，你都帶鄧哲一起去。

一九八八年三月十四日，你榮獲英國設立的讓克獎。讓克基金會獎邀請你與妻子前往倫敦。頒獎結束後，你便帶著妻子鄧哲參觀了劍橋大學，這裡留下了你倆悠閒的足跡。你倆一起看垂柳在春風中搖曳，一同看鴿子在藍天中飛翔……

一九九三年，你榮獲美國菲因斯特「拯救饑餓獎」。初秋時節，你攜鄧哲赴美國布朗大學受獎。途經紐約時，你特地帶著妻子乘電梯登上了帝國大廈的頂端，一同飽覽紐約風光。那些高聳入雲的樓群，那些風格各異的建築，令你們目不暇接，讚不絕口。但是，你們經過紐約的賑濟院時，卻見那兒光線昏暗，空氣汙濁，衛生條件極差。見此，鄧哲頗有感慨地說：「我原以為只有發展中國家的窮人多，沒想到美國的窮人也不少啊！」

二○○四年，你榮獲「世界糧食獎」。十月十一至十九日，你跟夫人及助手辛業藝赴美參加「世界糧食獎」頒獎活動。頒獎結束後舉行了盛大的慶祝宴會，獲獎嘉賓以及全體賓朋入席就座，一名小提琴女演奏手拉著悠揚的舒伯特《小夜曲》和其他優美樂曲在附近遊走，一撥撥不同膚色的青年跑來跟你簽名和合影。頒獎會後，你跟鄧哲一起遊歷了美國的主要名勝。

九、忠孝難兩全

為了雜交水稻事業，你也付出了沉重的代價，留下了深深的遺憾。

一九七四年年底，正當你在海南三亞選種攻關的關鍵時刻，你的父親因患胃癌住院搶救的電報發到安江農校。妻子鄧哲知道，作為雜交水稻研究的設計師和攻關主帥，你正沒日沒夜地忙活著，她怕影響你的科學研究工作，不能也不願打擾你，就一人趕赴重慶照顧老人。直到老人生命垂危的時刻，鄧哲才想到應該通知你返渝看老人最後一眼。但是，深明大義的老父親為了不影響你的科學研究工作，硬是不讓兒媳婦把他病危的消息告訴你！兩個多月後，當你懷著與家人久別重逢的喜悅回到安江，邁入家門的時候，你猛然發現室內掛著黑紗的父親遺像，驚愕得一時沒有反應過來，送給孩子們的禮物也從手中陡然滑落了。你哭號著撲倒在父親遺像前，深深地叩了三個響頭，把額頭都撞出了血跡！良久，鄧哲才把你從地上扶起，帶著歉疚，給你講述了父親病重和臨終前的每一個細節。你默默地流著淚，一支一支地抽著菸，一聲不吭地聽著鄧哲講述父親辭世前的每一個行動，每一聲嘆息。此時此刻，只有妻子知道你內心的痛楚有多麼深！聽完講述，你心懷愧疚，心情沉痛地說：「爸爸！兒子不孝！兒子對不起你！爸爸去世，我都沒有能夠送終，我真是一個不孝的兒子啊！」

鄧哲忙勸你：「隆平！你別太自責了！忠孝難兩全啊。」

你發自內心地深深愧疚，這是一位科學研究工作者真摯親情的流露啊！

一九八二年八月，你的岳母因患癌症住院，病情十分嚴重。而正好在這個時候，組織上安排你出國訪問。你感到左右為難，不知如何是好。細心的鄧哲一下子就看透了你的心思，她關切地對你說：「你就放心地去吧，母親有我照顧，不會有事的。」

你懷著忐忑不安的心情走了。可當你從國外歸來時，岳母的墳塋已長出小草。你趕到墳前重重地叩了三個響頭，傷感地說：「那一年父親去世，我未能送終；而今，岳母離去，我又未能盡孝，真是對不起老人家呀！」

父親去世後，鄧哲把你母親接到安江。不久，你調到長沙工作，因你經常出差，不便照顧母親，就留母親與鄧哲住在安江。母親為了幫你帶孩子，受了很多累，吃了很多苦！你多想天天陪陪母親啊！可是，你太忙了，你很少回去照顧母親。你總是想著，以後會有時間的！等你閒一點的時候，一定好好地陪陪母親！可是，你哪有閒的時候啊！直到一九八九年中秋節之前，母親在安江病危，你卻在長沙參加一個雜交水稻的現場會，擔任主持人。中秋節那天，全國的雜交水稻專家都來了，你多想請假飛回安江，飛回母親身旁！可是，你怎麼走得了！你是會議主持人，你得陪大家過中秋節啊！你急得不斷打電話回去詢問病情。你祈求老天讓老人家多活幾年，至少多活這幾天呀！你擔心這是母親最後的時刻！但是你又確實走不開啊！

會議一結束，你就風急火燎般往安江趕，可在路上就接到母親去世的消息！趕到安江農校，你從車上跳下，一進家門，就一頭撲在母親身上痛哭。你發瘋似的狠狠地捶打著自己，罵自己不孝！罵自己對不起母親！那幾天，你真是痛苦不堪！寢食難安！彷彿一夜間就老了十歲！

妻子鄧哲安慰道：「你不要太難過，太自責了！你把雜交水稻做成功了，就是對老人家盡了最大的孝道！」

鄧哲說得對，說得好。司馬遷在《史記·太史公自序》中說：「孝始於事親，中於事君，終於立身。揚名於後事，以顯父母，此孝之大者。」你數十年研究雜交水稻，為解決中國和世界糧食問題做出了巨大貢獻，為國家做出了貢獻，為國家爭了光，為父母和家族爭了光，你盡的是大孝，是對國家民族的大孝！也是對父母的大孝！

你將母親的遺體安葬在安江農校的果園山上，為母親修了一個小小的陵園，刻了一塊墓碑，刻上兒孫們的名字。以後，每年清明節或母親的忌日，你都要偕同妻兒從長沙趕回安江為母親掃墓，拜謁母親的陵園，祝願母親九泉安息！

十、薪火相傳

你有三個兒子，如今，他們都已長大成人，而且都子承父業，相繼跳進了「農」門，並在各自的工作崗位展現出一定的才華和風采。你的三個兒子都出生在安江，所以你給他們分別取名定安、定江、定陽，就是紀念安江、黔陽。

你的大兒子袁定安一九六六年生，長期跟奶奶華靜住在重慶較場口中興路。你父親沒有工作，負責照料定安，為定安煮飯。你母親在塑料七廠當會計兼醫生，每週回家一次。你父親有哮喘病，身體不大好，但他對定安管得極嚴。小時候定安不好好讀書，你父親有時會把他捆起打。你父親梳著西式頭髮，穿著也很講究，而且記憶力特別好，你父親給定安講了很多中國經典故事。你父親書法也很好，字寫得飄逸瀟灑。你父親去世後，鄧哲把定安和婆婆接到安江住。定安大專畢業之後，分配在湖南省種子公司工作，主要從事選育農作物新品種，生產、經營農作物種子等工作。現在，定安當了袁氏種業公司董事長，他的另一半在北京一家投資公司做投資工作。中國加入世貿組織後，許多外國的種子公司紛紛搶占中國大市場。在這樣嚴峻的情況下，袁定安感到了前所未有的壓力，在你的諄諄教誨下，他明白了只有把公司建成一個集科學研究、生產、經營於一體，同時擁有完善的加工貯藏設施的大型專業種子公司，才能具有強大的市場競爭能力，才能為廣大農村用戶提供更加便利、快速的優質服務。因而，他不敢有絲毫的怠慢，而是像你那樣全身心地投入到工作之中。袁氏種業以雜交水稻種子出口為主，出口到菲律賓、越南、印尼、馬達加斯加、巴基斯坦等國，每年出口幾千噸，在全中國排名第三。

我在雜交水稻中心氣排球場採訪了他。他正在球場上練球，即將跟你和鄧哲以及定陽等參加氣排球的決賽。他一百七十三公分的個頭，身材壯實，人顯得忠厚。你原來最擔心他在都市受到浮華風氣的影響，現在他來到你身邊，你放心了。

你的二兒子袁定江，是一名經濟師，一九九一年畢業於湖南財經學院金融系金融專業。畢業之後，他先是在珠海市農漁業委員會擔任主辦會計，然後任珠海市財政局世界銀行貸款項目業務主辦。因工作業績突出，便被調到珠海市人民政府辦公室當祕書。正當仕途一帆風順之時，他卻棄官投農，到隆平高科當上了副董事長兼副總裁。隆平高科股票上市之後，袁定江等人按照市場規律進行公司化運作，在雜交水稻的國際化推廣應用方面發揮了更大的作用。如今，隆平高科公司已與世界上三十多個國家和地區開展了雜交水稻技術培訓、示範推廣等合作，使得雜交水稻種子出口量逐年增長，技術合作項目更是逐年增加，為世界糧食安全做出了一定的貢獻。

你的三兒子袁定陽真正稱得上是「子承父業」。他從廣西農業大學畢業後，到湖南農業大學讀了碩士，隨後又到香港中文大學生物系分子生物技術專業讀完了博士，並在博士後流動站待了一年半。現在，他如願以償地回到了父親身邊，在中國國家雜交水稻工程技術研究中心工作，他的研究方向是用分子手段對水稻品質進行改良，其中一項研究是將玉米的一種可提高光合作用效率的基因轉移到水稻上去。袁定陽說：「這項研究可以提高大米中的賴氨酸含量，而賴氨酸含量低是大米作為一種食物存在的最大缺憾。」

我問他：「照你這麼說，我們今後吃到的大米將比現在的更有營養哦？」

袁定陽對此給予了肯定的回答：「因為這一研究已初獲成功，正在進行動物試驗和安全性測試。而我父親超級雜交水稻研究的第三期目標也將借助分子手段，不難看出，父親是個非常樂意接受新事物的人。」

我在定陽實驗室採訪了他。他一百八十公分的身高，挺拔而健壯，性格較內向。

定陽說：他從小就敬畏你。小時候，他跟著外婆長大。他外婆是老師，他和外婆交流多一些。你很少在家。你回安江看他時，經常帶些糖果等，叫他晚上別吃，可他哪兒忍得住呀，還是悄悄吃了。白天，你帶他們去游泳，帶他們橫渡沅江。

三兒媳段美娟是個聰明賢淑而又很樸實的知識分子，她在湖南農業大學攻讀了博士學位，她微笑著說：「有時候，我們也幫父親做一些實驗，他那麼多獲獎項目，我們都沒有一個參與署名。老實說，我們應該為他爭光，而不是沾光。」

看到三個兒子事業有成，你感到十分欣慰。是的，你從兒女們身上看到了雜交水稻薪火相傳的希望！

第十三章 故鄉情、母校情

一、三回故鄉德安

你在故鄉待的時間不多，兩三歲時，因日寇侵占東北，華北吃緊，母親曾帶著你們幾兄弟回德安縣城西園住了幾年。但是，對故鄉，你仍然懷有深深的惦念。

你回過故鄉德安三次。

第一次是一九七四年，你一個人回到德安，見到了同父異母的妹妹袁惠芳及一些袁氏親友。那時候，縣城破破爛爛，根本沒幾棟像樣的房屋，街道兩邊都長滿了青草。

第二次回故鄉是二〇〇四年，你看到德安已發生了巨大變化，變成一個新興的工業化的小城。德安人民以隆重的禮儀歡迎你。數以千計的鄉親們站在道路兩旁，拉著標語，喊著口號，熱烈地歡迎你。你捐資十萬元，為德安一中設立了「隆平獎學金」，並親自為二〇〇四年獎學金獲得者頒獎。你還為你題名的「隆平圖書館」揭牌。

第三次回故鄉是二〇一五年。這時的德安，變化更大了。街道寬敞，高樓林立，市面整潔，環境清爽，給你煥然一新的感覺。而當地鄉親們盛情歡迎，熱情洋溢，更讓你感動不已。

這一天，秋高氣爽，丹桂飄香。你的車輛一到，就受到早早等候在大路兩邊的家鄉人民的熱烈歡迎。在高速路口，縣委書記駱效農向你和夫人鄧哲獻上鮮花，代表全縣人民熱烈歡迎德安驕子回家。

九月十三日上午八時許，九江市委書記殷美根，市委副書記、市長林彬楊在德安縣分別會見了你。

殷美根說，二〇一二年，他曾經專程到長沙拜見你，看到你身體非常健康。當時你風趣地說自己也是八〇後。今天，院士到九江來、到家鄉德安來，大家感到非常高興。他代表九江市委市政府、代表九江五百多萬人民向你表示誠摯的歡迎。你是世界雜交水稻之父，為解決世界人民吃飯問題做出了卓越貢獻。你是中國的驕傲、民族的榮光，我們都為你感到非常自豪。記得六七十年代的時候，水稻畝產只有三百來斤，兩畝田加起來單產還沒有八百斤；現在一畝田超級稻就有八百多公斤，高產的達到了一千公斤，太了不起了。

你告訴殷美根，現在全中國有三十八個百畝一千公斤超級稻示範片，其中有一半已經達到了畝產一千公斤。江西有四個示範片，德安有一個。德安的示範片做得不錯，超級稻畝產可以達到八百五十公斤，再努把力，明年爭取達到一千公斤。殷美根高興地說，九江和德安一定把院士對家鄉的關心和要求落實好，爭取攻關成功，實現超級稻在家鄉推廣面積更大、產量更高，不辜負院士對我們的期望。

市長林彬楊向你介紹了九江和德安的經濟社會發展情況，指出九江歷史悠久，人文厚重，歷史上就是三大茶市、四大米市之一，德安縣這些年來，發展很快，無論是工業經濟、城市建設還是農業發展，都走在省市前列，家鄉人民很幸福。

你聽了十分欣慰地說，你來過德安三次，第一次是一九七四年，那時縣城破破爛爛，只有政府的房子能看到磚頭，到處是茅草。二〇〇四年回來，發現變化可大了，一個新興的工業化小城市已初具規模。這次回來，變化更大，街道寬敞，高樓林立，環境乾淨，給人煥然一新的感覺。

當得知九江現在的財政收入總量已經位列全省第二，你非常高興，說九江有名山大川，廬山、長江資源得天獨厚，田園詩人陶淵明，也是德安人。九江自古以來就是商業繁榮之地，一定大有發展、大有前途。

林彬楊表示，院士情繫故鄉，對家鄉的發展特別關注、關心，對家鄉發展支持很大，幫助很多，在院士的關心下，九江一定會越來越好，家鄉德安一定會越來越好。

上午，你參加了一系列活動。一路上你邊走邊看，邊問邊談。看到家鄉翻天覆地的變化，你十分高興，對家鄉欣欣向榮的繁榮景象和人民群眾的高漲熱情感到非常欣慰。當縣領導告訴說，德安是全國衛生縣城、全省園林縣城時，你連聲稱讚：變化大，不容易！

上午，你來到江西省德安一中，參加隆平獎學金捐贈儀式，為德安一中再次捐贈二十萬元獎學金。德安一中坐落在德安縣城東郊，博陽河東畔，是一所辦學歷史悠久、環境優美、人才輩出的省級重點中學。當你邁著穩健的步伐走進一中校園時，現場的學生高呼：「隆平爺爺，我愛您！」科學家與莘莘學子之間的深情交流激盪著整個校園。捐贈儀式上，你進行了簡短的講話，鼓勵家鄉學子努力學習科學文化知識，將來為國家和社會多做貢獻！

在河東鄉後田村袁家山自然村，你出席了袁隆平院士工作站、江西省科普示範基地和江西農業大學農學院實踐教學基地揭牌儀式並親自揭牌。院士工作站與示範基地的建立，既寄託了家鄉父老對你的深情厚誼，也充分體現了你「情繫故園、情繫德安」的赤子之心，也是你關心支持家鄉事業的有力見證。在袁家山科普教育基地門前，看到大片的超級稻穗粒飽滿，迎風起浪，長勢喜人，豐收在望，你非常高興。當得知農業部門初步測算畝產可達到八百多公斤時，你更是欣慰地說，明年要繼續努力，達到畝產一千公斤的攻關目標，為家鄉的糧食生產做點貢獻。

隨後，你參觀了隆平大道、隆平廣場和萬家嶺大捷紀念園。

隆平大道全長一點二公里，路面寬五十公尺，兩邊人行道及綠化景觀帶各十五公尺，是集風景、人文、休閒於一體的生態景觀大道。

隆平廣場占地面積約兩百二十畝，由上海同濟大學規劃設計研究院設計，是以行政辦公、文化會展，商務休閒、體育健身、公共休憩等為主要職能的公共活動區域。廣場中央的袁隆平雕像高達八點二公尺，代表你當年的高齡八十二歲。雕像由中國著名工藝美術大師劉小可先生製作。雕像後有五幅地圖，分別為德安地圖、九江地圖、江西地圖、中國地圖、世界地圖（寓意隆平院士走出家鄉，造福中國，感動世界）。雕像對面四塊漢白玉雕刻而成的隆平語錄，分別為知識、汗水、靈感、機遇。稻穗和水池面積分別為一萬平方公尺，寓意一方水土養育一方百姓。整個廣場將厚德、圖強、包容、開放的德安精神很好地融入其中。你們來到隆平廣場，巍然矗立的當代神農雕塑在陽光的照耀下，顯得格外偉岸高大，引人注目。綠樹、噴泉、雕刻與前來一睹神農風采的人群，構成了一副和諧溫馨的生動畫卷。你在心裡感念著家鄉人民對你的深情厚誼。

萬家嶺大捷紀念園，占地面積六十七畝，二〇一二年六月開始建設，當年十二月竣工。整個紀念園由萬家嶺大捷紀念館、萬家嶺大捷紀念碑、配套綜合服務區等構成，是第二批一百處國家級抗戰紀念設施、遺址之一和國家級 3A 級景區。萬家嶺大捷是武漢保衛戰南潯線上的一次重大勝利，是抗戰初期中國軍隊英勇抗敵的一次偉大壯舉，打破了日軍「不可戰勝」的神話，粉碎了日軍速戰速決的企圖。一九三八年十月，中國軍隊在德安縣萬家嶺區域，巧設「口袋陣」，經過十二晝夜的殊死鏖戰，殲滅日軍一萬餘人。日軍第一〇六師團被圍困，整個師團幾乎全軍覆沒，這在日本陸軍歷史上也從未有過。當時中共中央主辦的《新華日報》讚譽萬家嶺大捷為「偉大勝利」，時任新四軍軍長的葉挺評價萬家嶺大捷「盡殲醜類，挽洪都於垂危，作江漢之保障，並平型關、臺兒莊鼎足而三，盛名當垂不朽」。

下午兩點多，你結束了在家鄉短暫的行程，在新市民服務中心告別了家鄉親人，你看著漸漸模糊的歡送你的家鄉父老的身影，依依不捨地向親人揮手告別。家鄉父老在心裡念叨著：希望你常回家看看，家鄉人民熱愛你、想念你，祝福你！

二、難忘重慶龍門浩小學

你在童年時代，讀過三個小學，但只有重慶龍門浩小學讀得最久，印象最深。特別是龍門浩小學黎浩同學與你一起上學，放學一起回家，回家路上一起背誦詩歌，一起看童書，一起做遊戲，有點錢一起拿出來買零食吃。幾十年後，你成名了，黎浩從報上知道了你的消息，跟你聯繫上了，你請他到長沙見面談心，表達你對母校龍門浩小學的懷念之情。這以後，你幾乎每年都請黎浩夫婦到長沙玩一段時間。

龍門浩小學百年慶典，學校專門派校長、副校長及老師和學生代表到長沙看望你，校長給你講述了學校的發展情況，你的小校友向你匯報了她的科技創新成果。你欣然為百年老校題詞：書香啟迪智慧，參與創造未來。激勵母校師生創造良好的育人氛圍，奉獻自己的智慧，繼承前人優良傳統，力求在智慧的參與中譜寫龍門浩小學更加輝煌的明天！你還捐贈二十萬元設立了「隆平獎勵基金」，獎勵優秀學生和教師。

龍門浩小學百年校慶之時，你雖因有重要工作，不能前往祝賀，但仍然派出祕書辛業藝代表你送上激情洋溢的賀詞：

在這春夏之交、萬物一派生機盎然的時間，我的母校龍門浩小學迎來一百歲的華誕。我因有重要工作走不開，不能前往祝賀。但身為龍門浩小學的一分子，我的心情跟你們一樣，分外激動和高興。藉此機會，我謹向全體師生員工致以最誠摯、最熱烈的祝賀。

回想當年在龍門浩小學就學的情景，那時恰逢日本侵略者在中國任意肆虐，遠在後方的重慶也未能倖免。中國人民在災難中痛苦掙扎，我至今還記憶猶新。我們在警報聲中上課，我們甚至躲在防空洞完成作業。這段經歷激起了我對日本侵略者的無比仇恨，以及對國家強盛的強烈願望。因此，我深感母校當時給予我們的教育和培養，對我的成長起了決定性的作用，那就是一定要使中國屹立於世界民族之林。

龍門浩小學的校友們一定都與我有著同樣的感受：她銳意進取，勵精圖治，營造了良好的育人環境；她累積了豐富的辦學經驗，形成了鮮明的辦學特色，鑄就了優秀的校風學風；她為國家培養了大批優秀人才，不僅桃李滿天下，更是為社會的發展與進步做出了較大的貢獻與見證。

十年樹木，百年樹人。青少年時期朝氣蓬勃，意氣風發，正是未來的希望之所在。我衷心祝願母校龍門浩小學以一百年校慶為契機，發揚優良的辦學傳統，繼往開來，與時俱進，為培養全面發展的一代新人做出新的貢獻。願龍門浩小學在前進中錦上添花，更加興旺發達！

袁隆平

三、懷念博學中學

對你的母校武漢博學中學，你充滿了感激和懷念之情。你讀書時由於學校是教會學校，特別重視英語教學，這為你在以後從事雜交水稻研究方面打下了堅實基礎；同時，由於校長胡儒珍博士要求學生品德、學習、文體全面發展，學校在重視教學質量和思想品德教育的同時，還十分注重開展各種文體活動，這使你受益匪淺。你不僅喜歡各種球類運動，還喜歡游泳，曾在省運動會中取得兩塊游泳銀牌，為學校增添了光彩，至今你還非常愛好音樂和游泳。你以後多次回到母校去探望，重溫少年時的記憶。一次，學校領導和校友們請你再踢踢足球。你愉快地走進操場，高興地起踢起一腳，好像又回到了青年時代。那時在操場上奮力踢球、意氣風發的情景彷彿又浮現在眼前，你心中十分愉快！

在博學中學上學時，與你同桌的同學叫林華寶，後來他也成了中國工程院院士。小時候，他數學很好，但不會游泳。你就出了一個主意，你對林華寶說：「我來教你游泳，你幫我解數學題，我們達成這樣一個協議。」結果呢，他數學好，題目兩下就解出來了；你也教會了他游泳。多年後，你們兩個見了面。你問他游泳游得怎麼樣，他說在單位裡比賽得了第一名。而你的數學成績還是依舊未能如願……對當年的學習，你現在感到遺憾的就是數學沒學好。

你為母校捐贈二十萬元，設立了獎學金。你希望母校越辦越好，為國家培育更多優秀的人才！

四、夢迴相輝學院

你在相輝學院雖然只讀了一年的書，而且相輝學院相關科系及教師分別併入西南農學院、西南師範學院、重慶大學和四川財經學院之後，即不復存在，但是，在你心中，她卻依然是讓你尊敬懷念的母校！因為相輝學院的農藝系科併入西南農學院，而西南農學院（後為西南農業大學）後來又與西南師範大學合併組建為西南大學，所以，相輝學院也算西南大學的前身之一，你由此成為西南大學傑出的校友。

開始工作後，你回過母校幾次，看看老師和校園，與同學聚會，倍感親切。

一九九二年重慶市人民政府公布復旦大學、相輝學院舊址為市級文物保護單位，一九九四年北碚區人民政府將其命名為「青少年愛國主義教育基地」。一九九九年市、區文化局又將「登輝堂」修葺一新。為更好發揮「基地」作用，特建「相輝學院校史陳列室」，各界人士及相輝校友，積極支持，共襄盛舉。於二〇〇二年十月開室展出，以緬懷過去，寄希望於未來。

一九九九年十二月八日，當你知道相輝學院舊址紀念碑即將舉行揭碑慶典，你雖然因工作繁忙不能赴會，但立即發了賀電，並捐資三千元以支援學院舊址建設。賀電充分表達了你對母校的拳拳之心：

相輝學院校史研究會：

欣聞相輝學院舊址紀念碑已順利竣工，並將於近日舉行揭碑慶典，甚感高興，可喜可賀！母校歷經滄桑與曲折，曾經為社會、為人民培養出了許多人才，做出了歷史性的貢獻，這是母校的光榮，也是我們學子的驕傲。今天，五十餘年過去，拳拳之心依舊，更激起我們對母校深深的懷念。在此，以拙筆寫下如下詞句，以慶賀：前輩創業垂千古，長征接力有來人。另外，為表學子對母校的崇敬之情，願捐款人民幣三千元，支援相輝舊址建設。

袁隆平

相輝學院校史陳列室簡介中說：相輝學院辦學六載，培育了眾多英才。世界「雜交水稻之父」袁隆平、「玉米大王」林季周等傑出科學家，悲壯就義的徐世浦、孫冰（孫在政）、潘光漢等烈士，及一批建設中華人民共和國的骨幹人才，均曾受益於相輝之熏陶與鍛鍊。

一九九四年你回到母校。同學們拿出珍藏的和你還有大學同學陳雲鐸、梁元岡一九五一年在重慶北溫泉游泳時的留影。那時你們想比比誰的體格更健美，所以打赤膊、亮胸肌，十分興奮自豪。一九九四年老校友重逢時你們三人又按原來姿勢合影留念，還題名曰「舊夢重溫」。時隔四十餘年，你們已沒有了健美的胸肌，除了梁元岡發了一點福，你和陳雲鐸都瘦了，陳雲鐸更瘦成了「排骨」。現在陳雲鐸已經去世，梁元岡也身體欠佳，旅居英國倫敦。撫今追昔，不禁感慨繫之！

二〇〇〇年西南農業大學五十週年校慶，你專程回到母校，與當年同學王運正、譚民化、林喬、劉先齊、王世興等相聚，暢談敘舊，合影留念。

二〇〇六年相輝學院六十週年慶典在西南大學桂園賓館舉行。你雖然因事未能出席，卻專程發來賀電，「預祝大會的召開取得圓滿成功，並祝老校友們身體健康，生活幸福」。

你雖然工作繁忙，但對老同學總是舊情難忘。不論走到哪裡，只要有機會，都要在百忙中同老同學見面。一九八六年你去貴陽看望了曾憲文和園藝系好友張本，二〇〇八年你去雲南農大時約見了代國平。王官遠同學去世你還專門發了唁電。你感恩母校的培養教育，多次返校傳經送寶，做報告，為母校學科的建設和發展做出了重要貢獻。母校和同學們也十分懷念你。二〇〇八年劉先齊遵囑寄去了陳西凱老師，楊其祐、譚民化、陶利林等同學的傳記和自述，一九八九年你母親去世時，林喬曾代表同班同學前往送葬致哀。

五、西南大學傑出的校友

大學，是人才的搖籃。你從相輝學院轉入西南農學院（現為西南大學）又讀了三年大學，學校眾多的高水平的老師給了你豐富全面的專業知識，培養了你正確的人生觀、世界觀、價值觀，賦予了你為人民服務的本領，為你走上成才之路打下了堅實的基礎。你對母校，始終懷著深深的感恩之情。同時，大學四年，同學之間建立了很深的感情。

西南農業大學於二〇〇五年與西南師範大學合併為西南大學，你又成為西南大學校友。

二〇〇八年十月二十七日傍晚，你作為母校傑出校友、「雜交水稻之父」回到母校。原西南大學校長王小佳、副校長丁忠民等與黨辦、校辦、校友辦負責人一道代表全校師生前往機場迎接，為你獻上鮮花，並陪同你回校。

下午六點，細雨紛飛，大校門內的主席像兩邊路旁、大石梯上早已站滿了迎候的學生。同學們打著傘，有的舉著你在田間工作的圖片，有的拉著「向傑出校友袁隆平學習」「享譽世界，情滿西大，母校歡迎您」等標語橫幅，有的手拿彩色小旗，盼望著那激動人心的時刻。

下午七點多，你乘坐的轎車在細雨紛飛中駛進大校門，現場一片歡呼聲：「袁先生來了！」「歡迎袁隆平，榮歸母校！」

小車放慢速度，你搖下車窗，揮動右手微笑著向冒雨迎接你的校友們示意感謝。激動的同學們喊著口號，一撥一撥地向前簇擁，直到小車駛上行署路那條小坡，同學們才慢慢散去。

深秋的校園因為連日細雨已有絲絲寒意，但此刻的桂園酒樓金桂大廳卻華燈高照，暖意融融。全體在校校領導、向仲懷院士、部分老領導、你當年的老同學，機關職能部門、學院、科學研究機構負責人、教師代表早已恭候在此，等候你的到來。當你的身影出現在大廳門口時，全場人員起立，向你報以經久不息的掌聲。隨即，學校為你這位傑出校友舉行了隆重的歡迎宴會。

黨委副書記張躍光主持儀式，校長王小佳做簡短致辭，代表全校師生員工歡迎你回到母校。你發表了簡短講話，對母校師生隆重的歡迎表示感謝。你感動地說，學校師生五萬餘人，是一個「大兵團」了，母校今天的發展讓自己感到由衷的高興。你謙虛地說，自己沒什麼了不起的，自己也一直比較隨意，受到母校這麼隆重的歡迎，感到很不好意思。話語間，你隨手舉起酒杯，請全體人員為母校的發展、為國家的繁榮乾杯。主持人張躍光接過話語提議：「為歡迎袁先生的到來，為學校的發展，為袁先生長期從事的雜交水稻事業，為中國的農業發展乾杯！」場面熱烈而動人。

你幾十年如一日刻苦攻克雜交水稻難關的故事對參加晚宴的人們來說已是耳熟能詳。晚宴現場的布置也頗具匠心，餐廳工作人員專門在你就座的餐桌正中擺了一個玻璃缸，裡面盛滿了精心挑選的大米，缸壁上還專門寫了一句話「飲水不忘挖井人，吃米不忘袁隆平」，表達了人們對你的熱愛和崇敬之情。

席間，音樂學院學生代表表演了獨唱和小提琴演奏。生性活潑、樂觀，喜愛小提琴的你即興為大家拉了一曲《我的祖國》，贏來校友們更加熱烈的掌聲和歡呼聲。

你雖然已經七十八歲高齡，但依然精神矍鑠。晚宴後，你走上桂園賓館五樓會議室，與當年的老同學，包括部分從重慶市區專程趕來的原相輝學院的老同學親切會面。

「你們幾個的樣子都還沒變嘛。」「二娃子呢？」「糊鍋巴呢？」這些親切的語言，讓老同學想起當年的同窗歲月，激動得直想流淚。

「隆平，你看，這裡，這是你那年回來，你還給我們當廚師做飯，看，我們在家裡與狗狗合影。」老同學拿出照片與你共同欣賞。

你感慨萬分地說：「一九五二年，我還差點當空軍了。當年，在西南局舉辦的游泳比賽中，我得了第四名，前三名進了國家隊。我被淘汰了。」

「你還是得了川東片區的第一名嘛。」

十幾個老同學輕鬆愉快地話家常，聊起當年的大學時光，共同回憶一些老同學的趣事。曾在重慶生活過十餘年的你用地道的重慶方言和同學們「吹牛」。時間不知不覺地溜走，有同學說，你一路勞頓，早點休息吧。你談興正濃，笑著說：「我呀，七十多歲的年齡，五十多歲的身板，三十多歲的心態。」

你說，人要樂觀開朗，不要為一些小事煩惱，保持良好的心態，還要加強鍛鍊。一個老同學打趣地說：「你在雜交水稻攻關上取得了舉世矚目的成就，但，你的小提琴卻沒有什麼長進呀。」一句話，把你和在座老人及一些年輕工作人員都逗笑了。

十月二十八日上午，你在母校大禮堂為全校師生做「雜交水稻研究新進展」報告，報告會由副校長李明主持，校長王小佳代表學校致辭。王校長向與會師生介紹了你的簡歷，特別是你幾十年如一日的科學研究所取得的巨大科技成就和獲得的極大榮譽，號召全校師生要向你學習。

在報告中，你從目前中國人口與耕地所存在的矛盾現象談起，對雜交水稻研究目前所取得的成就做了回顧，闡述了當前研究的新進展。你向母校匯報了所領導的攻關團隊已經提前完成了國家超級雜交稻第一階段和第二階段的攻關指標，百畝片示範點畝產已經超過八百公斤，千畝片示範點畝產已經接近八百公斤。目前，中國農業部已經立項啟動了第三階段超級雜交稻育種計劃，到二〇一五年大面積示範的產量指標是每畝九百公斤。你在報告中談到，實踐表明，透過育種提高作物產量，只有兩條有效途徑：形態改良與雜種優勢利用，還需要借助分子技術。你最後強調說，科學進步永無止境，水稻還有很大的增產潛力，相信透過努力會實現預期目標。

報告會開會前，原黨委副書記張躍光代表學校向你贈送了由母校美術學院副院長劉曙光教授創作的你的肖像畫。與會的研究生代表、附屬中學學生代表分別在你進入會場前後為你獻上鮮花，表達母校五萬餘學子對你這位傑出校友的敬仰和愛戴。

隨後，你在王小佳等校領導陪同下，來到東方紅俱樂部與母校師生代表親切座談。教師代表及本科生代表和附屬中學學生代表分別發言。在互動階段，現場學生、媒體記者爭相提問，你一一作答，樸實無華的言語間，透著一個老人的坦誠、智慧和幽默。

一個學生問作為博士研究生導師的你：「你覺得研究生最重要的素質和能力是什麼？」你很乾脆地回答：「首先一條：你要下田。」你說，作為農學科技，沒有實踐就沒有任何成果可言，書本知識重要，電腦作為工具也很重要，但是，「電腦裡種不出水稻」，最重要的就是實踐。

有學生借用你為農學與生物科技學院題寫的院訓「追夢求實」問道：「大學生應當樹立怎樣的理想？」你幽默地答道：「有理想就不錯了。」你說，人各有志，但一定得有志，你再次結合自己從事雜交水稻育種選擇的艱辛歷程說，科學本身就要講科學，不要鑽牛角尖，大方向一定不要錯，持之以恆就會做出成果。

你在座談會上深情地談到，重慶是你的第二故鄉，抗戰八年和大學四年，你在重慶度過了整整十二年，特別是北碚，空氣新鮮，風景優美，人傑地靈，給你留下了很多美好回憶。

座談會後，學校舉行簡潔而隆重的聘任儀式，聘任你為母校農學與生物科技學院名譽院長。會後，學校領導陪同你參觀了後山竹園等學生園區，參觀了學校蠶桑重點實驗室以及校史館和博物館。

當天下午，時任重慶市長王鴻舉在霧都賓館親切會見你，市科委副主任張文、市教委副主任牟延林、母校黨委書記黃蓉生、校長王小佳、向仲懷院士、副校長丁忠民以及市政府相關部門負責人會見時在座。王市長高度評價了你在雜交水稻研究領域取得的成就和為中國乃至世界糧食生產所做出的巨大貢獻，他代表市政府歡迎你的團隊來重慶開展雜交水稻育種實驗。你表示，作為一個農業科技工作者，為農民、農村、農業服務是應盡的責任。王市長當即指示市科委負責人要組織相關科技人員前往湖南回訪你和你領導的中國國家雜交水稻工程技術研究中心，與你們加強交流和合作，推動重慶市相關研究發展，為農民增收致富做出貢獻。

當晚，時任重慶市市委常委、常務副市長黃奇帆代表市委和市政府宴請了你。晚飯後，你在王小佳、丁忠民等陪同下，興致勃勃地冒雨登上南山一棵樹觀景臺，欣賞美麗的重慶夜景。

「那裡是龍門浩。」

「那裡是東水門。」

「解放碑在抗戰時期叫做『精神堡壘』，解放後才叫的解放碑。」

「看嘛，那裡，抗戰時期，我還是個小娃娃，日本鬼子的飛機轟炸重慶，我們也不怕，很多時候，有空襲警報，我們幾個娃娃還在江裡游泳呢。」

朝天門一帶，燈火燦爛，已經看不出六十多年前老重慶的影子，但曾在這一帶生活了近十年的你對當年的景觀還是能如數家珍。對第二故鄉深刻的童年記憶，對這座新興直轄市快速發展的由衷讚賞，不時溢於你的言表。帶著兒時的深刻記憶，你背靠觀景臺欄杆，讓隨行工作人員為你留影，把燦爛的重慶夜景和遙遠的回憶定格在細雨紛紛之中。

「那個老人是不是袁隆平？」

「真的是『雜交水稻之父』袁隆平院士！」

雖然夜雨婆娑，還是有不少遊客認出了你。好幾個外地遊客禮貌地把觀景臺最佳位置讓出來，一邊說：「這是一個了不起的老人，一個讓世人尊重的老人。」當得知你在重慶生活過這麼久，而且還是西南大學校友時，遊客朋友對記者說：「西南大學了不起，培養了這麼傑出的校友！」一位重慶居民說：「袁隆平在重慶學習生活十一二年，從小學讀到大學畢業，可以算半個重慶人了。他是我們重慶的驕傲！」

十月二十九日上午，你離開重慶前，還擠出時間，回到夏壩相輝學院舊址，參觀了相輝學院校史陳列室，在看到《英才篇》時，你駐足多時，細看英才事跡，看完展覽還在留言簿上題詞留念。

六、一封深情的信

二〇一〇年十月，原西南農學院農學系五十三屆老同學聚會，你本擬去重慶一趟和同學聚會，但因公務纏身，加之又重感風寒，只好放棄這個機會，但你內心深感遺憾，特地寫了一封信，傾訴心中的情誼：

親愛的老同學們：

你們好！欣悉你們馬上要聚會，在我們畢業半個多世紀後的今天，重返校園，舉行一次特別的班會，我非常高興！老同學們年紀已高，有這麼一個好機會在一起聚會，暢談敘舊，實很難得。我十分地珍惜這一機會，也曾考慮去重慶一趟和你們聚會，但由於每天仍公務纏身，加上近日重感風寒，只好放棄這個機會，我在內心裡為此深感遺憾。但我想，把想說的話記錄下來，寫信寄給你們，也可以彌補一點心中的遺憾吧。前段時間，德玖、運正和先齊專程來了長沙，當時我們正在開「第一屆中國雜交水稻大會」，會議隆重盛大，全中國五六百名專家參會，中國全國政協副主席、科技部部長萬鋼也親自到會，湖南衛視專門為這次會議的召開舉辦了一場晚會，德玖等老同學被請上舞臺，我當時一點心理準備都沒有，好驚喜！後來我們小聚一次，談得十分愜意與開心！這樣的機會實在難得，因此留給了我特別深刻的印象。

回想我們在夏壩讀書的時光，給我留下了十分美好的回憶。五十年代那個時候，我覺得同學們很純樸，一起游泳、唱歌、打球、拉琴，相處多麼快樂。我反正自由散漫慣了，以致到畢業時，同學們開玩笑要給我的畢業鑑定寫：愛好自由，特長散漫，至今我還記憶猶新。

現在，算起來半個世紀過去了，算是漫長的歲月。令人欣慰的是，同學們除了在各自的崗位上做出了應有的貢獻，退休了，兒孫滿堂，現在仍然老有所樂，令生活充滿了樂趣，這是十分可貴的！歲月流逝，過去熟悉的面孔，必定現在有歲月留痕，但是我希望大家人老心不老，在度過一個愉快的晚年的同時，樂觀一點，開朗一點，再一個，如果有興趣，也可以根據興趣做一些自己高興的事情；但是第一位的，是要把身體弄好。不要因為自己年紀大了，就消極，還是要精神煥發。現在各方面的條件都好了，年齡上一般來講活到九十歲、一百歲，是完全有可能的。我曾看過《參考消息》上登，我們國家的男人平均壽命七十一歲，女人平均壽命七十四歲，這是世界衛生組織的數字。雷潔瓊講了這麼句話：「百歲笑嘻嘻，九十不稀奇，八十是多來唏，七十是小弟弟。」我們剛剛從屬於「小弟弟」的範疇，進入八十的行列，提高生活的質量，來日還方長，希望大家過一個愉快、健康的晚年！我希望老同學們在班會上聚得開心！衷心祝願大家幸福平安，萬事如意！

七、濃濃校友情

楊其佑當時是你同寢室上下鋪的同學。吳明珠也是西南農學院同屆的園藝系校友，後來與楊其佑結婚，當選為院士。

楊其佑讀書時跟你關係很好。楊其佑大學時是優秀學生，成績很好，又熱心集體事務，當了院學生會的主席。你倆讀書時都喜歡做實驗，還共同去做過紅薯與月光花的嫁接實驗。

楊其佑大學畢業後，作為唯一的一名保送生，被保送到北京農學院讀研究生。楊其佑與吳明珠在大學時談戀愛。吳明珠學的是園藝專業，在大學期間就加入了共產黨。畢業時，學校決定留她在學校當助教，她不願意，立志到生產實踐中去做一番事業。組織上分配她到西南農林局工作，一年後調到中央農工部工作。當時楊其佑正在北京農學院讀研究生，兩個人都在北京。可是她卻認為在機關裡做不出什麼名堂，渴望到基層去，在園藝科學研究上做出成效。一九五四年她向組織提出申請要到新疆去從事園藝研究。組織上批准了她的要求。她沒有跟楊其佑商量，就興奮地趕赴新疆。到新疆後，她被分配到烏魯木齊地委農工部工作。她覺得還不合她的心願。她有一次下鄉，去到鄯善縣，看到這兒出產哈密瓜，土質肥沃，氣候適宜，她就積極要求到鄯善縣農技站工作。那是怎樣艱苦的條件啊！鄯善縣位於赤日炎炎的火焰山下，氣候是那樣的乾旱、灼熱、惡劣，一年四季沒有什麼雨水，最高氣溫可達攝氏四十八度，沙灘上可以燜熟雞蛋！她就是在這樣的條件下培育香甜可口、美味清爽、高產早熟的甜瓜。她頭頂烈日，面朝熱土，臉被烤成黑紅色，汗水濕透衣衫，她走村串戶收集農家品種，冒著烈日進行雜交育種，她挽救了一批瀕臨絕跡的資源，她主持選育經過省級品種審定或認定的西瓜品種達三十多個。她跟她的同行用其親自所育品種進行推廣，面積涵蓋新疆主要商品瓜區的八〇%，為社會創造經濟效益數十億元。她成為新疆甜瓜育種事業的開創者，第一批獻身中國邊疆園藝事業的女科學家，被譽為「戈壁灘上的明珠」。一九七九年被評為中國「三八」紅旗手，一九八四年獲新疆維吾爾自治區優秀科技工作者一等獎，一九八七年被國家科委表彰為「優秀中青年科技工作者」，一九九九年當選為中國工程院院士。

她丈夫楊其佑研究生畢業後本來留在北京工作，後來為了支持妻子的研究工作，他也調到了新疆，默默奉獻。由於他本來多才多藝，外語、生物、電腦等各科成績都好，成了「萬金油」，組織上讓他做這做那，他也就做這做那，樣樣都做得很好！但是，幾十年東打一槍，西放一炮，就是沒有用到自己的專長，也沒有找到自己鑽研的領域。他們夫婦個性都強，以致經常爭吵。為了發揮自己的專長，他被調到了江蘇省農科院工作，不久因患胃癌把胃切去五分之四，自治區和江蘇省領導都表示，希望吳明珠到江蘇工作，以便照顧重病的丈夫。然而吳明珠不願離開吐魯番，要為事業繼續奮鬥。由於患病的丈夫需要照顧，她與領導商定，每年春夏在吐魯番研究葡萄、瓜類，秋冬回南京，照顧病人。同時，她利用江蘇與新疆的溫差進行農作物試驗研究。她一面在新疆培育早、中、晚配套的西瓜優良品種，一面籌建農商聯合體，使吐魯番的葡萄、瓜類能較快運到首都和各大城市。

吳明珠在新疆研究甜瓜時，每年也要到海南進行水稻育種工作，她跟你經常見面，交流經驗，交流資訊，同時也回憶母校的生活、學習，談論母校老師、同學、校友的情況。你跟楊其佑在大學時關係就非常密切，談得最多的當然是楊其佑的事情。你對他在新疆未能發揮自己的專長，深感遺憾；對他身患癌症，過早去世，更感悲哀！

八、張本：五斤種子改變命運

你大學同學中，張本跟你關係較好，後來聯繫也較多。張本是貴州人。在大學時，你們兩人都喜歡拉小提琴，喜歡游泳。你參加西南運動會時，以自由式游泳，奪得了第四名；張本也參加了游泳比賽，他在蛙泳比賽中，獲得第四名。當時，比賽前三名可以入選國家隊，你倆都是第四名，雙雙失去了進入國家隊的機會。

大學畢業後，張本被分配到貴州省農科院，後來被莫名其妙地打為「右派」，他的妻子不堪忍受巨大的壓力與他離婚。他被流放到金沙。在這個偏遠的小縣城裡，昔日的高材生過著孤苦而潦倒的生活。

一九七五年，你得知這個昔日同窗的境況，唏嘘不已。你想幫他一把，就給他寄去五斤雜交水稻種子，還連夜給他寫了一封情真意切的信。收到包裹時，張本用顫抖的手打開這封來自千里之外的信，看到同窗熟悉的字跡，張本不禁潸然淚下。

待到春耕時，張本按照你信中講述的播種方法將種子一一播下，像對待自己的孩子那樣悉心照料。村民們看到他每一蔸禾苗只插一根秧，都嘲笑他瘋了。張本笑了笑，沉默不語。這個昔日農學院的高材生從那封薄薄的信裡讀出了雜交水稻巨大的潛力和價值。他相信你！

秋收時節到了，等著看笑話的人圍滿了田壟。黃澄澄的稻穗顯示著豐收的美景。曾經嘲笑他的人都驚呆了！畝產八百公斤！創造了金沙水稻種植史上的奇蹟！圍觀者目瞪口呆。

張本弄來的神祕種子獲得了奇蹟般的高產，這個消息迅速傳遍了全縣。金沙縣的縣委書記聽聞，專程奔赴長沙，極力邀請你到金沙指導播種。你欣然應約前往。

縣委書記見你去了，十分重視，熱情接待，還為你配備了警衛，你睡覺時，警衛竟和衣睡在過道上「保衛」著你的安全。待你回去後，張本即被任命為縣農科所所長，專門負責雜交水稻的推廣和指導工作，成為當地的著名專家。第二年，他與當地一個美麗善良的姑娘喜結良緣，生活發生了天翻地覆的變化。

這只是雜交水稻推廣中的一個小故事而已。雜交水稻這顆神奇的種子，改變了無數人的命運。

九、首批學生畢業五十週年聚會

「袁隆平院士首批學生畢業五十週年聚會」於二〇〇七年五月二十二日至五月二十四日，在長沙「湖南雜交水稻研究中心」隆重舉行。大家從四面八方趕來看望你，久別重逢，大家都百感交集！

上午八點，別後五十多年的學生進入辦公樓二樓學術報告廳，按照農三〇二班、三〇三班、三〇四班和特邀代表四個團隊依次入座。學術報告廳裡裝修一新，顯得莊重、大氣。上午八點三十分，你和鄧哲高興地步入會場，頓時，恭候在這裡的一百多名學生全體起立，熱烈鼓掌，歡迎你們的到來。有校友高興地說：「袁老師身體真棒！根本不像七十多歲的老年人。這是中國人的福氣，也是我們校友的福氣！」

八點三十八分，大會主持人、農三〇三班校友、此次聚會總聯絡員謝長江大聲宣布：「袁隆平院士首批學生畢業五十週年聚會現在正式開始！」

你在即興講話時說：

我非常高興，我們的老同學有這麼一個好機會，在一起聚會，可以敘舊。我們在二十世紀五十年代，在安江農校的那段生活的確給我留下了十分美好的回憶。那個時候，我個人認為，我們安江農校辦得非常好，德、智、體全面發展。我呢，說句老實話，政治水平很低，雖然當班主任，但不會做思想政治工作，我只是帶同學們打球啊、游泳啊、唱歌啊、拉琴啊。思想政治工作哩，那是一個「班三角」，就請他們團支部書記、班長、學習委員、班代表來做，所以說對不起大家。但是同學們的覺悟非常高，也讓我受到很多的啟發和教育，至今我還記憶猶新。現在，算起來，半個世紀，是漫長的歲月，我感到很欣慰的是，我們的同學大部分在基層，為國家的建設添磚加瓦，做了很多的工作，還有很多老同學在為發展雜交稻方面做了很大的貢獻。比如我們的長江同志，他那個時候在基層時，從農技員開始，後來是縣農辦主任，後來又是縣委副書記，他一直留意雜交稻，在綏寧做雜交稻製種，在全省都是很有名的（謝長江插話：那是在袁老師的教導下做的，那時候就請袁老師當技術顧問）。歲月流逝，半個世紀過去了，我們這一屆同學現在都是古稀之年了。原來年齡最小的，都是古稀之年了。我看到了大家，很高興，我希望大家在退休、年老之後，過一個愉快的晚年，樂觀一點，開朗一點。再一個，如果有興趣，也可以加入好多我們老同學都加入的什麼老科協吧，還可以發揮餘熱，再做一些貢獻。但第一位是要把身體弄好，樂觀一點，不要因為自己年紀大了，就消極，還是要精神煥發。現在各方面的條件都好了，年齡上一般來講活到一百歲、九十歲，這是完全有可能的……過去的七十歲是耄耋之年；現在的七十歲，還算是「小弟弟」。我們大家還屬於「小弟弟」這個範疇。來日方長，希望大家過一個愉快、健康的晚年！我就講到這裡。

農三〇三班校友代表謝長江發言：

一九五三年八月，作為中華人民共和國首批大學生的袁隆平老師，從四川西南農學院畢業，來到湖南省偏僻的湘西安江農校，開始了長達十九個春秋的教學生涯。他一來就擔任我們農三〇三班的班主任，又教我們俄語與遺傳育種等課程，直到一九五七年八月，我們這批袁老師的首批學生畢業。師生間朝夕相處了難以忘懷的整整四年！從那時到今天，我們已有半個多世紀的情緣。其中，從一九九〇年我又有幸調到袁老師身邊工作，相依相伴了更加難忘的十八年。回憶起樁樁往事，感慨萬千！俗話說得好：「黃金有價，情義無價」「見物思人，無限溫馨」。今天以四件小小實物，藉以回顧半個多世紀來，我們師生間濃濃的情誼。

第一件，一組師生老照片。五十多年來，與袁老師的合影不少，今天僅從中挑選出七張，最早的兩張是五十年前袁老師與我們農三〇三班的畢業照和我們班三名同學的單獨照。儘管因時間久遠，黑白照片發了黃，但照片中袁老師與這批學子們的英姿風采仍躍然紙上……在這裡，我又記起了我班已作古的謝萬安同學，他臨終前對妻子周曉潔說：「我一生苦短，但『安農』六年最值得回憶，是我一生中最留戀的日子！」並再三拜託妻子，要將兩張我前面展示過的老照片，送到長沙袁老師和安江學友身邊……至今這兩張照片仍珍藏在我的相集裡。師生間每一張照片都蘊藏著一個美麗動人的故事，每一張照片都留下了無限溫馨的回憶！

第二件，一本師生通信集。今天僅從中挑選出三十二年前的一九七五年十一月四日，袁老師在雜交水稻研究攻關的關鍵時候，從夏在長沙、秋在南寧、冬在海南的南北輾轉的百忙中給我的回信。此信南北輾轉，歷時一個多月，我收到信時，信封已破損無存。今天重讀起來，仍那麼親切、真摯、透明，教育、鼓勵、鞭策學生誠實做人，扎實做事。一本通信集，使學生受益終身。在此，我還聯想起了安農六年老師同學中不少可歌可泣的故事，比如五十多年前的一個深夜，安江老街突發火災，老師同學從夢中驚醒，大家不約而同地跑步四公里趕赴火場參加戰鬥。火撲滅時，東方拂曉，老師同學濕透衣裳，滿臉漆黑，又跑步回校上課……

第三件，一套老師送的古籍《資治通鑑》。袁老師送我的書不少，有他不同時期的專業著作，如《雜交水稻簡明教程（中英對照）》《雜交水稻育種栽培學》等，但我最喜愛的就是今天帶到會場的這一套《資治通鑑》古籍，全卷共二十冊，今天我只帶來當年 （一九七二年七月二十日）老師在首卷首頁上題字、簽名的這一冊。學生深深懂得老師的良苦用心：不指望我去讀死書、鑽故紙堆，成為「考古學者」，而是教我如何做人做事，學習古代名臣魏徵敢於直諫的可貴精神……

第四件，一組老師送的小禮物。諸如一九八八年為完成老師的第一本傳記《雜交水稻之父——袁隆平傳》時，我從工作的地方綏寧縣遠道來到老師身邊採訪。因我們久不見面，老師像父兄般地打量著我，突然發現我鬍子亂長，當即送我一把從美國帶回的小巧自動刮鬍小刀具；採訪結束時已夜深人靜，老師又送一支小巧的鋼筆式手電筒，說農科院是毒蛇區，叫我隨身帶上，注意安全。回到招待所，抱著老師送的兩件小小禮物和衣躺下，我一夜難眠！當晚我聯想到在安農「五年一貫制」

時，我個子矮，但肚子大，因年齡小，糧食定量指標低，常感到吃不飽飯。班主任袁老師得知後，常喊我去他的教師食堂添補一碗；我班十位姐姐寧可自己每餐少吃一口，也讓我這不太懂事的小弟弟吃飽。老師和同學五十多年前的一碗飯之恩、一口飯之情，讓我回味一輩子，記憶一輩子，而且成為我畢生的一筆寶貴的精神財富！今天隨身帶來的還有袁老師送我的一個小小「護身符」。那是十三年前的一九九四年二月，我隨袁老師訪問美國，往返十二天，日程安排得很緊，老師既要講課，又要技術交流，還要與對方談判兩系法技術轉讓。他自己沒有休息過一天，卻無微不至地關心我這個「沒有開過洋葷」（即沒有出過國門）的學生。特別安排了一天（一九九四年三月四日），老師給美國學者講課，讓我就近去休士頓太空中心參觀遊覽。我不會說英語，老師擔心我迷路、丟失，就在我貼身的小小電話號碼本上，親筆用中、英文對照，清晰地書寫著：公司名稱、總裁、副總裁姓名、地址、電話號碼五大資料。就憑著老師親筆書寫的英文資訊儲備，我既痛快，又安全地在現代化的、廣袤的休士頓太空中心暢遊了整整一天。

……

一滴水能折射太陽的光芒，四件小小實物，從一個側面，充分展示了老師愛學生、關心他人的高尚的精神風貌和濃濃的師生情誼。

與你合影留念是此次聚會中的「重頭戲」，每位老校友都將此看作重中之重。因為在合影之前，大家把你的話傳開了：你答應大家，這次除了集體合影、分班合影以外，並與每一位校友單獨合影。校友們深感你對這批學生的無比關愛，個個都感到無比榮幸，無比快樂！

第十四章 情深誼長，共創輝煌

科學家愛因斯坦說過這樣一段話：「世間最好的東西，莫過於有幾個頭腦和心地都很正直的嚴正的朋友。」

古人講：滴水之恩，當湧泉相報。你始終記得這句話，並終身實踐。對有恩於己的人，你深深銘記，總想著報答；對同學、同事，你念念不忘；對助手、學生、人才，你慧眼識才，大膽培養、使用，大膽獎勵、提拔，並像朋友一樣，互相幫助，情深誼長。

於是，在雜交水稻科學研究領域，在雜交水稻研究中心，老一輩壯心不已，碩果纍纍；中年一代承上啟下，奮發圖強；青年一代朝氣蓬勃，努力攀登。真是長江後浪推前浪，事業越來越興旺。

你在湖南省委省政府授予你「功勛科學家」的大會上說：「省委、省政府給了我崇高的榮譽，使我感到既無限激動又很不安！我覺得這個榮譽不僅屬於我個人，而且也應屬於與我在一條戰線上做出了巨大成績和付出了辛勤勞動的廣大科技工作者。功勞應歸於大家。」

在你獲得首屆中國最高科技成果獎的大會上，你代表全體獲獎人員發言說：「這個獎是獎給全中國農業戰線的科學研究工作者的，因為雜交水稻是全中國很多人協作攻關的成果。」

你說得多麼好啊！的確是這樣，雜交水稻的研究推廣的成功，是從中央到省市縣各級領導關懷支持幫助的結果，是全中國特別是湖南省一起協作攻關的團隊和廣大科技人員共同努力的成果。你胸懷寬廣，眼光高遠，不但尊重各級領導，而且尊重你身邊的同事、學生、助手、朋友；你不僅熱情培養年輕後輩，精心培養學生，而且知人善任，寬以待人，善於團結周圍的同事一起工作，跟大家建立了深厚的友誼。反過來，各級領導以及你的同事、朋友、學生、助手也樂於在你身邊工作，樂於為雜交水稻事業奉獻自己的力量！你跟他們共同創造了雜交水稻的偉大事業，共同演奏了一部雜交水稻事業的輝煌的交響曲！

一、趙石英：雜交水稻事業的伯樂

一九六六年，「文化大革命」風暴呼嘯而來，小小的安江農校亦波翻浪湧。批判你的大字報糊滿了牆，「牛棚」把你的床鋪準備好了，你也做好了被批鬥關押的準備。但是，突然之間，你不但沒被批鬥，反而還被工作組請去做技術指導，你的水稻研究也得以進行。

後來才知道，原來，是你那篇論文《水稻的雄性不孕性》救了你！具體情況是，你的那篇論文在《科學通報》上發表後，很快被中國國家科委九局的熊衍衡先生發現，他將此文呈報給了當時的九局局長趙石英。趙局長慧眼識才，認為水稻雄性不育研究在國內外是一塊未開墾的處女地，若能研究成功，必將對中國糧食生產產生重大影響，於是立即請示中國國家科委黨組對這項科學研究予以支持。一九六六年五月，趙石英先生眼看浩大的政治風暴即將來臨，及時地以中國國家科委的名義，分別向湖南省科委與安江農校發函，責成他們支持你從事這項研究。就這樣，在國家整體進入政治動盪的歲月裡，你還能夠獲得繼續從事研究的權利與時間，使剛剛起步的雜交水稻研究得到了保護，避免了被扼殺在搖籃中的可能後果。

「滴水之恩，當湧泉相報。」你對在危難時刻幫助你的恩人充滿感激之情。你後來了解到，趙石英（一九二〇至一九九三）是四川酉陽縣（今屬重慶）人，原名趙令璦，是革命先驅趙世炎的侄兒。少年時期，在成都參加趙世蘭等共產黨人組建的「民族解放先鋒隊」，參加學生愛國救亡運動；一九三八年經中共地下黨組織選送延安，更名為趙石英。延安抗日軍政大學畢業。二十世紀六十年代前期任中國國家科委九局局長。一九八五年調任中國國家專利局局長。你對趙石英先生對你的賞識和支持十分感激和懷念，把他當作你的伯樂。謝長江撰寫你的傳記時，要去採訪趙石英，你就一再囑託謝長江，請他代你向趙石英先生表示崇高的敬意和衷心的感謝！一九九三年，趙石英患病住院，你曾派專人前往看望、問候。不幸的是，趙石英先生於一九九三年五月八日病逝，你非常難過，常常思念。在首屆「袁隆平雜交水稻獎勵基金會」頒獎儀式上，你特地給已故的趙石英頒發了伯樂獎，以告慰趙石英先生的英靈，表達你永遠的尊敬和懷念！

二、陳洪新：珠聯璧合，共創偉業

科學技術就是生產力，雜交水稻這項科學研究成果是如何轉化為生產力的呢？你難忘在雜交水稻推廣工作中做出傑出貢獻的陳洪新。

革命戰爭年代陳洪新捨生忘死，把全部精力都投入抗日戰爭和解放戰爭之中；中華人民共和國成立以後，他又全身心地投入社會主義建設事業之中，尤其是對糧食問題的關注，直至耄耋之年仍痴心未改。陳洪新的家鄉河北省唐縣石門村是一個貧困山區，十八歲參加革命後，他所擔負的工作就與「糧食」有關。特別是在擔任湖南省郴州地委第一書記期間，在一九六〇年前後，由於人所共知的原因，因糧食不足和疾病，使老弱病殘這個弱勢群體的死亡率明顯上升，讓他痛心不已，終生難忘。糧食問題就這樣千迴百轉地縈繞著陳洪新，成為他一生孜孜追求的信念和目標。一九六六年「文化大革命」席捲中國大地，在郴州地區身為第一書記的陳洪新首當其衝，被定為反黨、反社會主義、反毛澤東思想的「三反分子」和「死不悔改的走資派」，受到殘酷批鬥，無情打擊， 在精神和肉體上受到了長時期的凌辱和折磨。一九七三年十一月陳洪新被重新起用，分配到湖南省農科院革委會任副主任，降級使用。他與你因為雜交水稻事業相識相知，直到成為莫逆之交，共同為雜交水稻事業的發展譜寫了輝煌壯麗的篇章。

陳洪新到湖南省農科院分管科學研究工作，他被廣西農學院的六畝雜交稻平均每畝產量五百五十公斤的事實驚呆了，他從你的雜交水稻高產中看到了解決中國人民吃飯問題的希望和出路。他先當小學生，虛心向你和專家們請教，又自學有關基礎知識，逐漸從外行向內行轉變。為加快雜交水稻的推廣速度，必須解決雜交水稻的製種問題，如何加快步伐？陳洪新跟你和技術人員研究並取得湖南省有關領導的支持後，決定對不育系種子和雜交水稻種子進行連續多次加番超常規速度育種。到了一九七五年秋後，湖南省生產的不育系種子已有十一萬公斤了。下一步加快發展雜交稻的關鍵是如何盡快生產出雜交稻種子，以便下一年在湖南和全中國進行推廣。這就需要利用冬季到海南島大面積製種才行。但如何去動員和支持兄弟省市去海南島製種，加快在全中國推廣種植雜交水稻的步伐，陳洪新反覆思考之後，決定冒著以生產壓革命的風險，不顧自己剛有好轉的政治前程，自告奮勇去北京找國家農林部匯報求助。一九七五年十二月十七日，陳洪新帶著郭名奇乘火車到北京，等待部領導接見。但在當時的情況下，一個省農科院的副職，要想見部領導，談何容易？一連等了三四天， 每天都被告知部領導有事，無暇聽匯報，讓再等一等。因去海南製種的時間太緊迫了，再晚就會錯過季節，這使他非常焦慮不安。二十日下午，陳洪新決定給一起在湖南工作多年、時任中國國務院第一副總理的華國鋒寄一封信，簡明扼要地說明了雜交水稻在湖南和中國南方稻區推廣面臨的困難，希望他能抽時間親自聽聽匯報，給予支持。華國鋒完全贊成陳洪新對加速發展中國雜交水稻的大膽設想和具體組織實施的意見，並當場拍板決定：由中國農林部主持，在廣州召開南方省、市、自治區農業廳廳長、農科院院長領導幹部加快推廣雜交水稻的專題會議；並撥款一百五十萬元支持雜交水稻推廣工作。一九七五年冬，全中國組織二點一萬人去海南進行雜交水稻的三系繁殖和製種，由陳洪新負責，你任技術總顧問，製種面積達兩千公頃。

陳洪新此次北京之行，決定了雜交水稻這項重大科學研究成果轉化為生產力的最好的命運。

「文化大革命」結束，陳洪新被任命為湖南省農業廳廳長、黨組書記兼湖南省農科院院長、黨組書記，這使他在推廣雜交水稻工作上更加遊刃有餘，揮灑自如。至一九八三年，在他任農業廳廳長的五年間，湖南省的種子體系建立起來了，雜交稻一季稻和雙季稻在湖南省的種植面積均達九〇%左右，且每畝產量已分別提高到四百至五百公斤。從一九七八至一九八三年這六年間，湖南全省糧食總產量共增加八十一億公斤，單產（即畝產）過了四百公斤和五百公斤兩個大關，每年平均增產十三點五億公斤，為糧食增產做了很大的貢獻。

一九八二年三月，農牧漁業部部長林乎加到湖南省視察農業生產，對陳洪新卓有成效的雜交水稻推廣工作大為讚賞，稱他堪為雜交水稻專家。當年五月，中國農業部黨組研究決定，成立全國雜交水稻專家顧問組，陳洪新和你被聘為專家顧問組正副組長。從一九七六年到一九九五年專家顧問組工作結束，共二十年時間，全中國累計推廣雜交水稻面積達一點八六億公頃（二十八億畝），共增產稻穀約兩千八百億公斤。雜交水稻推廣速度之快，稻穀連年增產幅度之大，全中國人民有目共睹，有口皆碑，轟動全中國，震驚世界。這是與陳洪新分不開的。以你為首研究出了雜交水稻，以陳洪新為首推廣了雜交水稻，你倆珠聯璧合，共同為解決中國糧食問題做出了巨大的貢獻。

離休以後，他仍然和你以及從事雜交水稻工作的精英、基層農技推廣工作者保持著密切的聯繫，關注著這項事業的發展。二〇〇一年，陳洪新應海南中海優質香稻研究開發所之聘請，擔任高級行政總顧問。該研發所在他的指導下，從二〇〇一至二〇〇四年，僅三年時間裡，已擁有了五項重大科技成果，為中國優質香稻的發展又做出了新的重大貢獻。

你跟陳洪新志同道合，心心相印，互相支持，互相配合，成為親密戰友和夥伴。你始終感念著他為雜交水稻推廣所付出的辛勞及建立的功勛，感念著他對你的支持、幫助和友情。在袁隆平雜交水稻獎勵基金首屆授獎儀式上，為他頒發了獎金。你還請你的學生和助手謝長江為陳洪新撰寫了《老驥之志帷幄之才——陳洪新與雜交水稻》一書，把它作為對陳老八十七歲華誕的獻禮。你還為該書寫了「序」。你在「序」中深情地說：

中國雜交水稻專家顧問組組長、湖南省政協原副主席、海南省政府原農業顧問陳洪新先生是一位具有傳奇經歷的職業革命家、離休老幹部，他將畢生精力投入到中國人民的革命與建設事業中。在戰爭年代，他出生入死；在建設時期，他屢建功勛。特別是從一九七三年調入湖南省農科院與雜交水稻結緣後，在強烈的責任感與事業心的驅使下，他憑著頑強、刻苦、勤奮的學習精神，迅速完成了由職業革命家到推廣雜交水稻著名專家的轉變。雜交水稻三系配套成功後，如果沒有陳洪新的積極組織推廣，這一成果可能是擺設在陽臺上的一瓶美麗的鮮花。是他及時組織試種和現場會，進行大力宣傳和擴大示範，及時向中央領導匯報爭取支持，組織在湖南和全中國迅速推廣，做了大量富有成效的決策、組織和領導工作。在關鍵時刻、關鍵問題上有力地支持雜交水稻科學研究；在推廣雜交水稻這一重大科技成果方面，他高瞻遠矚，開拓進取，知難而進，為雜交水稻在全中國迅速地大規模地推廣應用做出了卓越的貢獻，是全中國推廣雜交水稻傑出的領導者、組織者。建議國家授予他推廣雜交水稻特別貢獻獎！

二〇一五年十一月五日，懷著對這位推廣雜交水稻的大功臣的敬意，我專程到海口拜望了九十六歲的陳老。他高高的身材，九十六歲高齡了，卻精神很好，耳不聾，眼不花。他熱情地接待了我，給我講述了他的人生經歷，特別是他推廣雜交水稻的歷程。他激動地說：「我支持袁隆平二十幾年，這是因為我看到雜交水稻是中國糧食增產的必由之路，它已經並將繼續大大提高中國乃至世界的糧食產量，它會在中國、在全世界都產生重大而深遠的影響。我希望袁隆平的雜交水稻事業取得更大的成功！」

三、李必湖：肝膽相照五十年

李必湖七十多歲了，中等個子，人很樸實。他前兩年得了大病，舌頭被切割了很大部分，因此說話有些吃力，我們聽著也有些費力。他陪同我一天，參觀了安江農校，一路上詳細講述了他跟隨你從事雜交水稻的經歷，講述了你對他的培養、指導和幫助，傾訴了他對你的深厚情誼。

李必湖是安江農校「社來社去」的學生。他看到你整天在實驗田忙上忙下，尹華奇也跟著你忙活，感到很好奇，很新鮮，就問尹華奇你在忙什麼？尹華奇是你任教專業課的那個班的班長，他說：「袁老師在做一個很重要的科學研究，利用水稻的雜交優勢，探索水稻高產之路。」李必湖一聽就高興了：自己到農校讀書不就是想做出好成績嗎！就請你帶他參加。你同意了。他和尹華奇就跟著你學著進行雜交實驗。他們覺得，你對人親切和藹，樂觀詼諧，都很樂意地跟著你做。你把艱辛尋到的雄性不育株種在幾十個缽缽裡進行雜交實驗。

「文革」初，學校大字報說要砸爛袁隆平的修正主義的缽缽罐罐。聽到學生在商量要去砸你的實驗基地的缽缽罐罐，他倆著急了，又來不及通知你，就悄悄趕去把你做實驗的幾十缽實驗秧苗選了幾缽藏在了蘋果園旁邊的水溝裡，使它們躲過了一劫。後來，在你被造反派弄到煤礦學習改造、省裡派來的專家又貶斥雜交水稻的時候，尹華奇和李必湖大膽地給省農科院去函，得到了有關領導的支持，把你從礦上調回來，並批准成立了雜交水稻研究組，使瀕於危難的雜交水稻得以轉危為安！畢業時，你給學校要求，讓他們留校，做你的助手，作為雜交水稻研究組的最初的成員。

在雜交水稻三系配套經過幾年艱苦實驗都沒有多少成績的時候，是李必湖根據你的指導，千方百計在海南尋找野生稻，終於在當地朋友幫助下找到了「野敗」，為三系配套工作打開了突破口！立下了大功！

李必湖、尹華奇為雜交水稻研究工做出了重要貢獻。你對他們也熱情培養，精心愛護。當初，他倆聽人勸說，也想參加紅衛兵、造反派，前來徵求你的意見。你委婉地勸告他們，不要去參加那些組織，好好做好科學研究，才是最重要的。他們聽了你的忠告，沒有虛擲光陰，而是跟著你從事雜交水稻的科學研究，讓生命閃現出耀眼的光芒！你為了他們的長遠的發展，還在「文革」中，在緊湊的科學研究工作中，鼓勵他們學文化、學科學，你還親自教他們學外語。一九七三年，你又支持和鼓勵李必湖進了湖南農大學習。

畢業後，李必湖當了安江農校黨委書記，並兼任學校雜交水稻研究室主任；以後，李必湖擔任了懷化職業學院首任院長兼博導，評上了研究員和國家級有突出貢獻的中青年專家，繼續從事雜交水稻研究。

李必湖說：「袁老師從立志學農到選擇世界性難題，進而攻克道道難關，最終發明雜交水稻，成為世界著名的科學家，他的成功有其特殊的內在動力和特定的外部環境。內在動力我認為主要是三個方面，即由社會需要所產生的原動力，由正確的世界觀、人生觀、價值觀所產生的恆動力，以及他本人所具備的良好個性品質與務實創新的精神。而袁老師成功的外部環境主要包括四個方面：國家的關懷和政府的支持，優越的社會主義制度，建立了一支優秀的技術隊伍，中國豐富的種質資源和優越的自然條件。」

你跟李必湖五十多年的師生情和戰友情，顯示了肝膽相照的光輝和團結合作的力量！

四、尹華奇：沒有袁老師就沒有我的今天

你剛開始進行水稻研究，尹華奇就跟著你做科學研究了。當時你教他們班的農藝學，並當班主任。他是你那個班的班長，他聽說你在做一個很重要的科學研究，利用水稻的雜交優勢，探索水稻高產之路。他就跟著你做起來。

一九七四年，三系配套剛剛成功，你安排尹華奇在安江農校做五十畝晚稻雜交稻示範實驗。尹華奇肩負重任，發動農校學生參與實驗。他辦了八個雜交水稻技術培訓班，讓這八個班的學生都根據他的指導去種雜交稻，而他自己則帶頭苦幹！結果，當年五十畝示範田平均畝產達到五百一十三公斤，他做的達到了六百二十八公斤。雜交水稻示範成功了！轟動了縣城！市縣領導都來參觀，雜交水稻很快在全區大面積推廣開了！回憶此事，尹華奇對我說：「我沒有辜負袁老師的期望，為雜交稻早期的示範推廣做出了貢獻！」

一九七四年，安江農校準備將尹華奇提升為學校生產科長。他來徵求你的意見。你勸他別當什麼科長，而勸他去讀大學！尹華奇聽了你的意見，進了武漢大學農學系深造。

尹華奇在武漢大學遺傳專業畢業，一九八四年十月，尹華奇被派遣赴美國種子公司工作，傳授雜交水稻育種和制種技術，被美國德州聘為雜交水稻顧問，美國當局曾有意將這位風華正茂的科學家高薪留下。你聽說後，風趣地說：「魚兒離不開水。倘若肥水流向外人田，我這條魚就快變成泥鰍了。」二十一世紀最珍貴的是什麼？——人才！你對人才的渴望，超過一般的領導者！你藉訪美之機，將尹華奇重新召回自己的麾下。不久，尹華奇被聘為聯合國糧農組織專家顧問，你又派他先後到越南、印度傳授雜交水稻技術，推廣雜交水稻。

後來，尹華奇任湖南雜交水稻研究中心的主任助理。一九九四年，尹華奇培育出「香 125S」，一九九九年培育出優質中熟兩系雜交早稻「香兩優 68」，通過湖南、廣西、安徽等省審定並推廣。

尹華奇成為雜交水稻研究領域內的中堅力量。

採訪尹華奇時，他激動地說：

「我認為學識淵博是袁老師成功的基礎；求實創新、奮發進取的精神是他成功的關鍵；第三是他選擇了一個正確的主攻方向；第四是具有披荊斬棘的革命膽識以及永不休止前進的腳步；第五是重視學術上的交流與合作。他那種求實創新、奮發進取的高尚品德將永遠激勵著我們在雜交水稻事業上奮鬥不息。袁老師是我的恩師！在那個特殊的年代，我只是一個『社來社去』的學生，是袁老師帶我們做雜交水稻，使我們避開了是非，走上了正道；科學研究取得初步成績後，又鼓勵我們進大學讀書深造；以後又給我們壓擔子，讓我們在實踐中成長起來。沒有袁老師就沒有我的今天！」

五、佟景凱：為雜交水稻排憂解難

你的雜交水稻研究和推廣，得到了安江農校領導和農校所在地黔陽地區（後改懷化市）科委、農辦的支持和幫助。其中，時任黔陽地區科委主任的佟景凱先生，就是一個代表。

一九七四年到一九七五年，你派尹華奇在安江農校做雜交水稻示範，取得了很好的效果。一九七五年十月，黔陽地委書記謝新穎在安江農校召開了一個地委擴大會議。謝書記把地委委員們帶到農校的五十多畝雜交稻示範田邊，興奮地要大家去數那金燦燦、沉甸甸的穗粒，這是一個非常有意義的會議。會後，雜交稻開始走出農校的試驗田，在全區大面積試種。時任地區科委主任的佟景凱帶一個工作隊去懷化縣（今為湖南省懷化市）石門鄉蹲點。他選擇水田較多、又較貧困的老街生產隊。該隊共三十八戶一百五十五人，兩百三十八畝稻田，水稻總產量僅四點五萬多公斤，畝產不到兩百公斤，常年靠借糧或政府救濟糧度荒。進村後，地委蹲點工作組讓地區農業局的向科長給農民講解雜交稻的試種方法，要求每戶都在自家的稻田裡種下一些雜交穀種，親眼看看雜交稻發蔸的情況。

當時，村民們大多不相信一粒穀能發出二十至三十根分蘖，因為常規稻最好的只能發七八根，一般的發得更少。老向和生產隊長一起把雜交稻穀發給各戶後，又親自上門逐戶檢查，結果卻很糟糕。大部分農戶根本不行動，有一戶竟把穀種餵了正在生蛋的鴨子。老向對此非常生氣，嚴厲地批評那位農民說：「這穀種多珍貴你知道嗎？這是農校在海南千辛萬苦才培育出來的，畝產才五十多公斤呢。」佟景凱先生也帶著一隊幹部趕到那裡，反覆給那位農戶說明，請他把鴨子殺了，把穀種從鴨嗉子裡取出來。好在鴨子吃得太多，許多穀種還沒消化，老向小心翼翼地一粒粒撿出穀種，又幫這家農戶把穀種育上。其他農戶見狀，也悄悄地在自家門前播上穀種。秧苗發出來了，老街的村民信服了，都說鴨子殺得不冤枉。

一年一度的春耕開始了，工作組也投入到緊湊的工作中。李娃是生產隊的保管員，全隊的育秧歸他統管，這小夥子很聰明，工作組教他播種時要稀播，小夥子擔心不夠插，會誤農時，嘴上應付說，實際上還是按老習慣密密麻麻地播種。當穀種開始破泥而出時，工作組一見情況不妙，馬上找來隊幹部，連夜移苗，忙了兩天才完成。可這個李娃沒有從思想上認識這個問題。在插秧時，工作組要求一蔸只插二三根，保持行距一尺。李娃還是按老習慣插，村民們也怕減產，有意識地一簇簇插，行距也只有五六寸。工作組的同仁來到田頭，看到後急了，見上壟那片田已插完，二話不說，都捲起褲腿下田勻秧。小李和村幹部自作主張，心裡不踏實，都待在家裡等挨批評，可是等了半天也沒見工作組的同仁去。天慢慢黑了，遠遠看到田壟裡亮著小馬燈，知道是工作組的人在田裡返工。村幹部們不好意思地都來到田壟裡，村民們見了，也跟著村幹部下到田壟裡，點起煤油燈，半夜工夫，全部返工完畢。

這次返工沒有白費勁，帶來了大增產，大豐收！全隊總產量九點五萬多公斤，畝產幾乎增加一倍！望著豐收的稻穀，村民們高興得合不攏嘴！種雜交稻的積極性也上來了。

次年大年初一，佟景凱帶著工作隊回到村裡，帶領農民拿上工具進山，修渠引水，把山邊四十多畝旱田改為水田，村民們自覺地工作了起來，其他生產隊的人見狀，也積極趕來參戰，匯成一個五百多人的隊伍，浩浩蕩蕩進了山。老百姓自豪地稱這為「開門紅」。連續做了三年，一九七八年全村糧食產量達十一點五萬公斤，創歷史最高水平，農民們再不缺糧了！

一九七八年，佟景凱回到科委，仍繼續雜交水稻的推廣。他陪同你和李必湖等一道去黔陽、溆浦、沅陵等縣考察雜交稻的推廣情況。你提出一個新課題，雜交組合配套。佟景凱立即組織村民按你的要求種植。一九八三年，佟景凱在通道侗族自治縣下鄉做了一個雜交配套示範田。秋收時，佟景凱辦了一個驗收現場會，佟景凱讓老百姓自己割、自己打、自己秤。這天天氣非常熱，來自全區十二個縣市的有關部門負責人、通道縣縣長及從外地趕來看熱鬧的老百姓，都興致勃勃地參加現場會，結果畝產竟過了千斤。參觀現場會的人受到極大鼓舞，整個侗鄉也沸騰了。隨後，雜交稻迅速在全區大面積推廣開了！

作為地區科委的負責人，佟景凱知道你對工作要求很高，很嚴格，在生活上要求卻很低。他認為自己有責任幫助你和你的助手解決遇到的問題，改善你和助手的工作和生活條件，為你們做好服務。他感到很高興的是為你做了幾件具體的事情：

一是解決職稱問題。一九七八年三月底到四月初，佟景凱代表地區與你一道上北京參加中國全國科學大會。在參觀科學研究成果展覽時，他高興地看到，湖南最醒目的是你們的雜交水稻！

佟景凱聯想到，你和李必湖的貢獻那麼大，但職稱問題還沒解決。回來後他向地委匯報時提出了這個問題，地委同意分別申報你為研究員、李必湖為副研究員。同年十一月，地委組織部長馮佩清參加全省組織工作會議時，催問你和李必湖的職稱為什麼沒有及時批下來？省委組織部長紀照青要幹部處長查查原因，幹部處長答覆說，省農業廳認為安江農校是一所普通中專，不具備評正高副高職稱的資格。紀部長與省委幾位領導交換意見後，當即表態，把你作為省農科院的研究員報批；李必湖則由地委決定列為地區農科所的副研究員報批，並責成地委組織部完善手續。這樣，你和李必湖兩位科學家的職稱得以不同尋常地解決，成為安江農校，乃至懷化地區第一批高級知識分子。

二是解決用車問題。你的樸實無華是眾所周知的，也是非常讓人敬佩的。一九八〇年夏天，佟景凱到汽車站搭公共汽車，看見你也在等公共汽車。他一打聽才知，你剛從美國回來，下了火車在等公共汽車回安江。這樣一位世界級的科學家，還在這裡擠公共汽車，佟景凱的心裡很不是滋味。回到科委，他跟幾位負責人商量了一下，決心為你們一些科學研究人員配車。但買車一要經費，二要指標。他們決定從雜交科學研究經費中拿出一定經費，並向省科委申請汽車指標。省科委很快同意了他們的意見，一九八一年冬，安江農校高高興興地上北京接車去了。

三是解決住房問題。一九七八年以前，你一直住在一間只有十來平方公尺的單身宿舍。開始一個人還可以對付，後來結了婚，一家老小住在一起，實在太擁擠了。一九七八年，學校把男生澡堂改成的職工宿舍，分了兩個房間給你。面積是大了一點，但既破舊又陰暗潮濕。一次一位美國專家來參觀時，吐出舌頭表示驚訝，說：「你們中國人真不簡單，在這樣的環境條件下能做出這樣的成績。」這個評價並沒有讓地區科委的同志高興，佟景凱向省科委佟英主任匯報情況，佟英主任同意從省科學研究經費中撥款給安江農校蓋一棟雜交稻試驗大樓，將剛修起的一棟兩百多平方公尺的試驗室改造後作為專家樓給你使用，地區科委也補助了部分改造經費，這樣，專家樓竣工了。一頭住著你，一頭住著李必湖。當你們搬進新家時，地區科委的同志們都感到由衷的高興。

黔陽地區科委主任佟景凱及科委、農辦對雜交水稻研究和推廣工作的支持以及對你的職稱、用車、住房的關心和幫助體現了黨組織對你、對知識分子、對科學技術工作的關懷和支持。

六、謝長江：為袁老師與雜交稻鼓與呼

一九五一年八月，十三歲的謝長江考入安江農校「五年一貫制」農學班，一九五三年八月，二十三歲的你從西南農學院畢業分來安江農校任教，就擔任他們農三〇三班俄語和遺傳育種任課教師，直到一九五七年八月畢業。畢業後，謝長江被分配到雪峰山麓的邊遠山區綏寧縣長期從事農業技術推廣工作。一九七七年，「文革」剛剛結束，他從一九七七年十一月二日《湖南日報》頭版上看到了《雜交水稻研究的「攻關尖兵」——記省雜交水稻研究協作組成員袁隆平》的長篇通訊。他如饑似渴，一口氣讀完通訊，反覆觀看同版刊登的你跟李必湖、尹華奇的三張工作照，如同見到了闊別已久的可親可敬的袁老師，內心充滿了喜悅。

一九八六年他擔任綏寧縣委副書記，分管全縣農業與農村工作。他積極推廣雜交水稻，並特地聘請你擔任綏寧縣雜交水稻生產和製種的顧問。在你的親切指導下，綏寧縣大面積製種奪得高產，在全省多年排名第一。此消息還分別登上了《湖南日報》與《人民日報》。

從一九八七年起，謝長江擔任綏寧縣政協主席。他用到省政協開會的機會，向時任省政協主席的劉正先生提出為袁老師立傳的申請，得到了劉正主席的大力支持。適逢北京一批專家、學者組成的「當代中國科技英才叢書」編委會也要為你出版傳記。一九八八年四月，經你推薦，北京編委會正式聘請謝長江擔任你的傳記作者。經過兩年多採訪、調查，累積了大量第一手資料，謝長江傾注深情，寫出了初稿，經你親自審定、修改後，《雜交水稻之父——袁隆平傳》由廣西科學技術出版社出版。一九九一年一月十二日在北京民族文化宮隆重舉行首發式。一九九二年五月，《雜交水稻之父——袁隆平傳》喜獲中宣部首屆「五個一工程」獎。這是一部非常重要的奠基、原創傳記，因為全書經你親自逐章逐句修改審定，為以後的創作打下了堅實的史料基礎。

一九九〇年十一月，謝長江有幸調到你身邊工作，一九九三年一月擔任湖南雜交水稻研究中心第一副主任。他運用這一有利條件，一方面輔佐你完成管理方面的工作任務，另一方面抽出精力抓緊收集整理你的科學研究實踐和科學思想方面的寶貴資料，並勤勤懇懇地進行寫作。從一九八八年四月到二〇一二年，二十多年間，謝長江一共編輯出版了有關你的傳記類專著共計九部，約一百二十多萬字。這九部專著中有多部獲得國家和省市大獎，有力地推動了全省、全中國開展學習袁隆平精神的熱潮，促進了雜交水稻事業的發展。

謝長江是你的首屆學生。他對你非常欽佩熱愛，對你也十分熟悉和了解。他跟我講：你既善於吸收外國優秀的科學技術文化，又敢於挑戰和否定西方的學術權威。你思想獨立自由，開放嚴謹，不刻板，不保守。你既是戰略科學家，又是平民科學家。你把所有的精力和智慧都放在雜交水稻研究上，又敢於創新，善於創新，不斷創新，所以才取得了輝煌的成就！

七、羅孝和：雜交水稻的功勛幹將

羅孝和研究員自一九七〇年開始就一直跟著你致力於雜交水稻的育種研究，是中國三系和兩系雜交水稻研究的育種功臣之一。

一九八九年，兩系法育種取得相當成績之後，隨著南方出現的低溫天氣，一些不育株面對低溫，失去了抗性，竟突然間變成了可育株。這種「瘟病」的現象真讓當時的育種人員有一種手足無措的感覺。一時間，認為兩系法不能成功的悲觀情緒在雜交水稻育種界蔓延。但是，你卻堅定地認為，即使不育株出現了「瘟病」的現象，也不應該放棄溫敏不育系。只要經過精心實驗，找到原因，一定能成功培育高產、穩產的兩系法雜交水稻的稻種。你經過大量的實驗，最終認識到：光敏不育系的育性受日照的長短影響不大，受溫度的影響反而更大一些。為了完成科學研究任務，你找到了羅孝和，讓他在光敏不育系的所有組合中找到一個不育系起點不高於攝氏二十四度的新核型不育系。羅孝和接到這個光榮而艱巨的任務後，立刻一頭栽進了選育新稻種組合的工作中。他根據你提出的粳質、秈核、光溫敏、廣親和為理想核不育系遺傳工具的設想，用粳型「農墾 58S」與自己育成的秈型廣親和系「培矮 64」雜交及回交，經多年多代選育，育成了全中國第一個實用的兩用秈型低溫敏核不育系──「培矮 64S」，它具有優質、多抗、高配合力、廣親和的特性。「培矮 64S」的誕生，打破了粳型兩用核不育系的地區局限。

「培矮 64S」育成後，你力薦羅孝和申報中國「國家科學技術進步獎一等獎」。你在呈報表上為羅孝和寫下了這樣一段鏗鏘有力的評語：「羅孝和在雜交水稻研究領域，奮戰多年，為雜交水稻，特別是兩系法雜交水稻的育成建立了卓著的功績，是秈型三系雜交稻的重要功臣，雜粳兩系雜交稻的功勛幹將。」二〇〇一年六月六日，羅孝和光榮地登上了中國人民大會堂的領獎臺，喜獲中國「國家科學技術進步獎一等獎」。他面對取得的成績，首先感謝黨和政府的關懷，接下來最感謝的人，自然是你！

你提出超級稻工程之後，羅孝和用「培矮 64S」與恢復系「9311」配組成「兩優培九」。一九九九至二〇〇〇年，「兩優培九」在湖南龍山百畝示範片連續兩年平均畝產超過七百公斤，實現了超級稻一期目標。二〇〇四年獲「國家科學技術發明二等獎」。

後來，鄧啟雲博士在「培矮」的基礎上，用「培矮 64S」「安農 S」「常菲22」等親本組成，育成了適應性廣、配合力高的「Y58S」， 畝產突破九百公斤，為超級稻第三期目標的實現立了大功。

羅孝和還發明了低溫敏核不育系的冷水灌溉繁殖技術；育成了世界上第一個通過審定的兩系雜交稻先鋒組合「培兩優特青」，合作育成超級雜交稻先鋒組合「兩優培九」；主持育成超級雜交稻第二代組合「P88S/0293」 等。

二〇〇五年十二月七日， 經湖南省科學技術獎勵評審委員會評審、省科學技術獎勵委員會審定、省人民政府批准，中國國家雜交水稻工程技術研究中心研究員羅孝和被授予二〇〇五年度湖南省科學技術傑出貢獻獎。湖南省科技傑出貢獻獎是湖南省科學技術方面的最高獎項，每兩年評選一次，每次授予人數不超過兩人，獎勵金額為每人一百萬元。羅孝和研究員由於在雜交水稻研究與應用中做出了重要貢獻而獲此殊榮。

二〇一三年十二月二十五日，五日「兩系法雜交水稻技術研究與應用」成果獲國家科技進步特等獎。

羅孝和說：「袁先生在科學研究事業中，沒有門戶之見，從來都是做『五湖四海』，我便是他做『五湖四海』的受益者之一。」

三十多載艱苦奮鬥，羅孝和這位從湖南隆回山區走出的農家子弟，早已成為著名的雜交水稻育種專家。回首一生，如今已是古稀之年的他感慨萬千，他說：「沒有袁隆平老師的指導就沒有我的今天。」

八、周坤爐：雜交水稻的育種專家

周坤爐，一九四四年出生於湖南省安鄉縣。少年時的周坤爐，即深知糧食重要，立志做一個農學家。一九六三年考入湖南常德農校，畢業後分配在常德賀家場原種場工作。初到賀家山原種場時，條件非常簡陋，下班後就只有他一個人住在單位。他就白天在實驗田裡做實驗，晚上在電燈下學習作物育種、土壤、氣象等方面的書籍。

一九七〇年省裡組織雜交水稻研究小組，他因為熱愛製種工作，就報名參加了，從此跟著你做了四十多年。周坤爐篤實的個子，幾十年農村工作，在他身上留下了滄桑。他講起當年的艱苦的育種工作，彷彿還歷歷在目。他說，他當時是從常德直接趕到海南與你會合的。路上走了一個星期。從常德坐一天汽車到長沙，然後坐火車到宜昌，再從宜昌坐汽車到湛江，又坐汽車到瓊州海峽，再坐輪船過海到海口，又坐一天汽車到三亞。當時出門，要自己帶全國糧票，在路上找餐廳吃飯，睡覺。汽車火車都人滿為患，擠得不行。火車上人擠人，連找個站處都很難。

到了三亞，他跟你和李必湖等幾個人擠一間房，把椰子樹桿砍下來鋪床，上面放些椰樹葉子，鋪上蓆子，自己帶來鋪蓋，睡通鋪。三亞的高溫適合製種，可是人住起就很艱難了。蚊子、老鼠又多又大，蛇也很多。你們輪流做飯吃。那時候物資供應緊張，生活非常艱苦！什麼都憑票，每個月只有半斤肉。從一九七〇年到一九七六年，你們七個春節都在海南度過。一九七五年、一九七六年海南大製種，千軍萬馬下海南，海南可是熱鬧了！

周坤爐自知學歷不高，要攻克水稻雜種優勢利用的世界難題，理論知識不夠。在水稻雄性不育研究的頭幾年裡，他整天想的是怎樣使水稻產生不育，又怎樣保持不育。他認真刻苦地學習作物遺傳育種、作物雄性不育、雜種優勢利用等知識，還鑽研了玉米、高粱、小麥雜種優勢利用的成功範例、經驗與教訓。他結合省協作組和自己試驗的材料，認真總結分析，並參與協作組討論，認為水稻雄性不育的誘發和保持要走遠緣雜交的研究道路。一九七〇年底「野敗」發現後，你指導他和其他科學研究人員利用「野敗」與栽培品種進行雜交轉育。他非常刻苦用心進行雜交工作。經過幾個栽培季節的研究，寫出了《野敗野生稻和栽培稻雜交在選育水稻雄性不育系方面的一點進展》一文，預測了「野敗」的良好發展前途，且明確指出其既能育成不育系和保持系，也有可能找到恢復系。論文於一九七二年五月在湖南省協作組會議上交流，其主要觀點納入了你為湖南省水稻雄性不育研究協作組參加一九七二年召開的首次中國全國水稻雄性不育系研究協作會議而撰寫的研究文章——《利用野敗選育不育系的進展》一文之中。同年十月，中國全國協作會議在長沙召開，你代表湖南協作組在會上發言，介紹了不育系選育的可喜進展，鼓舞了同行們培育不育系的信心，促進了三系配套攻關研究的進程。

功夫不負有心人。周坤爐選用了「野敗」做母本，引進了「威 20」等栽培稻品種做父本進行廣泛測交，很快成功地培育出極有價值的雜交水稻親本。他先後培育了二十一個三系不育系材料，經過育性鑑定，可恢復性測配，異交率觀察，在時間上一年三季，南繁北育，加代穩定，精心選擇，多數不育材料都被淘汰，最後只留下了「71-72A」和「V20A」（「威 /20A」）不育系，均為一九七三年先後育成的最早的一批不育系之一。「V20A」不育系的育性穩定、配合力好、異交率高，經四十多年利用而經久不衰，至今還在使用。

「V20A」的育成與應用為中國及湖南省雜交水稻穩定發展造成了重大作用。利用它配出的三系雜交水稻組合「威優 2 號」「威優 3 號」「威優 6 號」等，成為雜交水稻最初應用的一批主栽組合之一，其中特別是他一九七五年配組了「威優 6 號」，一九七六年又經過五個組合、五個播期、五個插期的三個參試因子比較試驗，還參加湖南省的兩年區試，南方稻區兩年區試，其產量均居試驗的第一位。於是推廣部門加大了推廣的力度，加快推廣的步伐，使「威優 6 號」迅速在全中國推廣，為雜交水稻的大面積推廣和穩步發展發揮了獨特作用，取得了巨大的增產效果：從一九七六年至一九九一年間在湖南省累計推廣一點三三億畝，增產稻穀一百三十多億公斤，增加產值一百三十多億元。「威優 6 號」在美國、印度、印尼種植，也居同時參試品種之冠，並以第一個專利賣給了美國。「V20A」後來被同行們應用選配出的「威優 64」「威優 46」「威優 644」「威優 77」等也是湖南省長盛不衰的晚雜、中雜主栽組合；配製出的「威優 35」「威優 48」「威優 49」「威優 402」等是早雜主栽組合。這些早、晚稻組合在湖南省累計推廣三點五億多畝，占雜交水稻面積的近五〇%，增加產值三百五十多億元。「V20A」也是迄今中國應用最多、推廣面積最大的不育系之一，全中國利用它選配出二十多個強優雜交稻組合，其系列組合推廣面積據不完全統計累計十多億畝，增產稻穀一千多億公斤，增加產值一千多億元。「V20」還被用作轉育其他多個新不育系的優良育種材料。例如大面積應用的「金 23A」「豐源 A」「湘豐 A」等都是用「V20」做親本之一育成的。

「秈型雜交水稻」研究成果於一九八一年榮獲中國首個特等發明獎，你是第一獲獎人，周坤爐是主要貢獻者和獲獎人之一，排名第三。其「V20A」「71-72A」與「威優 2 號」「威優 3 號」「威優 6 號」是發明獎的主要內容之一。「威優 6 號」成果還獲得一九七九年度湖南省重大科技成果一等獎。

周坤爐從一九七五年春開始培育雜交早稻，僅用六年時間，育成第一個高產、多抗的優良雜交早稻遲熟組合「威優 35」。開創了長江中游雜交水稻生產的新局面，為糧食增產發揮了極好的效果。「威優 35」成果一九八九年獲湖南省科技進步二等獎。

二十世紀八十年代中期，周坤爐又把研究目標轉移到提高雜交水稻米質上來，要培育「高產、多抗、優質香型」的雜交稻。

經過多年的辛勤耕耘，終於選配出既高產又優質的香型雜交稻組合「香優 63」「新香優 63」「新香優 77」「新香優 80」等，被人們譽為「超級香稻」，其稻米被譽為「超級香米」「超泰香米」。

科學研究永無止境。周坤爐還在為二十世紀八十年代設計的香型、優質、高產、多抗、廣適的雜交水稻的育種目標繼續努力。最近育成的「農香優 204」，由隆回縣老科協在隆回高產區試種一百畝，由省科技廳組織專家驗收，畝產達到八百二十八點八公斤，米飯清香純正，現已推廣到湖南、湖北、江西等省。

從一九七〇年至今，周坤爐在雜交水稻研究中做出了很大的貢獻。但在給我講他的成果時，他沒有給我講他剛結婚就離開新婚妻子趕到海南育種，也沒有講他為了抓緊時間育種，竟然在從常德到海南的旅途中把水濕的稻種捆在腰間，用體溫來育種的事跡，只給我講他對你的熱愛和尊敬。他說：「袁隆平是雜交水稻的先行者，帶頭人，組織者，從三系法到兩系法到超級稻，都是以他為首，以他為先！他的思維總是走在我們前面。他的思維從不拘泥於一個目標，而是站得高，看得遠，一個一個腳印不斷往上衝，不斷昇華，不斷往前超越！就好比爬山，一千公尺，兩千公尺，不斷往上攀；又好比跳高，跳過了一個高度，又上一個新高度。」

周坤爐一九八〇年調到湖南省農科院作研究員。一九八四年跟你一起獲得國家有突出貢獻中青年專家稱號。先後獲得湖南重大科技成果一等獎、二等獎，科技興湘獎；還是中國全國先進工作者、全國五一勞動獎章獲得者。湖南雜交水稻研究中心成立後，擔任了十多年的黨支部書記、黨總支書記，後擔任湖南省農科院副院長、巡視員，享受中國國務院特殊津貼。

九、全永明：從袁老師的學生到得力助手

一九四五年三月，全永明出生在湖南沅陵大山裡的一個農民家庭。父親淳樸憨厚，讀過私塾，是個知書明理的大山人；母親勤勞賢惠，養育了十個孩子。全永明童年時家境困苦，自幼深受父母「誠信為先」做人的影響，養成了吃苦耐勞、謙恭禮讓的品德。一九六三年，從湖南安江農校畢業後，全永明主動要求去條件最艱苦的湘西工作，到永順土家山寨當了一名農技幹部，為了基層的農業技術推廣事業，

一做就是三十年。在湘西這片熱土上，他與當地農民一道，幾十年如一日，堅守在田間地頭、生產一線，推廣新技術。在良種上，他引導公社社員把高稈改矮稈，推廣矮腳南特、珍珠矮、桂朝二號等優良水稻品種，還率先引種推廣雜交水稻、雜交玉米、雜交高粱和馬鈴薯等新品種，糧食產量顯著提高。在復種技術上，他親自辦樣板、辦試點，把一季改為雙季，雙季改為三季，改冬泡為冬種，改冬閒為冬忙，透過多年實踐，在湘西山村走出了一條因地制宜的「旱地農業」和「冬季農業」的生產模式，正是他這股追求和推廣新技術永不止步的勁頭，使永順縣實現了糧食從進口到自給有餘的巨大轉變，並得到了中國國務院的表揚。

除了一線生產工作，他高瞻遠矚的指揮領導才能也在這一時期迅速成長。他身為世界糧食計劃署糧援工程的總指揮，同時兼任永順縣農業、水利、交通、林業等多個工程項目的指揮長，利用對湘西永順進行以糧代賑的大好機會，對永順項目區山、水、田、林、路進行綜合治理；還負責國家以工代賑項目，利用國家以工代賑的好政策為永順的交通事業辦實事，由他擔任指揮長修建的公路總計三百多公里，為永順的開發和旅遊做出了巨大的貢獻。他兼任城市擴建工程指揮長，兼任永順電氣化建設工程指揮長，任海螺水電站工程和萬坪火電廠改造工程的指揮長，促進了永順縣經濟的發展。他本人也被省州榮記大功表彰；州委、州政府還分別授予他「全州優秀共產黨員」和「先進科技工作者」的光榮稱號。

一九九三年九月，全永明榮歸湖南省安江農業學校任校長，他提出了「教學出人才、科學研究出成果、管理出經驗、開發出效益」的辦學思路，被中國國家教委王主任稱為「四個輪子一起轉」。安江農校被評估成為中國國家級第一批重點中專學校。

安農留下了他美好的回憶，他榮調湖南雜交水稻研究中心時，全校百餘位教師集體簽名向你、向省農業廳寫信挽留他們的校長。

一九九五年十二月十七日，省委組織部李副部長找他談話，要他代表組織去為你做好服務，擔任雜交水稻研究中心黨委書記兼常務副主任。全永明深知責任重大，當即激動地說：「組織上派我到『中心』工作是對我的信任，而我能在老師身邊工作是我的榮幸！我是共產黨員，一定為黨組織做好工作！我是農民的兒子，我代表農民感謝袁老師培育出雜交水稻；我也是袁老師的學生，我還要代表學生為老師做好服務。請組織放心，我一定努力工作，為『中心』廣大專家服務，發展好雜交水稻事業，為湖南爭光。」

「中心」人才薈萃、強手如林，為了統一思想、政令暢通、團結一心謀發展，他一開始就提出了「重視人才，重視技術」的管理理念，始終堅持科學發展，營造和諧環境，實行兩手抓，一手抓科學研究，一手抓開發，推行了思想上強化、工作上量化、制度上硬化的「三化」管理，提出了多理解、多支持、多奉獻、少攀比的「三多一少」要求，同時喊出了「讓有成果有貢獻的專家帶頭先富起來」的口號，極大地調動了「中心」人人求生存謀發展的積極性和創造性，使「中心」很快生機勃勃。

全永明到「中心」後，不忘恩師，不忘本，提出了雜交水稻三代人的概念，突出了袁老師雜交水稻開創者的地位。他創建了隆平雜交水稻種子公司，率先在科學研究院所把科學研究成果推向市場。他組織國家評估單位對「袁隆平」的品牌進行評估，為後來隆平高科上市奠定了基礎。他率先提出了「雜交水稻外交」的思路設想，帶領專家赴越南、菲律賓、幾內亞和孟加拉等國發展雜交水稻。他協助你，狠抓了兩系「培矮 64S」的保純擴繁攻關工作，狠抓了兩系雜交稻「培兩優特青」和兩系超級稻「兩優培九」的示範推廣工作，他為超級雜交水稻第一、二期目標攻關、示範、達標工作付出了辛勤努力。二〇〇四年獲得國家技術發明二等獎，二〇〇五年獲得國家科學技術進步二等獎。

一九九六年至二〇〇八年，「中心」共審定組合四十多個，引進、培養碩士二十多人、博士十餘人，晉升研究員十六人。他上任之初，「中心」固定資產七百多萬元，債務兩百多萬元。離任審計時，「中心」固定資產七千多萬元，現金流六千多萬元，股權一點七億元。

你曾稱讚他「事業心強，有駕馭全局的工作能力，為雜交水稻的推廣做出了重要貢獻」。

全永明對我說，他在你身邊工作了十二年，深深感受到你精神的高尚和人格的偉大。

首先，你心裡裝著人民，裝著人民的吃飯問題。李鵬先生來「中心」視察，給「中心」題詞：「發展雜交水稻，服務全國人民。」後來，雜交水稻走向了世界，你跟大家商量，把題詞改成了「發展雜交水稻，造福世界人民」，以此作為「中心」的發展目標。這充分反映了你為天下人民謀幸福的博大情懷！

第二，不言失敗，不斷進取，不斷創新。你的字典裡沒有「失敗」兩個字。不是你沒有碰到過失敗，從第一株優秀的水稻開始，哪一個過程沒有經歷過無數次的失敗和挫折？但是你從不垂頭喪氣，從不悲觀失望，總是從失敗中汲取教訓，從失敗中發現成功的因素，從失敗中找到解決問題的辦法，從失敗中看到成績，看到希望，走向成功！

第三，你敢於否定自己，看到自身的不足，永不自滿，永不停步。三系法做出來，你很快又看到其不足，立即又提出兩系法；歷盡艱辛，攻關破險，終於找到了兩系法的生產規律；兩系法成功應用後，你又提出超級稻的攻關。超級稻第一期目標實現後，又提出第二期攻關目標，第二期做出來，馬上又做第三期，你腦海裡永遠沒有終點，腳下永遠不停步！

第四，你謙虛，低調，不爭權，不爭利，不爭名譽地位，你認為事業重如山，名利淡如水。組織上請你當省農科院院長，你委婉謝絕。省裡三次為你申報院士沒評上，你坦然地說：「沒評上說明我水平不夠，我要繼續學習，充電，但學習充電的目的不是當院士。」評上了院士，你也很平靜，平淡地說：「評上了院士，我還是我。」

全永明說，在你身邊工作，你的言傳身教使他受到潛移默化的影響。他在工作上、思想上、為人處事上，都要求自己盡力向你學習，做對得起老師的學生！怨不可記、德不可忘是全永明的為人宗旨；恩師為大，戰友為榮是他的人生信條。全永明常說「多一份感恩的心，就多一分幸福」。

雖然全永明已經離開了他所摯愛的一線崗位，但他仍在為你「發展雜交水稻造福世界人民」的願望而努力工作，還在默默無聞地為雜交水稻走出國門而辛勤勞動。

十、朱運昌：袁老師深得大家的擁護和敬重

朱運昌，湖南瀏陽人，一九六二年畢業於湖南農業大學，一九七一年調入湘潭地區農科所工作。七十年代初，湘潭地區農科所請你做報告。你在報告中說：「我們正在做前人沒有做過的事業。我們什麼也沒有，既無材料，又無資料，又無經驗，且無資金。但是，我們就是要做前人未做過的事！跟在別人屁股後面跑，有什麼意義！我們找到『野敗』後就有材料了，而且是我們中國的材料！不是外國的材料！」朱運昌聽了你的報告，大受啟發和鼓舞，就開始跟著你做三系選育了。一九七三年，你育出了「二九南一號 A」，周坤爐育成「V20A」，朱運昌育成「廣陸銀 A」（「廣陸銀 A」後來獲湖南省第一次科技大會獎）。這些都是不育系，是母本，沒有它們

就沒有雜交稻。一九七七年大面積推廣「二九南一號 A」，因其抗病能力差，不能推廣，剛好周坤爐育成的「V20A」育成了「V 優 6 號」，很及時地用上了，大面積推廣了。同時，黎垣慶也用「V20A」育成了「V 優 46 號」，在湖南大面積推廣，貢獻很大。羅孝和育出「培矮 64S」「兩優培特」，江蘇育成「兩優培九」，江西萍鄉農科所顏龍安育成「珍汕 97 A」。三系雜交水稻蓬蓬勃勃地發展起來。

朱運昌告訴我：「三系雜交水稻在全國大面積推廣以後，取得了很大的成績，受到了黨和政府的嘉獎。在勝利面前，袁老師沒有停步，又立即提出做兩系法雜交水稻。我又跟著袁老師從事兩系選育工作。」朱運昌先後育成早稻兩系不育系「2-2S」和中稻兩系不育系「廣湘 24S」。「廣湘 24S」株葉形態好，耐肥抗倒，異交率高，米質好，在攻克超級稻第五期目標中發揮了十分重要的作用。你利用這個不育系育成「超優千號」的新品種，畝產達到了一千公斤的水平，不但畝產特別高，並且耐肥抗倒，適合機收，正在加速推廣，並已經在柬埔寨試種成功，正在擴大試種。「廣湘 24S」育成，獲得袁隆平農業科技基金獎十萬元。

朱運昌認為，雜交水稻科學研究團隊在你的帶領和指導下，經過幾十年艱苦卓絕的研究，攻克一個又一個的科學研究難關，取得了極為豐碩的成果。而你在各個不同階段，對雜交水稻的研究和發展，都起著十分重要的支撐和推動作用。在你指導下，江西顏龍安育成的「珍汕 97A」、湖南周坤爐育成的「V20A」、湖南張慧廉育成的「II-32A」、湖南羅孝和育成的「培矮 64S 」等一系列成果，使得雜交水稻從三系到兩系，持續發展，長盛不衰。在這個過程中，你造成了很好的引領作用。在不同階段，你都及時提出切實可行的、經過努力可以達到的崇高目標，使大家的研究工作，永無止境，永不停息。

朱運昌七十七歲了，但是身板挺好，中氣很足，說話聲音很洪亮，只是耳朵有些不靈，有時候不得不用手勢。他說，你性格開朗，沒有任何架子，對同事很和善，很忠誠；你詼諧，很愛開玩笑，愛給人取外號。你看到彭既明頭髮掉得差不多了，就說：「乾脆叫你彭克斯算了。」羅孝和做粳稻研究，你笑著說：「姓羅，又做粳稻研究，你不成了羅耿兵團（羅瑞卿、耿飆兵團）司令了！」大家全都笑了。你和大家關係非常融洽，深得大家擁護和敬重。

十一、鄧華鳳：袁老師對我恩比天高，情比海深

你慧眼識珠，在你的周圍積聚了一大批優秀的科學研究人才。鄧華鳳就是其中的傑出代表。

鄧華鳳一九六三年出生於湖南省沅陵縣，一九八一年考入安江農校後，即聽到你的大名和你在雜交水稻研究方面取得的了不起的成就，這對他產生了巨大的鼓舞和強烈的激勵。那時你雖然在長沙湖南省農科院水稻研究所工作，但因家在安江，而且在安江農校設有雜交水稻研究室，所以你不時要回安江農校指導雜交水稻研究工作。他經常看到你騎著摩托車在學校奔走，師生們對你十分仰慕、敬佩。但同時，鄧華鳳又發現你回學校以後就往實驗田裡跑，下田勞作，吃苦耐勞，還十分親切地跟老師學生交談、交流，和藹可親，平易近人。那時候，家裡有電視機的少，不少同學都到你們家中看電視，鄧華鳳也跟著同學去你家。鄧哲和孩子們對同學們很熱情，搬板凳，送茶水。鄧華鳳至今還記得，那時正在上演日本電視劇《血凝》《空中霹靂》等，轟動一時，他們看得十分起勁！

一九八四年七月，鄧華鳳在安江農校畢業後，因為成績優異、人品端正，留校到雜交水稻研究室工作。你每次回安江農校指導雜交水稻研究工作，鄧華鳳都積極參加。你每次回安江，放下背包就下田巡視，了解情況，聽取研究室同仁匯報，做些現場指導；回到辦公室後，又經常給助手們講雜交水稻研究的新進展和當前應抓的工作。當時你正在研究兩系法。就經常給研究室的年輕同仁講光敏不育水稻的特點和重要性，介紹日本池橋宏等專家發現的秈粳稻的廣親和基因，介紹湖北石明松在粳稻中發現了光敏不育株的情況，並給大家講怎麼去認識和發現光敏不育株，啟發他們去留心尋找光敏不育株。就像你當年給李必湖講怎樣去發現野生雄性不育株一樣。

鄧華鳳剛剛中專畢業，什麼都不懂，在你的關心指導下，他逐漸愛上了雜交水稻研究工作。兩年多時間，鄧華鳳跟著你南繁北育，學到了許多知識和技術。聰明好學的鄧華鳳也像當年的李必湖一樣，懷著年輕人的好奇心和鑽研勁，在稻田抽穗揚花時節，像獵人尋找獵物一般，身入茫茫稻海裡尋找光溫敏不育株。但是，幾年過去了，毫無結果。鄧華鳳沒有灰心，他繼續不斷地在田間搜尋，腳踏汙泥，頭頂烈日。

皇天不負有心人！一九八七年七月十六日，鄧華鳳查看在安江農校自己經手的兩畝半試驗田的六十株用來進行保持系轉育的高世代材料時，突然間在一片黃色花藥的稻株中，發現了一株花藥呈白色的雄性不育秈稻株。它雌蕊正常，其他性狀與其餘五十九株無甚差別，唯花藥瘦小，棒狀，乳白色不開裂。他興奮地想起你給他們講過的雄性不育秈稻株的特點！這不正是你講的雄性不育秈稻株嘛！這一發現讓他驚喜萬分！他非常珍視這一發現，立即取下一點稻穗回去檢驗，然後用紙袋把其他稻穗包起來。他對帶回的雄蕊進行鏡檢，果然是百分之百的雄性不育！他高興極了！但是，這是不是你介紹的光敏雄性不育的突變株呢？它還能恢復可育嗎？有沒有變異性呢？在割穀子前，到九月初，其他五十九株都自交結實正常，唯有套袋的這一株自交不結實。他心裡感到有點希望，他精心地將這一株稻株移入盆子，放到家裡的陽臺上種起來，繼續培植，天天仔細觀察，至九月二十一日，他驚喜地發現：這株雄性不育的稻株居然真的抽出了新的小穗子，變成可育的了！十月，這株雄性不育的稻株果然在低溫下恢復正常，二十四朵小花結出十一粒新的種子！

這株稻穗表現出類似湖北光溫敏核不育水稻的特點，即長日照誘導不育，短日照誘導可育，不育期內完全可以製種。

鄧華鳳將這十一粒珍貴的種子，用小袋包好，晒乾，放在木箱子裡，防老鼠。十一月下旬到海南崖縣荔枝溝冬播，第二年二月二十三日開始抽穗，全部表現雄性正常，自交結實率為八六 · 一〇%。至三月底，收穫了可育性的種子，四月初，果然變成了不育株！

四月份以後，研究隊伍都回長沙了，鄧華鳳單獨留下來，繼續觀察。實踐證明，這是一株光溫敏不育系不育株。

鄧華鳳將這一發現向你匯報，你立即趕赴安江農校，親臨田間，進行觀察和指導。你仔細地觀察了這棵稻株之後，興奮地對鄧華鳳說：「從外表看，這極有可能是一株新的光溫敏不育材料。小鄧呀，你要精心地培育好這棵稻株，等結實之後再拿到海南去繁育，爭取明年能夠進行省級鑑定。」

鄧華鳳聽了心裡樂開了花，他連連點著頭說：「您放心，我一定會好好繁育的，絕不辜負您的期望。」

鄧華鳳按照你的指示，透過兩年三季的南繁北育，用這批變異種子跟其他各種品種進行雜交，育成了世界上第一個秈型水稻溫敏核不育系——「安農 S-1」。

你親自主持鑑定會，把它命名為「安農 S-1」光溫敏核不育系。你非常高興，你的助手李必湖在二十七歲時發現了「野敗」，為三系雜交做出重大貢獻；現在李必湖的助手鄧華鳳也是在這個年紀發現了給兩系法帶來希望的「安農 S-1」。

這一成果獲得中國國家科技發明獎三等獎。

這一新成果為雜交稻從三系法過渡到兩系法打開了新局面，為雜交稻研究提供了一個新的優良種質資源，建立了以溫敏核雄性不育係為基礎的兩系法雜交稻應用技術體系，使你提出的兩系法雜交稻由設想變成了現實，在雜交水稻發展史上樹立了新的里程碑！

「安農 S-1」溫敏核不育基因「tms5」，單隱性，遺傳行為簡單，易於轉育成新的溫敏不育系，為兩系法雜交稻育種理論和應用技術體系的建立提供了材料基礎。如光溫作用模式、育性轉換機理、不育系選育和鑑定主技術、繁殖與製種技術等。安農溫敏核不育基因「tms5」業已成為選育品種最多、推廣面積最大的兩系法雜交稻資源。據不完全統計，全中國利用「tms5」育成的組合高達四〇四個，占全中國兩系法雜交稻總數的六〇．七五%，從二〇一二年起，年推廣面積占中國水稻年播種面積的一二%，占雜交稻的二五%，占兩系法雜交稻的九〇%。近五年，全中國年推廣面積最大的雜交稻都來源於該基因。截至二〇一三年，具有「tms5」的系列組合已推廣至全中國十六個省（市），累計推廣三點四六億多畝，為中國糧食十一年來年年增產做出了突出貢獻。

鄧華鳳研究員還針對兩系法雜交稻溫敏不育系異地異季繁殖成本高、不穩產，而利用冷水串灌繁殖水資源浪費嚴重的弊端，提出了利用高海拔自然低溫進行溫敏不育系高產繁殖的技術，這種新的簡便、高效、實用的繁殖方法，是目前溫敏不育系規模化繁殖的主要方式，不僅繁殖係數大，而且成本低。

溫敏不育系普遍存在著育性起點溫度的「漂變」現象，在繁殖過程中，如不加以有效防止，將導致其失去應用的價值。針對這一難題，在你的指導下，鄧華鳳在前人研究的基礎上，建立了利用自然光溫進行溫敏不育系提純、核心種子生產和原種繁殖的技術方法，該方法不僅有效地防止了溫敏不育系起點溫度的「漂變」，顯著降低核心種子生產成本，而且又便於那些缺乏先進儀器設備的基層科學研究單位和中小型種子生產企業進行溫敏不育系起點溫度的提純復壯和原種繁殖，同時，在提純過程中，能年年生產核心種子，降低兩系雜交稻的製種風險，為安全製種提供了保障，加快了兩系法雜交水稻的發展。

改良長江流域早稻的品質是國家和各級政府想要解決的重大課題，也是雜交水稻育種的難點、熱點和重點之一。鄧華鳳研究員作為雜交水稻領域的專家，針對這一重大生產需求，提出利用兩系配組自由的遺傳特性，透過選育優質早秈兩系不育系來改良早秈稻品質的育種技術策略。利用這一技術，選育出世界上第一個實用型早秈溫敏不育系——「810S」。該不育系不僅具有較強的配合力，而且米質均優於同類型三系雜交稻；利用「810S」，選配出長江流域第一個優質、高產、生育期適宜的兩系法雜交早秈組合——「八兩優 100」，填補了中國國內空白，為長江流域雜交早稻品質改良提供了優良的育種材料和實用的研究經驗，對提高中國長江流域雙季早稻單產，實現早、晚兩季均衡增產具有重要意義。

辛勤的耕耘，給鄧華鳳帶來了豐收的喜悅。他主持育成的「八兩優 100」「T 優 640」「N 兩優 1 號」等十四個水稻品種正在大面積推廣應用，他的研究成果已累計推廣三億多畝，增產稻穀一百五十多億公斤，新增產值一百八十多億元。他出版論著五部：主編著作《中國雜交粳稻》《雜交水稻知識大全》《雜交粳稻理論與實踐》，編著著作《長江流域廣適型超級雜交稻株型模式研究》《水稻葉鞘的光合作用》，共計兩百三十一萬字；發表論文五十多篇，創新和豐富了雜交水稻育種理論與技術。

鄧華鳳自一九九五年以來被授予中國全國先進工作者、全國優秀農業科技工作者、首批中國國家萬人計劃科技創新領軍人才、首批新世紀百千萬人才工程國家級人選、國家重點領域創新團隊「強優勢水稻雜交種創新團隊」首席專家；被授予全國優秀科技工作者，享受中國國務院特殊津貼的優秀專家等榮譽稱號；獲中國青年科技獎、湖南光召科技獎、中國農學會青年科技獎等。

對鄧華鳳來說，把雜交水稻的研究成果付諸實踐，就是對恩師你三十年來諄諄教誨最深刻的詮釋。

鄧華鳳說：當年他申報獎項時本想把你的名字在獲獎者名單上排在第一名——因為他知道沒有你的教育指導和帶領，他根本不可能取得這個成就！但是你卻發話說：「我不但不排第一，我連名字都不上！我本人不參與此次評獎！」你感到十分欣慰的是雜交水稻研究後繼有人了。

鄧華鳳說：「袁老師對我恩比天高，情比海深。沒有袁老師就沒有我的今天！」「袁老師是對我幫助最大的恩師！他使我從一個普通的農校學生成為國內知名的專家學者，從一個農民的孩子成為博士和博導！」

鄧華鳳說：他不僅向你學習知識技術和本領，而且學習你做人的高尚品質。他要學習你善待他人，學習你有所為有所不為，特別要學習你的拚搏精神。

鄧華鳳還說：「袁老師是我們雜交水稻的精神領袖！是袁老師的學識精神和人格魅力感召了大家，團結了大家，凝聚了大家！我們這批人團結在袁老師周圍。他帶領我們一步步攀登世界高峰！現在很多外資企業想挖走我們！我讀完博士之後，有美國的獵頭公司找我多次，許以年薪一百五十萬、兩百萬。但我堅決拒絕了！我覺得，袁先生就像我的父親一樣，培養了我，又那麼親切和藹，在袁老師身邊工作就是最大的幸福！我要像袁老師一樣，把自己的全部才華、智慧和心血，都奉獻給我們的國家！」

十二、辛業藝：祕書工作二十年

辛業藝一九八八年在湖南農業大學經濟系本科畢業。畢業後在湖南農科院宣傳部門工作了七八年。眼看三十歲了，人說「三十而立」，而自己呢，不但沒立，還不知道自己該立什麼！一天做些雜事，有什麼出息！這時候，湖南雜交水稻研究中心成立了。她知道你是個偉大的人物，雜交水稻是個偉大的事業，於是她決定到「中心」去，為雜交水稻做些工作！剛巧她到「中心」採訪你獲獎之事，這下得以親見你，並向你提出了調到「中心」工作的請求。沒想到你不僅答應了她的要求，還讓她當祕書。從此她的生命和事業，就跟你和你的雜交水稻事業緊緊聯繫起來了。

辛業藝為了當好你的祕書，努力學習外語，以適應工作的需要。因為有很多國外發來的郵件，打來的電話，不懂外語不好接，更不好回。她在你的指導下努力鑽研，學會了外語，又學會了收發外國函件，學會了中外文書的寫作。她便比較勝任祕書工作了。她做祕書期最重要的成就，就是為你整理了口述自傳。開始，她以為幾乎每天在你身邊工作，聽你講述所經歷過的歲月往事是很容易的事，於是她欣然接手這項訪談整理任務。然而實際的過程並不像她想像的那麼簡單。因為你雖年過七十，但根本就沒有退休，甚至沒有絲毫頤養天年的意思，加之你又不愛張揚、處世低調，外加事務纏身，你竟沒有多少「口述」的時間。於是她不得不使盡渾身解數去蒐羅有關你的一切，隨時隨地記錄你的所言所行，查找你的錄音影像資料和檔案文獻，不放過方方面面相關人員提供的情況，尤其是訪問你的夫人鄧哲老師。她還採取「看圖憶事」這種方式，儘量挖掘你和有關人員的回憶，總算獲得不少整理寫作該書的第一手資料。

辛業藝在你身邊工作二十年，親眼看到你對雜交水稻研究的無比重視，對人才的傾心培養。她給我講了一件小事，卻讓我看到了你的偉大精神：「剛剛研究超級雜交稻時，我們這裡的一名年輕專家，在袁老師的指導下，選出一個很好的不育系，具有他在超級雜交水稻理論中提出的良好形態，而且米質好。他欣喜地用這位年輕專家的姓為這個不育系取名為『徐選 S』，以鼓勵他取得更好的成績。然而，他在『徐選 S』上花的心血並不比小徐少。一九九九年夏季的一天，他從外地出差乘飛機回到長沙，剛進辦公室，外邊就下起了大雨，還颳著很大的風。他正惦記著多日不見的『徐選 S』怎麼樣了，哪裡還坐得住？做超級雜交水稻研究，主要就是要掌握不育材料隨溫度變化所產生的反應。只見他顧不上颳風下雨，拿上我的雨衣和摩托車安全帽快步下了樓，騎著他那輛小摩托車就去到了試驗田。雨越下越大，很快成了傾盆大雨，我真著急了，趕快借了別人的雨具也騎著摩托車來到試驗田。雨幕中，只見他一個人在田間，紅色的安全帽在碧綠的稻田中特別醒目。他正在田裡仔細查看『徐選 S』的情況，神情是那樣專注，一會兒用手撥開禾株看根系，一會兒抽出幼穗掰開仔細觀看。他完全忘記了身邊還下著雨，吹著風。」

辛業藝剛來你身邊工作時，湖南雜交水稻研究中心的人事科長曾跟她說，你選人有四個原則：必須是學農的，必須是研究生學歷，必須英語水平高，必須有多年的工作經驗。她當時覺得自己除了已經工作了八年外，其他都達不到你的要求，因此心裡使勁地想怎麼強化自己，不能在大科學家面前太無知了。她特別希望攻讀你的研究生，可由於她大學學的是農業經濟專業，轉農學專業有難度，為此她猶豫了兩三年時間。有一次她代你去開一個會，參會人員都是專家和他們帶的博士、碩士，她心虛得不敢說話，感覺很受打擊。回來就向你提出：「我要讀書！」她以為你不一定會答應，沒想到你十分鼓勵她，說：「讀書好啊，求上進，我同意。」辛業藝大受鼓舞，硬是憑著一股鑽勁，考取了農學專業研究生，正式做了你的學生。二〇〇〇年湖南雜交水稻研究中心編印了一本畫冊，好多同事都去找你題詞留念，辛業藝也找了去，你給別人提了些祝福的詞句，對她題的卻是「有志者，事竟成」。她當時感慨萬分，覺得你的題詞是對她最大的鼓舞。在她進行碩士論文答辯的時候，你當著答辯委員會的專家對她說：「小辛，你不能只讀碩士就完了，你還得讀個博士出來。」她當時很懷疑自己的學習能力，有了你的鼓舞，她信心倍增，於是，她到香港中文大學一邊做研究一邊讀博士。她讀完了博士，又回到雜交水稻研究中心，繼續從事科學研究工作。她的博士論文緊緊結合雜交水稻的研究工作，得到了導師好評。就這樣，辛業藝在你身邊，一步一個腳印，學習更上一層樓，學位由學士、碩士到博士，職稱也由助理研究員晉升到副研究員，再到研究員。你對她的鼓勵和鞭策讓她受益匪淺，終生難忘！

現在，辛業藝正在繼續進行雜交水稻增產機制的研究。她希望她的研究能有助於雜交水稻的進一步提升。

十三、羅閏良：解讀你科技創新的第一人

羅閏良，男，一九五七年出生，湖南岳陽人，一身儒雅的知識分子氣質。一九八七年畢業於武漢大學植物學專業，理學碩士。現為湖南雜交水稻研究中心暨國家雜交水稻工程技術研究中心研究員、中共黨委書記，主要從事科技管理工作和軟科學研究。一九九五年初，他調入湖南雜交水稻研究中心，參與中國國家雜交水稻工程技術研究中心的籌建，後來又負責籌辦「農作物兩系法雜種優勢利用國際學術討論會」。在工作中，他深切地感受到你的傑出貢獻、學術魅力和人格感召力對中外農業科學界的巨大影響，遂產生了要對你的科技創新活動進行系統探究的想法。這種想法竟逐漸演變為一種日益強烈的責任感和使命感。於是，他開始留意收集資料，學習相關知識，思考一些問題，他越來越認識到，你的創新理念、學術思想、科學研究方法及藝術、成功經驗和成才之道等是一個博大精深的體系，需要花很大的氣力學習、鑽研。於是他和吳京華收集和研讀了其他相關學科的書籍，還訪問了你和你的家人以及熟悉你的專家們，他還利用在你領導的雜交水稻研究中心供職的便利條件，接觸並收集到你的論文、專著和一些未公開發表的相關文字，以及你的傳記、報導、訪談等，然後利用業餘空隙時間，利用節假日進行研究和寫作。二〇〇四年，他跟吳京華精心撰寫的《綠色神話解讀——論袁隆平科技創新》一書由廣州科技出版社出版。由於羅閏良一直在你身邊工作，對你有直接的了解，並掌握了豐富而準確的資料，因而本書的資料豐富、內容翔實，具有權威性、準確性、新穎性和創新性。

羅閏良先生在給我介紹你的成就時，特別強調你胸懷開闊，思路寬廣，富於團隊精神，善於調動各方面的積極性，善於尋求中共和政府的支持，做全國大協作，甚至跟海外進行廣泛的協作。而且，你善於總結，從理論上提升，創立了「雜交水稻學」。他最後告訴我：他聽說，朱鎔基先生說過，我們湖南有兩塊牌——人文方面有袁隆平，自然方面有張家界。表達了對你的高度肯定。

十四、符習勤：國家重點實驗室主持人

符習勤是雜交水稻國家重點實驗室主任。一九七六年畢業於湖南農業大學農學專業。一九八四年十月至一九八七年八月在菲律賓大學和國際水稻研究所攻讀植物育種學碩士學位（並修副科植物學），主要研究水稻雄性不育性的發育生物學機制，獲菲律賓大學最佳碩士論文獎。一九八八年至一九九八年，先後承擔「水稻花培及抗寒性遺傳育種研究」「水稻無融合生殖研究」「雜交水稻新兩系法研究」和「『培矮 64S』花培提純改良」等課題。期間受教育部選派，在日本九州大學進行訪問研究一年，研究水稻無融合生殖、性狀遺傳標記基因等。一九九八年七月至二○○三年十二月，在澳大利亞國立大學及澳大利亞分子生物技術國際農業應用研究中心攻讀植物分子生物學博士學位，專攻水稻功能基因組學和轉基因研究，期間設計和構建了應用於水稻的增強子陷阱捕提載體、EGFP 報告基因載體和 GUS-EGFP 融合報告基因載體共一百二十七個（FX 系列），已被廣泛應用於水稻功能基因組學和轉基因研究。

二○○四年以來，主持「應用分子生物技術創建水稻雄性不育系的研究（國際合作）」「輪迴選擇技術應用於超級雜交稻育種研究」；承擔並負責中國國家「九七三」計劃「主要農作物骨幹親本遺傳構成和利用效應的基礎研究」第七課題（骨幹親本早期檢測與評價體系研究）；承擔並負責農業部轉基因生物新品種培育重大專項「高產轉基因水稻新品種培育」任務三（水稻高產基因聚合育種研究）；參加農業部轉基因生物新品種培育重點課題（一個新的水稻溫敏核不育主效基因的複製和功能驗證，抗稻曲病轉基因超級雜交稻的培育），以及中國國家「八六三」計劃重點項目「強優勢水稻雜交種的創建與應用」等多項研究。與你合著的英文著作 Technology of Hybrid Rice Production 及其西班牙譯文版 Tecnologia para la produccion de arroz hibrido 已由聯合國糧農組織出版發行。

從二〇一二年擔任雜交水稻重點實驗室主任以來，符習勤根據你的思路，團結全室同事發揮最大能力，並開展橫向聯合，網羅全中國有關專家，共同為雜交稻的進一步發展提高做出貢獻。

十五、彭既明：「種三產四」執行專家

二〇〇六年，你有鑑於超級雜交稻計劃實施以來，在全中國育成了一批適應性強、產量潛力大的超級稻品種組合，而且超級稻的育種技術也得到了突破；但是，這些新品種和新技術並未在生產中應用，湖南省農民種植的實際產量與你實驗中的高產量還有很大距離，還有很大發展空間。為了盡快把科學研究成果轉化為生產力，你提出了「種三產四」豐產工程，並讓彭既明擔任這項工程的執行研究專家。

彭既明，一九六二年出生於湖南婁底市。一九八二年婁底農校大專班畢業後，在婁底基層從事雜交水稻推廣工作。一九九七年經過嚴格考評，到泰國農業大學育種與生產專業讀碩士研究生。畢業後到湖南雜交水稻中心從事雜交水稻國際推廣工作，累積了豐富的推廣雜交水稻的經驗。

彭既明擔任「種三產四」豐產工程執行專家以後，在你的指導下，圍繞超級雜交稻超高產栽培問題開展了研究。系統研究了超級雜交稻超高產的形態及生理特性、營養生理與養分需求、環境要求與生態適應性等栽培生理生態基礎。在此基礎上，結合不同地域的氣候環境條件，提出了一系列優化集成的超級雜交稻超高產栽培技術體系，如超級雜交稻改良型強化栽培技術，明確了根據品種生態適應性合理選種、適時播種、塑盤或無盤旱育秧、乳苗移栽、合理稀植、濕潤灌溉、多次施肥和減前增後施肥等超級雜交稻超高產栽培的基本技術原則。將超級雜交稻改良型強化栽培的技術原理與栽培實踐相結合，研究不同栽培模式、耕作制度、栽培方式下超級雜交稻超高產栽培技術。為此設立了直播栽培、軟盤旱育、常規水育、機械點播等不同育秧方式，拋秧、寬窄行、方形、三角形等不同移栽方式模式，雙季直播、雙季拋秧、雙季移栽、早直播晚拋秧和早移栽晚拋秧等不同雙季超級雜交稻栽培模式；設立了超級雜交早稻＋優質晚稻、超級雜交早稻＋超級雜交晚稻、超級雜交中稻、優質早稻＋超級雜交晚稻和一季超級雜交晚稻等種植搭配模式。形成適應不同生態區域、不同水稻栽培傳統、不同種植制度的「雙超」栽培技術體系，提供了超級雜交稻「種三產四」的栽培技術支撐。

彭既明根據實踐—認識—再實踐、發展—調整—再發展的思路，跟各級組織總結出很好的經驗。如湖南省總結出「總結經驗，穩步發展、樣板示範、以點帶面、提高種子產量質量以供需要，改進栽培技術，主攻單產、加強領導」的推廣應用雜交水稻的主要經驗；「各級政府高度重視與支持是雜交水稻成功與發展的前提、大協作是雜交水稻成功與發展的基礎、創新和敬業是雜交水稻成功的關鍵」的中國雜交水稻發展的主要經驗。為超級雜交稻「種三產四」豐產工程的實施提供了可靠的經驗借鑑。

採訪中，彭既明十分高興地告訴我：「從超級雜交稻這些年的生產實踐來看，近年來超級雜交稻不僅在較小面積（百畝）示範上創造了高產典型，而且在較大面積（千畝、萬畝）示範上也普遍獲得成功，特別是中稻增產幅度顯著，充分展示了超級雜交稻『種三產四』工程的巨大增產潛力和廣闊的應用前景。我希望中國農林部能高度重視這一工程，在全中國推廣，那將給中國糧食生產帶來更大的好處。」

十六、徐秋生：「三一」工程執行專家

徐秋生，男，一九六二年十月出生，湖南平江人，研究員，雜交水稻育種專家，無黨派人士。一九八四年七月畢業於湖南農業大學農學系農學專業，一九八四年以來一直從事雜交水稻研究工作。現任湖南雜交水稻研究中心暨國家雜交水稻工程技術研究中心科學研究處處長，水稻國家工程實驗室（長沙）副主任，湖南雜交水稻研究中心暨國家雜交水稻工程技術研究中心學術委員會委員，湖南省農業科學院第八屆、第九屆學術委員會委員，湖南省科技進步獎評審專家庫、長沙市科技進步獎評審專家庫和湖南省農作物品種審定委員會專家庫的專家。

曾主持中國國家科技支撐計劃「廣適型超級雜交中稻新組合選育與示範」課題、科技部農業科技成果轉化基金項目「高產優質雜交稻新組合新香優 101 綜合配套技術研究與示範」課題，目前主持了農業部公益性行業（農業）科學研究專項課題「長江中游稻區超級秈稻高效育種技術與新品種選育」；承擔了中國科技部「八六三」課題「強優勢水稻雜交種的創建與應用」、中國科技部支撐計劃課題「長江流域高產高效雜交稻新組合選育及配套技術集成研究與示範」以及國家轉基因重大課題「轉基因高產水稻新品種培育」等多項研究課題。

主持選育了「湘豐優 70A」 等不育系以及「湘豐優 9 號」（湖南、江西和廣西等省級審定）和「湘豐優 974」（湖南省審定）、「湘豐優 402」（江西省審定）、「新香優 101」（湖南省審定）和「湘豐優 186」（國家審定）等多個雜交水稻新組合。這些組合在水稻生產中發揮了重要作用。

曾獲湖南省科技進步獎一等獎一項，二等獎兩項。

徐秋生說，回顧近四十年雜交水稻的發展，從三系法雜交水稻的產生與培育成功到兩系法雜交水稻研究成功，再到超級雜交稻的研究，無一不與你的創新思維息息相關。你的每一次創新，都使雜交水稻研究產生一次飛躍。目前，中國廣大水稻育種工作者，在你的超高產育種理論指導下，培育了一批雜交水稻超高產苗頭組合和新材料。正如你所說：「依據現已獲得的試驗結果，我充滿信心地預見，中國最近育成的兩系亞種間雜交水稻組合會比國際水稻研究所至少提前五年在較大面積上實現超高產指標，從而贏得中國在世界水稻超高產育種競爭中的領先水平。」

現在，徐秋生是你提出的「三一」糧食高產工程的主要執行專家。

十七、廖伏明：《雜交水稻》執行主編

廖伏明是湖南農業大學畢業生，一九八四年與徐秋生等三個剛畢業的大學生一起被分配到剛剛成立的湖南雜交水稻研究中心。當時正是你提出雜交水稻由三系法轉入兩系法的時候。開始做兩系法研究時，普遍認為光敏核水稻的育性只受光照的影響和調控，但在一九八九年盛夏卻出現了全國性的異常低溫，原本應該不育的不育系都變成可育的了！

生產種子失敗，許多單位打退堂鼓了。廖伏明也感到困惑：為什麼會飄移？為什麼會生病？他思考了很久，覺得是不是溫度在起作用？那時，他還只是個剛畢業不久的大學生，他大膽地給你談了他的看法。你沒有因為他是年輕人而輕慢他，而是認真地、虛心地吸取了他的意見，而且支持和鼓勵大膽假設，小心求證。他就大膽地在一九九六年第六期的《雜交水稻》雜誌上發表了《光溫敏不育水稻不育性表達不穩定的遺傳機制與原因綜述》一文，指出光溫敏不育系不育性表達不穩定是近年來兩系雜交水稻研究和應用中遇到的一大難題，為尋求克服這一難題的有效途徑和方法， 對不育性表達不穩定的遺傳機制及其產生原因進行深入分析和探討是十分必要的。他在文章中首先界定了不育性表達不穩定的含義，然後綜述了水稻光溫敏

不育系育性表達的種種複雜表現、不育起點溫度漂變現象及其克服辦法， 著重論述了光溫敏不育系不育性表達不穩定的遺傳機制及原因。你吸收了廖伏明的意見，經過反覆思考和科學分析，及時提出了選育實用光溫敏不育系的育種策略，後來，又針對溫度對育性的影響提出了光溫敏不育系原種生產程序，以確保兩系法雜交水稻種子的純度。

以後，廖伏明在你的支持下，還專門在所長基金中立項開展研究，結果證明了他所提出觀點的正確性，其研究成果在《中國農業科學》《中國水稻科學》等中國國內權威期刊發表。後來，他以這個問題寫了博士論文。

廖伏明說，你作為一個偉大的科學家，你的思想境界，是他衷心敬佩的。你能尊重並聽取一個年輕科學研究人員的意見，既不迷信權威，更不以權威自居，是十分難得和很了不起的。同時，你能夠虛心聽取意見，不斷修正、完善、提升、發展自己的科學研究思路和科學見解。而且，你最善於概括和吸納別人的正確觀點、看法、意見，站在新的高度來總結提升，站在一定的哲學高度來思考認識，從而形成自己正確的、先進的、可行的思想和方法，這是很了不起的！這也是雜交水稻為什麼發展得這麼好，為什麼能一直領先世界的重要原因。

廖伏明現任國際處處長、《雜交水稻》雜誌執行主編。一九九二年開始從事《雜交水稻》雜誌編輯工作，先後任副主編、副社長、執行主編、社長。《雜交水稻》雜誌於一九八六年創刊，有鮮明的辦刊特色，連續多年被評為湖南省一級期刊和入選全國中文核心期刊、中國科學引文數據庫（CSCD）核心期刊，是湖南省「十佳」科技期刊，還先後獲「國家期刊獎提名獎」「全國編校質量優秀期刊獎」和「湖湘優秀出版物獎」一等獎。他說，你一直是雜誌的主編和靈魂，重大問題都由你決策，在雜交水稻的每一個關鍵時期，你都會在該刊上發表重要論文，指導雜交水稻的發展，為雜交水稻指明正確的發展方向。雜誌之所以成為中國優秀科技期刊，跟你的威望和影響、你的正確決策和引領不無關係。

廖伏明說，你不僅關注中國的糧食安全問題，也熱衷於幫助其他國家發展雜交水稻，為世界糧食安全做貢獻。「發展雜交水稻，造福世界人民」是你的一大宏願。受你的推薦和派遣，廖伏明於二〇〇〇年被聯合國糧農組織聘為顧問，赴印度進行雜交水稻技術指導。他還先後赴菲律賓、越南、泰國、馬來西亞、巴基斯坦、美國、義大利、荷蘭、柬埔寨等國進行雜交水稻的國際合作和學術交流。在中外主辦的雜交水稻國際培訓班中歷任主講教師，為來自數十個國家和地區的上千名科技人員傳授雜交水稻理論與技術。自二〇〇四年開始負責國際合作和培訓工作以來，他主持完成多項國際合作、交流與國際培訓項目。近些年來，在你的親自領導和指揮下，廖伏明負責的國際合作工作取得了顯著成效，本單位國際開發純收入每年均超過兩千萬元；二〇一三年和二〇一四年，湖南雜交水稻研究中心先後被中國科技部授予「雜交水稻國際科技合作基地」，被聯合國糧農組織（FAO）正式授牌認定為「FAO雜交水稻研究培訓參考中心」，為加快中國雜交水稻的國際發展搭建了很好的平臺，奠定了進一步發展的良好基礎。

十八、李繼明：袁老師悉心育人

在雜交水稻研究中心，我採訪了現任華智水稻生物技術有限公司技術總監的李繼明先生。他中等個頭，白白的肌膚，熱情洋溢。談起恩師，他的話語滔滔不絕，言談中飽含著對你的尊重和敬意。他一九八六年到一九八九年做你的碩士研究生，畢業後留在「中心」做你的祕書，並兼任科學研究部主任，幾乎全程參與和經歷了兩系法的研究過程。一九九三年由「中心」派遣到美國水稻技術公司做雜交水稻技術指導，一九九六年後進康乃爾大學做曾被幾次提名諾貝爾獎的著名生物技術專家吳瑞先生的博士生。讀完博士後，他進了美國杜邦先鋒種子公司工作。期間跟你合作進行研究，並跟蘇珊·麥可奇女士合寫了關於雜交水稻的長篇英語論文。

李繼明多年從事水稻生物技術分子育種工作。他與肖金華（也是你的學生，也到康乃爾大學讀博士）合作，肖金華做分子技術，他做常規技術，在野生稻中發現了兩個高產基因，然後把它們轉移到水稻上。他們發現，野生稻中這兩個高品質的高產基因，在選育的過程中被扔掉了，現在可以把它們挖掘出來，轉移到栽培稻中去。他們是用分子技術去發現的。他們的論文發表在國際上非常著名的權威刊物《自然》雜誌上。這項技術運用到生產之後，可以增產水稻一七．〇七%至一八．二六%。現在這項技術已得到美國和韓國科學家獨立研究論證。正在驗證和試驗之中。

李繼明還協同你合寫了一篇最全面地介紹雜交水稻的科學研究論文《雜交水稻遺傳、育種和種子生產》，發表在美國版的《二〇〇〇年育傳育種》年鑑上。年鑑每期介紹一位世界級的專家。第二年，他又與辛業藝共同為該雜誌撰寫了《袁隆平——世界抵抗饑餓的戰士》一文，向全世界宣傳你的雜交水稻事業和你的人格和精神。

李繼明說：他對你的最大感受是，你特別善於體貼下面的人。一九九四年大年三十加班，你和大家一起忙！你是以德服人。在你這裡工作，很忙，很累，但是你讓他心甘情願，心服口服。你辦事很隨性，但很真誠！你能把全所的人形成一個很堅強、很團結的群體，業務能力重要，人品更重要！你能把大家心悅誠服地團結在一起，不但靠你的名望，還靠你的品德，你的無私，你的人緣。李繼明曾陪同你到美國領獎，他記得最深的就是你在會上講：「今天這樣高的榮譽，不僅是給予我個人的，更重要的是代表著中國農業科學研究群體的成就。」幾乎每次獲獎，你都是這樣講的：這是集體的功勞，集體的榮譽！你真正是做到了「功成名就仍執著於田野，大功至偉卻始終平實淡定。」

談到你高深的學術造詣，李繼明舉了兩個小例子：一個是在他一九八五年報考碩士研究生的複試時，你拿出一本英文書《雜種優勢》，並給了他一本小英漢辭典，要他限時翻譯其中的「上位性」一節。當時他認為，這只是測試專業英語的一道簡單考題，直到很多年後在康乃爾大學學博士學位課程，更加系統、深入地結合分子生物學學習雜種優勢機理時，他才更深入地認識到了這道翻譯題對於雜交水稻研究的意義。因為時隔二十年後，「上位性假說」仍然是作物雜種優勢機理研究的熱門話題。由此可見你的英文水平及專業造詣。第二個是在二十世紀九十年代初，你認識到分子生物學在雜交水稻中的應用，就提出建立雜交水稻分子實驗室的設想。當時分子生物學的概念在國外才提出不久，在中國國內更鮮有人提及。由此同樣可以看到你對於生物科學研究前沿領域的敏銳洞察力和預見性。

李繼明還稱讚你悉心育人的崇高師德。他在攻讀碩士學位的三年中，你總是首先放手讓他自己設計研究課題，然後給予指正；每當遇到難題的時候，你總給他精神上的鼓勵和物質上的幫助。他在國外攻讀博士學位的過程中，你依然幫助他解決一些研究中的問題。李繼明說：你早年在安江農校所培養的學生、助手以及近年來培養的博士生都頗有建樹，不少人都活躍在中外科技領域中，有的還成為國際機構中雜交水稻研究的領軍人物或國際跨國公司的業務骨幹，這些都與你的悉心育人密不可分。

十九、鄧啟雲：育種專家

鄧啟雲接受我的採訪時，一開始就說：「我與袁老師非常有緣。我母親、外祖母都姓袁，而我與袁師母則姓鄧。」

鄧啟雲是湖南瀏陽人，一九八三年從湖南農大畢業後分到安江農校工作。那時，你雖然已調到省農科院雜交水稻研究所工作，但還是經常回安江農校來留意農校研究組的工作。在鄧啟雲的記憶中，你經常是打著赤腳直接從田間到研究組來參加會議，或者來給大家講課。當時你已經很有名了。但是，為人卻是那麼低調，那麼謙和。因為鄧啟雲家在瀏陽，從安江回瀏陽要經過長沙。當時，學校有一部專車送你從安江到長沙，他就經常搭你的便車到長沙。有一次，雪峰山結冰，他搭你的便車回長沙，車輪打滑，一下刹不住，車子從山上一直滑到山腳，把他和司機嚇得要死，你卻神態自如，鎮靜自如。

鄧啟雲家在瀏陽，想調到瀏陽。你很關心他，照顧他，「中心」剛成立，就把他調到雜交水稻研究中心，做栽培技術研究。鄧啟雲沒有做遺傳育種，但是，「八六三」課題組每年開會時，你都叫他參加。一九九〇年，你在課題組會上講：雜交水稻庫容大，穗大，源很足（就是葉片光合作用好），那為什麼產量低呢？是不是水稻葉脈運輸出了什麼毛病？鄧啟雲聽了你這個課，馬上回到實驗室，做了稻穗的解剖實驗。結果證明你說得對，的確是雜交水稻內部運輸上出了問題。他馬上寫出了文章，指出雜交水稻產量低確實是水稻葉脈運輸機制上的問題。

不久，你在開會時說：「上次我給研究組的同仁們講雜交水稻的產量低，問題可能出在水稻自身的運輸系統的機制上，我們研究組的人員聽了就聽了，可不是我們組的鄧啟雲卻去做了實驗！」

不久，一九九〇年底，在雜交水稻中心總結大會，你突然大會上宣布說：「現在，我們工作的重中之重是搞清楚雜交水稻溫度和光照的作用。這個重要工作必須要專人來做。這個工作誰來做呢？」

只見你停頓了一下，突然說道：「這個工作由鄧啟雲來做最合適！」

鄧啟雲一聽，大吃一驚！因為他從沒聽你說起讓他做育種工作！

就這樣，鄧啟雲調到你身邊做光溫敏不育系穩性研究。鄧啟雲做事特別認真。幾年時間下來，創立了完善的光溫敏不育系穩定性鑑定技術體系，得了湖南省科技進步二等獎。直到現在，都還在用他創立的這個方法。

鄧啟雲想學習深造，你很支持。鄧啟雲在湖南農大讀完作物遺傳育種碩士學位後，又讀你的博士。

鄧啟雲在寫博士論文期間，深入研究了你提出的「超級稻形態改良和雜種優勢利用」的理念，認為是極其重要而且非常科學的！他在你的理論指導下，做出了新的、更理想的動態的株型。這種株型可以更好地進行光合作用，可能使超級雜交稻增產五〇%以上。

於是，在你做第二超級雜交稻時，鄧啟雲二〇〇〇年讀完你的博士回來做育種。他以「Y 兩優 1 號」在湘西自治州永順縣百畝片試種增產一八%，完成了超級稻二期每畝產八百公斤的指標。

你又提出了第三期每畝九百公斤的更高指標。鄧啟雲又以「Y 兩優 2 號」在湖南省隆回縣百畝大田以平均畝產九百二十六點六公斤的產量實現了。

你在給我講超級雜交稻一、二、三、四期的突破時，說第一期是用羅孝和育出的良種，二、三、四期都是鄧啟雲培育的新良種。

鄧啟雲為超級稻的發展，做出了卓越的貢獻！

二十、趙炳然：「天命之年攀高峰」

訪問趙炳然時，一走進他的研究室，牆上的一副對聯就引起了我的興趣：

一粒種子藏世界

天命之年攀高峰

我的採訪就從這副對聯開始。

趙炳然高興地說：「這是恩師為我五十歲生日題的祝詞，表達了老師對我的深切厚愛和殷切期望。原來道家有一副對聯：一粒米中藏世界，半邊鍋裡煮乾坤。袁老師說：『這個不好，我給你改一下：一粒種子藏世界，天命之年攀高峰。明年不是你的天命之年嗎，我送你這副對聯吧！』我好高興！前一句『一粒種子藏世界』，表明了老師對雜交水稻事業的鍾愛；後一句『天命之年攀高峰』，則寄託了對弟子的期待與信任，鼓舞和鞭策！而且，『一粒種子』對『天命之年』，『藏世界』對『攀高峰』，對仗多工整，又切合了我的現實。我一定要把老師的關愛和勉勵，變為自己的動力和行動！」

我說：這副對聯是可以傳世的！

趙炳然是中國雜交水稻重點實驗室的研究員。他一九六五年出生於湖南益陽。出生於六十年代的他也和大多數農村孩子一樣，從小缺衣少食，溫飽堪憂，母親每天盛飯時的淒苦情景成為他至今揮之不去的陰影。那時候趙炳然四兄弟，母親盛飯的時候會把少得可憐的摻著野菜、蘿蔔的飯平均分到每個孩子的碗裡，而母親自己基本上只能吃些剩下的野菜和蘿蔔。兒時的趙炳然萌生了最簡單最純粹的想法：等他長大了，要是哪一天能為解決人們吃飯做點事情就好了。

這種想法就像一顆種子深深地植根於趙炳然的心田中。懷揣著這個夢想，趙炳然於一九八三年考進了四川大學遺傳學專業，開始了他的科學探索之路。

雖然是一個理科生，但是趙炳然並不只拘泥於本專業的學習。四川大學圖書館為趙炳然提供了廣泛的閱讀機會，大學期間，他一頭栽進了廣袤的書海之中。趙炳然猶記得，當時出版的雙月刊《自然辯證法通訊》成了全寢室倍受青睞的一本雜誌，同學笑稱「一個學生物遺傳學的居然對自然辯證法那麼感興趣」，趙炳然微微一笑，似乎自己也覺得有點不可思議。除了自然辯證法的各類相關書籍，趙炳然還對心理學有極大的興趣，《宣傳心理學》《教育心理學》《科學學》等，他都一一閱讀過。除了廣泛地閱讀書籍，趙炳然還有一個好習慣，自主學習。當時，川大遺傳學專業從來沒有開過被子植物胚胎學這門課，而書市上正好有《被子植物胚胎學》這本書，趙炳然在書市買到以後，閱讀了至少三遍。在廣泛涉獵，翱翔於書海之際，他體驗到了知識帶給他的快樂。說到這裡，趙炳然十分感恩母校，當時川大的校訓是「重德，博學，務實，尚美」，「博學」一直是趙炳然不斷學習不斷汲取的精神嚮導。四年下來，趙炳然已經閱讀了大量書籍，而他自學的《被子植物胚胎學》冥冥中為他的科學研究之路埋下了伏筆。

本科畢業後，趙炳然選擇了工作。他回到湖南，進入了湖南雜交水稻研究中心，在這裡他榮幸地師從於你！能和「雜交水稻之父」一起工作，趙炳然興奮不已。剛進單位不久，恰逢中國實施「八六三」計劃，參與「無融合生殖」這個課題，主要是尋找「無融合生殖」的水稻材料，需要做胚胎，而趙炳然在大學自修的被子植物胚胎學在這裡派上了很大的用場。你還一度以為趙炳然的專業是胚胎學。

在「八六三」計劃實施期間，你曾想送趙炳然繼續深造。但這個課題正值人手缺乏之季，趙炳然決定等結題之後再繼續學習。重返校園已是大學畢業十年之後的一九九八年，透過在湖南農業大學五年的學習，獲得作物遺傳育種學專業博士學位。從你那裡，趙炳然獲得的不僅僅是專業知識，還有專業精神和人生態度。回憶起當年的一件事，趙炳然至今感動不已。當時一些官員在海南島三亞基地考察，你提前離開了，而當地的一位官員提出想參觀一下你的房間，趙炳然便帶他們前往。你的房間很小，裡面是臥室，外面是客廳，而客廳裡的茶几上，有一本依然攤開著的厚厚的英文字典。「這說明老師不久前還在查閱英文字典。」趙炳然感慨道，連年輕人也不見得有這麼好的學習精神啊！他深深地被你所感染。

正是因為受到你的熏陶及從小植根於心的信念，趙炳然數年如一日地堅守在自己的研究崗位上。當一位四川大學老同學發訊息調侃他「連一個訊息都沒有，你是怎麼混的」時，正在田中，一身泥、一身汗的趙炳然不假思索地回覆道：「唯與天地對話。」也難怪，趙炳然先後主持或者輔助老師主持了中國自然科學基金項目、中國「八六三」項目、支撐計劃項目、轉基因專項與科技成果轉化資金等多個項目，培育審定品種（系）八個，獲得品種權三項、國家發明專利兩項，並發表數十篇科學研究論文。特別是進行了包括奈米分子育種技術、螺旋藻高光效系統在水稻中利用等多方面的原創性探索，提出了把雜交水稻三系法與兩系法兩條河流進行充分整合，以及栽培稻種資源與遠緣物種遺傳物質轉移相結合的理念與技術等專利；研創出一系列材料和品系，為雜交水稻持續攀高奠定了基礎。當被問到科學研究上是不是經常遇到難題、挫折時，趙炳然的回答是：「沒有困難，只有超越」。

近年趙炳然在中南大學兼任中南大學國家重點學科作物學學科祕書長及研究生導師。作為學生，趙炳然與你的科學研究精神一脈相承；作為老師，趙炳然的教學理念和育人原則獨樹一幟。「愛也是唯一的出發點，愛也是唯一的方法，愛也是唯一的答案。」這是趙炳然教育學生如何做人的原則。他教會學生不怕做事，不怕吃苦，多學技術，更重要的是學會做人。在學術方面，趙炳然更是要求大家要嚴謹求真，他不能容忍在科學研究方面作假，即便在當時認識不夠完美，但必須是真實的、是靠近自然規律本身的。

他說，作為我們的導師，你總是不斷創新，不斷提出新的戰略目標，這首先是基於當時科學發展的需要；其次是你有豐富的經驗和聰穎的智慧；第三是你的遠見卓識、高遠胸懷和發展眼光。你突破一個點，達到一個目標後，絕不停在原地，總是又提出新的戰略目標。不管遇到多大困難，不管多少人反對，你總不停步，絕不放棄！你透過目標導向，不斷地突破自己！

作為跟隨你二十多年的弟子趙炳然給我講了幾個故事：

二〇〇四年，趙炳然跟你到馬來西亞，短短三天時間，國王設午宴招待，總理接見，王子設晚宴。簡直是享受的國家元首的待遇。馬來西亞還安排你到他們國家最好的大學做學術報告！你在國際上的知名度、認可度，就有這麼高！

六七年前，趙炳然陪你從北京坐動車回長沙。你一到候車室，就被服務員認出來了。她馬上去給領導匯報了。車站領導立即把你請到貴賓室，把你送上軟臥。開飯時間一到，車長就把最好、最精緻的飯菜送到你那裡。你要給餐費，車長不收，還說：「你把全中國人民的吃飯問題都解決了，我們給你提供一頓晚餐都不可以嗎？」你把錢交給趙炳然，讓他去交。他卻沒完成任務。你批評他：「怎麼沒完成任務？」趙炳然笑著回答說：「這個任務完成的難度，與人們對你的尊敬度、認可度成正比！」你爽朗地笑了！

趙炳然說：「這兩個小故事說明了一個問題：一個人，只要真正為人民、為世界做出了貢獻，就一定能得到世界、得到人民的尊重！你代表了老一輩科學家的美德，代表了我們民族的傳統，你就是我們民族精神的載體！我們國家需要你這種精神，我們民族需要你這種精神！我要學習你的這種精神，不能滿足於現有的成就，要科學地運用一切現代化的手段，培育出更好的品種……」

二十一、鄧小林：一輩子與雜交水稻為伴

鄧小林是湖南懷化人，一九五〇年出生，「文革」中當了幾年知青，民辦教師，農民技術員，以後又一面工作，一面學習，讀了農業專科學校，湖南農學院大專自考農學專業。一九八〇年七月進入湖南省安江農校雜交水稻研究室，開始從事雜交水稻研究和育種工作。那時雜交水稻研究已經配套成功，開始大面積推廣應用。但當時在生產上推廣應用的組合都是生育期較長的雜交組合，只能在華南雙季稻區做晚稻和長江中下游做一季中稻種植。為了進一步擴大雜交水稻的種植範圍，選育出生育期較短、能在長江中下游雙季稻區種植的雙季早稻組合，是當時的重要任務。那時，你就給安江農校雜交水稻研究室的科學研究人員安排了這個研究任務。於是，鄧小林就在當年七月下旬整理行裝，跟著你去廣西南寧進行南繁加代，十二月上旬又從南寧轉戰海南三亞進行南繁加代，進行雜交水稻新品種的選育配組。二十世紀八十年代的交通仍然很落後，從湖南安江農校到三亞最快也要五六天。當時，三亞的生活環境和生活條件很艱苦，物資十分匱乏，要從湖南帶食油、黃豆、乾辣椒等食品過去。而且，你們住的三亞市郊的荔枝溝還沒有電，只能用煤油燈照明。鄧小

林在你的帶領下，在三亞播種、插秧、選種、收割。在這半年時間裡，完成一季水稻的種植和收穫，直到第二年的四月下旬才能回到湖南。從一九八〇年到一九九〇年，每年的春節，鄧小林都是在三亞度過。當時通訊條件也很落後，從三亞寄封信回安江，要八到十天！在這樣艱苦的條件下，鄧小林在你的具體指導和嚴格要求下，取得了較大成績，鄧小林課題組於一九八六年選育的雙季稻雜交組合「威優 49」，在湖南省雙峰縣種植，創下當時雙季雜交早稻六百九十八點二公斤的畝產最高紀錄，由於該組合產量高，在長江中下游雙季稻區大面積種植。當時《湖南日報》在頭版頭條以「雜交水稻的一顆明星」為題進行報導，並於一九九二年獲湖南省科技進步二等獎。

隨後，鄧小林又根據你指出的「利用秈粳品種雜交選育恢復系，是提高雜種優勢的途徑」的思路，利用粳稻品種與粳稻品種雜交再透過回交選育出三系恢復系「R647」，再用該恢復系成功育出「威優 647」「汕優 647」「I 優 647」等雜交組合。這些組合在二十世紀九十年代得到大面積推廣應用。其中的「威優 647 的選育與應用」獲一九九四年湖南省科技進步二等獎。

為提高雜交水稻的製種產量和米質，鄧小林育出了異交率高而優的三系不育系良種「T98A」不育系，又用該不育系配組出四十六個雜交組合，這些組合應用於生產，使製種量大大提高，比其他不育系製種的產量高出三〇%。該不育系的選育與運用獲湖南省科技進步二等獎。

除了這三項獲得湖南省科技進步二等獎外，鄧小林還在你的指導下，用兩系不育系「安湘 S」為母本，與選育的父本「R18」配組出兩系雜交組合「安兩優 318」通過國家審定，在長江中下游一季中稻區大面積推廣應用。

鄧小林還用他選育的兩系糯稻不育系「糯 S」為母本，與糯稻品種「糯 6」號為父本選育出兩系雜交糯稻組合——「糯兩優 6 號」通過審定，在生產上大面積使用，是中國第一個通過審定的雜交糯稻組合應用於生產。

此外，鄧小林選育的「汕優 287」「T 優 207」「T 優 300」「T 優 353」「兩優 1128」「廣優 1128」等雜交組合通過審定，曾經和正在大面積推廣。

鄧小林告訴我，「威優 49」是你和他們課題組在一九八六年育出的雜交早稻新組合，正在大面積運用，還登上了《湖南日報》的頭版頭條。而且，湖南省糧油生產局準備在長沙召開以「威優 49」為主的早稻生產總結會。可是，這時，你卻發現「威優 49」有抗稻瘟病能力不強等缺點，就立即寫了一張便函，讓參會的鄧小林帶到會場上去：

「威優 49」的後勁不足，抗譜（稻瘟）不廣，加上粹米率高，因此不宜做主栽組合大量發展，這是我個人的意見，供大家參考。

袁隆平

一九八六年八月十六日

為實現你「發展雜交水稻，造福世界人民」的願望，一九九二年至一九九五年鄧小林受你委派擔任聯合國糧農組織發展雜交水稻技術顧問，對全印度的雜交水稻育種和製種進行技術指導和人員培訓。

在一九九三年至一九九六年為中國政府援助菲律賓發展雜交水稻項目專家暨中方水稻組組長，六次去菲律賓進行技術指導和技術人員培訓。

一九九七年至一九九九年去美國水稻技術公司進行雜交水稻的聯合研究和技術指導。

二〇〇一年至二〇〇五年為中國政府援助非洲馬達加斯加發展雜交水稻項目技術顧問，六次去馬達加斯加進行技術指導。

鄧小林說：一九八六年，你已經是世界公認的「雜交水稻之父」了。可是，你卻毫不掩飾自己最新科學研究成果的缺點和問題，並且主動向專家學者和社會公布，這一舉動感動了當時所有參會的人，表現了你實事求是，不掩飾自己缺點的科學道德。

這使我想起你說過的一句話：「科學家也是社會的一分子，同樣必須踐行社會主義榮辱觀，要恪守科學道德。只有這樣，才配當一個科學家。」你是這樣說的，也是這樣做的。

鄧小林現年六十五歲，但仍在從事雜交水稻的研究和雜交水稻組合的選育，要與雜交水稻為伴一輩子！

二十二、方志輝：科學家中的文學家

你的兩個夢：禾下乘涼夢和雜交水稻覆蓋全球夢正在變為現實。而這個美夢的實現，是你帶領無數科學家和無數有志者奔赴世界各地，扎根於大地，躬耕於稻田，篳路藍縷，共同努力的結果。在雜交水稻覆蓋全球夢的實現過程中，隆平高科國際貿易部的方志輝、楊耀松、陳毅丹及湖南雜交水稻研究中心的張昭東等人付出了艱辛的努力，發揮了重要的作用，取得了很好的成績。而他們成績的取得，離不開你的學術指導，更離不開你的精神鼓舞！

方志輝出生於湖南沅江，畢業於湖南農業大學。作為隆平高科董事兼國際貿易部總經理和湖南省農科院援外合作項目主任，他肩負從事雜交水稻國際開發的使命，從一九九五年至二〇一五年，為了實現你的「發展雜交水稻，造福世界人民」的宏偉心願，他和楊耀松、張昭東、陳毅丹等團隊成員，先後赴巴基斯坦、孟加拉、印尼、菲律賓、斯里蘭卡，柬埔寨、越南、馬達加斯加等亞洲與非洲多個國家推廣雜交水稻。他們在你的指導幫助下，在極其艱難複雜的條件下，從目標國的確定、合作夥伴的選擇到試驗品種、雜交組合的層層篩選，經過多年的艱難實踐，初步探索了目標國和受援國的雜交水稻栽培技術，探明了雜交水稻在國外的推廣模式，探究了雜交水稻種子出口的限制因素，探討了中國政府援外農業技術可持續發展途徑，並有針對性地提出了許多富有創新意義的舉措，圓滿完成了你和單位所交給的光榮任務，取得了可喜的驕人的業績，獲得了多項中外獎勵，最終讓雜交水稻成功地在世界數十個國家種植、推廣，使你的雜交水稻覆蓋全球夢逐步變為現實。

方志輝在完成國際開發任務的過程中，表現出總攬全局的能力和和諧相處的胸懷，他不僅與副總經理楊耀松密切配合，優勢互補，與團隊的其他成員也相處和諧，團結一致，為把雜交水稻推廣到世界做出了歷史性的貢獻。方志輝對我說：「楊耀松英語、法語和馬達加斯加語都非常好，不僅在工作中發揮了很大的作用，在我創作《十年一探 — 為了豐衣足食的世界》《稻可道》《七年馬義奇》三部書的過程中，也給予我很多幫助。我們的二人搭檔是完美的結合，發揮了１＋１＞２的作用。」

特別可貴的是，方志輝研究員在圓滿完成國際開發與援外任務的前提下，在艱辛繁忙的工作中，還發揮了他的文學潛質和生命激情，一連創作出了三部大作：《十年一探——為了豐衣足食的世界》《七年馬義奇》《稻可道》。這三本書浸透了濃郁的湖湘文化情結和胸懷天下的大同情懷，真實地記錄了他和他的團隊近二十年來在亞洲、非洲十多個國家推廣雜交水稻的艱辛歷程和拚搏精神；生動地再現了中國跟目標國和受援國人民之間友好情誼，傳遞了中國和平崛起的訊息，架起了與各國人民之間的友好橋梁；這三部著作還描繪了十多個亞非拉國家豐富多彩的人文盛況和神奇特異的自然景觀，抒發了作者對受援國人民的深厚感情。

這三部作品的出版，得到了你的支持和欣賞。你為《十年一探——為了豐衣足食的世界》和《七年馬義奇》題寫了書名，你還欣然為《稻可道》作序：

在緬甸中央農業研究院的水稻實驗室，我和我的學生鄧小林、毛昌祥等人在水田裡工作。因為緬甸人信佛，不殺生，那裡的水田到處都有眼鏡蛇。有次冷不防從抽屜裡竄出八條小眼鏡蛇，至今讓我心有餘悸。在熱帶雨林裡，還要與吸血的旱地螞蟥做生死鬥爭。這些驚險的場景不是發生在抗戰時期的中國遠征軍身上，而是發生在我們的水稻專家身上。

為了使「熱帶先鋒」水稻種子深入菲律賓腹地，我的學生張昭東因在政府軍和紅軍交錯的地帶製種，被人數次持槍綁架——這不是電視裡虛構的匪諜槍戰片，而是真實的故事。幸好，那些搶劫者知道昭東是中國水稻專家，幫助當地老百姓解決了吃飯問題，從而放了他一馬。

雜交水稻走向國際的那一幕幕，還歷歷在目……

一九八一年，我帶領專家團遠赴美國，把雜交水稻的專利轉讓給美國公司。在那之後三十四年裡，我們派出了一批又一批專家學者，在全世界範圍內布道（稻），演繹了雜交水稻和平而神奇的國際之旅。今天，從美國的大農場，到緬甸、菲律賓的熱帶雨林，從印度的高原，到非洲的大草原，到處都飄溢著雜交水稻的芳香。「喜看稻菽千重浪」，中國科學家播下的，不僅僅是一顆顆水稻的種子，帶給世界以糧食的充實和物質的繁榮，更是一顆顆和平的種子，為促進人類和諧共存、文化融合，開闢了一條康莊大道。

雜交水稻能夠解決中國國內溫飽問題，然後邁出國門、造福世界人民，更多是靠我的同事和學生們前赴後繼地付出了難以想像的艱辛和努力，才取得了一些成績。他們是一隻隻熱愛和平、不畏艱難、敢於拚搏奮鬥的獅子，值得世界人民尊敬。

我的學生方志輝把這些科學家的奮鬥歷程寫成了一本書，我覺得這本書確有意義，因為它相當系統而客觀地反映了雜交水稻走向世界的歷程；在這個過程中，湧現了一大批可歌可泣的人物和驚心動魄的故事，體現了中國和世界各國和平共處、攜手發展的深厚友誼。同時，該書對世界多國的異域風光、風俗人情也做了描述，饒有風趣。透過這本書，我們可以跟隨雜交水稻種子的步伐在世界多國做一番旅遊。

最後，我欣然提筆為這本書寫下一句話：願每個中國人都成為和平的獅子。

是為序。

我到湖南雜交水稻研究中心採訪時，方志輝幾次蒞臨賓館，送給我他的三部著作，熱情洋溢地講述了他和同事們在向世界傳播雜交水稻過程中的那些奇特的經歷和驚險的遭遇。看了這位科學家中的文學家，文學家中的科學家創作的三部大作，我更加感受到了你和你的這批年輕同事們在研究、推廣和傳播雜交水稻時所表現出的崇高精神和美好品德，認識到你和同事們傳播給全世界的，不僅僅是糧食的增產和農業的繁榮，更是中華民族的優良傳統和對世界人民的美好心願和珍貴情誼！

看了《稻可道》等三部著作，我深感，你的這些學生、助手和同事，不愧為國家民族的棟梁！

二十三、楊耀松：感恩之心

楊耀松是湖南澧縣人，一九六三年出生，父母都務農。小時候常常吃不飽飯，尤其是春荒時期，更是沒有飯吃，只有蘿蔔蔬菜煮一鍋，摻一點米吃，餓得厲害。那時候，早稻交了公糧就剩不了什麼，有時早稻還不夠交公糧。十二三歲時，母親經常帶著他到十幾里外的丘陵地帶悄悄去買些紅薯回來吃。當時正在「割資本主義尾巴」，不許公開買賣，只能半夜悄悄擔回來，一路上，楊耀松就邊挑邊打瞌睡。那時他父親在外當木匠，寄回一點錢。小時候挨餓的經歷，讓楊耀松對米飯、水稻特別珍視。讀中學時，鄉裡開始推廣雜交水稻，糧食增產了，能吃飽飯了，鄉親們說是袁隆平為大家解決了吃飯問題，就對你特別尊重，覺得你了不起！一九七九年楊耀松考入安徽農學院茶業系，畢業後，分配到湖南農科院茶葉研究所。一九九二年他報考湖南農業大學茶學系碩士研究生，畢業後回湖南農科院茶葉研究所擔任茶葉加工研究室主任。一九九六年湖南省農科院成立了海威科技開發有限公司，主要經營雜交水稻及蔬菜種子等農業高新科技成果的推廣，因為楊耀松外語特別棒，所以農科院領導調他到海威公司做外銷工作，並參與雜交水稻援外培訓工作，一九九七年帶湖南農業系統的技術人員和官員去菲律賓國際水稻研究所考察學習，一九九八年又參與舉辦了兩期雜交水稻援外培訓班。

一九九九年隆平高科成立，湖南農科院是隆平高科的主要股東，農科院的海威公司併入了隆平高科，海威公司的執行經理方志輝任隆平高科國際貿易總經理，楊耀松任副總經理，劉英副總經理負責培訓。從一九九九年開始，楊耀松和方志輝踏上了雜交水稻國際推廣的十幾年的光榮而艱險的漫長歷程，從一九九九到二〇一三年，他們先後到巴基斯坦、孟加拉、印尼、菲律賓、斯里蘭卡、柬埔寨、越南、汶萊、朝鮮、馬達加斯加等國從事雜交水稻推廣工作。這期間，他們親見了印巴兩國士兵在邊境降旗時似乎要把對方一口囫圇吞吃的情景，他們也經歷了「信德火爐」的高溫考驗，他們還一起在異國他鄉開荒種地。而使我最難忘的是他身患急病躺在地板上坐飛機的冒險經歷：

為了幫助馬達加斯加進一步發展雜交水稻，湖南農科院、袁氏農業必須與馬達加斯加政府確認擬建雜交水稻示範中心場址，並與在馬達加斯加有資質的中資企業協商土建工程方案，訂立土建工程施工合約。為解決這些問題，經多次協商，中馬雙方定於二〇〇七年四月一日在塔那召開兩國政府、企業及科學研究單位相關人員聯席會議。

為準時參加聯席會議，二〇〇七年三月三十日，方志輝、楊耀松跟袁氏農業總經理張立軍乘中國南方航空公司的班機到達曼谷，熬過四個小時的轉機等待時間後，三十一日凌晨，三人按航班飛行計劃辦好了再轉乘馬航飛機飛往塔那的手續。快到登機時間，楊耀松突然腹部劇痛，方志輝和張立軍都不是醫生，無法判斷原因，周圍也沒有醫院和醫生，而他們卻必須立即要在停下來治療還是繼續飛往馬達加斯加之間做出抉擇：一邊是可能危及生命的病情，一邊是等待他們完成的國際合作任務。他們都沉默了。他們內心都非常清楚，如果不上飛機，中馬聯席會議受到影響，項目申報工作也要相應推遲，並帶來外交上的負面影響；但如果堅持上飛機，楊耀松如果發生意外甚至生命危險，怎麼辦？就在這兩難的時刻，楊耀松表現出了高尚的犧牲精神。他忍受著身體上的劇痛，甚至是冒著生命的危險，堅定而冷靜地說：「不要為我影響工作！我跟你們一起飛到馬達加斯加，你們準時去出席會議，我立即去中國援馬醫療隊治病。」

儘管楊耀松做出了抉擇，但方志輝和張立軍仍然很擔心、很焦慮，他們都知道，楊耀松是為了不影響工作而堅持帶病乘飛機，但真正在飛機上發生意外，後果是很嚴重的！但這時，大多數乘客已經登機了，時間已經不允許他們再商量、再考慮、再猶豫！方志輝和張立軍只好扶著楊耀松登上了航班。在飛機上，由於楊耀松的肚子痛得實在厲害，不能坐，不得不躺在他們三人座位下的地板上。為了減輕他的痛苦，方志輝把隨身帶的治療膽結石的藥和消炎藥也給他吃了。

飛機馬上就要起飛了，空姐開始例行檢查，發現楊耀松躺在地板上，便要求他到座位上坐正，且繫好安全帶。由於肚子痛得要命，楊耀松告訴方志輝實在坐不起來。方志輝對空姐說楊耀松有病，不能坐起來。空姐說：「既然病得坐不起來，那就必須下飛機，不能繼續航行，因為航空公司規定危重病人不准坐飛機。」

方志輝說：「他是肚子痛，儘管痛得厲害，但不會有生命危險，因此不必下飛機。」由於語言方面的障礙和醫學術語的艱澀，二人的爭論很滑稽、很糾結、很矛盾。空姐認為沒有大病就應該坐起來，而坐不起來就應該有大病，有大病就不能坐飛機；方志輝則堅持能坐上飛機，就說明沒有大病，沒有大病就可以坐飛機。雙方在這兩個問題上爭執不休。最後機長出面，問清楚了情況，默許了楊耀松躺在飛機上飛行。

馬航飛機在印度洋上空飛翔，方志輝的心情也如同印度洋上的波濤一樣難以平靜。缺席聯席會議會帶來不好後果；可萬一楊耀松在這次旅行中出了意外，他真不知道該如何向他的家屬交代……

到達馬達加斯加後，方志輝立即送楊耀松到中國援馬醫療隊，而後方志輝和袁氏農業總經理張立軍在四月一日準時參加了在塔那召開的中馬兩國政府、企業及科學研究單位相關人員聯席會議。會議做出了積極種植雜交水稻的決議，並研究了具體方案。

開完會後，方志輝和張立軍到醫院看望楊耀松，才知道他是腎結石急性發作，不是普通的肚子痛。住了七天院，打了七天點滴，楊耀松才恢復健康。後來回憶起來，這段經歷仍令他們唏噓不已。

二〇一四年七月，楊耀松從湖南農科院調到湖南雜交水稻研究中心國際合作處，參與聯合國糧農組織雜交水稻研究培訓中心工作，擔任援外培訓班班長、班主任工作。十二月，調任你的祕書。

談到這裡，楊耀松興奮地說：「袁隆平老師是我心中的偶像，是國際水稻界最知名的科學家，做他的祕書我感到很榮幸！我是抱著一種感恩之心來為袁老師服務的！——我從小吃不飽飯，現在，能為解決我們吃飽飯的人服務，能夠表達我和眾多百姓的感恩之心，我能不高興，能不兢兢業業，勤勤懇懇，任勞任怨地工作嗎？

「袁老師的國際知名度真是太高了！一九九九年我們到巴基斯坦去推廣雜交水稻，見到一位大富豪、大總裁，巴基斯坦大米出口協會主席馬立克，當他聽說我們是從隆平高科來的，馬上就從辦公桌上拿出一份刊登有袁隆平的報導的英文報紙，對我們說，『你們是袁隆平那兒來的，我對你們絕對放心，沒有任何懷疑，你們說吧，我們怎麼跟你們合作！』這使我十分感動！」

楊耀松特別談了他對你的人格魅力的認識：

首先是你對雜交水稻的情有獨鍾，痴迷不已。楊耀松講，只要有水稻，你天天都要去看，天天下田。冬天到三亞南繁示範，春夏秋在全中國各地布點。從播種開始，你就關心、關注；天氣突變，你更關心，掛牽；水稻抽穗揚花期間，你更是每天都到田邊去觀察水稻生育情況：每畝有多少穗，每穗有多少粒，穎花數有多少，結實率有多高，千粒重有多少，你都要進行觀察、評估、預算；並考察品種優劣，抗病蟲害的能力以及米質優劣的情況。你每年都去三亞，去廣西，去廣東、江西、安徽、河南、山東等地，馬不停蹄，人不解甲，非常辛苦，非常敬業，樂此不疲，任勞任怨。

其次是你對科技人員大力鼓勵，熱情提攜，想法讓他們盡快成才。對慕名而來的人，你也熱情接待，對有困難的企業，你也熱心扶持，表現出一種博大的胸懷。

其三是你胸懷感恩之心，對學習、生活、工作過的地方，你總念念不忘；對故鄉、對母校，更是感激不已。你的母校舉辦活動，你幾次專程前去參加。

二十四、張昭東：雜交水稻之子

一九九八年調至湖南農科院的張昭東，到辦公室向你主動請纓，要求到菲律賓推廣雜交水稻。

你很讚賞張昭東這種敢打敢拚的行為。一九九九年八月，張昭東在你的支持下，帶著白德朗飛赴菲律賓，跟華人後裔、菲律賓西嶺農業科技有限公司董事長林育慶雙方不謀而合，決定合作，建立了菲律賓西嶺農業技術公司。

張昭東在離國際水稻研究所五公里遠的地方購買了四十多公頃的稻田研究基地，又從中國雜交水稻工程技術研究中心及印度、馬來西亞、印尼、菲律賓等公共研究機構引入了上千份育種材料，先後測配篩選了數千對組合。

為了推廣雜交水稻，張昭東、林育慶等人付出了巨大的代價。初到菲律賓，張昭東住的是水稻倉庫。倉庫裡面灰塵多，不通風，衛生條件差。後來，張昭東從湖南農業大學畢業的兒子也來了，為了年輕人的身體，只得搬到市區一個交通較為便利的高速公路旁。可不到三個月，一個意外發生了。凌晨兩點，四個蒙面人竄入張昭東家中。首先抓住傭人並讓他敲門叫醒張昭東父子。然後用槍指著叫他們趴下，把他們捆了個嚴實。還好，不是綁架，只是搶劫而已。家裡被這些人鬧了兩個多小時，所有值錢的物件被一掃而空。

又有一次，在民答那峨島製種基地。菲律賓政府軍和紅軍之間有矛盾，年年在打仗。基地住處有好幾道鐵門，門口有防守的士兵，張昭東等中國專家住的是要進五道門的房間。然而，卻有武裝人員衝進來將衛兵繳了械，然後，把中國專家用的兩臺車（每臺車價值兩百六十多萬元人民幣）上的電腦等所有用具卸下來，押著保衛人員把車開到山上，然後把保衛人員趕下車，把車子一把火燒了。後來，才知道是一起典型的報復事件。原因是兩年前，有個職工因為平時表現不好，被製種基地的經理開除了。既然那個地方這麼危險，政府也一再勸他們，那個地方不能去，因為政府和紅軍的談判一直沒談好，風險很大。那為什麼還要選擇那裡做種子基地？張昭東說，因為那地方氣候最適合製種，又沒有颱風，為了製種，他們只能冒著風險選擇那危險的地方。

張昭東在這樣艱難而危險的環境下堅持工作，終於在二〇〇一年雨季的一千多對測交組合中選出了「西嶺 8 號（SL-8H）」雜交稻新組合，又相繼選育出了高產、優質、高抗的新雜交稻組合──「西嶺 9 號」和「西嶺 7 號」。組合選出後，立即參加國家區試，公司也在全中國水稻種植區三十多個省安排示範，在菲律賓共種植「西嶺 8 號」雜交稻組合三千多公頃。經過實地驗收，平均產量達到八點五噸／公頃，最高產量達到十一點三噸／公頃。

二〇〇三年四月十九日，菲律賓前總統阿羅約請你到菲律賓驗收，並在碧瑤市總統行宮接見你和張昭東一行，並召開新聞發布會，向全國公布：熱帶雜交水稻先鋒組合在菲律賓選育成功，號召菲律賓農民大量種植。宴會上，阿羅約熱情感謝你對菲律賓和全人類所做的貢獻。

張昭東在菲律賓研究、推廣雜交水稻的事跡讓你深為感動，二〇〇三年六月六日在袁隆平農業科技獎勵基金會常務理事會上，你提議、推薦，並經常務理事會討論通過，根據張昭東多年在菲律賓選育、推廣雜交稻方面的突出貢獻，決定授予張昭東「袁隆平農業科技獎」，頒發獎勵證書及獎金人民幣八萬元。

雜交水稻優質品種「SL-8H」六年來在菲律賓的持續豐產，造就了一張熱帶雜交水稻王牌，已經達到了傳神的境界。可是，就在張昭東醞釀把「SL-8H」品種向東南亞各國擴張之際，突然間出現了一場風波。

二〇〇九年三月，正是菲律賓早稻生長最旺盛的季節，有人向張昭東反映說種子純度不高，種子有三〇%混雜；有的農民更是拿著雜禾跑到電視臺等新聞媒體投訴。張昭東聽到後，心裡驚了起來，這可是十五萬公頃的種子啊！張昭東拿起手機，就立馬要去事發現場，卻被當地工作人員勸阻了，因為當地電視臺從上午七至九點，一直在現場直播揭發這是假種子，將全部顆粒無收。老百姓此時的情緒無疑是非常激憤的，菲律賓老百姓又是有槍的，也不敢保證，人在氣頭上，一旦出現情緒失控，將會發生什麼危險的事情。

他打電話給林育慶，卻被告知林育慶已經病倒在醫院，剛動完手術，膽囊全被切割，人都快不行了。張昭東立馬趕赴醫院，看著林育慶蠟黃瘦小的臉，不忍心告訴他這個消息，但這麼大的事情，又不得不告訴他。突如其來的打擊，對於林育慶來說，無疑雪上加霜，他非常焦急地說：「新聞過後，銀行馬上會凍結我幾個億的運作資金，一切將面臨全部停頓！」

聽到這樣的回答，張昭東傻眼了。

第二天，張昭東還是獨自一人來到了現場，很多媒體記者、電視臺都在，附近的老百姓也全都圍過來了。張昭東到達時，看見一個三十來歲的年輕人，騎著摩托車，拿著七八蔸雜禾，正在那裡對著記者鏡頭呼號：「你看！你看！你——看！」

張昭東撥開人群，走過去問他：「先生，你覺得你的田間有多少混雜？」

那年輕人看了一眼張昭東，不答反問：「你是誰？」

張昭東冷靜地說：「我是西嶺公司的執行經理。今天過來了解情況，你如實地回答我就行，你覺得你田間有多少混雜？」

那年輕人有點心虛地答：「我也不是很清楚，聽人說大概是二五%。因為我也看不懂。」

張昭東此時心裡更有底了，說：「不清楚沒關係，我們到你地裡去數數就知道了。」

各大媒體的記者們都非常配合地一起去了。

張昭東借來記者的麥克風，大聲對現場所有人說：「請各位配合一下，大家站在田裡去，每十公尺一個人，大家來找邊上這一行有多少野株。」

大家都在認真地找，最後統計起來，證實只有一％至二％的混雜，這完全正常。

統計過後，張昭東問年輕人：「你這是第幾次用我們的種子？」

年輕人此時不好意思地撓撓頭，說：「第一次。」

張昭東豎起拇指告訴他：「你第一次種就有這麼好的表現，很不錯。以後肯定會更好的。」面對記者們的鏡頭，這位年輕人居然高興得什麼話都不說了。見此情景，其他鬧事的人也都紛紛不再吭聲。

可是，受電視臺前期報導影響，一路上，張昭東看見不少農戶正開著耕田機把原本長勢很好的「SL-8H」品種大面積地犁掉了，準備改種常規稻，重新播種。看著這樣的場景，張昭東痛心的程度，難以言表。

電視臺的輪番轟炸，平面媒體的連篇累牘，把首都馬尼拉及附近幾個省農業部門的政府官員幾乎嚇破了膽，他們馬上召集了好幾百人參加的現場會，林育慶也拖著病體參加了。

一位農業技術管理部門的女官員指著林育慶說：「我已經對種植戶們保證，每公頃必須產一百五十擔，你現在也必須向我保證每公頃產一百五十擔。」

張昭東馬上對林育慶說：「世界上沒有這麼立保證的事情。怎麼能保證多少產量呢？你一保證，農民可以什麼事情都不做啦，你就等著賠錢吧，你賠得起嗎？但可以保證這次產量比任何一次高。還是那句話，雜交水稻到時候會自己說話的。」

女官員見林育慶久久沒有反應，明顯焦躁起來，甚至對林育慶說：「林，你如果不給我保證，我就去大街上裸奔！」

林育慶聽了張昭東的分析，便斷然對這位女官員說：「世界上有這麼下保證、包產量的事情嗎？你要是裸奔，我跟著你去。」

事情暫且不了了之。

不久，到了水稻抽穗時節，喜訊來了。

老百姓都說：產量高得不得了。

媒體風波之後，「SL-8H」品牌在菲律賓人盡皆知。

菲律賓全國水稻種植面積為三百多萬公頃，旱澇保收九十萬公頃。二十世紀六十年代曾經是稻米出口國，後淪為世界糧食進口最多的國家，進口量每年達六十萬噸。這個數字，如今種植十五萬至二十萬公頃的「SL-8H」就足以填補了。

菲律賓前國家水稻研究所所長禾兵博士大半輩子都撲在水稻研究上，因而特別佩服你和張昭東的成就。曾在不同的場合稱讚：「我們菲律賓好了。雖然『雜交水稻之父』袁隆平不在我們國家，但『雜交水稻之子』在我們這兒。」

二十五、陳毅丹：披荊斬棘女強人

二〇〇一年，正在證券公司做投行的陳毅丹去拜訪隆平高科當時的田董事長，試圖勸說隆平高科做股票增發。那次，她和田董進行了漫長的談話。善談的田董介紹了許多關於隆平高科、關於你的故事，也介紹了設立隆平高科的目的、意義和願景。這些故事讓她著迷，你對研究雜交水稻的執著更讓她深深感動。於是她找機會第一次去拜訪了你。短短十分鐘的拜訪，你非常認真地給她介紹了中國雜交水稻的發展歷程和在國外推廣雜交水稻的思路。此次拜訪，改變了她的人生軌跡，她毅然決然離開了待遇和自由度都很高的證券公司，加盟隆平高科，參與到你「發展雜交水稻，造福世界人民」的偉大事業中來。

五年過去了。二〇〇五年，隆平高科大股東進行置換，新大新公司進駐隆平高科，公司經歷了一次大的人事變動。當時，由於看不到隆平高科的前景，加上農科院願意提供更好的平臺，所以來自農科院的國際貿易部的大部分員工選擇離開公司，回農科院從事國際合作工作。這樣，帶動隆平高科發展的兩個翅膀（中國國內和國際業務）之一的國際翅膀眼看就要被折斷。在這個非常時期的某一天，隆平高科辦公室通知已經在國際貿易部工作五年並已被任命到行政部做副經理的陳毅丹說：隆平高科領導要找她談話。讓她非常驚訝的是和她談話的竟是公司三大巨頭——董事長，副董事長和總裁，而談話地點竟然是在董事長的座駕，足見這是一次非常嚴肅而又神祕的談話。三位巨頭希望她重新回到國際貿易部，將離開公司的人員重新召回，挽救幾乎解體的國際貿易部。

領導充分信任，公司面臨危難，還有什麼退縮的理由！她堅定而愉快地走馬上任了。很快將大部分已經離開的國際貿易部老員工召了回來，並從社會上補充了新鮮血液。為了適應新形勢，為了得到你和雜交水稻研究中心更多的支持，她將辦公地點搬到了離你更近的馬坡嶺。之後，她和你的助手廖伏明博士一起組建了國際公司，透過合理分配人財物，透過對國際市場進行合理布局，國際公司的海外業務迅速發展，相繼打開了印尼、孟加拉、巴基斯坦、越南、菲律賓等亞洲市場，二〇〇八年出口雜交水稻種子達三千三百多噸。同時，為了讓雜交水稻育種和生產本地化，國際公司投入大筆資金在印尼、菲律賓、奈及利亞等國設立了子公司，國際市場顯現蓬勃發展的好勢頭。

二〇〇五年四月，陳毅丹按照你提出的「種子外交」的思路，代表隆平高科、及湖南雜交水稻研究中心聯合提出了開展「雜交水稻外交」的工作思路，向中國科技部並透過科技部向溫家寶先生提出了「積極開展雜交水稻外交工作的建議」，引起了溫家寶和中國科技部等有關部委的高度重視。

二〇〇五年八月十三日，溫家寶在湖南考察期間專程看望你，並接見了湖南雜交水稻研究中心和隆平高科領導及科學研究人員，陳毅丹也應邀參加了會見。溫家寶先生指出：超級稻研究及產業化不僅有重大的科學價值，而且對解決中國人能夠養活自己做出了重大貢獻。現在看來，它的科學價值已經超出了國門，影響到世界。溫家寶對「雜交水稻外交」工作的開展表示了充分的肯定。

二〇〇五年十月十八日，前中國國務委員唐家璇先生在北京會見並宴請你，陳毅丹等作為陪同人員參加了接見和晚宴。在接見時，唐家璇高度讚揚了你和你領導的團隊在國外推廣雜交水稻所取得的成績和開展雜交水稻外交的思路，稱雜交水稻是中國開展經濟外交的一張王牌，明確表示將把雜交水稻的對外發展列為中國對外援助的重要內容，把雜交水稻外交列入中國經濟外交的整體範疇。在合影之後，唐家璇先生向陳毅丹詢問：「在海外推廣雜交水稻的情況怎麼樣？你們希望得到什麼支持？」陳毅丹詳細介紹了隆平高科在海外推廣雜交水稻的現狀以及遇到的困難。唐家璇先生當場表示要大力支持隆平高科將雜交水稻技術推廣到國外，幫助更多的國家解決糧食安全問題。

宴會之後，中國駐孟加拉、印尼、菲律賓、賴比瑞亞四國大使與隆平高科陳毅丹等進行了親切的交談，紛紛表示要竭盡可能為公司提供一切便利條件。在與大使們合影時，四位大使堅持要分兩邊站在陳毅丹左右，並戲稱自己是護花使者。陳毅丹深深知道，這是托你這位院士的洪福，才得以被大使們看得如此之重！

二〇〇六年，印尼前總統梅加瓦蒂訪問湖南期間，專程拜訪了你。你向梅加瓦蒂詳細介紹了雜交水稻的發展歷程，並讓陳毅丹介紹了隆平高科在印尼等國發展雜交水稻的情況。梅加瓦蒂對你和你的團隊幫助印尼發展雜交水稻、解決糧食安全問題所做出的貢獻表示深深的感謝！會談之後，梅加瓦蒂總統與你和陳毅丹合影留念。

印尼政府一方面希望種植中國的雜交水稻解決本國糧食問題，另一方面又擔心進口雜交水稻種子會帶來檢疫性的病蟲害，因此對雜交水稻種子進口設置了嚴格的檢疫要求，檢疫性的病蟲害達到七十三種之多。

為了及早解決這個問題，方志輝、楊耀松及陳毅丹等一方面透過客戶與印尼官方交涉，另一方面多次書面向湖南省政府、湖南檢驗檢疫總局進行詳細的匯報，爭取政府的大力支持。

經過反反覆覆談判、協商、交流、溝通，中印雙方終於簽署了工作紀要，在進口雜交水稻種子方面檢疫性的病蟲害從七十三種下降到了僅五種。透過努力，終於有效地促成了種子檢疫問題的解決，實現了雜交水稻種子的批量出口。

二〇〇二年，隆平高科和當地政府一起在印尼廖省舉行了五百多人參加的雜交水稻技術示範現場會。為了活躍氣氛，在現場會召開之前，組織者搭建舞臺，請了樂隊和歌手表演節目，當地人能歌善舞，方志輝、楊耀松及陳毅丹等一行坐在觀眾席裡，盡情欣賞著。

預訂的開會時間到了，但本次現場會的關鍵人物——印尼農業部派來參加現場會的官員到達時間還得推遲將近一小時。眼看就要出現冷場的情況，不知誰出的主意，現場突然傳來呼聲：請中國人上臺表演！請中國人上臺表演！接著掌聲雷動。你們幾個中國人（包括當地合作夥伴）你看看我，我看看你，都希望對方上臺去表演。在無奈中，陳毅丹被大家推出。

陳毅丹知道，她代表的不是自己，而是代表中國人上臺。必須落落大方！必須表現優良！她優雅地走上了舞臺，用僅僅知道的幾句印尼文向所有參加現場會的人們打過招呼後，她和樂隊商量唱什麼歌曲。可是，難題來了，樂隊人員不會中文，不會英文，而她不會印尼文，無法交流。情急之中，她輕輕地哼了句鄧麗君的《千言萬語》，樂隊馬上領會。在樂隊的伴奏下，陳毅丹深情地演唱了鄧麗君的《千言萬語》《甜蜜蜜》等歌曲，她的歌聲搏得了一片掌聲和歡呼聲。此時此刻，她真正體會了音樂是沒有國界的，也為自己贏得了中國人的面子而自豪！

雜交水稻國際市場的拓展無不傾注著每一位開拓人員辛勤的汗水、淚水和鮮血。

為了開拓印尼市場，陳毅丹和同事田永久赴印尼進行雜交水稻高產示範栽培技術指導。二〇〇四年十二月二十五日清晨，他們來到了陳先生的示範田，察看新開發的幾個雜交水稻組合的生長情況。這天暴熱異常，深入田頭工作，汗水浸濕了他們的衣服，但他們欣慰地發現這片農場的水稻長勢很好，必定可以成為將來印尼市場的示範基地。下午五點，他們乘車返回雅加達。返程途中，大雨傾盆而下，這是她從未遇見過的大雨，車子在路上異常艱難地行進著，一個小時的路程，走了四五個小時才到達住所。她長舒了一口氣「終於安全到了」……

他們想像不到，災難在一步步逼近印尼……

第二天，即二〇〇四年十二月二十六日，陳毅丹在電視上看到了發生在印尼蘇門答臘以北的海嘯！海嘯現場，橫屍遍野，慘不忍睹。看著這樣的場景，她潸然淚下，為死難的印尼人民，也感慨國際市場開拓的艱難不易。這次海嘯，死亡人數超過二十三萬！幸運的是陳毅丹和同事們因為雅加達事情多走不開，沒有時間去蘇門答臘島進行指導，否則後果不堪設想。然而，他們在印尼的安危卻牽動著他們的家人、朋友，以及公司領導和同事們的心，由於海嘯對通訊的影響，那幾天中國國內無法與他們取得聯繫，家人朋友更加焦急萬分！在這樣的艱苦環境裡，在這樣的危險時刻，作為隆平高科赴印尼開拓市場的工作者，他們顧不得那麼多，仍然堅持奮鬥在印尼市場。

二〇〇二年，為了讓中國的雜交水稻技術盡快在印尼普及推廣，陳毅丹派遣專家在印尼廖省組織和安排了三十公頃的示範。二〇〇二年九月十三日，隆平高科與廖省省政府在基地舉辦隆重的雜交水稻現場評議會。

當天清晨，由隆平高科前董事長左連生帶隊，率領廖翠猛、方志輝、楊耀松、陳毅丹等一行七人乘車前往廖省參加現場會。在一條崎嶇的小路上，突然從轉彎處衝出了一輛箱型車，大家還來不及反應，兩輛車已經撞在了一起。由於兩車相撞產生的強大撞擊力，車上所有人員都受了不同程度的創傷：有的扭傷了腰，有的蹭破了頭皮，有的撞傷了手腿關節，最嚴重的是左董事長的左手骨折了！發生了意外，受傷人員要迅速送往醫院進行治療。但是，當天的現場會意義非常重大，印尼農業部官員，中國駐印尼大使館官員以及當地那麼多農民，推廣人員等都會出席現場會！陳毅丹主動提出讓大家去醫院治療而自己帶傷（右手大拇指傷了筋骨，三個月才痊癒）參加現場會。

現場會舉辦得非常成功，五百多人出席了現場會。印尼水稻專家代表在三十多家新聞媒體記者的見證下，用當地的方法科學測到示範稻田平均產量為八點九三噸／公頃，比對照品種平均增產五七%；高產示範丘最高單產為一二．〇八噸／公頃，比對照品種增產了一一三%，引起了印尼媒體的強烈關注，受到了印尼農業部領導和中國駐印尼大使的高度評價。中國駐印尼大使館商務參贊譚偉文、廖省省長致辭祝賀，並發表了熱情洋溢的講話，希望盡快將中國的雜交水稻推廣到印尼全國。

夕陽下，金燦燦的稻穀顯得更加燦爛奪目，望著這一片片金色的海洋，陳毅丹的眼睛濕潤了，因為她知道這粒粒稻穗都飽含了雜交水稻國際市場開拓者的汗水與辛勞，甚至是鮮血！而他們的使命就是竭盡全力，讓這一片片金色的海洋遍布全世界！

二〇〇七年一月，陳毅丹陪同你，參加了溫家寶先生出席的在菲律賓馬尼拉召開的「中菲農業技術交流會」。對她來說，那是一次非常難忘的經歷！在會場，你與溫家寶先生相鄰而坐，她與溫家寶先生相對而坐，都在同一張會議桌上。在交流會上，溫家寶先生高度讚揚你代表中國科學家幫助菲律賓發展雜交水稻，並且取得了很好的效果。溫家寶先生說：透過建設「中菲農業技術中心」，擴大了中國農業技術在菲律賓的影響，傳播了中菲兩國人民的友誼。他指示要充分利用隆平高科代表中國在菲律賓建設的「中菲農業技術中心」這個平臺，進一步幫助菲律賓發展雜交水稻，提供好的品種、提高產量。

會後第二天，溫家寶先生親切地接見了當地華人代表，陳毅丹和顏總裁陪同你一同出席了會見儀式。組織者安排陳毅丹在溫家寶先生身後第一排，離溫家寶先生非常近，所以總理的每一句話她都聽得清清楚楚。溫總理向菲律賓華人代表們介紹了中國的變化和中國經濟的發展情況，溫家寶先生強調說：「中國越來越強大了，做為華人，你們應該會越來越覺得自豪和驕傲吧！」

陳毅丹曾經寫過兩首贈送給同事的詩。讀著這兩首樸實的詩，我覺得，它實際上也表達了陳毅丹本人的追求和信念：

（一）

斬棘披荊幾個春，但求綠海拂金風。

他日糧豐倉殷實，島國誰人不識君。

（二）

不圖富貴不圖名，甘為異域種田翁。

心懷綠海勤耕作，不信田疇穀不豐。

二十六、五朵金花：巾幗不讓鬚眉

在雜交水稻向全世界的推廣工作中，湧現了大量的專家、學者、能人，如早期的李必湖、尹華奇、周坤爐、朱運昌、周承恕、毛昌祥、張慧廉、孫梅元、武小金、顏應成、唐傳道等，中期的廖伏明、彭既明、鄧小林、鄧啟雲等，後期的方志輝、楊耀松、張昭東、楊忠矩等，以及隆平高科、袁氏種業集團的領導和幹部；同時，還有陳毅丹、劉英、周丹、馮霞輝、游思亞這著名的五朵金花。

劉英，從小就在湖南農科院的大院長大。父母一九六五年從北京農業大學畢業後，分配到湖南省水稻研究所從事水稻研究工作，直到退休。大約小學一年級時，一天放學回家，劉英看見父親正在和一位皮膚黝黑的「農民」坐在家裡的小板凳上交談，她以為又是哪位農技員來找爸爸要種子，並沒太在意。那位「農民」走後，父母說那位客人是袁隆平，她當時並不知道袁隆平是誰。此後不久，農科院的露天電影院裡放映了一部關於袁隆平的紀錄片。她震驚地發現，她們大院裡的幾個大孩子，竟出現在電影裡。從此，你的名字和雜交水稻一起，在她的腦海裡扎下了根。

大學畢業後，她回到了農科院工作。一九九九年，隆平高科成立，她成為其中一員，跟方志輝、楊耀松奔赴巴基斯坦等國，推廣雜交水稻，她主要負責雜交水稻的國際培訓與交流工作，成為國際培訓學院的「元老級人物」。

劉英之後，周丹擔負起雜交水稻國際培訓的重任。

周丹，一九六五年生，湖南大學工商管理碩士，高級經濟師，袁隆平農業高科技股份有限公司副總裁、隆平高科國際培訓學院院長，美國人力資源管理協會會員，湖南農業大學客座教授。

十多年來，隆平高科國際培訓部受中國科技部、商務部、農業部等部委及其他國際組織委託，承辦了二十餘個援外（農業國際合作）項目。並先後承辦了近八十期以雜交水稻為主的農業技術培訓班和官員研修班，學員達五千多人，遍及亞洲、非洲、拉丁美洲、加勒比海和南太平洋地區八十多個國家。農業技術的傳授，賺錢很少，但賺回的政治影響力、國際聲譽，是再多的錢也買不到的。因為事關國計民生，關係著受援國的糧食生產和糧食安全。

周丹說：「隆平高科儘管在中國只是一個普通的農業股份制上市企業，但是它調動了幾十個發展中國家上至總統、總理，下至市長、鄉長、科學研究院所等大大小小的國家官員和科技人員的積極性，並得到了他們的高度重視和積極配合。」

「我們做的不是簡單的培訓。」周丹說。從二〇〇九年開始，周丹發起、策劃、推動的「發展中國家糧食安全部長級論壇」，更是成為發展中國家高層之間相互磋商、探討，合力解決糧食安全問題的「諸葛亮」大會。

作為援外工作負責人，周丹也是經常出差，倒時差、沒有週末，飛機成了她生活中最好的夥伴。因為一上去就可以好好地休息，一下來就可以見到同事、國際友人或者家人。

有一次周丹從賴比瑞亞回國，遭遇堵車，前不見頭，後不見尾。這裡一星期只一個航班，中途還得在衣索比亞轉機，如果耽誤了這次航班，行程就得耽誤一個禮拜。周丹對助手小亮說，趕快下去找摩托車。她是從不敢坐摩托車也一直害怕坐摩托車的，但是今天，為了趕時間，她硬是不顧諸多同仁和同胞勸阻，毅然抱起行李箱，抓著黑人摩托車的司機後背，渾身不斷地發抖，坐上了摩托車。四十分鐘後，趕到機場。爭取到一個星期的時間，是一個多麼大的勝利！一位法國專家聽說此事後，豎起拇指說：「我真佩服你，衣索比亞的航班你也敢坐！」因為當時，衣索比亞的政局是很不穩定的，坐他們的飛機十分危險。但是，周丹當時哪裡還想到風險！

周丹談得最多的，是同事們如何把人生最美好的年華，奉獻給了雜交水稻造福世界的偉大事業。因為援建項目大都在農村，尤其是在非洲的農村，水、電、路、電視、網路，這些在中國國內再平常不過的東西，在那裡都是奢侈品。吃不到合格的飲用水，東帝汶一期項目組五個人都患上了結石病。公司所有去過東帝汶的專家、技術員，都患過登革熱病。沒有電，肉食無法保存，一年難得打幾次「牙祭」。看不到電視，又沒有網路，精神生活更是無處寄託。於是，他們把工作當作排解寂寞的最好辦法。實在寂寞，他們就面對面大聲唱歌，直到唱累為止。

馮霞輝是周丹的助手，隆平高科國際培訓學院副院長、湖南隆平高科非洲農業發展有限公司總經理。

二〇〇八年八月二日，她就要去菲律賓出差了。但是，八月一日，她手裡卻還握著醫院給她母親的第三張病危通知書。坐在母親的病床邊，病重的母親突然從迷迷糊糊中醒來，擔憂地問道：「你要出差，要走啦？」

馮霞輝腦袋裡根本沒有任何回應安慰的語言，只能機械地回答：「是的。」

很快，母親又再次昏迷。

第二天，她不得不含淚告別昏迷中的母親，登上了赴菲律賓的飛機！

「所幸的是，公司知道後安排人手服侍母親，母親也奇蹟般地好了起來。」馮霞輝說，「看到世界上那麼多貧困的人們需要我們幫助，想起那些從我們培訓學院回去的學生對我們中國老師的敬重，心裡有一種無窮的力量。」

「現在，我們的專家和技術員每到一個國家，幾乎都會有在長沙培訓過的學員來看望。」馮霞輝回想那些感人的場面熱淚盈眶，「在非洲，有的學員為了見老師，七十公里路程，居然騎了一輛摩托車趕來。而路況之差，恐怕是今天的中國人無法想像的。我們目前正在執行的國外項目有十八個，每個國家都有很多感人的故事。」

在巴西，一位中國雜交水稻專家生病，七天後才甦醒過來。當地一位實習的女大學生，在他病床前整整陪護十三天，幾乎寸步不離。因為巴西是葡語系國家，只有這位姑娘又懂英語又懂葡語，她擔心中國專家與醫生溝通有障礙，所以，固執地留下來。這期間，她的家人很不解，問她：「中國專家生病跟你有什麼關係？」

她回答說：「中國專家是來不讓我們挨餓的。我也不想將來挨餓。」

游思亞是五朵金花中年紀最小的一位。她一九九一年畢業於中南大學外貿經濟專業，主攻經濟學以及國際貿易，擅長經濟類工作與外貿事務。畢業後分配到中石化巴陵石化，在大型國有企業從事了多年的財務與審計工作，二〇〇三年調動至隆平高科。二〇〇九年八月游思亞與國際業務部總經理楊忠炬等人不顧酷暑炎熱趁著水稻長勢旺盛之際，一同前往孟加拉國實地考察當地製種基地。因為是第一次出國，所以對出國還是充滿了一些期待，有些小小的激動。但是當晚到達了合作方安排的入住基地，她整個晚上沒能安然入睡。置身孟加拉國首都達卡的製種基地，她彷彿回到了二十世紀六十年代的中國式生活場景：並不算高的兩層樓已經被房間周圍的雜草包圍，稍高點的雜草和樹枝已經抵住了窗戶，房間顯得陰暗且潮濕，房間內擺放著老舊的油漆斑駁的紅漆方形木製衣櫃，上面掛著留有鏽跡的鐵鎖，鑲嵌著玻璃的木製窗戶好像隨時都能被推開，地面並不是平整光滑的瓷磚，而是有大顆粒石頭暴露在外的水泥地面，穿著軟底鞋走在上面都能感覺到摩擦，她整晚都擔心有蟒蛇會從窗戶中爬到床頭上來，始終難以入睡。此情此景讓她深深感到我們常駐國外的製種專業技術人員的不易與艱辛，為了自己熱愛的工作，為了未來的美好生活，每個人都在默默耕耘，每個人都在透過自己的堅持與毅力來創造未來，創造屬於自己的價值。

正是在你的精神鼓舞下，游思亞積極熱忱地投入工作，肯做好學，每年國際業務部都會組織大型雜交水稻製種技術栽培講座，邀請巴基斯坦、孟加拉、印尼、菲律賓、馬來西亞等國的經銷商和製種大戶來中國參加專題學習並參觀示範製種基地和生成加工車間，其目的是幫助他們掌握製種技術、如何防止水稻病蟲害、實現水稻大幅增產。每次專題組織學習是一部重頭戲，它關係到來年行銷任務的完成情況以及雜交水稻專有品種的區域調配，是保障下一年度營銷目標實現的重要基礎。在組織每次學習活動時，游思亞遵照各個國家的習俗禮儀和飲食習慣，與其他同事一同精心安排，用心接待，並與學員們建立了深厚友誼。游思亞深信「全世界的人，感情都是相通的」，她總是以心換心、從內心真誠地為國際友人著想。她的努力與真誠也感動了合作夥伴，每年合作夥伴來到中國後都會捎些小禮物贈送給她，表達他們的友情和問候。中國素有禮儀之邦的美譽，游思亞不僅展示了國際業務部的良好形象，也實實在在地踐行了國際友好合作的宗旨。

隆平高科上上下下讚嘆，陳毅丹、周丹、馮霞輝、劉英、游思亞這五朵金花，為雜交水稻的傳播付出了辛勤的汗水，做出了巨大貢獻，真是巾幗不讓鬚眉！

二十七、楊忠矩：繼往開來

方志輝告訴我：他和楊耀松、劉英是隆平高科國際貿易部的第一代領導。他們離開後，陳毅丹擔任隆平高科副總裁兼國際業務部部長，周丹與馮霞輝任國際培訓學院正副院長。二〇一一年以後，楊忠矩擔任隆平高科國際貿易部總裁助理兼國際貿易部總經理。

楊忠矩在湖南農業大學農學專業學習，畢業後進湖南省農科院從事農業研究工作，二〇〇〇年進入隆平高科國際貿易部做技術開發。他先到巴基斯坦進行雜交水稻試驗、示範以及評比審定工作，因表現突出，不久提為項目經理，繼而擔任市場部經理，再當業務部經理。

楊忠矩很高興地告訴我：隆平高科國際貿易部是全國唯一一家開展雜交水稻育種科學研究的投資開發和研究推廣的全中國大公司，實力雄厚，科學研究力量強大。為了發揮自己的優勢，他們主張從源頭上進行研究，培育適合當地氣候、土質、溫度等條件的種子，研究培育適合當地的種子在當地推廣。為了讓雜交水稻育種和生產本地化，國際公司投入大筆資金在印度、巴基斯坦、菲律賓等國設立了子公司，國際市場顯現蓬勃發展的好勢頭。

楊忠矩說，隆平高科國際貿易部在巴基斯坦進行了好幾年的科學研究工作，研究出了適應當地的好品牌，產量很高，影響很大，這些年在巴基斯坦每年都種了兩百萬畝雜交水稻，畝產達到每公頃八點五噸的產量。在巴基斯坦市占占第一，可謂一枝獨秀！

楊忠矩說，隆平高科國際貿易部還在印尼投資兩百萬美元，設了水稻研究中心，買了地，修了樓房，七八位中國的科學研究人員正在潛心做科學研究，研究出適合當地生產的雜交水稻新品種，以大大促進雜交水稻在印尼及世界各國的推廣。

隆平高科貿易公司還在菲律賓投入了兩百多萬美元，進行科學研究，以期把最好的雜交水稻奉獻出來。

「雜交水稻走向世界，猶如一部武俠傳奇。」中國雜交水稻工程技術研究中心辦公室主任研究員裴又良說，「其實早在二十世紀八十年代，民間就流傳袁隆平旗下的育種家有八大金剛及十三太保。八大金剛是指尹華奇、周坤爐、羅孝和、郭名奇、王三良、朱運昌、張慧廉、黎垣慶。相對八大金剛，十三太保應該算是第二代科學家。他們是鄧小林、鄧啟雲、徐秋生、陽和華、顏應成、武小金、趙炳然、廖翠猛、許可、白德朗、肖建華、肖國櫻、李新奇。」

八大金剛、十三太保、五朵金花，還有其他許許多多的無名英雄，共同構成了以你為首的雜交水稻研究和推廣團隊。你們秉承「發展雜交水稻，造福世界人民」的理想，為世界人民豐衣足食而辛勤奔波，你們不僅推廣雜交水稻，而且把中國改革開放的經驗帶去，把中國人民勤勞善良的美德帶去，把中華民族自力更生的傳統帶去，不僅授人以魚，更授人以漁，推動雜交水稻走向更高目標，走向全國，走向全世界！

第十五章 追本溯源

一、主觀動力與客觀條件的完美結合

任何成就的取得，任何人才的成長，總括起來是兩個方面的因素在起作用，一個是內因，即主觀能動作用的發揮；另一個是外因，即時代社會條件的促進。兩大因素相輔相成，綜合作用，使事業取得成就，人才獲得成功。

你的成功，當然也是主觀因素和客觀因素的結合。你的主觀因素很好，外界條件也不錯。關鍵是你充分發揮了主觀的因素，內在的動力，並把它跟社會條件很好地結合起來，所以取得了最大的成功。

你出生的袁氏家族是一個興旺的家族，而你的祖輩父輩，都受到較高的文化教育。祖父早年參加辛亥革命，以後又從事教育和醫務工作，是當地高級知識分子。父親也是大學畢業，愛國愛民，在工業界和政界都曾有所作為。母親也有很高文化修養，品德賢淑，相夫教子。正是父輩和母輩的良好的基因孕育了你，使你具有了良好的素質和很好的成才的基礎。家鄉九江德安的大山大江大湖對你有潛在影響，在重慶讀書十二年，重慶的高山大河，重慶的大禹、巴蔓子、盧作孚等人的精神氣質對你潛移默化，在重慶目睹並親身經歷的日寇的狂轟濫炸，激發了你把中國建成世界強國的愛國主義、英雄主義、集體主義精神；到安江後，湘楚文化，包括屈原、范仲淹等人的著作和精神，對你的熏陶和感染，這些，賦予了你良好的氣質和稟賦，智力和能力。困難時期人民大眾遭受饑餓的現實，更激發了你為人民吃飽飯而從事農業研究，尤其是水稻研究的理想和信念。你性格中的堅韌不拔和自由不羈的性格，使你幾十年如一日為雜交水稻拚搏不已。「民以食為天」，你挑選的水稻研究又是中國人民的主食，在「文革」中都得到了趙石英、陳洪新和華國鋒的支持；新時期更受到歷屆中央領導的親切關懷；而你性格中寬容大度，謙虛和藹的性格又特別能團結同道共同奮鬥。可以說，你的成功既是你數十年艱苦奮鬥的結果，是你的智商和情商和諧交融的結果；也是時代、社會的助力和廣大同仁共同努力的成果！你的成功，是你的聰明才智和不懈奮鬥與各級組織與廣大成員的支持幫助共同交融的結果；是中國由貧困走向富強，由落後走向先進，由落後於世界到引領世界的歷史發展的結果；你是這個偉大歷史變革的時代潮流的傑出代表和蓋世英雄；也是這個奮發向上的時代精神的突出代表、美好象徵和有力見證！

二、崇高的理想和高尚的品德

崇高的理想是人才成功的首要因素。你說：「國家的教育和培養，使我從糊塗的夢中驚醒過來，也使我明白了許多道理，如社會發展規律、階級立場、社會主義、辯證唯物主義，等等。一句話，使我明白了人生的意義之所在，我人生最大的光榮和追求就是全心全意為人民服務。因此，我要自強不息，努力奮鬥，爭取做出一番事業來，為中國人爭一口氣，為自己的國家做貢獻，這就是我最大的心願。」

你還說：「那時候我是有點雄心壯志的，看到農民這麼苦，我就暗下決心，立志要改造農村，為農民做點實事。」

品德，包括世界觀、人生觀、價值觀、道德觀，還包括愛國心、事業心、責任感、正義感等。古人云：「德者，才之帥也。」德是才能的統帥，是人才的靈魂。

崇高的理想、執著的信念和高尚品德是你獲得成功、做出卓越貢獻的最根本的內在動機。

馬克思說：「科學絕不是一種自私自利的享樂。凡是有幸能夠致力於科學研究的人，首先應該拿自己的學識為人類服務。」你的科學活動是為了滿足人民生活的需要，使老百姓都過上豐衣足食的生活，這是你的動機，也是你的動力。偉大的動機產生強大的動力；強大的動力產生傑出的成果！為人民造福是你人生觀和價值觀的宗旨，為人民服務是你人生奮鬥的全部內涵。是二十世紀六十年代初的大饑荒，喚起了你強烈的社會責任感，使你下定決心要用自己所學的農業科學技術知識盡快培育出高產的水稻品種，使糧食大幅度增產，戰勝饑餓。從此，你把培育水稻良種、增產糧食、滿足人類生存最基本的需要作為自己的理想和奮鬥目標，堅定執著地走到底。正是正確的人生觀與價值觀，遠大的理想與追求引導著你幾十年獻身於雜交水稻的崇高事業，取得了輝煌的成就。

三、創新的膽略和創造性才能

恩格斯在《自然辯證法》中指出：「一個民族要想站在科學最高峰，就一刻也不能沒有理論思維。」

江澤民先生一九九五年在中國全國科學技術大會上指出：「創新是一個民族進步的靈魂，是國家興旺發達的不竭動力。……一個沒有創新能力的民族，難以屹立於世界先進民族之林。」

你說：「科學是沒有止境的。只有敢於探索、敢於創新，才能成果迭出，常創常新。」

你還說：「我這個人水平不高，但是我有種認識，就是要不斷地創新。科學研究最基本的特色，就是要創新，要不斷地創新，不斷向新的領域、新的高峰攀登，這才是科學研究的本色。」

創新是科學研究的靈魂，也是科學活動的最重要目的。創新精神或創新欲求意識是創新活動的先決條件之一，是創新思維的原始驅動力。勇於開拓、銳意創新、不斷超越，貫穿於你的全部科學研究活動之中。這是你科學活動的突出特點，是你獲得輝煌成就的第一要素。

你在安江農業學校任教，教學工作受到師生好評。你可以像其他老師那樣，天天上好課，也就行了。然而，受強烈的創新意識的驅使，你不滿足於僅僅當一名合格的中專教師，要在做好教學的同時，利用業餘時間進行作物育種科學實驗。雖然根本沒有人給你分配研究任務，而且身處非科學研究單位的中等專業學校，設備、經費、資料資訊、人手等有限，但這些困難都沒能阻止你進行科技創新嘗試。

膽略，包括勇氣和謀略，是開拓型人才的一個顯著特點，是科技創新的素質要求。你天生就是一個敢為天下先、敢於「做前人沒有做過的事業」的、敢於第一個吃螃蟹的、具有非凡膽略的創新家。

在雜交水稻的研究過程中，你首先碰到了一些權威人士關於水稻這種自花授粉的作物沒有雜交優勢的理論。你透過自己的觀察和研究，大膽地提出水稻這種自花授粉的作物也有雜交優勢的理論，正是這種不迷信權威的大膽創新精神，使你堅毅而勇敢地走上這條艱辛的創新之路！

你的創新的精神跟你學術上的獨立思想和自主探索是分不開的。你經常講：人要讀書但不迷信書本，年輕人要尊重權威但不迷信權威，思想要解放一點。

開展雜交水稻研究這個選題本身就極具創意，極具挑戰性，是脫離常規的「異想天開」，在中國國內開了先河。而這種創意建立在你敢想敢做、敢於質疑和突破陳規、敢於「第一個吃螃蟹」的基礎之上。正是憑藉這種非凡的創新膽略，你闖開了中國雜交水稻研究的新天地，創造了領先於世界的一系列科技成果。如果缺乏創新勇氣，被傳統觀念、「權威」之言、書本理論所禁錮，雜交水稻研究恐怕連想也不敢想，即使想到，其念頭也可能胎死腹中；如果缺乏創新方略，其超出人們想像的技術難度也足以使一般研究者望而卻步或退避三舍，隨時可能使雜交水稻研究夭折。

科學研究的持久生命力在於不斷創新，只有不斷超越現有研究成果，才能占據科技的制高點。你的科學活動的突出特點和超群魅力之一，就是不斷創新、常創常新、永遠創新。在我採訪你之後，你應我的請求，書寫了你的自勉詩送給我：

山外青山樓外樓，科學探祕永無休。

成功易使人陶醉，莫把百尺當盡頭。

這首詩抒寫了你不斷創新、永不停步的創新精神和創造激情。

三系雜交稻培育和應用的巨大成功，給你帶來了眾多崇高的榮譽。在常人看來，無論對於誰，這項巨大的成就和貢獻都夠享受一輩子了。但你沒有居功停步，沒有坐吃老本，而是登高望遠，盯著下一個目標，以已有的成功為新的起點，發起一次又一次創新，登上一座又一座高峰。無盡的創新就是無盡的超越，也包括你對自我的超越。在兩系法雜交水稻研究之初，曾有好心人勸你：您是著名科學家了，做兩系法萬一有個閃失，豈不壞了名聲？你坦然笑答：「做科學研究就像跳高，跨過一個高度，橫桿又上升了，又有一個新的高度在等著你。要是不跳，早晚要落在後頭；而跳不過不要緊，可以為後人累積經驗，給別人打下基礎。整個科學事業發展了，個人榮辱得失算什麼！」這一「跳高說」，生動形象地表達了你銳意創新、不斷超越自我的崇高境界和博大胸襟。

創新需要才能。科技工作者的創造性研究才能是科技事業興旺發達的源泉所在。你說：「如果要想更大的突破就需要創新，用以前沒有用過的方法，想以前沒有想過的思路。我們任重道遠。」

才能是成為人才的基本特質。科技人才的專業才能由三方面的基本要素構成：科學知識、研究能力和科學方法。

你說：「知識是基礎，是創新的基礎。」「在創新中，知識尤其重要。有知識，並得以不斷累積更新，是創新重要的基本條件。」科學知識是構成才能的基本要素，一個人才能的大小，首先取決於他知識的多寡、深淺和完善程度。你大學學的農學，有較全面的農學專業基礎知識，你又有較高的英語水平，能及時地、不斷地學習西方的農業理論和現代農業科技；為了研究出雜交水稻，你多次到北京向水稻專家請教，多次到農科院查閱大量關於遺傳育種的理論，不斷累積更新，掌握了世界上的最新資訊。你的創造性科學研究才能是以你的豐富全面而又先進現代的知識，特別是作物遺傳育種學知識及其相關知識為基礎的。

研究能力是構成才能的核心要素。科技工作者運用自己的智力去學習和掌握科學知識和技能，透過實踐活動的鍛鍊，形成並增強研究能力。

科學方法是構成才能的工具要素。法國生物學家貝爾納說：「最好的方法能使我們更好地發揮運用天賦的才能，而拙劣的方法可能阻礙才能的發揮。」

在你身上，科學知識、科學研究能力和科學方法高度統一，表現出高超的創造才能。

你有著頑強的創新探索精神和無盡的創新追求，又有全面而又現代的作物遺傳育種學知識，還掌握了先進的科學方法，並具有高度的科學研究能力，所以，你能攻克一座又一座科技堡壘，闖過一道又一道科學難關，終於攻克了雜交水稻研究的重重關隘，實現了水稻雜種優勢在生產上的應用。 馬克思說過：「在科學上沒有平坦的大道可走，只有不畏艱險勇於攀登的人，才有希望到達光輝的頂點。」你在雜交水稻的科學研究中，堅忍不拔，嘔心瀝血，披肝瀝膽，頑強探索，不斷創新，終於創造了科學上的奇蹟，為中華民族贏得了輝煌的勝利！

四、傑出的智力和卓越的情商

在科學活動中，智力因素與非智力因素二者都非常重要，相互影響，相互促進。智力是人的認識能力和動作能力所達到的水平，主要由觀察力、記憶力、思維能力、想像力和操作能力五大要素構成；非智力因素主要指智力因素以外的個性心理品質，即興趣愛好、情緒感情、勇氣、意志、性格等，也稱情商、性格。你既有傑出的智力因素，即高超的觀察力、記憶力、思維能力、想像力和操作能力；又有優越的情商，即積極而持久的興趣愛好、飽滿而強烈的感情、無畏的勇氣、超人的堅強意志、正直堅韌樂觀開朗的性格等非智力因素，二者協同產生綜合作用，促使你去發揮才能，探索未知，取得創新的成功。

你的智商很高：

1. 你具有敏銳而精細的觀察力

你善於發現最珍貴的東西，這使你能夠敏銳而迅捷地捕捉科學研究中的機遇，利用表面微不足道的線索而取得顯著的科技成果。敏銳的觀察力使你發現了田間的天然優勢稻株，而對其後代表現退化的深入、精細的觀察和思索，引出了「天然雜交稻」這一準確而有啟發意義的判斷，抓住了人們一般注意不到或視而不見的重要科學線索，開闢了科學技術研究的新領域。

2. 你具有持久而準確的記憶力

「記憶是智慧之母」。記憶力就是被接受了的訊息在大腦儲存和及時、準確檢索出來的能力。記憶是知識的倉庫，為思維活動提供原材料；記憶是聯想的基礎，在創造性活動中，思維經常借助於聯想而想到有關的資料、原則和方法，提供解決問題的可能性。你的記憶力是持久而又準確的。你所經歷的重要事情，在你研究領域內的問題、事件、數據，你非常留意，並經常使用，「熟能生巧」，即使過了很久，你講起來總是清晰、準確，滔滔不絕，如數家珍。而且，你對訊息的接受和記憶是有選擇性的，記憶的目標明確具體。為了順利地開展創新活動，你對進入大腦的訊息做了過濾處理，有重點地儲存需要的內容，防止無用的訊息占據記憶空間。長期這樣，你在大腦中形成了水稻及雜交水稻的記憶網絡，將新增加的訊息很方便地納入這個網絡系統。而要把它們再提取出來，也就比較快捷了。

3. 你具有敏捷而開闊的思維能力

思維是人腦對客觀事物間接的和概括的反映。思維能力是構成智力的核心，是科技工作者進行科學發現、技術發明的最重要、最基本的心理品質，在科技創新活動的全過程中起著指導與調節作用。客觀世界是紛繁複雜的，沒有較強的思維能力就不能認識事物的本質與規律性。你高強的思維能力表現在雜交水稻研究的重要的關鍵問題的突破中。如發現育雄性不育株後，經過六年的探索，做了三千多個雜交組合試驗，都沒能培育出百分之百雄性不育株來，這時，你想到了用野生稻與栽培稻雜交來培育不育系。

你的思維靈活敏捷，思維活動速度快，善於看到問題的本質和關鍵，能夠對問題很快做出反應並及時解決。當時羅孝和培育的「三超稻」長勢極好，可是收穫時卻是稻草豐收，稻穀歉收，眾人對此譏笑，原來支持雜交水稻研究的領導也準備打退堂鼓，羅孝和羞愧難過，抬不起頭來；這時候，是你靈活敏捷而辯證聰慧的思維打破了僵局！你的一番高論驅散了陰霾！

你思維的獨立性強，自由度大，不受條條框框的約束，敢於突破陳規，遇到問題時敢於獨立思考，不盲從、不迷信，有主見、有創見。如對「自花授粉植物沒有雜交優勢」的懷疑。

你的思維視野開闊，活動範圍寬廣，能開闢眾多的思路去探索問題，找到解決問題的途徑。如在兩系法雜交水稻出現「瘟病」和「飄移」時，你的思維靈活而深刻，邏輯性強，綜合性強，善於運用靈感、直覺、想像、類比等非邏輯性的創造性思維。如看到光溫敏核不育系育性變化的特點，敏銳地提出兩系法育種，就證明了這一點。

4. 你具有大膽而充沛的想像力

想像是人在頭腦中把過去感知過的形象進行加工而產生新形象的心理過程。想像不僅詩人需要，而且科學家也需要。「寂然凝慮，思接千載；悄然動容，視通萬里」，這是古代文藝理論家劉勰對想像的藝術描繪。想像以客觀的資料為依據，但又不拘泥於實際而有極高的抽象性。想像力是創造發明的翅膀，在科學研究中具有重要的作用。愛因斯坦曾經指出：「想像力比知識更重要，因為知識是有限的，而想像力概括著世界上的一切，推動著進步，並且是知識進化的源泉，嚴格地說，想像力是科學研究中的實在因素。」

想像、幻想、夢，都是想像力的表現。你認為，有想像力才有創造力，沒有想像力就沒有科技創新。

在雜交水稻開創與發展的每一個關鍵時候，你都充分發揮想像力，把研究的預期目標描繪得具體、鮮明，使人們明確，受到鼓舞。從一株天然雜交稻想到人工培育出雜交稻品種，並制定出選育雜交水稻的完整的三系法技術路線；從光敏核不育水稻、廣親和基因想到兩系法雜交稻、亞種間雜交稻，無不表現了你的想像力在科學研究中發揮的重要作用。

你跟我講：「做科學實驗還是要有一點幻想才行的。」「夢是人類特有的精神現象，有偉大夢想才有偉大追求。人類許多奇蹟往往是從夢想開始的。神奇的夢想其實就誕生於平凡之中，也能夠在平凡之中成真。這種夢想是不脫離實際的美夢，是指導我事業追求的強大動力，使我付出畢生熱血和精力為之奮鬥不息。」

你兩次給我講你的禾下乘涼夢和雜交水稻覆蓋全球夢，也可以說是你的美好理想和豐富鮮明的想像力的誇張的、藝術的展示和顯現。

5. 你具有熟練而夠強的操作能力

操作能力是人類改造自然、變革社會的一種重要智力因素，是人的智力轉化為物質力量的憑藉。只有認識能力而缺乏操作能力，科技創新難以成功。科學研究工作者只有既具備必需的理論知識，又能熟練地使用所需的觀察試驗工具進行操作，才能順利地從事科學研究實踐，並獲得成功。農業科學研究是實踐性很強的科學勞動，對操作能力的要求更是特別高。你非常注重操作能力的開發與應用，在長期的學習、教學和科學研究實踐中練就了熟練的、全面的、夠強的專業操作能力和技巧。你對植物的徒手切片技術、作物的嫁接技術、水稻的雜交技術、花粉的檢測技術等，都達到了得心應手的程度；你對水稻等作物的生產技術，從播種到收穫的全過程，樣樣嫻熟；你對雜交水稻的育種、繁殖、製種、栽培，無不精通。這些對於把你的創造性思維和創造性想像付諸實施，變為現實，起了非常重要的作用。

你說：「為了提高學生的動手能力和操作技能，我喜歡帶他們做實驗。」「我培養學生，第一要求就是要下試驗田。」

你不但具有非常傑出的智商，而且具有卓越的情商：

1. 你有廣泛的興趣，更有對事業的特殊的愛好

興趣是人們追求知識、探究某種事物或積極參加某種活動的心理傾向。愛因斯坦說過：「愛好是最好的老師。」人的才能的形成和發揮與興趣有著密切的關係，興趣與愛好在創造性活動中是非常重要的，是激發人們從事創新活動的誘發劑和推動力。喜歡農業是你學農和成長的起點。喜歡學農源於少年時期產生的興趣。你一生熱愛農業科學，對作物育種保持了濃厚的、經久不息的熱愛和興趣。你做雜交水稻育種，多少艱難困苦都不在乎，你從研究工作中獲得無窮的樂趣。你說：做有興趣的東西，再苦再累也不覺得；沒有興趣，不願做，就難以做下去。

你對雜交水稻研究的興趣達到了迷戀的程度。雜交水稻育成後，你對接二連三的榮譽看得很淡，對各種各樣的官銜極力避之，不陷入各種各樣的會議、社交應酬，

而始終把主要精力投入雜交水稻育種的觀察、試驗與思考中。這種穩定、專一而持久的興趣，引領你幾十年如一日的研究雜交水稻，提出一個又一個新課題，克服一個又一個障礙，取得一個又一個新成果。

而且，你興趣廣泛、業餘愛好較多，對新事物始終保持強烈的好奇心，如看書、游泳、打排球、下象棋、搓麻將、拉小提琴，欣賞音樂（尤其是古典音樂），等等。廣泛的興趣促使你接觸和注意多方面的事物，使你的智慧獲得多方面的發展。但你興趣的中心是對雜交水稻科技的探索，其他的興趣都直接或間接地為這個中心服務。這使你獲得了這個領域的高深知識，發揮了創造性才能。

2. 你有追求科學的勇氣和無畏的膽略

勇敢、膽量大、有魄力，是開拓型人才的一個顯著特點，在科技創新中非常重要。

伽利略說：「追求科學需要特別的勇敢。」愛迪生總結自己的發明經驗，重要的一條就是：「在任何情況下，我從不讓自己喪失勇氣。」馬克思說得更加深刻：「科學的入口處正像地獄的入口處一樣，必須提出這樣的要求：這裡必須根除一切猶豫，這裡任何怯懦都無濟於事。」

你在科學研究中，敢想敢做，敢於質疑和挑戰傳統的理論，表現出「明知山有虎，偏向虎山行」的大無畏氣概。利用水稻雜種優勢，與經典遺傳學觀點相悖，遭到反對和指責，在研究尚未成功時竟被人罵為「科技騙子」，更有技術上的道道關隘，還有生活上的重重困難；要堅定地研究下去直至成功，需要非凡的勇氣和毅力的支撐！在後來雜交水稻研究的各回攻關中，在研究遇到挫折和失敗時，你總是勇敢堅定，迎難而上，主動出擊，表現出過人的膽略。

膽略是膽量與謀略的化合物，是勇氣和智慧的結晶體。你的勇氣是與知識、智慧結伴而行的，你的堅定、自信是以事實和思考為基礎的。所以你能一步步取得預期的成功和勝利！

3. 你有堅定的意志和剛強的毅力

意志是人自覺地確定目的，並支配與調節自己的行動，克服各種困難，從而達到預定目的的心理活動。你的意志首先表現在立志上，你的志向是崇高遠大的。在孩提時代飽經戰亂，目睹日本帝國主義對中國人民的殺害與掠奪，你從小就立志長大要做一個使國家強大、不受強盜欺侮的有用之人。中學時代的志向趨於明朗：學農，獻身於農業科學。參加工作後，立志更為明確具體：在做好教學的同時，培育作物良種。在發現天然雜交稻株後，就矢志於雜交水稻研究，堅定不移。自然水稻雄性不育株的尋找猶如稻海撈針，你躬身於赤日炎炎、熱氣騰騰的稻田中逐穗查看，硬是堅持了十六天才找到！這需要怎樣的意志和毅力！真的是「衣帶漸寬終不悔，為伊消得人憔悴」！「在漫長的科學研究道路上，我經歷過山重水複疑無路、柳暗花明又一村的憂愁與歡樂，飽嘗了失敗、成功、再失敗、再成功的苦辣酸甜。」

在研究過程中你遭遇了多少次的挫折或失敗，是你的智慧與頑強使研究工作起死回生。巴斯德說：「告訴你使我達到目標的奧妙吧。我唯一的力量就是我的堅持精神。」貝佛里奇說：「幾乎所有有成就的科學家都具有一種百折不撓的精神，因為大凡有價值的成就，在面臨反覆挫折的時候，都需要毅力和勇氣。」大發現、大發明都是長期艱苦勞動的產物。真正的創新過程不是憑著小聰明就能輕易完成的雕蟲小技，而是一種需要堅強的意志和毅力支撐的艱苦勞動，一種艱苦思索、長期磨練、神迷心醉的「自我實現」的過程。

4. 你有積極的追求和飽滿的激情

情緒有廣狹兩義。廣義即情感，指人的喜、怒、哀、樂等心理表現，是對客觀事物（包括人）的一種心理活動，是人對客觀事物態度的體驗；狹義的情緒指恐懼、憤怒、快樂、憎恨等情感體驗。情緒是由客觀事物引起的，伴隨認識過程而發生發展。情緒在科技創新中起重要作用。你積極穩定、高昂飽滿的熱情在科技創新中發揮了積極效能，是一種巨大推動力和催化劑。你對作物育種工作的熱愛、對雜交水稻研究的迷戀達到了如醉如痴的程度。你選定雜交水稻課題以後，一頭栽進這一未知王國裡，近乎狂熱地從事探索，鑽研，拚搏，你克服了重重困難，催開了朵朵智慧之花。你說：「學農有學農的樂趣，我就是樂在苦中啊！只要有追求、有理想、有希望在吸引著你，你就不會覺得苦！我們做水稻，要在水田裡待，還要在太陽下晒，工作是辛苦點。在六七十年代生活很苦，吃不飽，但我覺得樂在苦中，因為有希望、有信念支撐著。因為我認為糧食是最重要的戰略物資，所以我覺得我的工作是非常有意義的，對國家、對老百姓都是大好的事情。一旦有好的苗頭，有好的新品種出來，就算工作再辛苦一點，心裡面也感到很快活。那種欣慰、快樂，是很難用言語形容的，真是其樂無窮。科學上有新發現、技術上有新發明，這是科技工作者人生很大一種快樂。」

5. 你有獨特的性格

性格是人的個性中最重要的心理特徵，它是對現實穩固的態度及其與之相適應的習慣的行為方式。性格是在人的生理素質的基礎上，在社會實踐活動中逐漸形成和發展起來的。你是一位性格獨特鮮明的科學家，你有理想，有抱負，勤勉、主動、進取心強，自尊、自信、不服輸；你積極樂觀、和睦熱誠、勇敢堅毅、大度寬容；你思想活躍，獨立性強，信念堅定；你遇事有主見，對科技問題有自己獨到的見解；你不墨守成規，不迷信權威，敢於追求真理，不受條條框框束縛，敢於質疑和創新；善於發現和解決問題。另一方面，你胸懷寬廣，不自私不狹隘，願意把自己的科學研究成果與同行交流，甚至無保留地奉獻出來，讓大家一起來攻關；而且，你又很隨和、謙遜，樂意聽取別人的想法、觀點和建議，從善如流；你非常平易近人，絲毫沒有大專家的架子，上至政府官員、農業專家，下至普通農民，你都打成一片，談得有勁；你待人真誠、坦率，沒有城府，也沒有什麼祕密，說話多直截了當，開門見山，不喜歡拐彎抹角；你開朗，樂觀，幽默、風趣，平時愛開開玩笑，講講故事；你工作上高標準、嚴要求，科學觀察和實驗認真、仔細、嚴謹，計算精確，對研究方案、學術報告、論文總是反覆考慮和修改。這些優良性格和品德，促使你在科學研究中能取得優異的成果。

五、寬闊的胸懷和長遠的眼光

科學研究「這種勞動部分地以今人的協作為條件，部分地又以對前人勞動的利用為條件」。馬克思的這句話明確指出了科學研究工作的協作性和繼承性。協作性指多人或單位以某種方式或某種形式合作，共同完成某項任務，這可以說是橫向合作。科學勞動的繼承性，指任何一個科技工作者的成就都有賴於前人的勞動成果和有待後人去發展，這可以說是一種縱向合作，是跨越時間的前人、今人及後人的協作。雜交水稻這樣的難度大、耗時長、涉及面廣的系統工程和重大科學研究項目，更是需要縱向的合作和橫向的合作。作為學科帶頭人，你既重視縱向合作，即既向前人、前輩的學習，又向後來者傳承；又重視橫向合作，注重交流和討論，並且多次成功地主持合作研究。你以寬廣胸懷，把自己多年的研究成果和資料提供給大家，團結大家一起攻關；又虛心向大家學習，充分調動科學研究群體以及相關行政管理部門的積極性和創造性，以獲得良好的科學研究整體效應。正如愛因斯坦所說的，你「既發揮個人的聰明才智，又發揮集體大腦的作用」；而且，你還以前瞻眼光，重視年輕人的培養和科技隊伍的建設。

創業初期，你親自帶領助手開展試驗，收集水稻種質資源，手把手地傳授雜交育種技術，還教他們學習專業英語。後來研究隊伍擴大，你經常進行雜交水稻育種技術培訓，並在田間指導實踐。你還有計劃地選送助手和研究生去中國國內外深造。在你的熱情關懷、大力幫助和悉心培養之下，一大批具有較高理論水平和豐富實踐經驗的科技人才成長起來，成為雜交水稻領域的骨幹，有一些成為著名專家。

你還有廣闊的胸懷，很注重國際合作與交流。

一方面，你善於利用國外的先進實驗條件和經費，利用國外的種質資源，促進雜交水稻科技深入發展，特別是現代分子生物技術向雜交水稻領域的滲透和應用。二十世紀九十年代以來，你領導的湖南雜交水稻研究中心積極開展與美國水稻技術公司、康乃爾大學、國際水稻研究所、澳大利亞農業分子生物學研究中心以及香港中文大學等機構合作。你先後派出十多名技術骨幹到美國、澳大利亞、香港等進行合作研究或留學深造。合作研究取得了良好成效，如與康乃爾大學合作，應用分子標記技術，結合田間試驗，在野生稻中發現兩個數量性狀基因，每個基因具有比現有雜交稻良種「威優 64」增產一八%的效應。

另一方面，你又熱情主動地把自己的科學研究成果，把造福人類的雜交水稻育種栽培技術毫無保留地傳播到世界各國。你本人以「雜交水稻之父」的專家身分和聯合國糧農組織首席顧問身分，先後多次出訪外國和國際機構，講學和傳授技術，並派出大批專家，向全世界傳授雜交水稻技術，還在中國國內舉辦了無數各種層次、各個層面、各類級別的國際雜交水稻培訓班，有力地促進了全世界的糧食生產，為解決世界糧食安全問題做出了偉大的貢獻！

六、科學的思維模式和研究方法

任何一項實踐活動都離不開一定的方法。科學研究方法是科學家進行科學技術研究的途徑、手段和方式，也是他們在科學活動領域中認識和應用自然規律的主觀手段和行為方式。科學的方法是通向成功的橋梁。中國古人說得好：「工欲善其事，必先利其器。」英國學者培根將科學方法形象地比喻為「黑暗中照亮道路的明燈」。更有一說：「我們不但要提出任務，而且要解決完成任務的方法問題。我們的任務是過河，但是沒有橋或沒有船就不能過。不解決橋或船的問題，過河就是一句空話。不解決方法問題，任務也只是瞎說一頓。」

對於科技工作者來說，掌握正確的科學研究方法是取得創新成果的前提之一。科學技術的重大突破，往往依賴於方法的重大改革和創新；而科學方法上的突破，也常常會促進學科突飛猛進的發展。

各門具體科學和生產技術學科中所使用的一些特殊研究方法，屬於最低層次，它們只適用於比較狹窄的學科範圍，是某門學科用於探索自然奧祕、揭示自然規律的一些專門性的技術手段和操作方法。

你非常重視方法的學習、摸索、創新和運用。你在長期的教學和科學研究活動中，累積了一套行之有效的科學研究方法。這些方法的運用，是你在科技領域取得卓越成就的主要原因之一；也是你攻堅克難、化難為易的高超的研究藝術；是你頗具特色的科學寶庫的重要組成部分。你在總結雜交水稻研究經驗時曾說過：「凡在產量或其他方面具有突破性的新品種的誕生，都是由於採用了新方法和新材料的結果。」

1. 哲學方法

哲學方法是研究方法中的最高層次，指以哲學的原理、範疇和規律為基礎的研究方法，對一般方法和專門方法具有指導作用。恩格斯指出：「馬克思的整個世界觀不是教義，而是方法。它提供的不是現成的教條，而是進一步研究的出發點和供這種研究使用的方法。」

你說：「在思想方法上，毛澤東的《矛盾論》和《實踐論》對我的影響最大。《矛盾論》講過，內部矛盾是推動一切事物發展的動力。雜種優勢就是兩個遺傳上有差異的品種雜交，有矛盾，才有優勢。我們現在做亞種間超級雜交稻，就是把矛盾擴大了。另外，關於水稻有沒有雜種優勢，也是透過實踐證明它是有優勢的，然後才在理論上加以提高，再用來指導實踐，這是《實踐論》的思想方法。我對毛主席著作學習得比較膚淺，但《矛盾論》和《實踐論》對我的思維方法有非常大的作用。」

(1) 從實踐出發，在實踐中發現問題和解決問題辯證唯物主義實踐觀認為，實踐是第一性的，認識是第二性的，實踐是認識的來源和檢驗認識、檢驗真理的唯一標準。科學理論應該建立在實踐的基礎上，要經受實踐的檢驗。這是你敢於突破水稻等自花授粉作物沒有雜交優勢的理論支柱。

二十世紀五十年代，中國受意識形態等政治因素的強烈影響，當時生物科學領域內學的、教的都是蘇聯米丘林、李森科的遺傳學說。你按照他們的學說進行紅薯、馬鈴薯、番茄等作物的無性雜交試驗。幾年的研究實踐表明，不能得到經濟性狀優良的無性雜種。後來，你從外文報刊上獲悉，孟德爾、摩爾根創立的染色體、基因學說對良種繁育有重大指導作用。透過深入鑽研和比較，你從自己的實踐出發，形成了自己的認識，放棄了進行多年的無性雜交育種試驗，接受了孟德爾、摩爾根遺傳學說，將研究方向轉移到水稻純系選育和品種間雜交選育上來。

你在實驗中觀察到水稻有雜種優勢現象，但這一事實與經典遺傳學中「自花授粉作物沒有雜種優勢」的理論觀點相衝突；於是，你以親身實踐為依據，大膽突破傳統遺傳學「無優勢論」的束縛，為雜交水稻研究排除了認識上的障礙和反對意見的干擾，取得了雜交水稻研究的成果。

（2）透過表象抓住本質

在育成三系之後，要進行不育系與恢復系之間的不同配組雜交，選出優勢組合。在初期的雜種優勢試驗中，曾一度片面追求兩個親本在遺傳上的差異，忽視了綜合優良性狀的配合，結果搞出了一個生長優勢很強但優勢主要表現在營養體（禾苗）上的雜交稻，增產稻草而不增產稻穀。失敗和各種非議使主持試驗的專家抬不起頭，反對者則說起了風涼話。你卻冷靜分析，透過這次試驗不成功的表象，看到了這次試驗成功的一面，抓住了問題的本質，切合實際而又富含哲理，撥雲見日，說服了大家。你的發言充滿了辯證法，顯示了你透過表象抓住本質的敏銳眼光。

（3）抓住主要矛盾破解難題

唯物辯證法認為：在複雜的事物的發展過程中，有許多的矛盾存在，其中必有一種是主要矛盾，由於它的存在和發展，規定或影響著其他矛盾的存在和發展。抓住了這個主要矛盾，一切問題就迎刃而解了。在三系法製種階段，怎樣解決授粉問題，怎樣將雄性花粉撒在雌性花柱上，成為一個難題。開始，你們以為花粉量不足是製種低產的主要矛盾，在製種試驗中採取多插父本、母本緊靠父本種植等措施，以增加單位面積花粉量，讓母本接受較多花粉，試驗得到了否定的結果。你繼續尋找主要矛盾，透過對製種田的詳細調查和計算後，你抓住了主要矛盾：雖然水稻的花粉量確實比玉米、高粱少得多，但就製種田單位面積上的花粉量來說，差異並不大，完全可以滿足異花傳粉的需要，但關鍵是要父母本同開花，這才能「使花粉散布均勻並能落到母本柱頭上」，而這要「以做到父母本的花期花時相遇為關鍵」。抓住了這個主要矛盾，你帶領製種研究隊伍摸索出一系列有效的針對性技術措施，大大提高了製種產量。

(4) 以全面觀和兩點論看待事物

雜交水稻優勢組合育成後，走向生產應用的道路上還有一個難關：雜交製種的產量很高，每公頃只有幾十公斤，根本不能滿足生產生活的需要。有人曾經斷言「過不了製種關，即使優勢再強，也不可能在大面積生產上應用」。因為一是水稻屬於嚴格的自花授粉作物，花粉量比玉米、高粱等作物少，不能滿足授粉的需要；二是穎花張開角度小、柱頭小，且多數品種的柱頭不外露，不易接受花粉；三是每天開花時間短，花粉壽命短。對此，你沒有輕易下結論，而是全面分析影響雜交製種產量的相關因素，一分為二地看待水稻的傳粉特性：既要正視水稻上述特徵特性及其是不利於異花傳粉的事實。但是，又要以全面的觀點，看到水稻異花授粉有利的一面：水稻是開穎授粉的，花粉小而光滑，裂藥時幾乎全部散出，可借風力傳播相當距離，這些特性是能夠進行雜交製種的前提。因而你認為，只要發揮主觀能動性，揚其利，棄其弊，雜交製種的產量是可以提高的。這種認識為製種攻關提供了思想指導，堅定了你必勝的信心。

(5) 以唯物辯證的發展觀指引雜交水稻研究不斷創新

唯物辯證法認為，事物的發展是沒有止境的，永遠不會停止在一個水平上。

《實踐論》中說：人們「從事於變革客觀現實的實踐一次又一次地向前，人們對於客觀現實的認識也就一次又一次地深化」，「客觀現實世界的變化永遠沒有完結，人們在實踐中對於真理的認識也就沒有完結。」

你以唯物辯證法的發展觀來看待雜交水稻研究，指引雜交水稻科技的不斷創新。三系法雜交水稻應用取得了巨大成功和效益之後，你立即指出：從發展的觀點看，現在的雜交水稻只是處於初級階段，還蘊藏著巨大的增產潛力，具有廣闊的發展前景。因此，你提出兩系法，發起了一次又一次的新探索，取得了一個又一個的新成果，推動了雜交水稻研究與應用的持續發展，使中國雜交水稻研究能長久引領全世界。

2. 一般性的研究方法

一般性的研究方法是研究方法中的中等層次，是從各門學科學研究究方法概括出來的具有共同規律性的方法，因而普遍適用於自然科學各門學科，如觀察方法、實驗方法、邏輯方法、數學方法、系統方法等。

（1）觀察法

觀察法是人們在自然發生的條件下，透過感覺器官或借助科學儀器，有目的、有計劃地觀測、考察、蒐集、記載和描述有關事物或現象的形態、過程，藉以獲得感性材料的科學方法。觀察是蒐集科學事實、獲取自然資訊的基本途徑。化學家門得列夫說：「科學的原理起源於實驗的世界和觀察的領域，觀察是第一步，沒有觀察就不會有接踵而來的前進。」雜交水稻研究的開創，就是從你有意識的觀察中發現了稻田中一株「鶴立雞群」的稻株引起的。

（2）實驗法

實驗法，或稱試驗法，是人們有目的、有計劃地運用一定的物質手段，在人為創設或控制的條件下對自然現象或過程進行精確觀測、考察，獲得科學事實的研究方法。它與觀察法一樣，都是為了認識自然。不同之處在於：觀察方法是在自然發生的條件下進行的，對於研究對象是一種被動的反映過程；而實驗方法是在變革客觀事物的過程中能動地研究事物的形態、屬性和規律。

實驗法是你運用最多的基本研究方法。你把它與觀察法緊密結合，交互應用。發現「天然雜交稻」株以後，為了進一步證明水稻的雜種優勢現象，你採用實驗法，進行品種間人工去雄雜交試驗，獲得雜種第一代種子，然後種植雜種和父本、母本，進行比較觀察，從而確定雜種第一代具有優於父本或母本的效應，獲得了新的科學事實。

（3）類比法

類比法是以比較為基礎，根據兩個（或兩類）對象間有某些屬性相同或相似，從而推出它們的其他屬性也可能相同或相似的一種思維方法。類比法是創造性思維的一種重要方法，可以造成啟發思路、提供線索、舉一反三、觸類旁通的作用。類比的過程是一個由特殊到特殊、由個別推到個別的由此及彼的過程。因此，類比推理的結論帶有或然性，它不能保證我們從正確的前提推導出正確的結論。但是，類比法的運用對研究工作仍然非常重要。

你剛開始進行雜交水稻研究時，學術界的主流觀點是「自花授粉作物沒有雜種優勢」，你聯繫到玉米、高粱等作物的雜種優勢已被成功地應用於生產的事實，因而將水稻與玉米、高粱等作物的雜種優勢進行類比，從而推測出雜交水稻可以產生雜種優勢。

（4）歸納推理法和演繹推理法

歸納推理法和演繹推理法是科學研究的常用方法。

歸納法是從個別事物中概括出一般原理，它以個別知識為前提，推出一般性知識的結論；你在研究中觀察到了水稻雜種優勢現象，你在他人的報導中也看到了類似事實，那就說明，「水稻具有雜種優勢」不是個別現象，而是一種共同屬性。在這裡，你運用了歸納推理法。

演繹法是從一般性的原理推出個別性的新結論，從一類事物共有的屬性推出其中的個別事物具有該共有屬性。這兩種方法的共有的客觀根據是：一般和個別的相互連結和對立統一，個別中包含了一般，一般中概括了個別。

歸納推理法認為，個別中包含了一般，一般中概括了個別，所以透過一定的個別事實可以從中概括出一般原理。

演繹推理法認為，一般和個別相互連結，個別中包含了一般，一般中概括了個別，凡是一類事物所共有的屬性，其中的每一個事物必然具有其共有屬性。你在對水稻天然雜種的認識中運用了演繹法。你對偶然發現的優異稻株的後代在一些性狀上發生分離和退化的現象，進行了快速而嚴密的演繹推理：根據孟德爾遺傳學分離規律，純種稻品種的第二代是不會有分離的，只有雜種第二代才會出現分離現象，你發現的那株優異水稻的後代今年發生了分離；那麼，去年發現的優異稻株不是純種，而是雜種第一代，是「天然雜交稻」。

（5）綜合法

綜合法是把關於研究對象各個組成因素的認識有機地聯繫起來，形成對該對象整體的統一認識的思維方法。熟悉你的人，包括你的學生李必湖、謝長江、辛業藝等都向我介紹說，你非常善於綜合、概括、總結、提高，廣泛獲取各種有關資訊，吸納其中有益的成分，常常形成比別人更深刻、更高明、更新鮮的觀點和見解。雜交水稻從三系法到兩系法到一系法的育種發展戰略的形成，就是你高度綜合概括三系法的研究成果並汲取光溫敏核不育水稻育性轉換的成果以及其他人的一些研究成果和觀點，而提煉出來的。

（6）想像法

想像法是認識主體對頭腦中的各種表象進行改造、重組或重新設想、聯想及猜想，從而形成新的形象的思維方法。這時，人的思維自由馳騁，重新組合，在自己的頭腦中構成新的形象，這種認識世界的方法，叫做想像法。想像是一種特殊的思維過程，是一種創造性的思維方法。文學創作中就大量運用想像，科學研究也需要想像。

你很重視想像，主張超越常規，「大膽設想，小心求證」，展開想像的翅膀，大膽思考各種問題，推動對問題的新的科學認識，發現重要的研究線索或研究思路。

從發現「鶴立雞群」的天然雜交稻到它試種後的退化，你展開了豐富的想像、聯想和推測：「天然雜交稻」長勢和結實這麼好，就證明水稻存在著雜種優勢；既然自然界客觀存在「天然雜交稻」，只要摸清其中的規律，就一定能夠培育出人工雜交稻，將這種雜種優勢應用於生產，就可以大幅度地提高水稻的產量。你在想像中，在腦海裡描繪出人工培育的雜交水稻的形象及豐產景象，由此預見雜交水稻研究的光輝前途。

3. 特殊研究方法

你在雜交水稻研究中經常使用的作物育種方法屬於具體科學技術中的特殊研究方法，是研究方法中的基礎層次。作物遺傳育種學是關於作物品種改良原理與方法的一門應用科學。你在作物育種研究中，主要運用了一些特殊的、專門性的技術手段和研究方法，主要有以下幾種方法：

（1）無性雜交法

（2）系統選育法

（3）有性雜交法

（4）雜種優勢利用法

（5）生物工程方法

這些方法是適用於作物育種學科範圍的專門的研究方法，過於專業，本章不進行具體的分析和闡釋。

七、強健的體魄和良好的心態

創造需要健康的身體。健壯的體格是人才成功的物質基礎，只有強壯的身體才能充分發揮聰明才智，保證科學研究任務的完成。「體者，載知識之車而寓道德之舍也。」你具有健壯的體格，這與你從小喜歡和長期堅持體育活動，長期從事作物育種研究這種腦力和體力密切結合的科學勞動分不開。你能幾十年如一日地在艱苦的條件下完成科技創新研究工作，取得巨大成就，健壯的體格無疑起了重要作用。你戲稱農業科技工作者是「八得」幹部：晒得、淋得，熱得、凍得、吃得、餓得，站得、走得。你自己就是一個典型的「八得」專家。

創業需要良好的心態。你無論在順利還是挫折中，都能保持一種良好的心境。在順利時，在成功和榮譽面前，你有喜悅、舒暢、甚至激動，但從不得意忘形、居功自傲；在研究遇到挫折時，有焦慮，有心急如焚，有失望，但從不消極悲觀、灰心喪氣。「文革」初，試驗材料被破壞殆盡，你十分傷心，但沒有氣餒，而是積極主動地查原因，想辦法補救；即使在「文化大革命」中受批判、面臨關「牛棚」的厄運，也能坦然應對，依然對水稻雄性不育研究痴心不改。在初戀遭挫折、事業不順利、政治上受衝擊等諸如此類的逆境面前，你失意而不落魄，失敗而不灰心，能夠在短期內較快地調整好心態，將不快與焦慮轉化為奮發圖強的行動的力量。

八、各級領導大力支持

客觀條件、社會環境，對於事業的成功、人才的成長也具有很重要的意義，有時甚至是決定性的意義。前面論述了你成功、成才的內在因素。你具備了成就一番事業的個人才華，而且勤於實踐、善於思考、敢於創新、恆於進取、樂於奉獻。但是如果生不逢時，沒有比較寬鬆和有利的外部環境條件，也不一定能施展雄才大略，實現遠大抱負。

一九九二年九月十五日，在慶祝中國雜交水稻研究三十年暨湖南雜交水稻研究中心成立十週年慶典上，你激動而真誠地說：

「雜交水稻研究是一項功在千秋的事業，實踐證明，不論是在中國，還是在國外，雜交水稻都具有極顯著的增產效果。雜交水稻的成功不應歸功於個人，雖然政府乃至國際上都給予我很高的榮譽，但它卻是社會主義大協作奏響的一曲凱歌。在雜交水稻發展經歷的三十年中，從決策部門到科學研究、推廣、宣傳部門，從各級領導到眾多參加有關工作的人士，無不為開創雜交水稻事業付出了很多努力，給予了極大的支持。

……

雜交水稻的發展正是在你們這樣一大批有眼光的智者關注與支持下，才有了今天這樣昌盛的局面。」

這段話真實地反映了你成功的主要外部因素。歸納起來，促使你取得巨大成功的外部因素有以下幾個方面：

（一）「雜交水稻的研究成功和不斷發展，全靠中央的好領導，靠各級部門的大力支持，靠社會主義大協作精神。」你在歷次獲獎時都會這樣說。

一九六六年，當時，你已被列為批鬥對象，連「牛棚」的床鋪上也貼好了你的標籤。在準備批鬥你的前一天，由於公函「救駕」，你逃脫了被打成牛鬼蛇神的厄運，有了繼續從事科學實驗的權利，也使剛剛起步的雜交水稻研究受到了保護。

一九七〇年，研究工作還沒有取得實質性進展，陷入突而不破的技術困境。各種非議向你襲來，使你面臨著巨大的精神壓力。華國鋒先生的指示「把水稻雄性不育研究拿到群眾中去做」，使你們備受鼓舞，增強了攻克技術難關的必勝信心。

（二）政治上、道義上的支持是首要的，是先決條件，而研究人員、研究經費等條件是研究工作必不可少的「硬體」。課題的立項成為進一步的、更為具體的支持；在政府的支持下，人、財、物得到了保證，有力地促進了研究和推廣工作。一九六七年，湖南省科委把「水稻雄性不育」列入科學研究項目，撥給研究經費，在安江農校成立了「水稻雄性不育研究小組」，給你配備了兩名助手。一九七一年春，湖南省成立了雜交水稻研究協作組；一九七二年，中國科委和農林部把雜交水稻列為中國重點農業科學研究項目，從人、財、物各方面都給予了大力支持。

雜交水稻培育成功以後，一九七六年，當時擔任中國國務院第一副總理的華國鋒先生決定，中央拿出一百五十萬元人民幣支持雜交水稻推廣；並由中國農業部主持立即在廣州召開南方十三省（區）雜交水稻生產會議，部署加速推廣雜交水稻。這使雜交水稻能在中國乃至全世界的作物良種史上以前所未有的速度和規模迅猛發展！

雜交水稻研究中心成立後，歷屆黨中央總書記、總理、副總理等領導親臨中心視察、指導、資助，使你們的研究能一步步深入開展，取得越來越大的成就。

（三）各級組織部門給你的各種獎勵和榮譽，也是促進事業發展的強大動力。

激勵、獎勵、榮譽，可以激發人的動機，使人產生一股內在的動力，朝向所期望的目標前進。成績帶來了榮譽，榮譽激發新的追求，新的追求產生新的成績。你能夠取得巨大成就，當然主要歸於你的內在因素，而各種形式的獎勵、榮譽，無疑對你的研究工作起了鼓勵和鞭策作用。你潛心科學研究，銳意進取，獲得了一項又一項的科技創新成果，也獲得了一次又一次的榮譽和獎勵。

你把每次獎勵看作新的起點，把每項榮譽視為新的鞭策，將成績與榮譽化作繼續前進的動力，以新的科學研究成果回報國家和人民。

九、社會需要環境優越

社會需要與人才成長、事業成功有著密不可分的關係。恩格斯說：「社會一旦有技術上的需要，則這種需要就會比十所大學更能把科學推向前進。」

社會需要主要是指社會政治需要、經濟發展需要和科學文化需要。只有適應這種需要，事業才能獲得成功，人才才能更好地成長和發揮作用。

食物是人類生存和繁衍最基本需求，足夠的糧食是社會穩定和發展的最起碼條件。無論何人，無論何時，無論怎麼熱衷於政治運動、階級鬥爭，首先還得吃飯，還得有飯吃、要吃飽。正如你所說：再怎麼的英雄，三天不吃飯就可能會變成「狗熊」。你進行雜交水稻研究，一方面出於科學家強烈的創新意識和責任感，另一方面也是順應社會的強烈需求。

雜交水稻研究的深入發展，也符合社會生產的需要，也有社會強烈需求的拉動。二十世紀八十年代中國基本解決了糧食供應問題，在需要繼續提高水稻產量的同時，還需要水稻的優質、多抗等，需要簡化雜交水稻的種子生產程序、降低種子成本，需要不同類型、不同熟期、不同用途的雜交稻。於是就有了兩系法雜交稻、超級雜交稻的研究，一系法雜交稻的探索，優質雜交稻、抗病蟲雜交稻的選育，等等。

在中國進行雜交水稻研究，還有兩個得天獨厚的自然因素，你也準確把握和充分利用了：

一是優越的自然條件。中國是一個古老的農業大國，國土遼闊，陽光充足，生態條件差異巨大。海南島是水稻理想的天然溫室，還有廣東、廣西、雲南等省境內部分南亞熱帶地區也是水稻的天然溫床，為水稻育種及加速育種進程提供了優越的自然條件。

二是豐富的種質資源。中國生物資源豐富，是水稻的原生中心，有眾多的水稻栽培品種和野生稻，蘊藏著豐富的稻屬種質資源，是一個天然的水稻基因庫。早期研究的核雄性不育材料、「野敗」材料、粳型和秈型光溫敏核不育材料、含有廣親和基因的材料以及無融合生殖材料，都在中國的水稻種質資源中找到，為雜交水稻研究的突破、成功與深入發展提供了稻種物質基礎。中國先進的常規稻育種技術和高產量水平，又為雜交水稻「水漲船高」式的強優勢育種創造了高起點條件。

而湖南又是中國的水稻生產大省和基地，湖南省委領導對農業生產和研究特別重視。湖南農業研究工作也做得很好，湖南是農業大省，水稻生產大省，這都為你的雜交水稻研究提供了特別優良的客觀條件。

還有你科學研究起步時的安江農校，更被人們稱為「物種天堂」。有人分析，安江是雲貴高原東部延伸的一塊難得的峽谷盆地，湖南四水之一的沅水穿流而過，周圍群峰環繞，使其成為歷代民間地理學家所認定的「四面龍獅舞，澄江不外流」的風水寶地。這塊「風水寶地」存在一種罕見的生物現象：眾多動植物頻頻發生遺傳變異，新品種新材料層出不窮。近三十多年，科技工作者在這一不足八十平方公里的彈丸之地，僅在水稻、棉花、柑橘、梨和豬類、雞類等少數幾種動植物中，就發現、啟用了一百九十八個優良變異材料，獲得三十一項重大育種成果，包括著名的黔陽冰糖橙、糖橙、安江大紅甜橙、黔陽無核碰柑、金秋梨、雪峰烏骨雞以及水稻不育材料「C 系統」、水稻光敏核不育材料等。這裡柑橘變異率高達三 · 四%，雞類變異率高達五 · 三%——這在世界上是絕無僅有的，是名副其實的「物種天堂」。

正是這個「物種天堂」，為你的雜交水稻研究提供了極其難得的優良的環境。

十、團隊優秀，齊心協力

雜交水稻研究是一項龐大的系統工程，涉及多個學科和多個部門，難度大，工作量大。你長時間地領導了一個科學團隊，集思廣益，協同攻關，加速了雜交水稻的研究與推廣。

雜交水稻的開創和發展過程，實質上就是全中國雜交水稻科技隊伍的周密組織和協同合作的有效發揮。好比建造一幢精美的大廈，你是總設計師和總工程師，在你周圍有一支優秀的建築隊，設計師、工程師、各類人才、施工員和一般勞動者，大家共同為大廈的建設添磚加瓦。這個團隊非常優秀，夥伴也很盡力。你本人非常重視科技隊伍的建設。最初，你親自帶領助手開展試驗，收集水稻種質資源，手把手地傳授雜交育種技術，教他們學習專業知識和英語。後來研究隊伍擴大，你經常進行雜交水稻育種技術培訓，並在田間指導實踐。你還有計劃地選送助手和研究生去中國國內外深造、考察，使他們成為碩士、博士、博士後，成為優秀的專家和骨幹。

你說：「為了使中國雜交水稻事業不斷向前發展，就必須注重人才的培養，特別是年輕人的培養。於是，我就用從國外獲得的獎金和顧問費設立青年科學研究基金，總共一百多萬元，鼓勵和支持年輕人開展研究，特別是一些新途徑、新方法的探索性研究。令我高興的是，現在這些年輕人已經成長起來了，他們已成為我單位的研究骨幹，有的還取得了很好的科技成果。」

在你的悉心培養下，一大批具有較高理論水平和豐富實踐經驗的科技人才成長起來，成為雜交水稻領域的骨幹，有一些成為著名專家。如今，你領導的研究中心人才輩出；中國雜交水稻領域更是人才濟濟，從應用研究、開發推廣到基礎研究，形成了一個多層次、多學科、多領域的科技人才的綜合科技隊伍和科學研究體系。他們為水稻雜種優勢利用的理想變為現實貢獻了智慧和力量，為實施雜交水稻的發展戰略提供了人才條件和組織基礎，並保證了雜交水稻幾十年始終走在世界的最前列！

你始終謙虛地說，「我個人在雜交水稻研究的前沿工作中起了一點帶頭作用，但雜交水稻是大家努力出來的，單槍匹馬不可能做出來，靠國家、靠集體、靠方方面面的支持。」

十一、愛情幸福，家庭美滿

雜交水稻的成功，離不開妻子的鼎力相助和家庭的和諧美滿。

你常說：「家庭生活美滿，人生就很美滿；家庭不幸，人生也不幸。」

你還對我說：「我之所以能在雜交稻上取得成功，是妻子用理解和柔情鋪墊的臺階。」

鄧哲是一位賢妻良母。她非常愛你，也非常理解和支持你。她是你的學生，知道做水稻研究非常重要而且研究雜交水稻季節很重要，她毫無怨言地支持你，用她柔弱而剛強的肩膀，獨自承擔起家庭的重擔，讓你全心全意從事雜交水稻研究事業。

鄧哲的付出確實太多了。二十世紀七十年代，國家和你們小家都是很艱苦的時候，因為你一直在外面做科學研究，家裡的擔子都由她挑起來。你曾經連續七個春節都沒有回家，是在海南島過的。有一年，你回家才一天，還沒住下就接到電話，科學研究中遇到緊急情況要你當天晚上就趕去長沙。你正不好啟齒說要走的話，但是，鄧哲半句埋怨都沒有，立即又為你收拾行李，送你上路！還有一年就只回家過一次，只住了一天。你的三個小孩都是鄧哲帶大的。你的二兒子出生才三天你就南下了。第三個小孩出生後，鄧哲又下放到幹校去了，你卻還是在海南，無法回來照顧孩子。結果，鄧哲硬是帶著才兩三個月大的孩子到幹校去了。即使這樣艱苦，這樣困難，鄧哲都全力以赴地承擔下來，從沒有埋怨過你。因為她知道，如果把你拴在小家庭裡，你的事業就不會有成就。正是她幾十年無怨無悔、任勞任怨的支持和協助，才使你得以兢兢業業做科學研究，無牽無掛忙事業，心情愉快做大事，才取得了今天這樣偉大的成就！

「疾風知勁草，患難見真情。」你們堪稱患難夫妻。在你事業最艱難、工作最困難的時候，鄧哲堅定地支持你。你的雜交水稻剛剛起步，你們剛結婚不久，「文化大革命」就開始了！你受到了大字報的批判，還要被關進「牛棚」勞動改造。那時，你心情非常沉重，也非常沮喪。在這關鍵時刻、危難時刻，柔弱的鄧哲卻表現出特別的剛強和義氣，她大義凜然地說道：「沒關係，你又不是現行反革命，大不了去當農民，你去，我跟你去。」這句話，擲地有聲，義薄雲天！讓你特別感動，讓你勇氣倍增，讓你銘記一生。這是你一生最大的安慰。讓你鼓起生活的勇氣，勇敢地大無畏地從事雜交水稻研究！

長期以來，她叫你「袁老師」，你稱她為「賢內助」。有意思的是，前幾年你和香港中文大學的辛世文教授見面時，你們互相介紹自己的夫人，他說：「這是我的太太。」你說：「這是我的賢內助。」後來辛世文就對太太說：「以後不能叫太太啊，要叫賢內助，賢內助比太太好」。

你的三個兒子也十分爭氣，在母親、爺爺奶奶和外婆照料下茁壯成長，成為傑出的人才，讓你專心致志地做科學研究，衝事業！

十二、成功祕訣：知識、汗水、靈感、機遇

你歸納和總結自己科學探索的祕訣時說：「談到雜交水稻的成功，可以用這樣一個公式來說：知識＋汗水＋靈感＋機遇＝成功。有知識是很重要的；有了知識，又發奮努力，才會有靈感；再加上好的機遇，才有可能獲得事業上的成功。」

這是你在科學研究道路上的重要體會和主要經驗。這就是：豐富扎實的基礎知識、專業知識和相關知識，長期不懈的勤奮努力（汗水），在探索中及時發現、捕捉和運用靈感和利用機遇。

知識。包括直接知識和間接知識、理論知識和經驗知識，這是認識主體進行認識和創新的先決條件，是人才成長和發揮才能的基礎。

「知識就是力量。」科學文化基礎知識是科技工作者必須具備的素養，專業知識是科技人才知識結構的特色。有知識，才有比較；有比較，才能發現問題。知識貧乏，創新就根本無從談起；知識不夠或知識結構欠妥，也難以實現創新。在科學技術突飛猛進、知識和資訊爆炸的當今時代，知識對於創新尤為重要。知識淵博的人見解比較深刻，思考比較周密，而且對事物的發展前途常有遠見，預測也比較準確。而你就有豐富的知識與優良的知識結構：一是豐富扎實的基礎知識與專業知識；二是良好的哲學素養；三是運用自如的英語知識和技能。

汗水。這是你打的一個形象的比方，喻指科技工作者的辛勤勞動，是實幹，是腦力和體力的巨大付出。這是你科技創新成功的途徑，也是任何人才成長、事業取勝的必由之路。人們往往將著名的、成就大事業的科學家稱為天才，其實天才離不開勤奮，「天才出於勤奮」，大發明家愛迪生說：「天才是百分之一的靈感加百分之九十九的汗水。」

知識是創新的基礎，汗水則是獲取知識、運用知識、把知識轉化為創新能力以及實現創新意圖的必要條件。沒有汗水，不努力實踐與思考，知識只是「空中樓閣」，其價值也會大打折扣。雜交水稻的發明、創造與發展，是你五十年孜孜不倦地勤奮勞動、觀察、實驗、選擇、取捨、創新的結果，是你的辛勞、智慧、心血和汗水的結晶。古人說：「天將降大任於斯人也，必先苦其心智，勞其筋骨，餓其體膚……」這幾十年，你經受了多少「苦其心智，勞其筋骨，餓其體膚」的辛苦！在雜交水稻研究開始時，為了尋找到你心中想像的天然的水稻雄性不育株，你在六月下旬至七月上旬這樣的酷暑裡，頭頂烈日，腳踩汙泥，躬身於茫茫稻海中，一丘丘、一行行、一株株、一穗穗地檢查尋找，臂上、背上晒脫了皮，頭昏目眩，兩腿疲軟，幾次中暑，你全然不顧，這樣做到第十六天，終於找到一株天然雄性不育水稻。連同第二年的水稻揚花季節，共檢查一萬四千多個稻穗，才在四個品種中找到六株天然雄性不育水稻。你付出了多少汗水，多少辛勞，多少心血！為了雜交水稻研究成功，在水稻三系培育的頭幾年裡，你用於雜交試驗的材料達一千多個，做雜交組合試驗近四千個，其工作量之大可想而知。我一個朋友告訴我，她小學高年級時，大約是一九六七年前後學校讓她們給雜交水稻趕粉、剝殼，她們每天中午時分去田裡勞動兩小時，才幾天時間，全部晒得皮膚黝黑！她說那個艱苦，她一輩子都記得。她們才做幾天，而你卻是幾十天，幾十年如一日地在水田中勞作。你流了多少汗！受以多少苦，遭了多少罪！你的實驗秧苗兩次遭受人為毀壞，你找出殘存的秧苗繼續培育；在雲南元江進行南繁試驗時，遭遇強烈地震，險些喪命，當地書記要你們回去，但你們轉移到室外，住茅棚，睡草蓆，堅持把試驗做完。為了加速育種進程，你每年湖南、海南、湛江或南寧，南北輾轉，風雨兼程，爭分奪秒，一年幹兩三年的事情，辛勞異常。海南試驗基地生活條件十分簡陋、艱苦，你在海南一待就是幾個月，家裡什麼事都顧不上，連老父親去世也未能回去盡孝；在雜交水稻攻關的十年中，有七個春節在海南試驗基地度過。這些，還僅僅是你「勞其筋骨，餓其體膚」的辛苦，你還同時經受著更重、更深的磨難！那就是「苦其心志」：新知識的學習和相關資訊的蒐集吸收，選擇研究課題和開創科技領域的探索，創新的設想和求證，技術難關久攻不下的苦惱，對破關克難途徑與方法的殫思竭慮，還有來自學術的、輿論的強大壓力，人為或自然災害對試驗的破壞，政治風浪的衝擊，挫折和逆境中的精神「煉獄」，成名後的各種麻煩、誤解甚至詆毀……你都以不屈不撓的意志，披荊斬棘，奮勇拚搏，最終達到創新目的。

靈感。靈感被恩格斯稱為「地球上最美麗的花朵」，被認為是「奇妙的飛翔之翼」，「思維學和心理學皇冠上的明珠」。靈感，是詩國的上帝，作家、藝術家、科學家、發明家的貴賓。

你作為一位傑出的科學家、發明家、創造者，對靈感有特別新鮮、深刻、獨到的體驗和領悟。你在三亞引領我們觀察超級稻時，給我興奮地談到你的幾次靈感閃現的情景。

超高產雜交稻組型模式經過你長期探究和思索，孜孜以求，一直尚未解決。一九九七年，你在田間考察雜交水稻新組合「培矮 64S/E32」時，突然發覺該組合具有很特殊的株葉形態，並且有超高產潛力。這與你長期對超高產育種探索的積澱、構思竟不謀而合，產生強烈碰撞，迸出思想火花，困惑多年的超高產水稻株葉形態問題一瞬間找到了答案。提煉出「高冠層，矮穗層，高收穫指數」的水稻。這是你的又一次靈感。

可貴的是，你不但善於在科學研究中敏銳地發現靈感的火花，而且還能夠睿智地認識這就是靈感，並且及時地將其捕捉住！讓它迅速地產生效益，產生巨大的作用！你把這當作重要的心得和經驗，懇切地轉告從事科學研究的同仁：「我奉勸從事科學研究的同仁，要及時捕捉和運用在探索中孕育和迸發的靈感，做『有心人』，及時捕捉思想火花，不要讓它閃丟了。」

確實，年輕的朋友，不管是詩人、作家，亦不管是科學家、發明家，都應該注意在探索中注意培育靈感，還要善於及時捕捉和運用突然迸發的靈感，而不要讓它閃丟了！

機遇。科學研究中某些意外的或偶然的新發現、新突破，通常稱為機遇。從字面上理解就是指時機，就是時間恰當，不期而遇，簡而言之，就是遇上沒料到或意想中的好時機、好機會、好條件、好契機。事實上，在科學研究中經常出現觀察、實驗所預料不到的結果，或者在研究某一現象時卻意外地出現了、發現了另一種新的沒有預期的現象，這時，我們不應輕易放棄，而應該注意觀察和思考，也許這就是重要的機遇。在觀察與實驗中，雖然機遇的出現不在預料之中，帶有偶然性，但是，在這些偶然性後面常常隱藏著必然性。而科學研究的任務就在於透過這些偶然現象去發掘其背後隱藏的必然規律。正因為如此，在科學研究中，機遇往往能夠透露大自然的訊息，給人們提供重要的線索，它是認識真理的入口處，是科學發現、技術發明的先導。善於認識、發現和抓住機遇，是向發現、發明、創造邁進的第一步。機遇具有意外性的特點，它是可遇而不可求的。富有創新精神和創造能力的科學家才善於認識、捕捉和利用機遇。

對於機遇，你有自己深刻的見解，你經常引用巴斯德的名言：「機遇偏愛有準備的頭腦。」這也一語道破了你之所以能夠認識並抓住機遇的關鍵。要做到善於認識並抓住機遇，要求認識主體必須具有敏銳的觀察能力、高度的判斷能力、豐富的知識和經驗等，總之要有「有準備的頭腦」，做「有心人」。否則，即使有千百次機遇，也不一定被認識或抓住。「野敗」的發現就是一個機遇。在談到發現「野敗」的機遇時，你精闢地指出：人們講李必湖等發現「野敗」是靠運氣，這裡有一定的偶然性，但必然性往往寓於偶然性之中。一是李必湖是有心人，是專門來找野生稻的；二是他有這方面的專業知識。「世有伯樂，然後有千里馬」。當時全中國研究水稻雄性不育時間比較長的只有李必湖、尹華奇和我，所以寶貴的材料只要觸到我們手裡，我們就能一眼識破。別人即使身在寶山，也不見得能夠識得出。而且，你在看到這株「野敗」之後，及時判明其為天然不育野生稻，為培育高產水稻品種展示出了希望之光和研究契機，你就緊緊抓住了這個重要機遇，立即利用「野敗」進行雜交配種，很快培育出了不育系、支持系、恢復系。

第十六章 關懷與鞭策

你選定的「雜交水稻」重大課題，關係到「強基礎、安天下」的國家糧食安全問題，是關係到國計民生和社會穩定的頭等大事，中共黨中央和中國國務院歷屆領導人給予了親切關懷和大力支持。

一、華國鋒的支持與幫助

最早支持雜交水稻的是華國鋒先生。一九七〇年六月，正是雜交水稻研究遇到瓶頸的關鍵時刻，湖南省革命委員會在常德召開湖南省第二屆農業科學技術大會。大會由時任湖南省革委會主任的華國鋒主持。大會的頭一天，華國鋒仔細觀看了你們設計的介紹水稻雄性不育試驗項目的展板及旁邊的實物——水稻雄性不育的禾苗。第二天會議正式開始時，華國鋒先生破例把你請到主席臺上，在他的身邊就座，並讓你發言。

華國鋒先生聽完你的發言後，充分肯定了你前期艱難探索的階段性成果，指示要把水稻雄性不育研究拿到群眾中去做，並要求有關地市和部門大力支持。你聽後受到極大的鼓舞， 也更堅定了攻堅克難的決心和信心。

大會最後決定，將雜交水稻研究列為全省協作項目。

為了爭取一九七六年在全中國大面積推廣，一九七五年末，陳洪新帶隊上北京。在中南海小會議室，華國鋒認真聽取匯報兩個多小時，不時提出問題並做記錄。他對雜交水稻研究給予了高度評價，並決定從財政上支持，要求南方十三個省市立即開始推廣雜交水稻。

雜交水稻，從此以世界良種推廣史上前所未有的發展態勢在中國大地上迅速推開。如果沒有華國鋒的支持，當時雜交水稻的大面積推廣速度就不會那麼快。

你對我說：「很多年過去了，我始終懷著對華老的感念之情！我認為雜交水稻有今日的輝煌，華老起了極為重要的作用。二〇〇六年六月，我專程去華老的寓所拜望。當我們走進會客廳時，華老從沙發上站起來，笑盈盈地伸出雙手，帶著濃厚的山西口音說：『袁隆平先生，全國人民感謝你啊！』我快步迎向前，緊緊握著華老的雙手，激動地說：『感謝華老的支持！』華老久久握著我的手，傾心長談，對雜交水稻的關注仍和從前一樣。談話中，華老堅信中國堅持走自主創新道路，建設創新型國家必將獲得更大更快的發展。會見結束時，華老還為我親筆題寫了『貴在創新』四個字。」

你的《袁隆平口述自傳》完成之後，考慮到你與華老之間感情甚篤，考慮到華老早年對你研究雜交水稻的支持，你深感請他作序是再合適不過了。果然，華老非常樂意地應允了為《袁隆平口述自傳》作序。二〇〇八年四月，華老寫好了序。就在你們要去取他簽了字的序言期間，卻傳來他與世長辭的消息。沒能最後見到華老，成了你終身的遺憾！所幸的是，華國鋒在《序言》中留下了他對雜交水稻研究與發展的支持，也留下了他對雜交水稻未來發展的良好祝願：

我與袁隆平先生相識，已經快四十年了。那是我在湖南工作的時候，我們相識的媒介，就是他的雜交水稻研究。如今，他已經是全中國和全世界聞名的科學家了，而我卻垂垂老矣！《袁隆平口述自傳》即將出版，編者要我為該書寫點什麼，我很愉快地接受了這個任務。

袁隆平的雜交水稻研究，始於二十世紀六十年代，那是一個特殊的歷史時期。由於「四人幫」的瘋狂破壞，國家的經濟秩序被徹底攪亂，人民生活非常困苦。湖南本來是一個農業大省，是歷史上有名的魚米之鄉，但那時老百姓的溫飽問題都難以解決。我作為省裡的主要領導人，對老百姓的「吃飯」問題非常憂慮。中國是傳統的農業大國，如果雜交水稻研究取得成功，那將是對全世界的一個劃時代的貢獻。早在一九七〇年，袁隆平和他領導的科學研究小組，經過幾年的艱苦努力，取得了突破性的進展，湖南省領導機關（那時中共湖南省委尚未恢復，還是「革委會」時期）就對他們的成果給予了充分的肯定。我和袁隆平曾做過一次愉快的交談。他的坦誠，他的質樸，他的科學思維，他的科學視野和宏觀意識，都給我很深的印象。我告訴他，要將水稻雄性不育系的材料，拿到群眾中去做，並要求有關地市和部門大力支持。對於科學研究，我是個外行。但我知道，農業生產要發展，就得依靠農業科學的進步；而農業科學的進步，離開農民和土地，是不可能成功的。作為一個地方的領導人，支持和幫助他的科學研究項目，是我的天職。大概從那時候開始，我們之間就建立了一種友誼。此後，雜交水稻在湖南推廣試驗，取得了成功。

湖南的糧食生產，迅速上了一個新臺階。一九七五年，我已經到北京工作。他們為了將雜交稻向全國推廣，碰到了困難。我聽取了他們的匯報，決定從財政上給予支持，並及時要求南方十三個省、市立即行動，推廣雜交水稻。後來的實踐證明，雜交稻的大面積推廣，取得了巨大的成功。這不僅是袁隆平的成功，也是社會主義中國的成功。袁隆平就是社會主義中國的一個當代神農！我長期分享著他們勝利的喜悅。

馬克思說：「在科學的道路上，從來沒有平坦大道。只有那些不畏艱險在崎嶇小路上攀登的人，才有可能到達光輝的頂點。」我想：袁隆平就是這樣的人。本書所記述的關於他從事雜交稻研究的詳細過程，以及蘊藏在這一過程中的科學精神和偉大人格，便是明證。

現在，中國正處在一個飛速發展的歷史時期。和世界上先進的發達國家相比，我們的科學技術還有一定的差距。我們需要千萬個袁隆平。袁隆平的奮鬥精神在鼓舞著我們，炎黃子孫應該急起直追。

中華民族的偉大復興指日可待！

你深情地對我說：「華老雖然去世了，但他的音容笑貌還不時浮現在我的眼前。『貴在創新』的題字，就掛在我辦公室裡，每每見到，總使我感到親切、溫馨和鼓舞，彷彿他就在我身邊，微笑地看著我。」

二、鄧小平的指引

雜交水稻研究成功，於一九七六年開始大面積推廣。一九七八年召開了中共十一屆三中全會，一九七八年三月十八日召開了中國全國科技大會，鄧小平先生在會上指出，知識分子是腦力勞動者，也是工人階級的組成部分。這一點讓你感觸特別深。

要知道「文革」中知識分子是受壓制的「臭老九」，現在揚眉吐氣了，心情特別舒暢。鄧小平先生提出的第二點是科學技術是第一生產力。作為一名科技工作者，你受到巨大的鼓舞，認識水平得到了大大的提高，努力工作有了新的動力。你認為這是鄧小平對馬列主義的新發展。

鄧小平說：「我們要實現現代化，關鍵是科學技術要能上去。」「不抓科學、教育，四個現代化就沒有希望，就成為一句空話。」從此，「尊重知識、尊重人才」成為社會新風尚，中國開始以嶄新的姿態走上經濟建設的發展道路。在鄧小平的思想指導下，你這個長期與泥土打交道的科學家，成為中國全國人大代表，出席全國科學大會，正式調入湖南省農業科學院，獲得了國家和省級科技獎，評上了研究員職稱，被幾所大學聘為兼職教授，並在雜交水稻研究上取得了更大的成就。

一九八八年十月二十四日，鄧小平等中央領導參觀北京正負電子對撞機實驗室時，鄧小平先生說：「雖然我們還比較落後，但不是在一切領域都落後。我們在學習、吸取世界先進技術的基礎上，是有能力在高科技領域做出一些達到世界先進水平的東西的。我們做成加速器就證明了這一點。袁隆平為首的發明的雜交水稻也證明了這一點。」

一九八九年六月十六日，鄧小平在跟中央領導同仁的一次談話中說：「農業問題也要研究，最終可能是科學解決問題。湖南的水稻原來增長一五%至二〇%，最近有個新發現，又可以增長二〇%，證明潛力還是大的。科學是了不起的事情，要重視科學。」

很明顯，鄧小平所講的「最近有個新發現」，就是你的「兩系雜交稻」。這對你，對全中國農業科技工作者來說，無疑是莫大的鼓舞和鞭策。

三、江澤民的獎勵

一九八九年，時任中共中央總書記江澤民和時任中國國務院總理李鵬在中南海接見全中國科技和教育界二十一位有突出貢獻的科學家，你應邀出席。接見時，江澤民總書記和李鵬總理對你和其他科學家的工作給予了高度評價。在友好的交談氛圍中，李鵬總理主動問起你有沒有什麼困難。你竟然硬著頭皮說：「請總理放心，沒有困難。」回到湖南，與省領導聊起此事，大家都頓足笑罵你原來是個「書呆子」。

一九九一年三月十六日上午，雨後放晴、空氣清新。八時四十五分，一輛淡黃色的中型巴士徐徐駛進湖南省農業科學院。車在辦公樓前停下，時任中共中央總書記江澤民微笑著走下車向等候在這裡的你熱情地伸出手來：「老袁，你好！」再次見到總書記，你非常高興，緊緊握住江總書記的手說：「歡迎總書記！」總書記熱情地招呼道：「老袁，別太客氣了，我們是老朋友啊。」大家都笑了起來。

你和雜交水稻研究中心的專家陪同總書記參觀了湖南省原子能輻照中心，然後乘車來到湖南雜交水稻研究中心。你倆並排坐在車上，像老朋友一樣攀談家常。總書記問：「老袁，你是哪裡人？」你說：「我母親是江蘇揚州楊橋人。我們還是半個老鄉呢！」總書記點點頭：「楊橋那地方我知道。」

在雜交水稻研究中心大院，你向江總書記一一介紹了在那裡迎候的周坤爐、馮玉秋、鄧鴻德、羅孝和、朱運昌、孫梅元等專家，總書記和他們熱情握手，合影留念。接著參觀了展覽室和實驗室。在細胞實驗室，江總書記在顯微鏡下仔細觀察了一張水稻無融合生殖材料的胚胎切片材料，說道：「Only see one point.（只看到一個點）」你解釋說：「這是一項超前研究，我們希望用水稻無融合生殖材料來固定雜種優勢，這樣雜交水稻就不需要年年製種了，這就是一系法雜交稻。」

參觀後，江總書記跟你和農業科技專家進行了座談。你向總書記匯報了雜交稻研究和推廣的情況，並繪聲繪色地向總書記介紹了雜交稻的研究戰略。你說：「雜交水稻研究從三系到兩系，再到一系，還大有發展前途。目前生產上三系雜交稻起主要作用，但我們科學研究的重點放在兩系雜交稻，已初步取得成功。亞種間兩系雜交稻其中一個組合創長江流域雙季晚稻單產最高記錄。」

專家們發言之後，總書記高興地做即席講話。他親切地拍著你的手臂說：「我看了你們研究中心的雜交水稻，就看到了農業的希望。中國耕地少，單產增加一〇%，就相當於增加了一〇%的耕地面積，科技興農潛力很大。」「農業科學研究要向高科技方向發展，做生物工程，錢學森先生提出現代管理是矩陣式管理，科學研究攻關要大力協同，要縱橫配合，尤其要發展橫向聯合。農業科技專家要把精力放到農業科技研究上，科技開發工作要緊密結合自己的成果進行。」

考察期間，江總書記還欣然揮毫題寫了「江澤民一九九一年三月十六日於湖南雜交水稻研究中心」的字幅。

江總書記來湖南雜交水稻研究中心考察之前，該中心領導因科學研究經費緊縮，都希望你向總書記申請一點費用。但是，在整個視察過程中，儘管助手們多次用眼神提醒你向總書記提起經費的事，你卻憨厚地笑著，似乎什麼都沒有看到。最後，大家一起走出院子送別總書記。大家想這會兒你總該說了吧。誰知道，眼睜睜地看著總書記的車越行越遠，你始終沒有提及經費的事。大家捶胸頓足地嘆息著，問你為何又一次錯失良機。你也嘆了一口氣說：「我一直等他問我有什麼困難，誰知道這一次竟然沒有問！」

二〇〇一年春季，江澤民先生訪問委內瑞拉時，委內瑞拉總統查韋斯表達了希望中國幫助他們發展農業的意願。江澤民先生答應了他們的要求，並推薦你去幫助該國推廣雜交水稻。為此，中國工程院特別組團並派遣你率團考察，指導該國發展雜交水稻。考察結束時，委方表示，要把推廣雜交水稻作為兩國政府間的合作項目，不僅解決本國的糧食問題，還要向周邊國家出口。

四、李鵬的關懷

一九九四年十二月十五日傍晚，湖南雜交水稻研究中心接到上級通知，時任中國國務院總理李鵬第二天要來中心視察。你的學生、中心第一副主任謝長江想到中心經費緊縮，而你又不好意思開口請求幫助，便連忙找了辦公室主任一起去你辦公室說服你，請你向總理申請資助。

不出所料，你非常難為情地說：「不知道怎麼開口啊，要是總理沒有主動提的話。你們這不是把我往火上烤嗎？」

謝長江仗著自己是你的學生，就大膽說道：「老師，您這叫在其位謀其事。誰叫中心這麼窮呢，我們都指望著您給我們飯吃呢。您只要還當著這個主任，這個就是您的任務。」

你有點無奈地道：「好吧，但是以什麼理由跟總理伸手呢，以前總理問我有什麼困難，我說沒有任何困難，現在倒好，主動開口。」

這時，謝長江有了一個主意：「要不我們報一個項目吧，這樣就可以名正言順地申請經費了。」

「這個主意不錯。」你想了想說，「當初，斯瓦米納森博士表示希望我們辦一個國際中心。我們可以申請在湖南雜交水稻研究中心的基礎上，成立一個國家雜交水稻工程技術研究中心。」

大家都拍手稱好。

謝長江說：「老師，成立國家級的雜交水稻工程技術研究中心，這既是大勢所趨，也有利於雜交水稻事業的發展，某種程度還能帶動湖南的農業，真是一舉三得呀。而且，這個項目夠大，就有理由跟總理伸手了。假如總理真的支持，以後中心肯定歸中央和地方雙重領導，那未來我們就可以名正言順地直接向中央財政請求幫助了。」

你看著他倆，說：「你們倆是早算好了，就等著給我下圈套吧？也行，不過名字應該叫做『國家雜交水稻工程技術研究中心』，這個名字更一目瞭然。你們現在就去起草一個報告，明天好拿給總理看。總不能啥都沒有，張嘴就請求總理支援。」

謝長江跟辦公室主任臨出門時問：「老師，報告上申請多少錢啊？」

你想了想，說：「兩千萬吧。省領導肯定會陪同來，到時候，我乘機向省裡要一點，銀行的低息貸款也要一點。請總理拿一千萬，省裡拿五百萬，銀行貸五百萬。這樣，總理會覺得我們比較通情達理。你們倆看行嗎？」

「行。」

次日上午九時五十分，李鵬總理由省委書記王茂林、省長陳邦柱、國家開發銀行行長姚振炎等人陪同來到了雜交水稻研究中心。你帶著總理他們先參觀了一圈，然後座談。座談匯報中，總理拿出紙筆，一邊聽你的匯報，一邊記錄。末了，總理說：「袁老師，中心有什麼困難可以提出來，在條件許可的範圍內，組織上一定會想辦法的。」

你沒想到，總理再一次主動提起幫助，不用自己思索怎麼開口要錢了。你忙拿出昨夜準備的報告，說：「總理，我正不知如何開口請求您的幫助，您倒主動開口了。」

總理說：「你是我們國家全體百姓的英雄啦！這麼大一個攤子，想著是有困難的。說來聽聽。」

你趕緊把報告分別遞給總理、王茂林、陳邦柱，以及身邊的其他領導，說：「總理，中心前兩年承擔了去印度指導雜交水稻的任務，而且跟美國、國際水稻研究所的合作也很愉快。今年年初的時候，中心跟美國的合作已經轉到了美國水稻技術公司，這是歐洲列支敦士登國王私人投資的公司，跟他們正在合作研發兩系，年初簽合約的時候，又拿了六萬美元回來。所以我想，雜交水稻種子，是否能像乒乓球外交，促使尼克森訪中、改善中美關係一樣，也來一個雜交水稻外交，既幫助缺糧國家解決糧食安全問題，又成為我們國家的一種外交手段呢？」

你看見總理入神地聽著，繼續說道：「未來如果雜交水稻種子要向國際化全面發展的話，就要建立一個國家工程技術研究中心，如果單以歷史條件和目前全中國雜交水稻科學研究力量的分布情況來看，長沙是比較適合的，而且在現在的湖南雜交水稻研究中心的基礎上擴建性價比比較高。只是很明顯，依中心現有的設備和基礎設施是不夠的。而且雜交水稻研究早已列入了國家『八六三』高科技計劃和國家自然科學基金重點項目，我看了一下今年的兩系的研究成果，如果不出意外，應該就快成功了，但如果再增產或者往一系發展的話，就需要分子技術了，所需的設備和基礎設施建設大概需要三千萬元，這僅僅依靠湖南省的財力是比較難應付的，所以我想請總理解決一千萬元，湖南省財政解決五百萬元，銀行低息貸款五百萬元，中心自己也想辦法解決一千萬元。總理，您看是否可行？」

總理接過你遞上的報告，邊聽邊看，等你說完，轉過臉微笑著向王茂林和陳邦柱問道：「怎麼樣，你們支不支持，拿多少錢？」

王茂林、陳邦柱想，如果在長沙建立一個國家雜交水稻工程技術中心，對未來湖南的經濟發展以及作為面向世界的窗口，都是一個很好的模板。兩人當下異口同聲地說道：「我們當然支持。」陳邦柱接著回答總理：「湖南省給五百萬元。」

總理緊接著說道：「我拿一千萬元，等於是個藥引子，給了你們以後，希望你們三年內培育出亞種間雜交水稻來。」

說完，拿起筆在報告上簽了字：「同意。李鵬一九九四年十二月十六日」

接著，他舉起報告，將簽字展示給眾人過目，說：「看，簽字在這裡。」

你和謝長江懸著的心總算落下了。總理對著在場的湖南雜交水稻研究中心的所有科學家說道：「總理基金把這一千萬元給你們，以表中國國務院一點心意，希望你們成功。」

你站起來握著總理的手，說：「謝謝總理支持。」

國家開發銀行行長姚振炎馬上應允貸款五百萬元。掌聲熱烈地響起。

這就是你高明的地方，善於體諒領導的困難，善於換位思考。

這樣，國家雜交水稻工程技術研究中心很快被批准成立。

五、朱鎔基的特批

一九九八年，正是超級雜交稻選育的攻堅階段。這年夏天，中國國務院組織一批優秀專家和教師去北戴河休假。在北京前往北戴河的火車上，你與時任中國國務院辦公廳副祕書長徐榮凱和祕書三局局長袁隱坐在一起。聊天中，袁隱和你攀本家，徐榮凱則說：「你遠親不如我近鄰，因為我是重慶人，我家住在南岸，與袁院士的家所在的龍門浩只距離一公里。」

在北戴河休假期間，你透過徐榮凱向時任中國國務院總理朱鎔基遞交了關於超級雜交水稻研究的報告，總理高度重視。一九九八年八月十四日和八月十九日，朱鎔基總理先後兩次在你遞交的《關於申請總理基金專項支持「超級雜交稻選育」的報告》上批示：「良種培育和基因轉換的研究都很重要。同意按需要增撥經費，請農業部會同財政部落實。」隨後再一次批示：「請轉告袁隆平先生，中國國務院全力支持這個研究。」

不久，中國國務院下撥了一千萬元專項資金，全力支持你研究超級雜交水稻。

六、胡錦濤的視察

二〇〇三年十月三日，秋高氣爽，豔陽高照。時任中共中央總書記胡錦濤視察國家雜交水稻工程技術研究中心，親切地接見了你和湖南省農科院及雜交水稻研究中心的領導和專家代表。

你向總書記做了《超級雜交水稻研究的現狀與展望》的匯報，總書記做了簡短而熱情洋溢的講話。

總書記在講話中指出：「首先感謝袁隆平教授在雜交水稻研究與應用上所做的卓有成就的工作。」接著說：「糧食問題始終是關係到中國國計民生的大事。我們面臨著人口增加、耕地減少、水資源短缺等嚴峻現實，要解決糧食安全問題，除了實行各種調動廣大農民生產糧食的積極性的政策以外，最根本的途徑就是要依靠科學技術提高糧食產量。在這方面，袁隆平教授和雜交水稻科技人員承擔了光榮的任務，做出了巨大的貢獻，全中國人民都知道。」

總書記還興致勃勃地觀看了超級雜交稻新組合稻穗和優質雜交稻米樣品，參觀了超級雜交稻高產試驗田，詳細察看了超級雜交稻選育項目的進展情況，充分肯定了你們做出的重大貢獻。他強調糧食是關係經濟安全和國計民生的重大戰略物資，任何時候都不能有絲毫的鬆懈；要嚴格耕地保護制度，保護和加強農業尤其是糧食生產能力；依靠科學技術，挖掘糧食生產潛力；完善政策措施，充分調動糧食主產區和種糧農民的積極性，確保國家糧食安全。

總書記關切地問你：「給你們的超級雜交水稻研究專項經費到位了沒有？這是從總理基金中撥給你們的。」最後，總書記勉勵農業科技工作者，希望大家在你的帶領下，繼續努力，爭取更大的成績，為中國的糧食安全與農民增收做出更大的貢獻。

七、溫家寶的大禮

為確保中國未來的糧食安全，推廣超級稻被寫進了二〇〇五年的「中央一號文件」，你看到了中共中央、中國國務院是多麼重視糧食生產，這是對你們水稻科學研究人員的巨大鼓舞。

二〇〇五年八月十三日，時任中國國務院總理溫家寶來湖南雜交水稻研究中心視察，一下車，溫總理便走上前來與你緊緊握手，尊稱你為「老師」。他說：「袁老師，你到我辦公室看過我，今天，我到你的試驗田看你來了！」

當他知道那天正好是你七十五歲生日時，溫家寶總理說：「好呀，袁老師，今天我倆單獨合影做個留念吧！」

合影後，袁隆平陪同溫家寶視察了研究中心，溫家寶詳細了解和詢問研究所的情況。總理要離開研究中心時，三次握住你的手，堅持要你先上車，然後自己才上車。

事後，你對同事們說：「溫總理平易近人。總理的禮讓，不是『讓』我個人，而是『讓』出了國家對農業的重視，對科學的尊重。」

當天晚上，溫總理特地派專人送來了生日蛋糕。溫總理回北京後又為雜交水稻創新工程特批了兩千萬元予以支持。

二〇〇七年一月，溫家寶總理一行訪問菲律賓，指定你隨他一同前往，以促進中菲農業友好合作，推進雜交水稻進一步在菲律賓發展。溫家寶總理率團到菲律賓參加東盟峰會，在緊張行程中還專門安排出席中菲農業合作情況交流會。在會上，溫家寶總理說，這次我點名讓袁隆平作為特邀專家隨團訪問菲律賓，袁隆平的言行反映了中國人民和廣大農業科技人員的心聲。溫家寶總理還興致勃勃地觀看了中菲農業合作的圖片和實物展示。他十分滿意中菲農業合作取得的成績，溫總理高度評價中菲農業技術中心的合作成果，希望以中菲農業技術中心為平臺，進一步幫助菲律賓發展雜交水稻，提供好品種，提高產量，培訓好人員。為了中菲的友誼和合作，總理對雜交水稻真是寄予厚望。可見，雜交水稻實際上已架設起一座對外發展的橋梁。透過雜交稻的紐帶，可以增進中國人民和世界人民的友誼，以致改善和提高世界人民對中國人民的認識及看法。

二〇〇八年，溫家寶總理在《政府工作報告》中提到的兩點內容讓你非常振奮。第一，中國去年糧食產量超過一萬億斤，也就是人均八百斤左右，這樣溫飽就沒有問題了。第二，在科技成果方面專門提到了「超級雜交水稻」。溫總理指出，基礎科學和前沿技術研究得到加強，取得高性能電腦、第三代行動通訊和超級雜交稻等一批重大創新成果……這給予了超級雜交稻研究成果極高的評價。溫家寶總理還在《政府工作報告》中把大力發展糧食生產，保障農產品供給，切實穩定糧食種植面積，提高單產水平擺在了當年「三農」工作的首位。超級雜交水稻被寫進《政府工作報告》，這讓你十分受鼓舞，同時感到責任重大。你率領助手們更積極響應中央的號召，使這一擁有自主知識產權的成果真正地造福於人民。

二〇一〇年九月一日，是你的八十華誕。湖南省為你舉辦了慶祝活動。日理萬機的溫家寶總理，沒有忘記這個日子，不但派人送來生日蛋糕，還用毛筆恭恭敬敬地寫來一封賀信：

隆平先生：

您好！許久未見面了，甚念。先生從事雜交水稻研究已經半個世紀了，不畏艱難，甘於奉獻，嘔心瀝血，苦苦追求，為解決中國人的吃飯問題做出了重大貢獻。先生的傑出成就不僅屬於中國，而且影響世界。在先生八十華誕到來之際，我謹向先生致以崇高的敬意和衷心的祝願，願先生健康快樂，願先生在水稻研究上不斷取得新的成果，願先生的科學研究事業後繼有人，興旺發達。

溫家寶

二〇一〇年八月二十七日

八、習近平的激勵

二〇一三年四月二十八日上午，中共中央總書記、國家主席習近平來到中國全國總工會機關，看望勞動模範代表並召開座談會，與大家同慶「五一」節。你拿出兩張超級雜交稻照片遞給總書記，向總書記匯報說：「我們的第三期超級雜交稻，已如期甚至提前實現了畝產九百公斤的目標，今年四月又啟動了畝產一千公斤的第四期超級雜交稻育種計劃。根據目前的研究進展，我們有信心在三年內達標。」

習近平緊緊握著你的手，欣喜地說：「好啊，袁老，您辛苦啦！我一九九八年去過你們那兒，當時咱們見過面。我那時在福建當省委副書記，主管農業，十分關心種業問題。雜交稻育種，是一個很偉大的事業，要繼續做好。」

你興奮地點點頭說：「請總書記放心，我們會努力的。」

你從北京回來後，立即組織力量開展對超級雜交稻第四期畝產一千公斤的攻關。在你的指導下，隆回縣羊古坳鄉農業綜合服務站的技術人員，帶領牛形嘴村四十二戶，種植了五十七丘一百畝超級雜交稻。他們對試驗田實行統一播種、統一育苗、統一時間、統一規格插秧、統一施肥、統一田間管理和病蟲害防治，以重施磷鉀肥來提高結實率，試驗田成功闖過了四十六天無降雨乾旱天氣。九月二十八日上午十時，中國科學院院士、著名育種專家謝華安率領農業部專家組，來到隆回縣超級雜交稻苗頭組合「Y 兩優 900」示範基地驗收。驗收結果是：平均畝產為九百八十八公斤，逼近畝產一千公斤的研究目標。

二〇一四年一月十日，中國國家科學技術獎勵大會在北京人民大會堂隆重舉行。習近平總書記授予你主持的「兩系法雜交水稻技術研究與應用」二〇一三年度國家科學技術進步特等獎。習總書記握著你的手說：「袁老，感謝您為人民做出了重大貢獻！希望您再接再厲，再攀高峰！」

這是對你們的巨大鼓舞和鞭策。你表示：「在榮譽面前，我應該急流勇退；但在事業面前，我要勇往直前。」這次獎金一百萬元，你分文不要，全部分發給了雜交水稻研究團隊的科技人員。

你肩負習近平總書記的重託，從北京回到長沙後，立即召開了一系列攻關專題會議。

二〇一四年六月二日，習近平總書記在二〇一四年國際工程科技大會上發表了《讓工程技術造福人類、創造未來》的主旨演講。他在演講中指出：「一項工程科技創新，可以催生一個產業，可以影響乃至改變世界。袁隆平院士的團隊發明了雜交水稻，促進中國糧食畝產提升到八百公斤以上，不僅為中國解決十三億人口吃飯問題做出了突出貢獻，而且推廣到印度、孟加拉、印尼、巴基斯坦、埃及、馬達加斯加、賴比瑞亞等眾多國家，使那些地方的水稻產量提高一五％至二〇％，為人類保障糧食安全、減少貧困發揮了重要作用。」習近平主席的講話，是對中國雜交水稻研究與應用事業的充分肯定和科學總結，更是對你們科學研究團隊巨大的鼓舞。

九、李克強的支持

二〇一一年十月十日，時任中國國務院副總理李克強視察了國家雜交水稻工程技術研究中心。

二〇一四年一月十七日下午，你應邀參加了李克強主持的《政府工作報告（徵求意見稿）》座談會，為正在起草的《政府工作報告（徵求意見稿）》提意見和建議。李克強總理尊稱你為「袁先生」，他說：「您是我們科學界的大功臣，用科學支撐了我們的發展。您發明的超級雜交水稻，不僅有利於中國的糧食安全，對於解決全世界的糧食問題也做出了巨大貢獻。」

合影時，李克強總理特意伸手拉你站在他身旁並對你說：「超級雜交稻攻關不僅要做百畝，還要做千畝、萬畝。一定支持你們！」

為落實李克強總理對開展超級雜交稻「百千萬」高產攻關示範工程的批示，你回湖南後立即組織專家團隊奔赴湖南、河南、安徽、浙江等十多個省市實地調研，並親自帶隊前往湖南寧鄉等地考察，確定了超級雜交稻百畝攻關示範基地二十六個（平均畝產一千公斤）、千畝攻關示範基地八個（平均畝產九百公斤）、萬畝攻關示範基地兩個（平均畝產八百公斤），討論和制訂了實施方案和技術措施，力爭在三年內完成目標任務。

十、袁隆平先進事跡報告會

二〇〇七年七月二十四日上午，由中組部、中宣部、統戰部、科技部、農業部和湖南省委主辦的袁隆平先進事跡報告會在北京人民大會堂舉行。報告會前，原中國國務委員陳至立，時任全國政協副主席、中央統戰部部長劉延東與你及報告團全體成員座談。

陳至立指出，袁隆平院士是中國雜交水稻研究領域的開創者和帶頭人，享譽世界的「雜交水稻之父」。五十多年來，他不畏艱辛、執著追求、大膽創新、勇攀高峰，所取得的科學研究成果使中國雜交水稻研究三十多年來一直處於世界領先地位，推廣應用後不僅解決了中國糧食自給難題，也為世界糧食安全做出了傑出貢獻。袁隆平院士不僅是中國的袁隆平，也是世界的袁隆平。

陳至立說，袁隆平院士為科學界做出了表率，為全社會樹立了榜樣。他的先進事跡在全中國產生了強烈迴響，得到人民群眾的廣泛讚譽。他是中國當代知識分子的傑出代表，是一位德學雙馨的科學家，他的永不滿足的科學創新精神，無私奉獻的高尚品格，令人感動，催人奮進。在他身上，集中體現了中國知識分子愛國主義的高尚情操和中華民族自強不息的優良傳統，集中體現了中國人民強烈的民族自尊心、自信心和自豪感，集中體現了中國科技工作者敢於創新、頑強拚搏、為中華民族爭氣的宏大抱負，集中體現了嚴謹治學、為人師表、平易近人、淡泊名利的崇高精神。他來自於人民，為人民而研究，「發展雜交水稻，造福世界人民」是他孜孜以求的奮鬥目標。

陳至立強調，建設創新型國家需要更多的像袁隆平這樣的專家。廣大科技工作者要學習袁隆平院士不畏艱難、勇於奉獻的獻身精神；追求真理、不斷探索的創新精神；理論聯繫實際、勤奮進取的務實精神；顧全大局、不計名利、甘為人梯的協作精神；著眼長遠、獎掖後學、匯聚人才的團隊精神。

報告會由中國科學技術部部長萬鋼主持，他做了《全面提高農業科技創新能力為建設社會主義新農村提供強大的科技支撐》的講話：

自主創新、建設創新型國家，需要更多的袁隆平式的勇於探索、敢於創新的科學家和創新型人才。創新的時代需要創新的精神，而袁隆平精神就是我們這個時代創新精神的集中寫照。為此，中組部、中宣部、統戰部、科技部、農業部和湖南省委六家聯合組織的這次宣講活動，對於宣傳先進、弘揚創新、激勵廣大知識分子，意義重大。把袁隆平院士作為全國重大典型進行宣傳，體現了中共和國家對袁隆平院士的充分肯定，也是對廣大一線農業科技工作者在科技創新和社會主義新農村建設中所做貢獻的高度評價。

近年來，中國農業科技領域湧現出了一批傑出科學家和科技工作者，正是他們在平凡的崗位的不平凡的創新，成為中國農業科技進步與創新領域的先進代表。特別是以袁隆平院士為首的農業科學家，敢於面對世界經典遺傳理論的難題，開創性地提出了雜交水稻的優勢理論，不僅衝破了水稻傳統雜交的科學研究禁區，並率先在世界上成功培育和在農業生產上廣泛應用雜交水稻。透過國家「八六三計劃」的全國協作攻關，極大地提高了中國的水稻單產，為中國農業以世界九%的耕地養活了二二%的人口做出了重要貢獻，使中國從一個嚴重的糧食短缺國變成了一個糧食自給國，為解決十幾億人口大國的吃飯問題提供了保障，成就舉世矚目。

我們要在科技界和知識界，開展學習袁隆平院士先進事跡的活動，學習他不畏權威、敢於創新的勇氣和精神，學習他淡泊名利、甘於奉獻的品行和風格。廣大科技工作者，特別是農業科技工作者，要以袁隆平院士為榜樣，深入實踐，努力探索，勇於創新，追求真理。各級科技管理部門和基層農業科技組織，要以袁隆平先進事跡為動力和鞭策，切實加強對農村科技工作的組織領導，加強大聯合，提倡大協作，積極鼓勵和開展多部門、多學科的聯合協作，加強統籌協調，形成合力，為新農村建設做出新的貢獻。

中國中宣部副部長歐陽堅在袁隆平先進事跡報告會上講話：

袁隆平先生是中國工程院院士，全國政協常委，湖南省政協副主席，無黨派人士，當代著名的科學家。幾十年來，他立志解決中國人的吃飯問題，獻身農業科學，克服重重困難，戰勝各種阻力，大膽創新、勇攀高峰，成功研發「雜交水稻」系列新品種，使水稻畝產量成倍翻番，累計增產五千兩百多億公斤，不僅解決了中國糧食自給難題，也為維護世界糧食安全做出了傑出貢獻，被海內外譽為「雜交水稻之父」。他「先天下之憂而憂，後天下之樂而樂」，對中國和人民懷有深厚的感情，衷心擁護中共的領導，積極參政議政，密切關注民生，淡泊名利、樂於奉獻、甘為人梯，為國家培養了大批科學研究技術骨幹。先後獲得國家最高科學技術獎等十多項國家大獎，獲得世界知識產權組織「傑出發明家」金質獎章、聯合國教科文衛組織「科學獎」、美國「世界糧食獎」等十二項國際大獎，獲得全國勞動模範、全國先進工作者、全國優秀科技工作者等榮譽稱號，當選二〇〇四年十大「感動中國」人物，受到胡錦濤、溫家寶等中共和國家領導人的充分肯定和高度評價。

湖南省農科院黨委辦主任常立沙講話的題目是「用一粒種子改變世界的偉大科學家」：

今天，我懷著激動的心情，向大家介紹袁隆平老師的先進事跡。袁老師是中華人民共和國培養的第一批大學生，經歷了從城市走向農村，從書齋走向田野，從中國走向世界的傳奇歷程。他用不平凡的科學發現和科技成就，創造了「用一粒種子改變世界」的奇蹟。

有人曾經說過，饑餓是一個遊蕩在世界的恐怖幽靈，這個幽靈也曾長期籠罩著我們這個古老的國度。二十世紀五十年代初，美國國務卿艾奇遜曾揚言：「中國共產黨能奪得戰爭的勝利，卻無法解決中國人的吃飯問題。」一九九四年，美國人萊斯特·布朗在分析了中國人口增加、耕地減少、土壤惡化等客觀因素後，發出了這樣的疑問：「未來誰來養活中國？」但是他忽略了一點：中國人的智慧和科技進步的力量。針對他的疑問，袁老師給予了擲地有聲的回答：「依靠科技進步和國人的努力，中國人完全有能力養活自己，同時還能幫助其他國家發展雜交水稻，造福世界人民。」當雜交水稻研究的成果震驚了全世界之後，又是一位美國人，也就是曾經當過四屆美國總統農業顧問的知名教授唐·帕爾伯格，發出了這樣的讚嘆：「袁隆平在農業科學的成就擊敗了饑餓的威脅，他正引導我們走向一個豐衣足食的世界。」

這就是袁隆平，他，用一粒種子改變了世界；他，讓世界變得更美好！

中國國家雜交水稻工程技術研究中心研究員周承恕宣講的題目是「用科學精神譜寫綠色神話」：

我們單位的同事都知道，袁老師喜歡拉小提琴曲《行路難》。袁老師告訴我們，他之所以喜歡這首曲子，是因為這首曲子反映了科學道路的艱難，還因為這首曲子能激勵自己攻堅克難。在與袁老師長期的共事中，他給我們印象最深的，也最讓我們感動的，正是他那種在攻堅克難中所表現出的獻身科學、堅韌不拔、團結協作、不斷創新的科學精神！

做為一名科學家，袁老師最突出的特點，無疑是他的創新精神。敢於挑戰權威，勇於挑戰自己，不斷地把自主創新進行到底。三系法雜交稻研究成功以後，在向兩系法挑戰時，有好心人勸他：「袁老師，您已成了著名科學家，功成名就，萬一搞砸了，豈不敗壞了您的名聲？」袁老師坦然答道：「做科學研究就像跳高，跳過一個高度，又有新的高度在等著你。要是不跳，早晚要落在後頭，即使跳不過，也可為後人累積經驗，個人的榮辱得失又算得了什麼呢！」一九八九年夏季，中國南方遇到罕見的低溫天氣，一些經過鑑定的不育系發生了育性波動，出現了「瘟病」現象。當許多同行感到悲觀失望的時候，袁老師卻認為，出現這樣反常的低溫天氣，不正好可以暴露問題嗎？不正好可以研究解決問題的技術策略嗎？於是，他帶領團隊反覆探索，終於找到了保障兩系法雜交稻製種安全的關鍵技術，使研究取得成功。在完成兩系法研究以後，袁老師又向更高的目標——超級雜交稻進軍。雖然目標很高，研究難度極大，但袁老師認為，這是科技工作者應該追求的目標，也是透過努力一定能夠實現的目標。

從三系到兩系，從雜交稻到超級雜交稻，袁老師憑著他獻身科學、堅韌不拔、團結協作、不斷創新的科學精神，創造了人類反饑餓的綠色神話。我們完全相信，在袁老師的帶領下，在袁老師科學精神的感召下，經過大家的共同努力，用科學精神譜寫的綠色神話一定會更加燦爛神奇！

湖南電視臺《鄉村發現》節目記者李兵宣講的題目是「讓雜交水稻造福中國和世界人民」：

在農村採訪時，我常聽鄉親們說：「我們能吃上飽飯要感謝『兩平』：一要感謝鄧小平，二要感謝袁隆平。」從這樸實的話裡，我感受到了袁老師在農民心目中的分量。而從我接觸到的許多採訪對象和採訪資料中，我更深深地體會到了袁老師在推廣雜交水稻中所表現出來的心繫人民的高尚情懷和造福世界的博大胸襟。

袁老師常說，雜交水稻的科學研究成果只有轉化為生產力，才能造福人民。

一九七五年，「三系」雜交水稻研究成功後，他首先想到的就是如何加快推廣。剛開始，農民還不了解雜交水稻，懷疑它能否多產糧食。為了打消農民的顧慮，袁老師想了許多辦法，第一步就是在全中國選擇不同生態環境、土壤和氣候條件的地方，進行多點示範。那年，袁老師給貴州省金沙縣的老同學張本寄去了雜交稻種，要他按照信中交代的辦法進行種植。當地農民見張本每蔸只插一株秧苗，都大為驚訝，覺得他有「毛病」。然而，秋收的時候，張本種植的二點五畝雜交水稻畝產達到了六百五十公斤，比常規稻的產量翻了一番多！當地的人們驚呆了，以為張本耍了什麼「魔術」！金沙縣的縣委書記聽說後，也趕到現場查看，還專門邀請袁老師到金沙縣傳經送寶。就這樣，一傳十，十傳百，雜交水稻的名聲一下子就大了起來。為了更大面積地推廣雜交水稻，袁老師擔任技術總顧問，率領來自全中國的兩萬多人赴海南島製種，當年製種面積達三萬多畝，收穫了一百多萬公斤種子。一九七六年，雜交水稻率先在湖南大面積推廣，進而推向全中國，種植面積達兩百零八萬畝，平均畝產由原來的三百多公斤迅速提高到五百公斤以上。獲得豐收的農民喜笑顏開、奔相走告。一時間，雜交水稻旋風以不可抗拒的魅力在中國農村迅速颳起，袁老師的名字也在廣大群眾中口耳相傳，家喻戶曉。

為了更好地讓雜交水稻造福世界人民，袁老師又提出「雜交水稻外交」的建議，得到了中共和國家的高度重視。截至二〇〇六年，雜交水稻已經在全球三十多個國家和地區進行研究和推廣，種植面積達三千多萬畝。雜交水稻從中國走向了世界，正成為中國和平崛起的一個重要標誌！

湖南省雜交水稻研究中心副研究員唐俐宣講的題目是「他的世界充滿了愛和歡樂」：

我曾經做為袁老師身邊的工作人員，有幾年時間與他和他的家人朝夕相處。在這裡，我要向大家介紹的是一個普通的、本色的袁老師，一個心中有愛、淡泊名利的袁老師，一個生活儉樸、平易近人的袁老師，一個自由率性、樂觀生活的袁老師。

袁老師是個有愛心的人，他愛國家、愛事業、愛家人、愛弟子。他經常說：「無論多優秀的人，如果太自私，對社會、對人沒感情，不行。要為社會做一些事情、獻一份愛心，這樣你才會有欣慰感。」他特別強調情感與人格的健全，心裡充滿著普通人的真摯情感。他在第二個孩子出生後的第三天就匆匆去了海南，第三個孩子出生後二十多天，他才從雲南育種回家，這些讓他一直覺得自己虧欠家人太多。幾十年來他與妻子鄧哲相濡以沫，是我們院子裡有名的恩愛夫妻。鄧哲老師偶爾會有咳嗽的毛病，但只要袁老師在旁邊，他總會習慣性地把自己的手及時搭在鄧老師的後頸脖上，用他溫熱的手掌替鄧老師止咳，場面溫馨而感人。袁老師對妻子來說是個好丈夫，對父母來說是個好兒子。

……

對榮譽，袁老師看得很輕很輕。鄧華鳳是袁老師的學生，根據袁老師的思路，他在安江農校找到了一株奇異的溫敏核不育水稻，袁老師帶領科學研究團隊利用這株水稻進行試驗，並獲得了成功。在申報國家發明獎的時候，鄧華鳳要把袁老師的名字排在第一，但袁老師堅決不掛自己的名字，熱心地把年輕人推上領獎臺。為了發展雜交水稻事業，袁老師還把自己的一些獎金捐出來，設立了科學研究基金和農業科技獎勵基金，資助那些有潛力卻又難申請到科學研究經費的年輕人，獎勵那些在農業科學研究中有貢獻的人員。四十多年來，他育雜交水稻之種、育科學研究人才之苗，大大推動了中國雜交水稻人才團隊建設，也正因為如此，中國雜交水稻界才會人才輩出，才能攻克一個又一個難關，使雜交水稻的研究始終領跑於世界！

在別人眼裡，袁老師是億萬富翁，他名字的品牌價值更被評估出上千億的天價。可他卻生活儉樸，穿衣從不講究，三四十元錢一件的襯衫，既可以平常穿著上班，也可以穿著參加重大活動；十多元一條的領帶照樣繫得有模有樣。二〇〇一年二月，我與鄧哲老師一起陪同袁老師到北京領取首屆國家最高科技獎的時候，他穿的是一套過時的西裝，稍不留意，紅色運動褲管就露了出來。到了北京，我們軟磨硬泡，硬把他拉到了商場，但他最後只買了一套幾百元的特價西裝。多年來，這套西裝就成了他每次出席重要會議的禮服。他對自己近乎苛刻，但是對同事卻很大方，在他的助手和學生當中，大多數人都穿過他送的衣服、褲子或者鞋子。他克己奉公，不講排場。作為全國政協常委、湖南省政協副主席、中國工程院院士，他搭飛機本可以坐頭等艙，但他卻一直堅持坐經濟艙，還不忘記叮囑助手儘量買折扣機票。

袁老師愛好廣泛，下班後打麻將下象棋，輸了同樣鑽桌子；他用小提琴放飛夢想，在踢踏舞中展示激情。游泳一直是他的強項，讀高中時就得過武漢市的第一名，現在仍然是寶刀不老。他每天下班後都要打一小時的氣排球，做為最具實力的主攻手，滿場都有他的歡聲笑語。有時候遇到比賽，他堅決不進老年組，還自信地說：「我還在職，年齡也不過三十八公歲。」他的心態就是這麼年輕。他經常講：「我是七十多歲的年齡，五十多歲的身體，三十多歲的心態，二十多歲的肌肉彈性。」

「做一粒身體、精神、情感都健康的種子，自由地活著，人啊，就這麼簡單！」這就是身為大科學家的袁老師！他奉獻給我們的不只是福澤世界的雜交水稻，更是一座精神的富礦。特別是他的曠達，他的樂觀，深深地感染著周圍的每一個人，他讓我們在學會進取的同時，更懂得了一個樸實的道理：事業需要動力，而生命更需要活力！

讓我們共同祝願袁老師永遠健康、快樂，永遠年輕！

在幾位報告人之後，湖南第一師範附小的學生為聽眾朗誦了詩歌《爺爺的夢》：

爺爺的夢又大又圓

就像一輪熱呼呼的太陽

傳送給土地生命之光

爺爺的夢又深又寬

就像一艘巨大的海輪

裝得下所有人幸福的渴望

……

你在會上也做了發言：

尊敬的各位領導、同仁們：

今天，我很激動，也很不安。激動的是，國家對科學技術，對科技工作者這麼看重，說明我們國家科教興國大有希望！但是，請這麼多領導和這麼多的高層人士來聽報告，又使我感到不安，我並沒有大家讚揚的那麼好，我受之有愧。雜交水稻的研究成功，是在黨和國家高度重視和大力支持下，透過中國廣大農業科技人員努力協作攻關取得的，我只是在這方面起了部分帶頭作用而已。黨和國家已經給了我很多榮譽，我也榮幸地獲得國際上的一些獎項，但我覺得光榮應該屬於國家，屬於從事雜交水稻工作的廣大科技工作者和幹部。

這個報告會，既是對我的表揚，更是對我的鞭策。今後，我一定要更加努力工作，來感謝大家對我的鼓勵和關懷。今生，我還有兩個心願，也可以說是我的兩個雄心壯志。

我的第一個心願是，爭取在二〇一〇年實現第三期超級雜交稻大面積示範畝產九百公斤的目標。當前，正在推廣我們研究成功的第二期畝產八百公斤的超級雜交稻，其增產潛力很大，種三畝可產出現有四畝地的總產。計劃到二〇一一年在全國推廣六千萬畝，產出現有八千萬畝所產的糧食，也就是說，等於增加了兩千萬畝耕地，可多養活三千萬人。

實現第三期的超級雜交稻研究目標以後，水稻的單產和總產又會更上一層樓，達到全中國平均畝產六百公斤左右。近幾年全中國雜交稻的平均畝產是四百七十多公斤，按年種植一億畝計算，又可再多養四千萬人，這將為中國持續保證糧食安全發揮重大作用。

我的第二個心願是，在國外進一步發展雜交水稻，造福世界人民。二〇〇六年，在印度、越南、菲律賓和美國等國家，雜交稻的種植面積已超過三千萬畝，平均每畝增產一百五十公斤左右。現在全世界有二十二億畝水稻，如果其中一半是種雜交稻的話，所增加的糧食可多養活四億至五億人。由此可見，中國的雜交水稻將會為世界上其他國家尤其是發展中國家解決糧食短缺問題做出重大貢獻。

這個會議之前，中共中央組織部、中央宣傳部、中央統戰部聯合發出通知，號召廣大知識分子和無黨派人士，要認真學習貫徹胡錦濤先生重要指示精神，廣泛深入開展向袁隆平先生學習的活動，自覺肩負國家和時代賦予的使命，在中國共產黨的領導下，堅持走中國特色社會主義偉大道路，為國家的繁榮昌盛，為社會的和諧穩定，為人民的幸福安康，做出積極貢獻。

這個會議之後，全國各新聞媒體發表了大量有關你的社論、評論、訪談，社會迴響極其熱烈。

第十七章 崇高的榮譽

你的科學研究成果在生產實踐中產生了令世界矚目的巨大效益，在中國國內及國際社會獲得了廣泛讚揚和崇高的榮譽。

一、中國國內榮譽

1. 榮獲「國家科學技術發明」特等獎

根據中國國務院頒發的《中華人民共和國發明獎勵條例》，一九八一年五月五日，國家科委發明獎評選委員會專家對秈型雜交水稻這項重大發明進行了認真的評審，委員們一致認為：這項發明的學術價值、技術難度、經濟效益和國際影響等四個方面都很突出，應該給予重獎。國家科委報請中國國務院批准後，決定對全國秈型雜交水稻科學研究協作組袁隆平等人授予特等發明獎，發給獎狀、獎章和獎金十萬元。

頒獎大會安排在一九八一年六月六日，時任中共和中國國家領導人王震、方毅、萬里出席了大會。這個授獎大會由原湖南省委書記、當時已出任國家農委副主任的張平化主持，由原國家科委副主任武衡在會上宣讀了中國國務院給全國秈型雜交水稻科學研究協作組的賀電。

全國秈型雜交水稻科學研究協作組：

秈型雜交水稻是一項重大發明，它豐富了水稻育種的理論和實踐，育成了優良品種。在有關部門和省、市、自治區的領導下，大力協作，密切配合，業已大面積推廣，促進了中國水稻大幅度增產。為此，特向你們並透過你們向參加發明、推廣這項成果和參與組織領導工作的科技人員、農民、幹部致以熱烈的祝賀。秈型雜交水稻的育成和推廣，有力地表明科學技術成果一旦運用於生產建設，能夠產生多麼大的經濟效益。發展農業生產，一靠政策，二靠科學。

殷切期望廣大農業科技工作者再接再厲，繼續奮進，為發展中國農業生產做出更大的貢獻。

頒獎時你上臺領獎，由方毅副總理親自將獎狀、獎章和十萬元獎金頒給你。方毅副總理還發表了講話，他稱讚說：「秈型雜交水稻的培育成功，豐富了水稻遺傳育種的理論和實踐，在國際上遙遙領先，為中國爭得了榮譽。美國、日本、印度、義大利、蘇聯等十幾個國家的科學家，開展雜交水稻的研究已有十幾年的歷史，但都還處在實驗階段，而我們是走在前面了。」

授獎給了你極大的鞭策和鼓舞！你在會上發言表示：要謙虛謹慎，戒驕戒躁，把榮譽當作動力，去攀登新的高峰。雜交水稻雖然已成功地應用於生產，但它還有缺點，還有很大潛力，需要繼續努力去改進和完善。特別是在選育強優勢的早稻、多抗性的晚稻、發掘更好的不育細胞質資源、提高製種產量和基礎理論研究方面要下更多的工夫，爭取早出成果，發揮更大的增產作用。

多少年過去了，你給我講起這次會議的情況，大會的盛況彷彿還清晰地呈現在你眼前。

2. 榮獲首屆「何梁何利基金生物學獎」

一九九五年一月，你獲得首屆何梁何利基金生物學獎。

「何梁何利基金」是香港恆生銀行董事長利國偉先生、名譽董事長何善衡先生、資深董事梁銶琚博士和何添博士出於崇尚科學，振興中華的熱忱，共同捐資在香港註冊的公益性科技獎勵基金。該基金的宗旨在於獎勵取得傑出成就的科學技術工作者，以促進中國的科學研究，振興中華，推進國家現代化建設事業。

一九九五年一月十二日，何梁何利基金首屆頒獎大會在北京人民大會堂隆重舉行。你獲得首屆何梁何利基金生物學獎，獎金十萬港幣。你在獲獎歸來發表講話時說：「何梁何利基金的建立，對於倡導崇尚科學、尊重人才的社會風尚將造成積極的推動作用，對於促進中國科學技術的發展具有重要的意義。這次我只是做為農業科技戰線上的一個代表獲得了首屆何梁何利基金生物學獎，所得的榮譽應該屬於全體農業科技戰線上勇於攀登高峰的科技工作者。今後，我將更進一步努力工作，為中國的糧食增產做出更大的貢獻。」

這次共有二十四名科學家獲得何梁何利首屆基金優秀獎和基金獎。其中你是唯一的地方省級獲獎人，也是農業科學領域中的唯一獲獎者。

3. 榮獲「國家最高科學技術獎」

為了促進中國科技事業的不斷發展，一九九九年五月二十三日，時任中國國務院總理朱鎔基簽署了中國國務院第二五六號令，發布實施《國家科學技術獎勵條例》，確立了五項國家科學技術獎，即國家最高科學技術獎、國家自然科學獎、國家技術發明獎、國家科學技術進步獎、中華人民共和國國際科學技術合作獎，用以推動技術創新、發展高科技。

首屆國家科學技術獎的評選工作迅速進入運作日程。評選過程按照嚴格的程序進行，由著名專家學者組成的評審委員會經過初評、複評和現場考察，最後進行記名投票。評審委員會專家認為，吳文俊院士和袁隆平院士分別在基礎研究和技術開發及產業化方面做出了卓越的貢獻，都是中國科技工作者的傑出代表，雖然吳文俊已經八十二歲高齡，袁隆平也已七十一歲，但他們至今仍活躍在科學研究與生產實踐的第一線，他們榮獲大獎當之無愧。

上午十點鐘，時任中華人民共和國副主席胡錦濤宣布大會開始，奏國歌，然後由時任副總理李嵐清宣讀了中國國務院的頒獎決定，宣布把二〇〇〇年度國家最高科學技術獎授予吳文俊和袁隆平，然後由江澤民主席為你們頒發了由他親筆簽發的獎勵證書和五百萬的最高獎金。朱鎔基總理代表中共中央、中國國務院向首次榮獲國家最高科學技術獎的所有獲獎者和集體表示熱烈祝賀。

你榮幸地代表全體獲獎者發了言。你認為這個獎是獎給全國農業戰線的科學研究工作者的，因為雜交水稻是全中國很多人協作攻關的成果。國家重獎科學家，充分體現了中共和國家尊重人才、尊重知識。你表示一定要在實現中國超級稻第一期目標的基礎上，繼續探索，追求更高的目標。

你和吳文俊兩位大獎得主第一次見面，一見如故，相談甚歡。吳老對你說：「大家都稱你是『雜交水稻之父』。按學科來說，農業和數學關係向來非常密切，數學是起源於農業的，數學計算最早來自對農田的丈量。」

還記得初中時，你向老師提出「負數乘負數，為什麼得正數」的問題，當時沒有得到教師滿意的答覆，就感到「數學為什麼不講道理」。你不由得和面前的大數學家吳文俊院士說起那段有趣的往事。你說，現代農業已經發展到高尖精的階段，要用量化來完成，數學是不可少的，你感慨地說：「數學是科學之母。」

吳文俊笑著說：「做數學、做科學的人都要吃飯，農業是數學之父。」兩個人都笑了起來。

聊起共同愛好，你們居然都「痴迷」電影。吳文俊因為嗜好電影，曾經舉著紙鈔等退票，看完電影誤了末班車，只好走路回家；而你則回憶在重慶上中學時，看電影《魂斷藍橋》碰上空襲，只剩下你一個人看到電影結束。你倆說到往事，忍不住哈哈大笑。

你領取首屆「國家最高科學技術獎」回到長沙後，於二〇〇一年二月二十六日在湖南省政協禮堂舉行了一場報告會。你運用多媒體，借助圖表、照片，向與會的省政協常委、委員，通俗易懂地介紹了三系、二系、一系雜交水稻的不同特點和技術優勢，同時介紹了國際上雜交水稻研究現狀和研究的重點、難點和熱點等。最後，你微笑著說：「老驥伏櫪，壯心不已。我想再研究十年，一系法超級稻肯定能成功，我還要為這個目標奮鬥。」

4. 榮獲「功勛科學家」榮譽稱號

湖南省委和省人民政府於一九九二年九月鄭重做出決定，授予你「功勛科學家」榮譽稱號，九月十五日下午，在長沙舉行了隆重的授勛儀式。

你受獎後懷著激動的心情發表講話：「省委、省政府給了我崇高的榮譽，使我感到既無限激動又很不安！我覺得這個榮譽不僅屬於我個人，而且也應屬於與我在一條戰線上做出了巨大成績和付出了辛勤勞動的廣大科技工作者。功勞應歸於黨。我深深懂得：給我的榮譽只能說明過去，更重要的還是未來。我想趁此機會，向黨和人民表示今後的心願：第一，繼續銳意進取，攀登雜交稻研究新高峰。第二，誠心誠意幫助其他國家發展雜交稻，為人類多做貢獻。」

省委書記熊清泉在授獎儀式上做了重要講話。他說：幾十年的事實證明，袁隆平研究員在理論上有高深的造詣，在實踐上有卓越的成就，為我省、中國乃至全人類做出了傑出的貢獻，不愧為廣大科技人員和知識分子的優秀代表和典範。他號召湖南人民，特別是科技人員、知識分子向你學習。

5. 當選為中國工程院院士

湖南省人民政府於一九九一年五月鄭重地推薦你為中國科學院生物學部委員（院士）候選人。但是，這年新增了三十四位生物學部委員，你卻榜上無名。第二年，湖南省人民政府再次申報推薦，你仍然沒有被評上院士。這個結果讓人們弄不明白，到底是什麼原因使你這位多次獲得過中外最高獎項的科學家遭到如此冷遇。新聞界有記者評述：袁隆平評不上院士，比評上引起的震動更大。

你對此卻秉持一貫的超然的態度和灑脫的心境。面對記者的提問，你平靜淡然地回答：「我沒當選院士，說明我水平還不高，我還要努力學習，繼續『充電』，使自己的學問不斷完善，不斷提高。但提高的目的不是為了當院士。」

一九九五年，經湖南省第四次推薦，你終於當選為中國工程院院士。大家紛紛向你表示祝賀，你卻平靜地說：「我還是從前的我，並沒有因評上院士而與從前有什麼不同。」

讓人們難以釋懷的是，十餘年過去了，你獲得了首屆國家最高科學技術獎，而且已經成為中國科技界獲得國際科技獎項最高、獲得世界科技獎項最多的世界著名科學家，並於二〇〇六年四月被美國國家科學院選為外籍院士，但仍然不是中國科學院院士。對於你來說，以你一貫的超脫態度表示，這不是一個值得你放在心上的問題。你一輩子最看重的事情，就是埋頭苦幹，潛心科學研究，把自己的全部智慧、才華、心血和精力，都放在科學研究攻關上，放在為人類造福上，不斷給農民給社會創造嶄新的成果。但是，關注中國科技事業的人仍不免在心中產生一些疑問：你至今都不能成為中國科學院院士，那麼，加入中國科學院究竟需要具備什麼樣的條件呢？

有人說兩院評選有門戶之見，有人說這是學術問題，後來中國科學院院長在「兩會」召開期間表示，袁隆平當年完全有資格當選中科院院士，之所以沒有當選，完全「是一個歷史的誤會」。

你聽到「歷史的誤會」時，憨厚地笑了起來：「院長講得很幽默。」

你理解中科院的邏輯：「我做的是應用科學，中國科學院做的是基礎研究，如果按這個標準來評，我不合格。」

你參選院士接連失利，許多媒體都大篇幅報導，也有不少為你鳴不平。對此，你澄清說：自己從來沒有申請過要當院士……我並沒有追求當什麼院士，美國科學院的院士我也從來沒有申請過，是人家推薦我的，而且是全票當選……我是做研究的，能出新成果，能為糧食安全做貢獻，這就是我最大的安慰了。現在國際上給我的獎勵有十四個，估計在農業方面我是最多的，但我並不以此為傲。

你沒有被評上院士，自己泰然處之；而評上院士之後，你更淡然處之。你說：我還是我！院士頭銜固然在中國科學界是無上的榮耀，是對你在雜交水稻研究方面的肯定。可是，那些金燦燦的稻子，那些稻農豐收後歡天喜地的笑臉，不是對你更好的肯定嗎？你總能從成績、榮譽乃至名利和地位等諸多「包袱」中解脫出來，超然於諸多「包袱」之外，你胸中唯有雜交水稻的現在與未來。只要能投身到雜交水稻的實驗中，所有的煩惱、不快就都煙消雲散了。

6. 農民愛戴的「米菩薩」

你的雜交水稻研究，直接造福於億萬人民，因此，你受到了全國人民，尤其是億萬農民最熱烈的擁戴和最傾心的歡迎！我覺得，這是你的光榮和榮耀！你獲得了那麼多的獎項，但是，我覺得，金杯銀杯，不如老百姓的口碑；金獎銀獎，不如老百姓的誇獎。

你也說過：「廣大農民的心願，是對我和中國科技工作者的最高嘉獎、鼓勵和鞭策。」

種植雜交水稻獲得了實惠的農民兄弟，對你無比尊敬和愛戴。湖南省郴州北湖區華潭鎮塔水村青年農民曹宏球，就是一個代表。

曹宏球出生在二十世紀六十年代。那是一個饑荒的年代。剛出生時，家裡幾乎已到了斷炊之境。父親在他身上包裹了一件破棉襖，將他扔到路邊，看能否被哪位好心的路人撿去撫養。而他母親深知，在這個時候，人人都自顧不暇，哪還會有人撿他人的孩子來撫養？她撐起身子去馬路邊將他撿了回來。在曹宏球童年記憶裡，幾乎只有一個字：餓。似乎永遠都沒有吃飽過。直到雜交水稻開始在中國推廣，家裡才漸漸擺脫饑餓的魔鬼。少年時代的記憶讓他對糧食有一種特殊感情。一九九五年，曹家建起了嶄新的樓房。這年春節，他鄭重其事地在堂屋前貼上了自己寫的春聯：上聯是「發家致富靠鄧小平」，下聯為「糧食豐收靠袁隆平」，橫批是「盛世太平」。這幅對聯表達了全中國老百姓的心聲，後來被許多媒體廣為引用。

在經濟條件漸漸好起來以後，曹宏球有了一個大膽的想法：他想自費為你雕塑一尊漢白玉立體石雕像，以此表達自己的敬意和感激。他給你寫了一封信，表達了他對你的敬意和感激，並希望你能給他郵寄幾張近照，作為雕塑的參照：

尊敬的袁先生：

我是一名農村知識青年，出生於天災人禍橫行的一九六〇年，差一點餓死在襁褓之中。在農村推廣您所發明的雜交水稻之前，我沒有吃過一頓飽飯。是鄧小平給我們送來了好政策，您給我們送來了好種子，使我家今天不僅衣食無憂，住上了嶄新的小洋房，而且還有了五六萬元的存款。我今天給您寫信，就是想向您表達我對您的崇高敬意和感激之情。我相信，在這一點上，我的感情可以代表全中國許許多多的農民。

我母親信佛，常年禮拜觀音菩薩，並教導我們有了錢要修橋補路，樂善好施。我現在有了一點錢，想用現有的積蓄塑一尊您的漢白玉石雕像。我全家人都很贊成我這主意。我母親尤其積極支持，她說修菩薩是做大善事，袁先生就是「米菩薩」，修好後要天天敬拜。請您不要誤會，我的本意並不是把您當菩薩來修的，而是為了紀念您的功德，使全村全鎮的農民子子孫孫都不忘記，是誰讓我們吃飽飯的。為此，我請求您賜給我幾張不同角度和不同姿勢的全身照片，以便我請合適的工匠參照您的照片進行雕塑。

曹宏球

辦公室裡，你把剛剛看完的信遞給祕書辛業藝：「你看看，這封信。我現在雖然做出了一點成績，但也遠沒達到可以這樣做的地步。」

辛業藝見狀，給你倒了一杯茶，說道：「老師，不管怎麼說，他也是一番好意。別人，就隨他們說去吧。」

你無奈地說：「唉，就是這個好意，讓我更難辦啊！你說雕一尊漢白玉立體石像，那得多少錢，他一個農民又能有多少收入？好吧，我這就給他回一封信。」

說完，你鋪開紙，寫起信來：

曹宏球先生：

來信收悉，謝謝你的好意。你和廣大農民的心願，是對我和中國科技工作者的最高嘉獎、鼓勵和鞭策，在我看來，比獲獎還更榮耀。你們的這份情我就領了。但我為人民和國家做了一點貢獻那是應該的，不值得你們如此敬仰和崇拜。據你的來信看來，你目前雖有一點積蓄，但尚不很富有。因此我建議你把錢放在擴大再生產上去，以便進一步發家致富。你若一定要積德行善，社會上還有很多公益事業可做。請你千萬不要把錢浪費在為我塑什麼石雕像上，我實在承受不起你的這種厚愛。請你尊重我的意見，並不給你寄照片。

順祝

闔家安泰！

袁隆平

曹宏球接到信之後，並不死心。他想辦法找到你的幾張照片，便直奔河北房山縣（今為北京市房山區）。在河北房山，曹宏球先後參觀了幾家漢白玉石雕廠，最後選擇了曲陽縣園林藝術雕刻廠。但是，一問價格，嚇了一跳，按照他提出的規格和要求雕一尊漢白玉立體全身人像，起碼得三十萬元。可他傾其所有只有五點八萬元，資金相差太大，看樣子做不成了。準備打道回府之際，他回到廠長面前，把自己的心願和家底如實相告，希望雕刻廠能玉成其事。經過董事會研究，廠裡最終決定讓曹宏球交四點八萬元，並表示會精選一方上等石料，由廠長親自執鑿。雕像與真人成一比一的比例，取的是袁隆平蹲於田埂、手捧稻穗、深情凝視的圖像，連底座高一百六十公分，取寓意「有米有肉」。

雕像運到村裡那天，全村幾百男女老少爭相觀看，放鞭炮，扭秧歌，還在雕像前供上象徵長壽與祝福的壽桃果品。鄉親們自發騰出一塊地來安放雕像，把它叫做「稻仙園」，並請省委書記熊清泉題寫了園名。

無獨有偶，造紙術的發明者蔡倫的故鄉——湖南衡陽的耒陽市舉辦科技發明節，新建了一個發明家廣場，塑了一些古今大發明家的銅像，其中有一尊你的銅像，你手捧沉甸甸的稻穗，高挽褲腳，彷彿剛從田野走來。

在你的故鄉江西德安，家鄉人民在袁隆平廣場為你雕塑了八點二公尺高的塑像；你的母校西南農學院（現為西南大學），也為你雕了一尊塑像。

這些塑像反映了億萬農民以及家鄉人民和母校校友對你的支持、尊重與愛戴。

湖南望城縣銅宮鎮，還保留著唐代傳統製陶工藝的家庭作坊。胡武強就是銅宮窯現存的唯一傳人，是目前唯一能製造出銅釉紅色陶瓷的老藝人。二〇一〇年九月五日，胡武強老藝人來到了長沙，把他創作的陶藝作品「豐收籮」贈送給「雜交水稻之父」，祝賀你八十大壽。

二〇〇三年八月的一天，四位特殊的客人提著土雞蛋和老母雞，舉著錦旗和感謝信來到湖南省雜交水稻中心感謝你。其中一個領頭的對保全說：「我叫楊國安，我們是湘潭縣泉塘子鎮尚泉村雜交水稻示範點的村民，今年豐收了，來感謝袁院士！」

說完，他們在「中心」門口放起了鞭炮。

聽到鞭炮聲，你下樓來把客人接到會客室。楊國安把繡著「雜交之父農民之福」八個大字的錦旗敬獻給你，把土雞蛋和老母雞敬獻給你。

你感謝他們的情意，又笑著問他們：「你們畝產多少斤？」

楊國安高興地回答：「畝產一千兩百七十多斤，比往年每畝多產了二三百斤。」

趁這個機會，你又向楊國安了解農民在種超級稻上還有什麼困難，種糧有沒有積極性。

7. 主祭炎帝

一九九六年十月十七日上午，金秋送爽，豔陽高照，湖南省炎帝陵被修葺一新。這一天炎帝陵前香煙繚繞，古樂鏗鏘，鐘鼓齊鳴，人潮湧動；十幾管土銃沖天震響，拉開了湖南省隆重舉行的中華人民共和國第一次祭奠炎帝陵活動的序幕。

這一天公祭農耕始祖炎帝神農氏，是有其特別意義的。因為十月十六日是「世界糧食日」，而十月十七日，就是「世界消除貧困日」。湖南省糧食局局長說：「農關國本，糧繫民生。弘揚炎帝功德，心繫黎民百姓，管好糧倉，是歷史和時代賦予廣大糧食工作者的使命。我們期盼透過公祭始祖炎帝神農氏的活動，傳承弘揚農耕文化，促進糧食產業興旺發達！」

上午九點半，祭陵儀式正式開始。你擔任主祭人，在數十位各級領導、數百名中外來賓和上千名參祭群眾的熱烈簇擁下來到陵前。

以往的祭祀儀式，一般都是由當地最高的行政長官主祭，今日由被稱為「當代神農」的你來主祭，顯得特別有意義。司儀宣布獻太牢、上供果。於是三具牛、羊、豬頭和百樣果蔬陸續被禮儀人員抬上供桌。隨後，主祭人你和各位陪祭人依次盥手、就位。

在萬眾矚目之下，你莊嚴地高高地擎起火把，點燃了壇前的聖火。接著，領導、來賓先後奠酒、頌祭文、講話；全體向聖像和陵寢鞠躬行禮。最後，舉行了古樸典雅的古樂和舞蹈表演。七千年來，作為華夏始祖之一的炎帝，受到了一次盛大、隆重而熱烈的祭典和禮拜。

8. 命名「袁隆平星」

一九九九年十月二十六日，在北京人民大會堂舉行了一批小行星命名儀式。其中，一九九六年九月十八日由河北中國科學院興隆觀測站發現的一顆永久編號為第八一一七號的小行星，被命名為「袁隆平星」。

這次被一道命名的小行星，有「巴金星」「陳景潤星」「袁隆平星」和「光彩事業星」。用傑出的文學家或科學家等知名人士的名字命名小行星，是一項崇高的國際性永久榮譽，表達了對他們的崇高敬意。「袁隆平星」閃爍著創造的星光，閃爍著智慧的星光，這顆代表著人類不再饑餓的小行星，將永遠閃耀在人類科學和文明的歷史星空。

9. 湘繡「禾下乘涼夢」

日有所思，夜有所夢。你曾夢見雜交水稻的莖稈像高粱一樣高，穗子像掃帚一樣長，籽粒像花生米一樣大，你和助手們一塊在稻田裡散步，在稻穗下面乘涼……後來你把這個夢稱為「禾下乘涼夢」。

後來，你又做了一次夢，這次不是一株水稻了，而是夢見一棵大樹，哎呀，上面全部結著有花生米那麼大的稻穀，那個樹好大啊！樹冠半徑有三十至四十公尺！你好興奮！後來你把這個夢稱為「雜交水稻覆蓋全球夢」。

這是你的夢想，是你追求的目標。你把這個夢給許多人說過。你的這個夢感動了很多人。

後來長沙市芙蓉區政府決定把你這個夢用他們最引以為豪的湘繡描繪出來，使之永遠留存。湖南省湘繡研究所工作人員研究了構圖、設計，研究了新的針法，討論了色彩的應用。四個工作人員用了六個月時間，精心刺繡了一幅逼真傳神的湘繡作品：它高二點四公尺、長三點二公尺，用真絲織成，金黃色的稻穗鋪滿了整個畫面，你手持稻穗側臥在稻穗中，似乎在微微地陶醉，又似乎在凝神望著稻穗思索著什麼。畫面的左上角是依照你的手跡繡出了「禾下乘涼夢」的文字。

二〇〇八年二月一日，春節，長沙市芙蓉區區委將這幅「禾下乘涼夢」送至你手中，你笑呵呵地將自己的夢想掛在了湖南雜交水稻研究中心裡，勉勵自己和同事們為了「全天下人都能吃飽」而奮鬥！

10. 評為感動中國年度人物之一

二〇〇四年年底，你被評選為中國中央電視臺「感動中國二〇〇四年度人物」之一。

「感動中國」頒獎詞說得非常精彩：「他是一位真正的耕耘者。當他還是一個農校教師的時候，已經具有顛覆世界權威的膽識；當他名滿天下的時候，仍專注於田疇。淡泊名利，一介農夫，播撒智慧，收穫富足。他畢生的夢想，就是讓所有人遠離饑餓。喜看稻菽千重浪，最是風流袁隆平。」

11. 榮膺「終身成就獎」

二〇〇八年三月二十九日，你榮膺二〇〇七年度「影響世界華人盛典」終身成就獎。頒獎典禮在北京大學百年大講堂舉行。至此，你成為繼著名華人科學家楊振寧之後第二位「影響世界華人終身成就獎」得主。

獲獎人由北京青年報社、鳳凰衛視等十二家全球華文媒體和機構的百名資深媒體人組成「百人評審團」最終推舉產生。對於獲獎，袁隆平卻謙虛地表示：「這個稱號對我來說過獎了，我感到我的工作夠不上。」

12. 奧運會頭棒火炬手

二〇〇八年對中國人來說是意義非凡的一年，因為奧林匹克的聖火傳遞到了中國，以「同一個世界，同一個夢想」為主題的奧運會在北京舉行。你光榮地成為湖南的頭棒火炬手。那一天，你穿著俐落的運動短衫、短褲，神采奕奕地高擎起了火炬，一種拚搏和超越的力量神奇地從你內心升起，你彷佛聽見一個聲音在對你說：「更強、更快、更好！」你一定要使中國雜交水稻研究處於世界領先水平；你一定要實現你最大的心願——「發展雜交水稻，造福世界人民」。

13. 榮登心靈富豪首富榜

二〇一〇年四月二十八日，北大百年講堂內「中國首屆心靈富豪榜」榜單正式公布：你榮登心靈富豪首富榜。這份榜單上的十三個人代表中國的十三億人，由網友投票和專家評選而出，既有孫東林、黃豐、黃福榮這樣的普通人，也有曹德旺、陳光標、李書福這樣的重量級富豪，也有韓寒這樣備受爭議的知名人物和王菲、范偉這樣的娛樂明星……而唯獨你的名字赫然居於「首富榜」上，成為中國心靈富豪首富！

媒體爭相報導：「唯一的『首富榜』被中國著名科學家、『雜交水稻之父』袁隆平摘得……」「『雜交水稻之父』袁隆平上榜最具懸念的『中國心靈首富』，成為發表會上的『第一明星』……」

主辦方給你的評語中肯而又準確：「他用一粒種子，改變了世界；他創造的物質財富，只有兩個字可以形容——無價。而他自己，依舊躬耕於田疇，淡泊於名利，真實於自我。他以一介農夫的姿態，行走在心靈的田野，收穫著泥土的芬芳。那裡，有著一個民族崛起的最古老密碼。」

當得知自己名列「中國首屆心靈富豪榜」之首後，你臉上綻放一貫憨厚而略帶羞澀的笑容說：「對我來講，上了太多的排名榜，也對各種排名失去了興趣，這個排名卻讓我感到有些欣慰。」

14. 安江農校紀念園掛牌慶典

二〇一〇年八月十二日，原安江農校校園內洋溢著一派節日的喜慶氣氛。雜交水稻發源地——安江農校紀念園掛牌慶典在這裡隆重舉行。

時任湖南省委書記周強為安江農校紀念園開園題詞致賀：「雜交水稻從這裡走向世界！」

你在慶典講話中深情回憶了在原安江農校工作、生活的崢嶸歲月。你說，三十多年人生最美麗的年輕時光就是在這裡度過的。「賓朋問姓喜相見，老友稱名憶舊容。」今天再次來到這裡，尋找當年雜交水稻科學研究的根，回想起許多往事。安江農校這片土地，見證了雜交水稻研究從起步到成功的整個過程，也是雜交水稻取得成功的重要土壤。安江農校的歷史是為雜交水稻的研究、推廣及農業科技人才的培養做出重要貢獻的歷史，是中國教學與科學實驗相結合、教育與生產實踐相結合的典範。在雜交水稻的研究、推廣歷程中，廣大科技工作者、基層農業科技人員和廣大人民群眾，都付出了很多精力和辛勞。功勞歸於人民群眾。紀念園不是屬於個人的，它是雜交水稻研究的形象歷史，是一種精神文化的載體。

15. 你的八十大壽慶典

二〇一〇年九月七日，是你八十歲華誕。八十年風風雨雨，八十載坎坷路程，八十個春夏秋冬的學習、探索和奮鬥。你一路堅定地走來，終於走出了一片金黃色的「稻」路。你的八十大壽，國家科技部、湖南省人民政府、湖南省科技廳、國家雜交水稻工程技術研究中心、湖南省農業廳等單位都想為你隆重慶祝，卻遭到你的反對。你簡樸一生，最討厭的就是鋪張浪費，怎麼能因為自己一個人過生日，就搞這麼大的場面？你說：「拿著辦晚會的錢，能辦很多的事情！」

可是，各級領導卻不這樣認為。他們要給你辦晚會，而且還要把這場晚會透過衛星，向全世界同步播出。這不僅是對雜交水稻的一次很好的宣傳，更是表達湖南省黨政領導及廣大群眾對知識分子、對科學家的尊重。別的錢可以省著花，但這筆錢卻得花，而且花得很值得！你無法拂逆大家的美意，最後只得同意，但你還是再三叮囑：「一定不能鋪張浪費，能省則省，不然就不好了！」

為了對你的一生有個完整系統的展示，湖南衛視郝豫濤等記者，不辭辛勞，於八月三十一日專程來到你母校西南農學院（現西南大學）。你同班同學王運正、陳德玖和劉先齊等都參加了。大家在討論時回憶了你讀書時的情況：讀書時，你的特點是愛好廣泛，思維自由好奇而勇於創新，你在學習有所悟的基礎上，常與同班同學信奉基督教的陶利林（女士）爭論哲學和宗教信仰問題，與楊其祐探討紅薯與月光花嫁接的問題，雖然在當時很難成功，但從這些方面可看出你勇於創新的思想。當時，著名水稻學家、農學系主任管相桓教授曾向你們提示過水稻雜交育種的探索方向，母校在這方面啟蒙了你的思維。

採訪結束的當日午後，記者一行即趕往你就讀的重慶龍門浩小學，由你小學同學黎浩先生陪同，前往該校採訪攝影，五點半又匆匆趕往成都專訪你在西南農學院的同班同學林喬和黃志東。作為特邀嘉賓，西南大學向仲懷院士、農學與生物科技學院盧躍進書記及同班同學陳德玖、王運正和劉先齊一道於九月五日同赴長沙。

二〇一〇年九月六日上午，在長沙召開了「第一屆中國雜交水稻大會」。會議隆重盛大，全國五六百名專家參會，時任中國全國政協副主席、科技部部長萬鋼也親自到會。當晚，湖南衛視專門為這次會議的召開舉辦了一場晚會。

晚八點半，大型文藝晚會「為了大地的豐收——獻給首屆中國雜交水稻大會和雜交水稻之父袁隆平八十歲生日晚會」，拉開帷幕。張丹丹擔任晚會的主持人，她說：「這場晚會，歌手們不是最亮的明星。袁隆平才是最亮的明星。袁隆平對湖南、對中國、對世界的貢獻是巨大的。希望觀眾能多了解袁老！」

晚會文藝演出精彩，場面熱烈，解說動人，緊扣雜交水稻對人類的重大貢獻和你八十大壽這兩大主題。現場觀眾唱響《生日快樂》，為你祝壽。同時，節目組還特意邀請了來自西南農學院（現為西南大學）的三個老同學和龍門浩小學的同班同學，對創建雜交水稻研究中心有功的湖南科技廳老廳長等五人上臺共祝你八十大壽，現場分享往日趣事，並送上驚喜，幾位老同學還合唱了一曲《喀秋莎》，贏得現場陣陣掌聲。

這時你偕夫人鄧哲和兩個可愛的小孫女等親人，推著溫家寶總理送的生日蛋糕，走上前臺，主持人當場宣讀中國國務院總理溫家寶和政協主席賈慶林的賀信，你與老同學握手致意，這時全場響起了「祝你生日快樂……」的嘹亮歌聲。

晚會上，王峰飽含深情地朗誦了《媽媽，稻子熟了》，將晚會帶入了高潮。

你很開心、很激動，並當眾許下心願——「在我九十歲時，實現畝產一千公斤」，並給現場所有人送上寫著「豐衣足食」的壽碗，表達了你祈願天下豐衣足食的心願。

16. 雜交水稻研究五十週年暨湖南雜交水稻研究中心成立三十週年慶典

二〇一四年九月十五日，長沙，碧空萬里，秋風和暢。雜交水稻研究五十週年暨湖南雜交水稻研究中心成立三十週年慶祝大會，在明城國際大酒店會議廳隆重舉行。

這次慶祝大會，是經湖南省委特別批准舉行的，規模不大，除研究中心科技工作者及全體員工，應邀嘉賓僅兩百名；但規格很高，前來祝賀的黨政機關有中國農業部、中國科技部、中國工程院、中共湖南省委員會、湖南省人大、湖南省人民政府、湖南省政協等單位代表。

大會由湖南省農科院黨委書記柏連陽先生主持，湖南雜交水稻研究中心黨委書記羅閏良先生致歡迎詞。接著，在熱烈的掌聲之後，湖南省農科院副院長、湖南雜交水稻研究中心常務副主任鄧華鳳先生做主題報告。接著，中國科學院院士謝華安、中國工程院辦公廳主任董慶九、中國農業部副部長李家洋先後致辭。

最後，你致答謝辭。你從主席臺不顯眼的座位上緩步走到發言席，非常謙恭地向各位領導和全體嘉賓深深地兩鞠躬，然後真誠地說道：

「當今，中華民族正處於實現偉大復興『中國夢』的時候，黨和國家提出了要有雄心壯志創立世界最高水平的農業科技和最具競爭力的現代育種產業，要抓緊培育具有自主知識產權的優良品種，從源頭保障國家糧食安全。我堅信，雜交水稻具備承載保障國家糧食安全重任的能力。為了實現『發展雜交水稻，造福世界人民』的畢生追求，我有兩個『夢』，第一個是『禾下乘涼夢』。我們正在努力逐步實施大面積示範田畝產一千公斤的第四期超級雜交稻，計劃二〇二二年實現，而就目前的進展看，今年就能取得突破。我還要為選育第五期超級雜交稻努力奮鬥，直到實現我的禾下乘涼夢。第二個是『雜交水稻覆蓋全球夢』。全世界有二十二點五億畝水稻，二〇一三年中國的雜交稻在印度、越南、菲律賓、印度尼西亞、孟加拉、巴基斯坦、美國、巴西等國家推廣的面積有九千多萬畝，平均每畝產量比當地優良品種高出兩百六十斤左右。如果世界上有一半的稻田種上了雜交稻，所增產的糧食，按平均每畝增產兩百六十斤計算，可以多養活四億至五億人口。」

大會後，你再次親臨漵浦超級稻試驗基地觀察稻穀成熟的情況，一百零二畝試驗田豐收在望。二〇一四年十月十日，經農業部科教司王青立處長組織全國有關專家測產驗收，平均畝產到達一千零二十六點七公斤，達到了超級稻第四期的產量指標。

二、國際獎項

1. 榮獲聯合國「發明和創造」金質獎章

一九八五年十月十五日，聯合國世界知識產權組織派來代表，在中國首都北京授予袁隆平「發明和創造」金質獎章和榮譽證書。獎章正面為「世界知識產權組織」的英文字樣，背面是兩株稻穗和「傑出發明家 北京 一九八五」的英文字樣。這是你首次獲得國際大獎。

2. 榮獲聯合國「年度科學獎」

一九八七年十一月十三日你赴法國巴黎，接受聯合國教科文組織巴黎總部頒發的一九八六至一九八七年度科學獎。這是聯合國教科文組織科學部門四個獎項中的最高獎，也是中國專家首次獲得的等級最高的世界性嘉獎。聯合國教科文組織總幹事姆博先生讚揚你所取得的科學研究成果，是繼七十年代國際培育半矮稈水稻之後的「第二次綠色革命」，是中國繼造紙術、火藥、指南針、活字印刷術之後為世界貢獻的第五大發明。

你將這次獲獎的一點五萬美元獎金獻給國家作為雜交水稻獎勵基金，用來獎勵在這一領域取得突出貢獻的中青年科學工作者。

法國記者採訪時問你：「您把獎金全部獻給國家，那麼，您做科學研究的動力是什麼？」

你真誠地回答說：「成績和榮譽歸功於祖國，祖國的利益高於一切。」

3. 榮獲「讓克獎」

一九八八年三月十四日，你受到英國讓克基金會的邀請前往倫敦受獎。讓克基金會是英國極具影響的民間組織，他們設立的讓克獎每兩年頒發一次，主要獎勵在糧食和光學兩個領域為世界做出突出貢獻的各國科學家。讓克基金會授予你「農學與營養學獎」的獎章、證書和兩萬英镑的獎金，以表彰你研究成功雜交水稻，對世界糧食生產做出的重大貢獻。這是中國科學家首次獲得這項榮譽。

4. 受聘為聯合國糧食及農業組織首席顧問

聯合國糧食及農業組織（以下簡稱糧農組織）在美國前總統羅斯福的倡議下，於一九四三年開始籌建，一九四五年十月十六日在加拿大魁北克宣告成立。

糧農組織早期著重糧農生產和貿易的情報資訊工作。以後逐漸將工作重點轉向幫助發展中國家制定農業發展政策和戰略以及為發展中國家提供技術援助。

一九九二年，聯合國糧食及農業組織聘你為首席顧問。

5. 榮獲美國菲因斯特基金會「拯救饑餓獎」

一九九三年四月，你赴美國布朗大學接受了美國菲因斯特基金會「拯救饑餓獎」，獎金一萬美元。美國菲因斯特基金會「拯救饑餓獎」獎勵你為解決全人類饑餓問題所做出的傑出貢獻。頒獎儀式在舉世聞名的「常春藤聯盟」之一的布朗大學舉行，典禮上公開放映了美國國家水稻研究中心主任 R 博士的一段影像，博士透過大銀幕向在場的所有人宣告：「袁隆平教授研究成功的雜交水稻為解決世界糧食問題開創了一條快捷有效的途徑，他的成就值得獲得諾貝爾獎！」頒獎時，四百多名中國留美學生聞訊特意趕來觀看頒獎儀式，無不歡欣鼓舞，引為驕傲和自豪。儀式一結束，留學生們立即一擁而上，將你高高抬起，舉向空中。

6. 榮獲聯合國糧食與農業組織 「糧食安全保障榮譽獎」

一九九五年十月，你榮獲聯合國糧食與農業組織「糧食安全保障榮譽獎」，親赴加拿大魁北克市領獎。事前，聯合國糧食與農業組織駐北京辦事處主任寫信給你說：「我們大家都認為雜交水稻為中國的糧食安全和農業保障做出了巨大的貢獻。在加拿大魁北克慶祝聯合國糧農組織成立五十週年這麼隆重的場合上，將世界糧食安全保障獎頒給您是再合適不過的了。」

7. 榮獲日本第一屆「日經亞洲大獎」

一九九六年，你榮獲日本經濟新聞社第一屆「日經亞洲大獎」。 獎勵以你為首的雜交水稻育種工作者們取得的成果。

「日經亞洲大獎」是日本經濟新聞社一九九六年新設的國際大獎，包括經濟發展、技術開發和文化三個領域。你這次獲得的是「日經亞洲大獎」的技術開發獎，獎金三百萬日圓。頒獎會後，日本前首相親切地把你請到家裡做客。

8. 榮獲美國「作物雜種優勢利用世界先驅科學家」獎

一九九七年八月二十一日，在墨西哥國際玉米小麥改良中心召開的有六十多個國家參加的大型國際學術會議——「作物雜種優勢遺傳與利用國際學術研討會」上，你獲得美國洛克菲勒基金「作物雜種優勢利用世界先驅科學家」獎。

9. 榮獲「拉蒙·麥格賽賽獎」

二〇〇一年八月三十一日，在菲律賓首都馬尼拉，你榮獲二〇〇一年度「拉蒙·麥格賽賽獎」獎牌、證書及獎金五萬美元，菲律賓總統阿羅約親自為你頒獎。以獎勵你在雜交水稻研究中為亞洲糧食安全做出的獨特貢獻。這是一項被視為「亞洲諾貝爾獎」的國際性獎勵。該獎是菲律賓一九五七年為了紀念拉蒙·麥格賽賽總統而設立的。

10. 榮獲「越南農業和農村發展榮譽徽章」

二〇〇二年五月十四日，在越南首都河內召開的第四屆國際雜交水稻學術研討會上，你榮獲越南政府授予的「越南農業和農村發展榮譽徽章」，以表彰你為越南雜交水稻發展做出的傑出貢獻。

會議由國際水稻研究所、越南農業和農村發展部、聯合國糧食與農業組織和中國國家雜交水稻工程技術研究中心共同主辦。參加此次會議的有來自二十多個國家和國際組織的一百八十餘名代表。你以中國國家雜交水稻工程技術研究中心主任和中國工程院院士身分，任該會議國際組委會副主席， 並全程參加了會議。

11. 榮獲「沃爾夫農業獎」

二〇〇四年五月九日，以色列總統卡察夫在議會大廈向你頒發了「沃爾夫農業獎」，以表彰你在研究雜交水稻方面做出的貢獻。

一九七六年一月一日，沃爾夫及其家族捐獻一千萬美元成立了沃爾夫基金會，其宗旨主要是促進全世界科學、藝術的發展。沃爾夫獎主要是獎勵對推動人類科學與藝術文明做出傑出貢獻的人士，每年評選一次，分別獎勵在農業、化學、數學、醫學、物理、藝術領域中的建築、音樂、繪畫、雕塑四大項目之一中取得突出成績的人士。沃爾夫獎具有終身成就性質，是世界最高成就獎之一，被稱為「以色列諾貝爾獎」。一九七八年開始頒發，通常是每年頒發一次。

獲獎的第二天，袁隆平在耶路撒冷與以色列多產種子公司簽署了聯合研發超級雜交水稻協議。

12. 榮獲「金鐮刀獎」

二〇〇四年九月，在泰國主辦的首屆「國際稻米大會」上，你獲得泰國政府頒發的「金鐮刀」獎。泰國公主詩琳通一日在曼谷向你頒發了「金鐮刀」獎，以表彰你在雜交水稻研究領域做出的傑出貢獻。詩琳通公主說，包括袁隆平在內的一批世界水稻專家在過去幾十年裡持續努力，不斷優化雜交水稻品種，在為人類提供充足糧食的同時也推動了這一學科的不斷發展。詩琳通公主在頒獎之後單獨會見了你，詳細詢問了有關技術問題。你說，你目前仍在進行超高產水稻育種的研究，你還向公主介紹了中國向農民推廣技術的情況。詩琳通公主說，中泰兩國都是稻米生產大國，兩國應該加強這方面的技術合作，共同造福兩國人民。你表示，中國已有一套完整的水稻技術推廣體系，推進相關技術研究能使稻米產量邁上一個新臺階。

13. 榮獲「世界糧食獎」

二〇〇四年十月十四日，你獲「世界糧食獎」，獎金十二點五萬美元。世界糧食獎基金會指出：袁隆平的技術已從亞洲、非洲到美洲迅速普及開來，為數以千萬計的人提供了糧食。

這是你在本年度獲得的第二個頂尖級國際大獎。

十月十一日至十九日，你攜夫人鄧哲及祕書辛業藝赴美國愛荷華州府參加「世界糧食獎」頒獎活動。由於那年是聯合國確定的「國際水稻年」，因而所有的活動都圍繞糧食安全的主題進行。在愛荷華州府德梅因金色穹頂的州議會大廈大廳內，隆重的頒獎儀式在高亢嘹亮的號角聲中開始。

世界糧食獎基金會在給予你的頒獎辭中高度讚譽你：你以三十多年卓傑研究的寶貴經驗，為促使中國由糧食短缺轉變為糧食充足供應做出了巨大貢獻；你以正在從事的「超級雜交稻」研究，為保障世界糧食安全和解除貧困展示了廣闊前景；你的成就和遠見卓識，還營造了一個糧食更為富足、糧食安全更具有保障的穩定的世界；你致力於將技術傳授並應用到包括美國在內的其他十多個國家，使這些國家已經受到很大的裨益。

頒獎結束後舉行了盛大的慶祝宴會，在藍色地球般的巨型氣球映襯下，獲獎嘉賓以及全體賓朋入席就座，一名小提琴女演奏手始終拉著優美樂曲在附近遊走，一撥撥不同膚色的美國青年跑來你跟前要求簽名和留影，那情形跟中國的追星族一模一樣。

二〇〇四年十月十七日，你們一行從美國愛荷華德梅因參加完「世界糧食獎」頒獎活動，啟程前往位於西南部德州休士頓的美國水稻技術公司。

因你們一行人多行李多，漏下了一件行李在機場，而這件行李不是別的，恰恰正是你剛剛領回的「世界糧食獎」獎盃。遭受「九一一」沉重打擊的美國人，已經成了驚弓之鳥，面對這件有分量的物件，感到非常緊張，「難道是誰蓄意留下的定時炸彈？」機場的工作人員把它移交給安檢，警察十分謹慎小心地打開，他們驚異地張開大嘴，興奮地叫起來：「原來是世界糧食獎的一位獲獎人到了我們休士頓！」

你載譽歸來後，十月二十五日在中南海受到時任副總理回良玉的親切接見。

回副總理代表國務院向你表示熱烈的祝賀， 並對你為中國農業發展乃至世界糧食生產做出的傑出貢獻表示誠摯的感謝，號召廣大農業科技工作者， 學習你「不畏艱辛、執著探求、大膽創新、勇攀高峰」的創新意識和拚搏精神。

十一月八日下午， 湖南省人民政府在湖南省農科院隆重召開袁隆平院士榮獲世界糧食獎慶功會。會上， 你宣布把自己獲得的世界糧食獎獎金十二點五萬美元全部捐贈給袁隆平農業科技獎勵基金會。

14. 榮獲亞太地區「傑出研究成就獎」

二〇〇五年亞太地區種子協會（APSA）年會於二〇〇五年十一月八日在中國上海開幕， 這是亞太地區種業界的一次盛會， 來自四十多個國家和地區的八百多名代表參加了這次會議。你被特邀參加並做大會主題學術報告。

在大會閉幕式上，你因在中國雜交水稻發展中做出了巨大貢獻而榮獲「APSA傑出研究成就獎」。獲得這一榮譽的還有中國著名玉米育種家李登海先生。

15. 就任美國國家科學院外籍院士

二〇〇六年，你榮任美國國家科學院外籍院士。

美國國家科學院是美國科學界最高榮譽機構，一八六三年由美國國會立法成立，距今已有一百四十多年歷史。對多數科學家來說，能夠得到的最高榮譽，除諾貝爾獎之外，就是當選為美國國家科學院院士，當選者終生保持榮譽稱號。

在這屆年會的新院士就職典禮上，世界著名科學家、諾貝爾化學獎獲得者、美國科學院院長西塞隆先生一一介紹新當選的院士，並宣讀他們當選的理由。介紹你當選為美國科學院外籍院士的理由時說：「袁隆平先生發明的雜交水稻技術，為世界糧食安全做出了傑出貢獻，增產的糧食每年為世界解決了七千萬人的吃飯問題。對於創造了這樣偉大奇蹟、做出了這樣傑出貢獻的科學家，誰還會吝嗇自己的掌聲呢？」當時，會場上響起了潮水般經久不息的掌聲。那種動人的場景，讓在場的每一個中國人都挺直了腰桿，感到特別的驕傲和自豪！

應邀前來參加儀式的菲律賓農業部部長還介紹了應用雜交水稻技術對菲律賓糧食生產及安全保障的作用和影響。

典禮結束時，西塞隆特意走到你身旁表示祝賀，他說，與會代表在聽完你的當選理由後，鼓掌時間最長，掌聲最熱烈。

一位美國科學家接受記者採訪時說：「袁隆平先生太有名了，他的加入，是我們的一種榮耀。」

一位加拿大外籍院士熱情地對你說:「你的當選，提高了我們外籍院士的地位。」

諾貝爾物理學獎獲得者楊振寧先生祝賀你當選為美國科學院的外籍院士，他說，美國的科學家當選院士是非常難的；外籍院士要在世界各國選，難度更大。

回國後，你對前來採訪的記者說：「我的童年是在抗日戰爭的烽火中度過的，我知道民族的屈辱和苦難。當我能用科學成就在世界舞臺上為中國爭得一席之地時，我首先想到的是，為我們中國人爭得了榮譽和尊嚴。我這個人本不是一個驕傲的人，但對這我覺得可以驕傲，是為我們中華民族驕傲，因此我心中這時會湧起一種我們立於世界民族之林的自豪感。我今天獲得的榮譽已經夠多了，榮譽不僅使我常懷感恩之心，而且實際上對我也是一種精神鼓勵，鼓勵我繼續努力，爭取新的成績。」

16. 榮獲澳大利亞「金袋鼠獎」

二〇〇八年九月二十五日，「澳大利亞二十一世紀創新國際評價中心」（簡稱AU21）通知你，你榮獲「二〇〇八：中國的世界創新人物——金袋鼠獎」，表彰你以極高的社會責任感與探索精神，創新開發研製的水稻增產技術，為中國乃至整個人類的生存與生活創造了豐碑式的奇蹟。

「AU21」是由旅居澳洲多年的愛國華僑組成，由來自澳洲國立大學、新南威爾斯大學等澳大利亞高等學府中肯定中國進步的專家擔任顧問，是澳大利亞首家以中國市場為主要對象，致力於創新、探索成果的評價、表彰與推廣的專業機構，作為新銳國際評價機構，其頒發的金袋鼠系列創新獎，是全球榮譽領域獨特而重要的商業獎項。十月十五日，「AU21」發布了首次榜單，向社會公布了中國的國家領袖和工、農、商、科技、文化、教育、媒體等多領域公認的、為世界了解創新的中國做出突出貢獻的十名英才，包括胡錦濤、袁隆平、張藝謀、李寧等，目的在於高度認同並表彰中國傑出人物的創新努力，溝通中國建設新社會的最新消息，推動創新型社會的進步與發展。

17. 美國學者的高度評價

一九八八年，美國前總統顧問、農業部部長助理帕爾伯格教授送給你一本他寫的書——《走向豐衣足食的世界》。該書以十九世紀以來包括孟德爾在內的十九位世界著名生物學家和農學家的短篇科學傳記為主線，系統地描繪了近、現代人類以一項又一項偉大的科學技術發明創造，使威脅人類的饑荒和營養缺乏病一步步被擊退的歷史進程。該書在廣闊的歷史背景上，把你作為中國當代農業科學家的傑出代表進行了全面的介紹，給予了高度的評價。帕爾伯格寫道：

在中國歷史上相當長的一段時期內，饑餓始終是一個主要問題。這個國家擁有世界四分之一的人口，雖然有嚴格的計劃生育政策，但每年人口仍以一．三%的速度增長著。人均耕地僅有四分之一英畝，只有美國人均耕地的八分之一。所以，凡探索發起一場人類所期待的、旨在使世界人民的營養更豐富的運動，以及任何一項這方面的研究工作，都必須把中國考慮在內。

……

七十年代初，經過了長期國內動亂和敵視西方的漫長歲月之後，中國終於向美國敞開了大門。一九八〇年美國福特基金會收到了中國科學院發出的一份邀請，同意他們派一個小組來中國研究中國農村經濟。五名農業知識淵博的能人被列入了小組名單。使他們驚嘆不已的是，中國人已經學會了種植雜交水稻。這是中國在絲毫沒有依靠頗有權威的菲律賓國際水稻研究所、印度中央水稻研究所、臺灣農業研究院以及西方國家所有從事這一方面研究機構的情況下，自己創造出來的一項成果。目前在中國，雜交水稻的產量已經超過常規稻的二〇%。這是他們在為滿足數以百萬計的中國人的糧食需求問題上所取得的重大突破。

……這個事實可謂和平探索對暴力衝突的勝利，這裡顯示了一個亞洲國家在科學競爭中的崛起。它是農業科學的具體反映，是機遇的撮合和一個獻身者的成果。

袁隆平給中國爭取到了寶貴的時間。這樣也就等於降低了人口增長率。他的研究成果擊退了饑餓的威脅。他正引導我們走向一個營養充足的世界。他還給極少數人上了難能可貴的一課——東方農業科學的成就，已經超越了它的發源地西方各國。

帕爾伯格對你的評價，就是把你的科技成果，作為整個亞洲和東方農業科技發展的代表來看待。這部著作，在西方被認為「既是一部學術方面的著作，又是一部政府官方權威性的著作，受到國際糧農學術界和世界各國官方的高度重視」。

第十八章 尾聲：大師情懷　　百姓心態

你有大師的情懷，大師的追求，大師的成就，大師的榮譽。你認為，人的一生很短，活著要有價值，有意義，為國家、為民族做出最大的貢獻！

還在中學時代，還在抗戰歲月中，你就經常唱聶耳、田漢的《畢業歌》。「我們今天是桃李芬芳，明天是社會的棟梁。」這歌詞感動了、激勵了你一輩子。

同時，你也永遠記得保爾·柯察金對人生的最好總結：「人最寶貴的是生命，生命對每個人只有一次。人的一生應該這樣度過：當他回首往事的時候，不因虛度年華而悔恨，也不因碌碌無為而羞愧。這樣，在臨死的時候，他就可以說：『我的一生都獻給了世界上最壯麗的事業——為人類的解放而鬥爭。』」他的話成了你的座右銘。

你是一個真誠的人，你以你的大半生圓滿地、完美地實現了你全心全意為人民服務，為中國人爭氣，為自己的國家做貢獻的最大的心願。你終生把精力主要放在雜交水稻的研究和推廣上，把雜交水稻當作自己的孩子一樣，從把它播種到田裡，一直到收穫，你每天只要有時間都要到試驗田裡去看一看。每天看著它成長，心中無比欣喜。就是這樣，你以畢生的精力，你以最大的愛心，創造了雜交水稻的奇蹟，為人類做出了偉大的貢獻！

你有點名氣之後，國際上有多家機構高薪聘請你出國工作，但你婉言謝絕了。因為你不願把雜交水稻的發明權、專利權讓給外國！

聯合國糧農組織在一九九〇年曾以每天五百二十五美元的高薪聘請你赴印度工作半年，但你認為中國這麼一個大國，這麼多的人口，糧食始終是頭等大事，你在中國國內工作比在國外發揮作用更大，所以你很快就回國了。

你都八十多歲了，還堅持工作，堅持科學研究，還在為實現禾下乘涼夢和雜交水稻覆蓋全球夢而奮鬥，還在引領著中國的雜交水稻事業走在世界的最前列。

同時，你又有一份百姓的心態。

你學術超前，生活樸素。你經常說自己是一個幸福的老頭，說的時候還咧著嘴，笑得很開心。中國新華社國際科技室記者姜岩曾經多次採訪你，有一次他與你討論

「什麼樣的人最幸福」。姜岩說到美國進行的一項網路調查，結果很多人認為做老百姓最幸福。你對此深有同感。

你不願當官，不會也不願做生意；你也不懂經濟，對股票也不感興趣。你平生最大的興趣在於雜交水稻研究，你不擔任行政職務就是為了潛心科學研究。你把做農業、做農業科學研究當作畢生的理想和追求，在農業研究中找到了最大的樂趣！你覺得你的工作是非常有意義的，對國家、對老百姓都是大好的事情！所以，一旦有好的苗頭，有好的新品種出來，再苦再累，心裡面也感到很快活，很欣慰！

你主張豐富、健康、愉快的生活。你認為自己生活很豐富，工作也很愉快，能為國家、為人民做自己應做的貢獻是最愉快的。你的工作就是生活的一部分。你說，一個人活這一輩子，首先，心態要好，要樂觀一點，開朗一點，豁達一點，這是很重要的。不要為一點小事情發愁、計較，也不要為了追逐名利去花心思，否則你稍微有點挫折就受不了。你說，你不是沒有名利思想，說完全沒有名利思想，也是不真實的，一個人真正做到沒有名利思想是很難的，但是不要把它放在第一位，要把事業放在第一位。把名利看得淡一點，或者很淡，就不容易受到打擊，就不會為名利所累，就不辛苦。如果把名利看得很重，為了名利去做研究，就會很辛苦，就會有負擔，一遇到挫折就要洩氣的。

你到過世界上好多地方，好多大城市，但你從來沒心動過。你對高樓大廈不感興趣，覺得有壓抑感；你對金錢也不感興趣，認為一天都是談金錢，講金錢，沒有什麼意思。你把錢看得很淡：錢是要有的，要生活，要生存，沒有錢是不能生存的。但錢的來路要正，不能貪汙受賄，不搞什麼亂七八糟的事情，不能為富不仁。同時，你還認為，有錢是要用的，有錢不用等於沒有錢。但是用呢，該用的才用，不揮霍不浪費，也不小氣不吝嗇。錢夠平常開銷，再小有積蓄就行了。還拿那麼多錢存著幹什麼？生不帶來，死不帶去！那是個大包袱。你覺得你現在生活很好，不愁生活，工資足夠用，房子也不錯。吃穿都夠，吃多了還會得肥胖症。你從來不講求高檔的服飾，只要穿著合適、樸素大方就行，哪怕幾十塊錢一件都行。你每年在海南三亞南繁期間，都要買好幾件僅四五十塊一件的襯衫，你覺得這樣的襯衫美觀大方，還是棉質的，透氣，下田的時候穿起來方便，不用擔心弄髒了，好得很。

你主張生活要有規律，要講求健康的生活，飲食上你主張定時定量，每天三餐，以素食為主，多吃米飯和紅薯等粗糧，少吃一點肉類，補充點蛋白質，再多吃些水果，很簡單。補藥從來不嘗，粗茶淡飯，適當營養，只要衛生和營養就行了。

你很會工作，同時也很會「玩」。 你的愛好很多。你是象棋高手，年輕人很多都不是你的對手。而且你下象棋喜歡和高手下，大家看你要輸的時候，就會給你出主意，你要是敗了，就會一巴掌拍在出主意的人的腦袋上：「臭小子，亂出主意！」然後仰面大笑，你爽朗的笑聲感染了場上的每一個人。在繁忙的工作之餘，你還喜歡找幾個工作夥伴打撲克、打麻將，但你從來不賭錢，誰要是輸了，就鑽桌子。你還喜歡唱歌，而且還很內行。你在讀大學時是合唱隊的成員，專門唱低音。你年紀大了，還喜歡欣賞和唱唱經典老歌，比如《喀秋莎》《紅莓花兒開》，你還能用俄語唱《莫斯科郊外的晚上》。

你從小就喜歡運動。現在，你每天早上要做體操，下午要打球，夏天還要游泳。你還連續幾年在湖南省農科院游泳比賽中得冠軍。晚年，你又愛上了氣排球。在雜交水稻中心你的家門旁，有一塊空地，你和學生們在那裡建了一個氣排球場。氣排球由軟塑料製成，這項運動是一項集運動、休閒、娛樂為一體的群眾性體育項目，很受老年朋友的青睞。每當吃完晚飯，你走出家門，就會喊上兩聲：「打球了，打球了！」隨著你的招呼聲，從旁邊的家屬樓中就會走出一幫球友，你照例是和鄧哲分在一撥。你和老伴玩得不亦樂乎，並稱自己為主攻手，還不時抱怨老伴打得不好。打球的時候，如果孫子在旁邊看熱鬧，你還會故意把球打在孫子的頭上。

我六月初在雜交水稻中心看你們比賽氣排球，沒輪到你和鄧哲上場時，你和鄧哲就規規矩矩地坐在觀眾席上看年輕人練球。而到了你倆上場時，你立刻就生龍活虎般地活躍了。

你在比賽完後笑稱：「我現在是八十多歲的年齡，六十多歲的身體，四十多歲的心態，三十多歲的肌肉彈性。」你經常說：「不會休息的人，就不會工作；不會鍛鍊的人，也不會工作；一個人的身體好壞，與他的事業成功與否成正比。」

古人講：修身養性淡泊明志，樂觀瀟灑身心愉快。我覺得，經過幾十年的修煉，你真正是達到了這樣的境界！

後記

後記

一

二〇一五年四月十日。

三亞。浩浩蕩蕩的碧波，飄逸裊娜的椰林，青翠碧綠的田野，高插天際的樓宇……

我們驅車來到山下的稻田，彌望中的大片豐收的稻穀，吸引了我的眼球，激起了我的驚嘆！

「郭老師，你見過這樣的稻穀嗎？」旁邊傳來一個充滿了幸福感的聲音。

我激動萬分地說：「我可是從來沒見過這樣好的稻穗啊！這是世界上最最高產的稻穗啊！」

同行的人都暢笑起來！

問我話的人，就是享譽中國、蜚聲世界的「雜交水稻之父」袁隆平院士！而我們正站在雜交水稻實驗田旁邊。看那一片片金黃色的稻田，稻穗結得密密的，每個穗子都有十多公分長，沉甸甸的，整個稻田，像一片金色的稻穗的海洋，太美觀，太迷人了。

袁院士硬朗瘦長的身板，古銅色的臉龐，兩眼炯炯有神，寬闊的額頭上刻下了歲月的滄桑。他衣著樸素，平易近人，走起路來很有精神，一點不像八十五歲的老人。

我與西南師範大學出版社社長米加德、西南大學教育基金會祕書長龔常智懷著尊敬而興奮的心情，與袁院士在豐收的雜交水稻實驗田旁一起合影。他站在豐收在望的稻田旁，高興地向我們說著他的禾下乘涼夢、雜交水稻覆蓋全球夢！

汽車載著我們馳向又一塊實驗田。車上，袁隆平院士談興甚濃。他說：「我的雜交水稻的研究起源於一株偶然發現的特殊的卓然挺立的雜交水稻。這激發了我的靈感，使我看到了雜交水稻具有雜種優勢，我由此開始從事雜交水稻的研究。這一做就是五十多年。」

聽袁隆平談到靈感，我特別高興，因為我三十多年前就對靈感特感興趣，經過多年研究，於一九九〇年出版了《文學創作靈感論》一書。我說：「你的發現，說明靈感太重要了！不管是詩人、作家，也不管是科學家、藝術家，靈感都很重要。」

他說：「是啊，靈感是汗水、經驗、追求、智慧，突然在一瞬間受到外物的某種刺激而出現的。它往往會使你豁然醒悟，茅塞頓開！」他興奮地向我們講述起靈感在他雜交水稻研究中發揮的重要作用。我想，我一定要把他有關靈感的精彩事例和他的精闢論述補入我的《文學創作靈感論》中，重新修訂出版。

他告訴我們：他很喜歡音樂，喜歡拉小提琴，喜歡欣賞古典音樂，比如舒伯特的《小夜曲》。我一聽，這也是我最喜歡的樂曲呀！於是我輕輕地哼起來：

我的歌聲穿過深夜，

向你輕輕飛去。

在這靜靜的小樹林裡，

愛人我等待你。

沒有人來打攪我們，

樹梢在耳語……

他也情不自禁地一起哼起來。車廂裡，充滿了我們的歌聲，充滿了歡聲笑語。

他說：「我在重慶讀書十一二年，從小學到初中，以後又在重慶讀大學。我喜歡在長江、嘉陵江裡游泳，也喜歡說重慶的方言。重慶人最愛說『老子』。我學一段重慶人的話給你們聽。一個重慶孩子對他爸爸吼道：『老子不是看到你是老子的老子，老子今天不拿起板子捶死你個老子的老子！』」

他一面說，一面還繪聲繪色地表演，一車人笑得前仰後合，笑痛了肚子。

想起他在南繁基地門口等我們時，電視臺來了個電話，他接過手機，就在院子裡的石梯坎上坐了下來，拿著手機大聲地說著。龔常智悄悄對我說：「你看，一位世界級的科學家，竟然隨意坐在街邊梯坎上打電話，硬是沒有一點架子，一點傲氣呀！這點你一定要寫下來！」

是的，這就是袁隆平的本色！

回到重慶後，我閱讀了大量有關袁隆平先生的資料，又到龍門浩小學進行了採訪，到西南大學校史展覽館、檔案館、相輝學院校史展覽館查閱了有關資料，並訪問了向仲懷、吳明珠院士及袁隆平先生的其他同學，如劉先齊、陳德久、羅信媛等，還到成都採訪了林喬等人。同時，我醞釀著傳記的寫作，對傳記的提綱進行反覆思考。

二

一個多月後，五月二十八日。

長沙。國家水稻工程技術研究中心主任袁隆平辦公室。我應約採訪袁隆平。他跟我握手後，就對我講：「你昨天送給我的《文學創作靈感論》一書，我很感興趣。昨晚上就讀了臧克家為你寫的序言。寫得太好了！我讓祕書辛業藝把我對靈感的看法影印出來，請你指教。」

辛業藝立即拿出她剛剛影印出的材料，上面摘錄了兩段袁隆平對靈感的論述。袁隆平接過後，馬上在上面簽字：「請郭久麟教授指教。袁隆平 二〇一五年五月二十八日。」然後交給我。袁隆平院士的好學和謙遜的精神，令我無比感動！

交談中，袁隆平又跟我談了他的兩個夢。

他說：「前年，在印度召開了國際糧食會議，全世界有幾十個種子公司出席會議並展出了他們的優秀種子，世界第一流的美國的先鋒、拜爾等大公司都參加了會議。但是，經會議鑑定，全世界前三名最高產的水稻種都是我們中國的雜交水稻！大面積畝產七八百公斤。但那只是我們二三流的水稻。今天，我們大面積畝產九百公斤、一千公斤的都已經做出來了！我們依然領先全世界，而且我們有絕對的優勢！我們還在追求高產、更高產！實現禾下乘涼夢。這是永恆的主題！

「習總書記在人民大會堂給我頒獎時說：祝賀你取得的新成果！希望你再接再厲，再攀高峰！這是總書記對我的希望和囑咐！所以，實現畝產一千公斤後，我還要再努力，再攀高峰！我還想實現雜交水稻覆蓋全球夢。現在，全世界有十五億公頃的土地種植水稻，我們已在世界各國推廣雜交水稻五百六十公頃，平均每公頃增產兩噸左右，每年增產一千多噸稻米。如果全世界有一半水稻田種雜交水稻，每公頃增產兩噸，每年可增產十六億噸水稻，會為世界和平發揮重大作用！為保障世界糧食安全發揮重大作用！還可以提高中國的國際地位，並給我們國家帶來可觀的經濟效益！」

袁隆平向我講述了他的父母親、他的夫人、他的三個兒子，講述了他在西南農學院時對一位女同學的暗戀，特別詳細地講述了在安江農校時的初戀。講到他的初戀，袁隆平特別動情，眼裡閃著晶瑩的淚光。

我又多次去到他的小院，與他、與他夫人鄧哲交談，在氣排球場上，在辦公室，與他的兒子交談。我還親眼看到他與妻子和兩個孩子登上雜交水稻研究中心舉行的氣排球比賽的賽場，和職工們一起打球。他們隊還得了冠軍。

我採訪了雜交水稻研究中心的黨委書記、副主任、有關部門負責人，與袁隆平的同事、助手、學生交談，李必湖、尹華奇、謝長江、周坤爐、全永明、羅閏良、辛業藝、彭既明、李繼明、廖伏明、徐秋生、方志輝、楊耀松等，他們熱情地向我講述了很多很多的故事，講了袁隆平對他們的關心、支持、指導和幫助，講了他們對雜交水稻研究工作的熱愛和貢獻。

我乘坐動車，前往懷化職業技術學院採訪。在袁隆平的學生、助手李必湖陪同下，到袁院士工作、生活了十九年的安江農校，在他的故居徘徊流連。

六月初，我開始了《袁隆平傳》的寫作。六月底，我結束了重慶人文科技學院的課程，辭去了全部教學工作，全力以赴地進行寫作。夫人李龍燕為我創造了最好的環境，讓我全心全意地投入創作之中。從六月到十月，我一口氣寫出了四十萬字的初稿。

三

二〇一五年十月二十六日。湖南雜交水稻研究中心會議室。袁隆平接待來自東南亞的幾十名外國記者。他用英語透過電視螢幕對記者們講述雜交水稻的歷史和今天的成就，然後回答記者提出的問題。他不時地搔著頭上稀疏而發白的短髮，顯得意態蘢蔥。

第二天上午九點，他再次在辦公室接待我。我拿出剛寫好的初稿，請他回答我在寫作中遇到的一些問題。他愉快地講述著，不時還給我講一點生活、工作中的小祕密——我現在還不能透露的喜事。

然後，我又更多、更深入地採訪了他的學生、助手、同事——鄧華鳳、朱運昌、符習勤、鄧啟雲、鄧小林、趙炳然等人；並且還在他的堂弟袁隆懷等帶領下，坐高鐵經南昌轉車到他的家鄉江西九江德安縣河東鄉後田村進行了採訪，訪問了德安縣委副書記，參觀了德安縣博物館，訪問了袁隆平的宗親族人，了解到袁隆平家族的有關情況，並遊覽了袁隆平宗親在袁家山建立的愛國主義教育基地以及袁隆平大道、袁隆平廣場和廣場上八點二公尺高的塑像。我看到了也親身感受到了家鄉人民對袁隆平的尊重和厚愛。

我還拜訪了熱情支持袁隆平的前湖南省委書記熊清泉，並專程飛到海南拜望了對袁隆平雜交水稻推廣做出巨大貢獻的陳洪新老同事。

返回重慶後，我對初稿進行了補充修改，把有關章節分別寄給、傳給有關同仁審閱，請他們給予修改補充。然後，我再對全傳做了認真修改。

四

四十年來，我寫過周恩來、陳毅、羅世文等革命家的傳記，寫過柯岩、雁翼、張俊彪、梁上泉等著名詩人、作家的長篇傳記及畫家江碧波、李際科，翻譯家楊武倫，學者董味甘以及一些企業家的中短篇傳記和報告文學，但是，寫科學家的長篇傳記，還是第一次。面對這個新任務，我感到榮幸和興奮，同時，仍然感到有相當的壓力。我一面寫，一面思索幾個問題。

我思考的第一個問題是：袁隆平院士的偉大貢獻是什麼？

首先，他衝破「水稻無雜交優勢」的理論束縛，大膽進行雜交水稻研究，從三系到二系，到超級稻，取得了傑出成就，為解決中國糧食問題做出了巨大貢獻。其次，他懷著造福世界人民的博大胸懷，向世界推廣雜交水稻，為解決世界糧食安全問題建立了偉大的功勳。第三，他在半個多世紀的科學研究工作中，不斷總結、提升，創立了「雜交水稻學」，在科學上有了新發現、新發明、新創造。他使中國一直站在世界水稻研究的最前沿，引領世界雜交水稻科學研究幾十年。他成為中國當代最傑出、最偉大的世界級的科學家，對中國人民貢獻最大、最實在的科學家。

但是，僅僅認識到這些還不夠，我還應該站得更高，看得更遠，想得更深。還應該站在科學史、民族史、外交史、民族文化史的高度，來認識袁隆平院士為中華民族所做的貢獻。

從科學史的角度看，我們中華民族，曾經有過光榮的歷史，曾經有領先世界的四大發明。可是，這一百多年來，我們卻落後了！世界上一切重大的發明創造，幾乎都沒有我們的份！在糧食的生產和科學研究上，我們也大多數落後於人。只有在雜交水稻的研究和生產上，我們領先世界幾十年！以致國際上稱雜交水稻是中國的第五大發明；袁隆平被稱為「雜交水稻之父」；前美國總統顧問、農業部長助理帕爾伯格教授說，東方農業科學的成就，已經超越了它的發源地及西方各國。

從我們民族現代史看，中華民族幾千年來，有過輝煌的歷史，但是，近百年來，我們卻受盡了帝國主義列強的侵略、掠奪和欺辱。中華人民共和國成立後，我們透過自力更生，艱苦奮鬥，一步步強大起來，成為世界強國，逐步領先世界。而雜交水稻，就是我們走向世界強國的一個代表，一個象徵！

從外交史的角度看，世界強國的興起，往往透過戰爭來完成，而中國的崛起，則是透過和平的方式，透過競爭、和平共贏的方式來完成。而雜交水稻的成功，就是最好的體現。十九世紀下半葉以來，帝國主義對我們輸入了多少鴉片、槍炮、災難，而我們強大起來後，卻向世界提供雜交水稻、高鐵，送去的是糧食、建設、安全、溫馨和友誼！雜交水稻成為我們和平崛起的象徵，和平外交的名片，體現了中華民族博大的情懷和博愛的精神。

從文化傳統角度看，袁隆平在沒有任何背景的情況下，從一株「鶴立雞群」的天然稻株那裡產生靈感，從而矢志投身於雜交水稻的研究，經過五十年的拚搏奮鬥，探索創新，不懈創造，一步步攀上科學的高峰，終於成為世界「雜交水稻之父」，成為世界一流的大科學家！他身上表現出的愛國主義和國際主義精神，敢於創新，勇於探索，腳踏實地，艱苦奮鬥，不怕失敗，不畏艱險，無私奉獻，大愛無疆的精神，不就是我們民族的寶貴傳統的體現嗎？他和同事、學生、助手們在奔赴亞非拉美，向全世界推廣雜交水稻的過程中，頭頂烈日，腳踏稀泥，反覆試種，培育新品種，奪取高產，不也向全世界展示了我們民族精神的魅力和風采嗎！

袁院士為我們大長國威，為我們迎來了榮譽，成為中國引為驕傲自豪的「國寶」！

我思考的第二個問題是：我怎樣寫出一部較以前出版的傳記有新看點、新內容，有深度和廣度的傳記？

首先，我想以第二人稱的手法，以和袁隆平對話的方式，以講故事的方法，展現出一個原汁原味的、真實可信的、自然樸實的、可親可愛的袁隆平的形象；在生動的情節敘述和細節描寫中，描繪出一個偉大而質樸、崇高而平凡、聰穎而厚道，為國家和人類做出了那麼卓越的貢獻卻又那麼謙遜和藹、活潑天真、可親可近的科學家和老農民的形象。

其次，袁院士的傳記大多是湖南的同仁們寫的，而我這部傳記是袁院士母校西南大學邀請我寫的，而袁院士又在重慶生活了十二年，從小學到中學到大學，基本上是在重慶讀的，所以，我盡力採訪了袁院士在重慶讀書時的同學和校友，比較詳盡地寫出了他在重慶的學習生活，表現出重慶的高山大川、重慶的人文精神對他的熏陶和影響。

其三，我想多方面、全方位地展現袁院士是如何在偏遠的農校獨立發現科學研究項目，並以非凡的眼光、頑強的毅力、睿智的思考，在那個動亂的年代完成雜交水稻三系配套的研究工作；又怎樣在以後近四十年的艱苦奮鬥中，從三系法到兩系法到超級稻，把雜交水稻研究一步步引向深入，奪得一個又一個新成就，使中國的水稻研究始終走在世界前列。

其四，我想充分表現中共和國家領導人以及湖南省各級領導對袁院士的指導、幫助、關心和支持；表現他的助手、學生、同事、下級如何在他的引導和團結下，圍繞雜交水稻事業共同拚搏，團結協作，共同為雜交水稻事業的成功嘔心瀝血，共同奏響了雜交水稻事業的社會主義的協奏曲。為此，我以較大篇幅，以「情深誼長，共創輝煌」一章，表現了趙石英、陳洪新等如何支持袁隆平，表現李必湖、羅孝和、周坤爐、鄧華鳳、鄧啟雲、謝長江、全永明、朱運昌、符習勤、辛業藝、羅閏良、鄧小林、徐秋生、廖伏明、彭既明、李繼明、趙炳然等人如何在他的指導下共同推動雜交水稻事業，以及他們與袁隆平的師生情、戰友情；表現方志輝、楊耀松、張昭東、陳毅丹、楊忠矩、列英、周丹、馮霞輝等人歷盡艱辛，把雜交水稻推向全世界的跨國奮鬥史。

其五，我還想寫出袁院士的愛情、婚姻、家庭、子女，展現出他豐滿而純真、博大而細膩的內心世界和情感波瀾。

其六，我以較大篇幅寫出袁院士成功的主觀原因和客觀因素。

最後，我希望透過對他的人生經歷和感情世界的描寫，透過對他和戰友們的描寫，透過對他的成功原因的挖掘以及筆者的抒情議論和對照描寫，提煉出豐富的成功經驗和深切的人生體味，從而潛移默化地幫助、陶冶和啟迪眾多的青年學生和全中國億萬青少年。我希望本書能夠雅俗共賞，老少咸宜，讓更多的人了解袁隆平，了解我們的時代，了解我們的國家，從而贏得更加幸福和美滿的人生。

本書的寫作過程，是一個學習的過程，研究的過程，探索的過程，也是一次艱難而又神祕的探索之旅，更是一個興奮而愉悅的過程。我不僅有機會多次拜會了一位自己崇拜的世界頂尖級的科學大師，而且還不時在文字上、在心靈裡跟我最崇敬的一位偉大的人物進行深入的對話和交流，這是多麼光榮而自豪的工作啊！所以，我懷著最大的虔誠，全身心地投入到神聖的寫作之中！我每天六點多鐘起床，直寫到晚上十一點左右，除了一日三餐和三餐之後的半小時鍛鍊以及一小時午睡之外，其他全部的心思都用在傳記寫作上了。真正算得上嘔心瀝血，殫精竭慮了！在傳記快完成時，幸運地出現幾次靈感，我寫了幾首小詩。《贈袁隆平院士》表達了我對大師的敬佩之情：

卓越稻株激靈感，

創新探索開新篇。

坎坷磨難步不停，

地震颱風志彌堅。

華夏大地金浪湧，

世界各國口碑傳。

大師情懷百姓心，

禾下乘涼美夢圓。

五

在傳記即將付梓之前，我還不能不表達對西南大學、西南師範大學出版社以及湖南雜交水稻研究中心的感激之情。

二〇一五年初春的一個傍晚，我在西南大學校園散步，又一次走到了吳宓園。瞻仰著吳宓的雕像，閱讀著介紹吳宓的文字，我不禁想到：西南大學是真正的歷史悠久的重點大學。幾十年來，有多少博學鴻儒在此傳道授業；在這片沃土上又培養出多少傑出人才、著名大師？享譽世界的雜交水稻之父袁隆平以及世界蠶業專家向仲懷、甜瓜大王吳明珠等院士，不都是從這兒走向世界的！作為一個傳記文學作家，我為什麼不寫寫這些造福人類的科學巨匠，這些值得後代學子學習仿效的大師呢？於是，第二天上午，我到出版社社長米加德的辦公室，跟他談了我想寫《袁隆平傳》的打算。他正在編輯出版我寫的《梁上泉評傳》，對我也很了解。聽了我的計劃後，米社長十分高興地說：「你的設想太好了！跟我們不謀而合！明年四月，我們西南大學要隆重紀念建校一百一十週年，我們正想請人撰寫《袁隆平傳》，由你這位全國著名傳記文學作家執筆，那真是再好不過了！」

四月初，米加德和西南大學教育基金會祕書長龔常智陪我到三亞拜望袁隆平，並向袁隆平推薦我為他寫傳。之後，西南師大出版社和西南大學校友總會又資助我幾次，到三亞的雜交水稻研究試驗基地和長沙的湖南雜交水稻研究中心，及安江農校和九江德安採訪。

《袁隆平傳》初稿寫出後，米加德社長即派出了盧旭、呂杭和李曉瑞等編輯此書，著名文學評論家蔣登科先生調到出版社之後，也非常關心此書的編輯宣傳工作，提出了不少建議和方案。出版社把此書作為重點書籍，精心編輯，傾情打造，表現了高度責任感和使命感，表現了對袁隆平校友的深厚感情！西南大學宣傳部部長潘洵、副部長鄭勁松以及校友會、檔案館、校史室也對傳記寫作給予了全力支持。傳記寫作還得到了重慶相輝學院校史研究會和重慶南岸區龍門浩小學的支持；袁隆平西南農學院的同班同學劉先齊、王運正、林喬等向我熱情介紹了袁隆平跟他們一起學習的情景，以及袁隆平與他們之間的同學情誼。

湖南雜交水稻研究中心是袁隆平直接領導的中國一流的研究所。他們對《袁隆平傳》的寫作給予了熱情指導和竭誠幫助。湖南雜交水稻研究中心的領導及專家李必湖、周坤爐、鄧華鳳、羅閏良、全永明、謝長江、辛業藝、方志輝、楊耀松等給予我熱情的支持和接待！

中國作家協會副主席、中國報告文學學會會長何建明為本書撰寫了熱情洋溢的序言；重慶作家協會主席陳川先生也十分關心傳記寫作，在此一併致謝！

由於本人水平有限，加之時間緊迫，傳記肯定有不少疏漏和缺點，敬請各位專家學者和廣大讀者批評指正，以便再版時修改。

郭久麟

國家圖書館出版品預行編目（CIP）資料

袁隆平傳 / 郭久麟 著 . -- 第一版 .
-- 臺北市 : 崧燁文化 , 2019.12
面 ;　公分
POD 版

ISBN 978-957-681-875-2(平裝)

1. 袁隆平 2. 傳記

782.887　　　　108010068

書　　名：袁隆平傳
作　　者：郭久麟 著
發 行 人：黃振庭
出 版 者：崧燁文化事業有限公司
發 行 者：崧燁文化事業有限公司
E-mail：sonbookservice@gmail.com
粉 絲 頁：　　網 址：
地　　址：台北市中正區重慶南路一段六十一號八樓 815 室
8F.-815, No.61, Sec. 1, Chongqing S. Rd., Zhongzheng Dist., Taipei City 100, Taiwan (R.O.C.)
電　　話：(02)2370-3310 傳　真：(02) 2388-1990
總 經 銷：紅螞蟻圖書有限公司
地　　址: 台北市內湖區舊宗路二段 121 巷 19 號
電　　話:02-2795-3656 傳真 :02-2795-4100　　網址 :
印　　刷：京峯彩色印刷有限公司（京峰數位）

定　　價：550 元
發行日期：2019 年 12 月第一版
◎ 本書以 POD 印製發行